高等教育财政研究系列丛书
Higher Education Finance Series

沈 红/主编 Hong Shen Chief Editor

后4%时代教育投入与高校绩效薪酬研究

臧兴兵 著

Hou 4% Shidai Jiaoyu Touru Yu
Gaoxiao Jixiao Xinchou Yanjiu

中国社会科学出版社

图书在版编目（CIP）数据

后4%时代教育投入与高校绩效薪酬研究/臧兴兵著.—北京：
中国社会科学出版社，2015.10
ISBN 978 - 7 - 5161 - 6298 - 9

Ⅰ.①后…　Ⅱ.①臧…　Ⅲ.①教育投资—关系—高等学校—
工资—研究—中国　Ⅳ.①G649.2

中国版本图书馆 CIP 数据核字（2015）第 129512 号

出　版　人	赵剑英
责任编辑	卢小生
特约编辑	林　木
责任校对	周晓东
责任印制	王　超

出　　　版	中国社会科学出版社
社　　　址	北京鼓楼西大街甲 158 号
邮　　　编	100720
网　　　址	http://www.csspw.cn
发 行 部	010 - 84083685
门 市 部	010 - 84029450
经　　　销	新华书店及其他书店

印刷装订	北京君升印刷有限公司
版　　　次	2015 年 10 月第 1 版
印　　　次	2015 年 10 月第 1 次印刷

开　　　本	710×1000　1/16
印　　　张	20.75
插　　　页	2
字　　　数	348 千字
定　　　价	70.00 元

凡购买中国社会科学出版社图书，如有质量问题请与本社营销中心联系调换
电话：010 - 84083683

总　序

几年前，华中科技大学出版社出版了一套我主编的《21 世纪教育经济研究丛书·学生贷款专题》，包含六本书，都是关于高等教育学生财政的（学生资助与学生贷款），其中的五本为我指导的已经答辩通过的博士学位论文。现在呈现在读者面前的是由中国社会科学出版社出版的《高等教育财政研究系列丛书》，其中的三本也是由我指导的已经答辩通过的博士学位论文，主题已经超出了学生财政的范围，可扩展为高等教育财政。实际上这两套丛书是有密切关联的，也是我自 1997 年涉足高等教育财政研究的一个小结。

我 2000 年开始以博士生导师的身份独立招收博士生，至 2013 年已 14年，共培养出了 45 名博士，其中专题研究高等教育财政问题的人和专题研究高等教育管理的人各占一半，分属于教育经济与管理专业和高等教育学专业，毕业时分别获得管理学博士学位和教育学博士学位。管理学博士学位获得者大多在高等学校的公共管理学院工作，也有少量的在教育学院工作。他（她）们毕业后的教学、研究重点与我的研究重点相近的管理学博士们的主要研究领域为高等教育经济与财政；与我的研究重点不相近的管理学博士们的教学与研究任务则呈多样化，如有人承担企事业会计课程的教学但研究课题主要是教育经济问题，有人承担社会福利与保障方面的教学但仍以教育财政为主要研究重点，还有人承担的是基础教育管理的教学但研究高等教育财政。作为他们读博时的导师，在毕业一段时间后再来回顾学生们的职业发展经历很有意思，有的"段子"可以称得上是朗朗上口的故事。

我本人具有跨学科的求学经历。本科专业是"77 级"的机械制造与工程，获得工学学士；后获得教育学硕士、管理学博士（1997 年的管理学尚没有从工学中分离出来）。我在华中科技大学两个二级学科博士点（管理学的教育经济与管理，教育学的高等教育学）招收博士生，多年承担的教学课程也跨两个专业："高等教育财政研究"和"国际高等教育发展"博士生课程，"高等教育财政专题"和"比较高等教育"硕士生课程，还参与了"高等教育管理"和"教育研究方法高级讲座"博士生课程的部分教学工作。当我指导的博士生毕业后到其他高校任教时，不少学校的学院领导都强调，"你的导师教什么课，你就应该能教什么课"。一个典型的例子是一个高等教育学专业的毕业生被她新任职的教育学院院长要求讲授《教育经济学》和《比较高等教育》两门课程，说实话，她教授《教育经济学》是有难度的。这是上面提及的"段子"之一。学术社会（指高校）对博士毕业生在"起跳平台"上的综合性乃至苛刻的跨学科性的要求，提醒了我在指导博士生的过程中既要注重其在某一领域的学问的深度，也要注意拓展他们的知识面使其求职及职业发展具有一定的广度。比如，有博士生将学生贷款研究作为博士学位论文的题目，那么我就要求他/她：学生指的是大学生，因此在研究学生贷款之前要研究大学生，也就需要研究大学生成长、成才的环境，如学生的消费习惯、家庭的经济条件、大学的财政能力等；想要研究学生贷款，就要首先知道与学生贷款相关的其他学生资助手段，如奖学金、助学金、学费减免、勤工助学的本身意义和政策含义，还要知道各种学生资助手段相互之间的关系，得到财政资助对学生当前的求学和将来的工作各有什么意义；若想深入研究学生贷款，那么政府财政、商业金融、担保保险等行业都是学生贷款研究者要"打交道"的地方，谁来提供本金？怎样确定利率标准？如何融资？如何担保？如何惩罚？还有，对学生贷款进行研究的角度也很多，可从主体与客体的角度：谁放贷、谁获贷、谁还贷？可从资金流动的角度：贷多少（涉及需求确定）？还多少（涉及收入能力）？如何还（涉及人性观照与技术服务）？还可从参与方的角度：学生贷款是学校的事务？还是银行的产品？还是政府的民生责任？还是家长和学生的个人行为？最后可从时间的角度：贷前如何申请？贷中如何管理？贷后如何催债？等等。可以说，就学生贷款这一貌似简单的事物就有如此多的、如此复杂的研究角度。正是这样的多样性与复杂性，催生了我们团队的以学生贷款为中心的一系列的学术研究、政策分析、实践讨论。

由本人定义的包含学费、学生财政资助、学生贷款还款在内的学生财政只是高等教育财政中的一个部分，尽管这个部分很重要。高等教育财政投入无非是两个重要部分的投入：公共投入和私人投入。我们团队进行了大量研究的是高等教育的私人投入。然而，全面意义上的高等教育财政必须研究公共投入，在中国，主要是各级政府的投入。

本团队从2007年开始逐步将集中于学生财政的研究扩展到高等教育财政的研究范畴。钟云华从资本转化（经济资本、社会资本、文化资本、人力资本本身及其相互关系）的角度来研究学生贷款带来的社会流动效应；王宁从教育政策主体性价值分析的角度来研究中国的学生贷款；赵永辉从高等教育支出责任与财力保障的匹配关系来分析政府特别是地方政府的高等教育投入（该论文获得中国高等教育学会第九届"高等教育学"优秀博士学位论文【2013年】）。本套丛书将在2013—2015年三年内出齐。

我们的某些"小"的高等教育财政研究还涉及大学评价的成本、政府生/年均拨款额度、大学教师工资，等等。当然，这些议题还处在博士学位论文的研究阶段，有的甚至处在"开题"阶段，还远没有到可以出版专著的时候。

本套由中国社会科学出版社出版的《高等教育财政研究系列丛书》是经我挑选的、作者们在其博士学位论文基础上精心改写并再次获得提高和更新的专著。作为这些作者的博士生指导教授，我对入选本套丛书的博士学位论文都十分熟悉，每篇论文都曾融进我的心血、智慧和劳作。今天，能将这些博士学位论文修改、深化、提升为学术专著，并由我作为丛书主编来结集出版，是我专心从事高等教育财政研究16年来的一大幸事，用心用情来撰写总序是幸福的。我想借此机会，列举一下我心爱的、得意的在高等教育财政研究领域作出成绩和贡献的已毕业的所有博士研究生，尽管他们中的大部分博士学位论文另行出版，没有收入到本套丛书之中。他们的名字和入学年级是：2000级的李红桃，2002级的沈华、黄维，2003级的李庆豪，2004级的刘丽芳，2005级的宋飞琼、梁爱华、廖茂忠，2006级的季俊杰、彭安臣、毕鹤霞、胡茂波，2007级的孙涛、钟云华、王宁，2008级的臧兴兵，2009级的赵永辉，2010级的王鹏、熊俊峰。还有在职攻读教育经济与管理专业获得管理学博士学位的李慧勤、肖华茵、夏中雷、江应中。作为导师，我感谢你们，正是你们的优秀和勤奋给了我学术研究的压力和动力，促使我永不停步！作为朋友，我感谢你们，正是你们时常的问候和关注、你们把"过去的"导师时时挂在心中的情感，给我的生活以丰富的意义！我虽然达不到"桃李满天下"的程度，但你们这些"桃子"、"李子"天天芬芳，时时在我心中！我真真切切地为你们的每一点进步而自豪、而骄傲！

我衷心感谢本丛书中每本著作的作者！感谢为我们的研究提供良好学术环境和工作条件的华中科技大学和本校教育科学研究院！感谢中国社会科学出版社给予的大力支持！最后要感谢阅读我们成果、理解我们追求的每一位读者！

2013 年 12 月 26 日

序　言

　　臧兴兵曾是我指导的教育经济与管理方向的博士研究生。其博士学位论文研究的是中国生源地助学贷款问题。在攻读博士学位期间，他阅读了很多有关高等教育经济与财政的书，也参加了我负责的多项研究课题，与我一道到一些省份调研。在博士学位论文的研究与写作过程中，他的学术思想就已经不仅仅是集中在学生贷款问题上了。2011年博士毕业后，他选择到西南边疆的高校，从事教育经济学、技术创新管理、人力资源管理、教育社会学方面的教学与科研工作，并于2012年将其博士学位论文《生源地助学贷款的可持续发展》在中国社会科学出版社出版。他仍然坚持不懈，继续从事教育经济和学术职业方面的研究，研究视野较攻读博士学位期间有很大的扩展。《后4%时代教育投入与高校绩效薪酬》一书是在他博士后出站报告的基础上修改而成的，也是他不断努力、学术上更上一层楼的明证。基于对我国"后4%时代"教育财政投入问题的深入考察，臧兴兵能够从多学科的视角来分析教育投入与经济发展的累积因果循环规律，探究"资源诅咒"、技术创新与教育投入努力的深层关系，剖析高等教育投入现状，探讨高校教师绩效、薪酬与追求的循环机制，分析其存在的障碍与阻力，并提出相应对策。这样的研究及其研究成果对完善我国教育经费投入体制，解决我国新时期高等教育经费依然短缺、教师薪酬水平偏低问题具有重要的借鉴意义。

　　众所周知，教育投入是一个极端重要的议题。教育投入于社会，有助于促进公平公正，改善民主；教育投入于个人，有助于提高其社会地位，促进社会流动，使人生具有更加多样化的选择。然而，教育经费紧缺已是世界性难题。从全球来看，公共教育投入状况不容乐观，多国教育财政普遍紧张，一些国家社会捐赠教育乏力，结果使教育成本分担的重心大幅向学生（家庭）偏移，导致学费猛涨，经济困难家庭的负担越来越重。在这种背景下，如果一个国家的政府对教育投入缺乏足够且持续的努力，那么国家的未来发展就将难以持续。

对于中国来说，教育经费总量的缺口仍然很大，人均教育支出与发达国家仍然相差甚远。直到2007年，全国财政性教育经费占GDP比例才突破3%；之后五年，财政性教育经费占GDP比例虽稳步上升但仍停留在中国教育财政性投入的"3%时代"；2012年是一个转折点，4%的目标终于实现。究其原因，一方面是行政动员机制的强力催化，地方政府在这一年的教育预算中明显有"突如其来"的发力；另一方面，民众的长期呼吁也成为重要推动力。但是运动式地发展教育终究不是长远之计，从国家层面来说，只有建设好基本的教育制度，不断完善教育投入制度，才是具有理性的选择。那么，在我国财政性教育投入进入到"后4%时代"之际，如何继续保证财政性教育投入的持续增长，如何广泛动员社会力量积极投入教育，有效制止教育投入上的"国进民退"，的确面临着极大挑战。

从区域来看，快速的社会变迁正在对当代中国教育格局产生巨大冲击。作者试图用"回波效应"来分析"后4%时代"经济发展程度不同地区教育投入的不均衡问题。身处中部地区，我个人对湖北省教师的大量外流感受深刻。中西部欠发达地区长期陷入"教育落后与经济贫困的恶性循环"中而难以自拔，不是没有原因的，因为教育与经济的发展相互作用、互为因果。由于中西部地方政府教育经费严重不足，优秀教师大量流失，许多传统意义上的好学校的教育质量逐年恶化，带来的人力资本积累不足势必导致区域经济增长乏力。但对经济发达地区来说，大量教师流入既节省了财政性教育经费，又能快速改善教育质量，有效创造社会财富。其结果，区域经济的"极化"越发显著。要摆脱这一恶性循环，顶层设计至关重要。在教育资源配置过程中，中央政府对中西部欠发达地区理应适当倾斜，地方政府在教育财政上也必须有更大的投入力度。

如果把2012年当作中国教育投入"后4%时代""元年"，那么它正好与中国经济新常态不期而遇。新常态下，中国经济增速明显放缓，但经济结构可能会出现深刻、全面的升级，经济增长将更多依靠人力资本的质量和技术进步，这些新变化无疑对高等教育机构提出了新的挑战。在高等教育体系内，教师劳动报酬是教育经济学探讨的另一主题。作者在书中试图将教育投入与教师收入建立起某种联系。如，在"后4%时代"中国经济发展面临结构升级的新常态下，如何使人力资本质量成为经济增长的新要素？如何主要依靠创新驱动经济发展？作者将其希望寄托于高校教师的绩效表现上，并强调，高校教师薪酬是高等教育经费支出中事业性支出的重要组成。经济新常态下若要大幅提升高校教师绩效贡献，就应该有对等的薪酬。尽管我国政府对高等教育的投入巨大，但来自政府的事业性人员经费偏少，教师薪酬整体水平偏低，薪酬可带来的激励效果与发达国家相去甚远。经过长期的多方位的思考，作者指出，现行的高校教师绩效管理存在着一种"工具理性"，具体体现如，"绩效主义"蔓延、团队精神被浸蚀、教师的短期利益"偏好"等等。但是，一旦政府投入足够的人员经费，教师的工作积极性就可能会转化成"价值理性"。

在我的学生当中，臧兴兵很勤奋，为人朴实，做事实在，近年来在较宽的领域承担多门大学课程教学研究工作。现在看来，经我指导已毕业的50多名博士中，其主要研究领域与我最相近，既包括高等教育经济与财政问题，又涉及学术职业（大学教师）问题。于是，在 UA845 芝加哥飞往圣保罗的航班上，欣然提笔为其新书作序。

2015 年 4 月 21 日

摘　　要

　　在我国教育投入的"后4%"时代，教育经费总量缺口仍然很大，人均教育支出与发达国家仍然相差很大。我国教育投入以财政性教育经费为主。如何继续保证财政性教育投入的持续增长，如何广泛动员社会力量积极投入教育，仍然面临着极大挑战。不同教育阶段产品属性各有千秋，这就决定了教育投入主体的多元化。我国教育投入地区差异悬殊，不均衡问题严重。西部地区教育经费占地区生产总值比例较高，东部地区教育经费占地区生产总值比例较低。全国范围内，生均教育经费地区差异、城乡差异极为悬殊，乡村义务教育办学缺少基本的投入。沿海发达地区以及东三省生均学杂费较高，中西部欠发达地区明显落后。我国教育成本分担结构不合理，"国进民退"问题突出。其中，公共财政投入占绝大部分比重，而且比例仍在逐年上升；社会捐赠经费、民办学校办学经费比例很小，却仍在逐年下降；而学杂费比例远远高于社会团体（公民个人）办学经费及社会捐助集资办学经费。在社会教育投入经费有限的背景下，中国教育成本分担结构重心逐渐向个人或家庭倾斜，政府财政负担越来越大。由于生源的变化，高校教育经费在教育经费分配结构中所占比例有所上升，中小学教育经费所占比例有所下降。在国家经济依然较快增长的背景下，我国公共教育投入努力程度仍在下降，财政性教育经费占财政总支出比例总体上呈下降趋势，而且财政性教育经费占财政总支出比例的地区差异很大。新世纪以来，我国高等教育规模一直在快速膨胀，近年来也是稳中有升，但高校教育经费占总教育经费比重却几乎停滞不变，高校财政性教育经费占比甚至多年一路下滑。高等教育必须有更多社会主体来分担成本，仅靠政府的投入，既力不从心，也不符合高等教育自身规律。因此，我国传统的依靠政府独挑大梁投入的时代已经一去不复返，必须形成撬动社会资金投入的杠杆机制，才能保证高等教育内涵式发展。

　　教育与经济的发展相互作用、互为因果，形成循环累积的非均衡关系。我国沿海发达地区的优先发展，对中西部落后地区既有积极作用，又有消极的"回波效应"：落后地区的人才、资本、资源被发达地区大量引走，其中大量处于"隐性失业"状态的教师纷纷流向东南沿海经济发达地区，尤其是广东省，给落后地区造成了发展困难。从初等和中等教育来看，广东省已经成为我国的重要增长极，就目前而言，其"回波效应"相当明显，但是对周边地区的辐射作用或者说"扩散效应"还十分有限。要摆脱"教育落后与经济贫困的恶性循环"，必须对教育有更大投入，提高教育水平，从而促进经济增长，使人均收入增长突破一定限度，从而摆脱贫困的恶性循环。教育投入水平的制约是我国省际层面"资源诅咒"存在的重要影响因素。充沛的自然资源对技术创新、人力资本存在"挤出效应"，对教育投入努力存在"诅咒效应"。由于资源丰富地区的资源开采部门对熟练或高素质劳动力的需求不足，膨胀的自然资源"挤出效应"明显，容易挤出对推动经济增长更为重要的人力资本要素，而忽视对教育的投入。要破解"资源诅咒"，必须努力提高资本积累、教育投入（人力资本投资）水平、技术创新能力、市场化程度并加强制度建设，人力资本投入是缓解"资源诅咒"的重要途径。通过物质资本积累增加教育投入，可以有效解决资源的硬约束，变自然资源优势为人力资本优势和技术创新动力，从而推动地区经济的持续健康发展。

高等教育经费投入在促进经济增长中具有显著作用，高校是我国基础研究和应用研究的主力军。技术创新主要源于科学研究，科学研究是产生知识的源泉。高校作为知识创新和生产的主体、知识传播和转移的主阵地，在区域技术创新和经济发展中发挥着独特的作用。在整个国家创新体系中，高校表现出非常高的科技投入产出效率。但是，我国高校人才培养质量和科研能力仍然亟待增强，基础研究比重相对下降、原创性成果偏少，行政化学术评价制度及管理制度不利于大师和重大创新成果的问世。高校教师工资水平相对较低，不仅对教师公平感产生负面影响，而且会影响教师工作绩效。我国应适时加大人员经费投入，提高教师薪酬整体水平。高校教师经济薪酬是高等教育经费支出中事业性经费支出的重要组成部分。在当前高校基础建设普遍取得长足发展的背景下，我国高等教育投入理应适当向个人部分倾斜，加大人员经费投入，提高教师薪酬整体水平。

高校教师绩效管理有其自身特点，在绩效、薪酬与其追求之间存在紧密的内在循环机制。在政府推动下，我国许多高校已经开始实施教师绩效工资制度。建立学术职业绩效薪酬与追求的长效激励机制，有利于稳定教师队伍，积累学术人力资本，促进教师专业发展，推进高校建立现代大学制度。但也存在障碍与约束：其一是绩效考评的工具理性约束，其二是薪酬的内在激励机制障碍。工具理性的泛滥给人类带来了严重危害，绩效管理的工具理性对高校教师的可能冲击主要体现在"绩效主义"迅速蔓延、侵蚀团队精神、教师的短期利益偏好以及损害学术价值。高校推行绩效改革，应该充分认识学术职业的独特性，制定出多元化的绩效标准，建立绩效管理循环，还要关注教师专业发展，切实推行高校去行政化改革，建立现代大学制度。高校教师绩效薪酬制度有利于打破收入平均主义的束缚，但也受到官僚模式的影响，存在"棘轮效应"、"挤出效应"和公平性约束，绩效薪酬强度过高，可能导致高校薪酬跌入"市场化陷阱"。完善大学教师绩效薪酬制度是一个系统工程，应积极推行整体薪酬和宽带薪酬，提高薪酬整体水平，确定绩效薪酬的合理边界，做到公平公开，提升青年教师基础薪酬水平，建立教师和管理人员薪酬分类管理制度。

Abstract

In the "post-4%" era of input in education in our country, there still is a huge global shortfall in the total amount of education expenditure. Per person on education is a far cry from the developed country. The input in education in our country is based on government spending. How we will continue to ensure sustainable growth of government spending? How to encourage social forces to be put into the education actively? We still face great challenges. Different stages of education have their merits in product attributes. This determines funds of education should be got in various ways. There are large regional differences of input in education in our country. The problem of imbalances is in serious trouble. Western region spends a higher share of GDP on education allocation. Eastern region spends a lower share of GDP on education allocation. There are large regional differences and urban-rural differences of the per student educational appropriation nationwide. The countryside compulsory education lack basic input in their school running. The tuition and fees of per student is higher in the Northeast China and developed areas on the coast than Middle West less developed area. As the problem "guojin mintui" became acute, the education cost-sharing structure needs to be optimized. Among them, the public finance investment is taking majority parts and growing. At the same time, the donations and educational outlay of private schools continued to decline, the tuition and fees became a higher proportion than the donations and educational outlay of private schools. Under this background, the center of gravity of education cost-sharing structure in China is shifting gradually toward individual/family, and government endures more and more finances burden. Since students change, the percentage of education investment in universities and colleges is rising and the percentage of schools has declined. With the Chinese economy continues to stable and rapid growth, the level of effort in public education investment is still dropping. There are wide regional variations in the proportion of educational appropriations in the total financial expenditure. Since the new century began, the scale of the higher education in China expanded fast and it is still rising steadily in recent years. But the proportion of education investment in universities and colleges remains almost flat. Higher education needs more social subjects to share the cost. The government fund investment is extremely limited to meet so huge need. Therefore, the era reliant on government investment in tradition has gone. We must leverage and induce social capital investments.

Education gets in touch closely with the developments of economy and brings forth results. Some circulation and accumulated effect is formed between them. The priorities of development for developed areas on the coast do not have the active effect on economy but also has the echo effects to Middle West less developed area. The talents, capital and resource is largely absorbed by developed areas. Much hidden unemployment teachers tends to flow to the southeast provinces and cities, especially Guangdong Province. It caused difficulty with development to less developed area. In the case of primary and secondary education, Guangdong Province has become an important growth pole. For the moment, the echo effect is rather obvious, but the diffusion effect is quite limited. To get out of the vicious circle of the backward education economic poverty, more investment in education should be made. Rising education levels and thus increasing economic growth, economic growth will raise the level of per capita income, thereby shake off the vicious circle of poverty.

The overall input level of education is low, which has important influence on China's provincial resource curse. Abundant resources have significant crowding out effect on human capital, technological innovation and effort of investment in education. To break out of the resource curse, the levels of capital accumulation, investment in education, technological innovative capabilities and market degree must be raised. The input of human capital is an important approach to mitigating the resource curse.

The input of higher education plays an important role in promoting the increase of economy. The colleges and universities are the core of the basic research and applied research in our country. Technical innovation comes mainly from scientific research, which is the source to knowledge.

As the battlefield of producing and creating knowledge, college and university play a more and more important role in regional technology innovation system and economic development. They showed very high efficiency of science and technology input-output in national innovation system.

However, the training quality and research capacity still need to be strengthened. The relative proportion of the basic research is descending and the original innovation is less. The administrativization of academic appraisal system goes against the advent of the master and major innovations. The personnel expenditure of higher education is not enough and the teachers' salary is relatively lower, which is harmful not only to teachers' organizational justice, but also to their job performance. In the current situation, it's time to increase personnel expenditure input by adjusting education fund allocation.

So far, many of our universities and colleges have begun to implement performance-based pay system under government's impetus. Performance management of academic profession has its own characteristics. There is a tight intrinsic looping mechanism among performance, payment and pursuit of academic profession. As a long-term motivation mechanism, it is beneficial to lower teachers drop-out rate, stabilize teachers rank, accumulate academic human capital, promote professional development of teachers, promote the construction of modern university system. But barriers and restraints are out there. One is instrument-rationality restraint in performance appraisal. The other is internal excitement mechanisms barrier of payment. The abuse of instrumental rationalism has done great harm to the whole world. The shocks to academic profession from instrumental reason of performance management mainly show in four aspects: "performancism" spreading rapidly, the erosion of team spirit, the short-term benefits preferences of teachers' and damage to academic merits, etc. The universities and colleges should fully acknowledge uniqueness of academic profession in order to catty out the performance reforms, work out diversified performance criteria, establishes performance management cycle, focus on the teachers' professional development, practice the getting rid of the administrative reform feasibly and establish modern university institution. Pay for performance systems of university teachers can break down the bondage of egalitarianism. But it's influenced by bureaucratic model. There is ratchet effect, crowding out effect and fairness constraint. If pay for performance is too intensive, university compensation system can run into marketization trap. To perfect performance compensation system of academic profession is a systematic engineering. The universities should promote total compensation and broadband salary, raise integral level of compensation, set a reasonable boundary, be truly open and fair, and associate young people to get access to their development and full growth. Meanwhile we must establish the sound and related system in practice.

目　　录

第一章 绪论

教育投入是支撑国家长远发展的基础性、战略性投资，既是公共财政的重要职能，也是社会、家庭或个人应尽职责所在。近年来，政府、家庭及社会总体上对教育经费的投入持续大幅增长，从 1991 年的 731.5 亿元提升到 2011 年的 23869.3 亿元，增长 31 倍。尽管如此，据教育部发布的统计，我国教育经费总量缺口仍然巨大。在依法落实《教育法》所规定的"三个增长"的要求上，特别是财政性教育经费的增长高于同级财政经常性收入增长上，还有相当大的距离。我国教育经费投入不足并长期低于世界发展中国家 20 世纪 80 年代的平均水平，已是不争的事实，成为制约和影响我国教育事业健康、持续发展的深层次因素。公共财政的主要职能在于稳定宏观经济和收入再分配。经济稳定职能是针对宏观经济周期波动的不可避免性而言的，其目标就是调节经济运行，实现物价水平的稳定、充分就业和国际收支平衡，最终实现经济稳定增长。财政主要通过收支变化，来实行其稳定经济的职能。稳定职能有两个层次：一个是财政的自动稳定功能，指财政制度本身所具有的自动稳定经济的功能；另一个是相机抉择的财政政策，即根据不同时期的宏观经济形势，通过支出和税收政策来调节社会总需求，从而起到稳定经济的功效。需要指出的是，虽然政府财政职能的发挥起因于市场缺陷的存在，但绝非意味着政府一定有能力会做得更好。比如，为了解决外部性问题，成立某个政府管理机构，但管理机构的成本有可能超过外部性成本本身。另外，政府的干预也会扰乱市场秩序，引诱公权力掌握者采取政策性选择来服务自身利益，导致"寻租"行为和不良的集体后果。

教育与经济是现代社会发展的两大基石，教育可以提高劳动者的生产能力，促进科技进步和经济增长。如果一个国家对教育投入缺乏足够且持续的努力，那么其未来发展就将难以持续。为了迎接 21 世纪的挑战，近年来世界各国纷纷调整科技教育发展战略，加大科教投入力度。新形势下，我国及时提出"人才强国"战略，教育的优先战略地位凸显。从 2006 年开始，全部免除西部地区农村义务教育阶段学生学杂费，2007 年扩大到中部和东部地区；从 2008 年秋季学期起，我国免除了城市义务教育阶段学生学杂费。2008—2012 年，中央财政共安排免学杂费补助资金 315.5 亿元，全国每年有 2900 多万名城市义务教育阶段学生享受免学杂费的政策或相应补助①，城乡免费义务教育全面实现，说明国家对教育公共产品的高度认同。

在强力的行政动员机制作用下，2012 年，我国财政性教育经费支出 21994 亿元，占 GDP 总量 519470 亿元的比例达到 4.23%，如期实现教育规划纲要提出的国家财政性教育经费支出占国内生产总值比例达到 4% 的目标。其中，中央财政教育支出 3781 亿元，比 2011 年增长 15.7%。在促进义务教育均衡发展方面，2012 年，中央财政安排农村义务教育经费保障机制改革资金 865.4 亿元，全国约 1.2 亿名学生享受免学杂费和免费教科书政策，中西部地区约 1333 万名家庭经济困难寄宿生获得资助；安排补助资金 82 亿元，继续对已免除城市义务教育阶段学生学杂费的地方，以及进城务工人员随迁子女接受义务教育问题解决较好的地方给予奖励支持；安排"特岗计划"资金 45 亿元，实施范围扩大到集中连片特困地区，并安排中小学教师国家级培训计划资金 13 亿元；安排 180.14 亿元，为农村薄弱学校配置图书、多媒体远程教学设备等，支持农村义务教育学生营养改善计划等；安排全国中小学校舍安全工程建设资金 20 亿元，安排营养膳食补助资金 150.5 亿元。在支持高等教育内涵式发展方面，进一步完善中央高校预算拨款制度，提高本科生和研究生综合定额拨款标准，细化拨款体系；扩大小规模特色中央高校预算拨款制度试点工作；启动"支持中西部高校提升综合实力"工作，地方高校生均拨款 12000 元目标基本实现，债务负担明显减轻；继续支持"985 工程"和优势学科创新平台建设等重点项目；安排"211 工程"三期建设奖励资金，对 28 所国家验收结果优秀的高校进行奖励，启动"高等学校创新能力提升计划"。在健全国家资助政策体系方面，安排 129.2 亿元，其中免学费补助资金 80.7 亿元、国家助学金 48.5 亿元，约 534 万中职学生得到助学金，约 1244 万名中职学生享受免学费政策。安排 10 亿元设立研究生国家奖学

---

① 李忠峰：《中央财政 6 年 5500 亿元支持义务教育》，《中国财经报》2012 年 12 月 25 日。

金，每年奖励全国高校 1 万名博士生、3.5 万名硕士生，奖励标准为博士生每生每年 3 万元、硕士生 2 万元；在普通高中阶段，安排国家助学金 46.6 亿元，资助 491 万名学生；在高等教育阶段，安排国家奖学金、国家励志奖学金、国家助学金等各类资助经费 162.1 亿元，资助 561 万名学生。在加强职业教育基础能力建设方面，安排 83 亿元，继续支持职业教育实训基地建设计划、职业院校教师素质提高计划、中等职业教育改革发展示范校建设计划、国家级高等职业院校骨干院校建设计划、高等职业学校提升专业服务能力项目等，推进职业教育办学模式改革，增强职业教育吸引力。① 然而，教育事业的发展毕竟不能过分依赖行政动员机制的催化，而应该转向国家基本教育制度建设，不断完善教育投入制度，才是理性的选择。

　　教育投入是教育事业的物质基础，是支撑国家长远发展的基础性、战略性投资，也是公共财政的重要职能。在保障教育投入方面，《国家中长期教育改革和发展规划纲要 (2010—2020 年)》已经指出，要健全以政府投入为主、多渠道筹集教育经费的体制，大幅度增加教育投入；各级政府要优化财政支出结构，统筹各项收入，把教育作为财政支出重点领域予以优先保障；严格按照教育法律法规规定，年初预算和预算执行中的超收收入分配都要体现法定增长要求，保证教育财政拨款增长明显高于财政经常性收入增长，并使按在校学生人数平均的教育费用逐步增长，保证教师工资和学生人均公用经费逐步增长。按增值税、营业税、消费税的 3% 足额征收教育费附加，专项用于教育事业。提高国家财政性教育经费支出占国内生产总值比例，加强经费管理。坚持依法理财，严格执行国家财政资金管理法律制度和财经纪律。建立科学化、精细化预算管理机制，科学编制预算，提高预算执行效率。设立高等教育拨款咨询委员会，增强经费分配的科学性；加强学校财务会计制度建设，完善经费使用内部稽核和内部控制制度；完善教育经费监管机构职能，试行设立在高等学校总会计师职务，提升经费使用和资产管理专业化水平；公办高等学校总会计师由政府委派。加强经费使用监督，强化重大项目建设和经费使用全过程审计，确保经费使用规范、安全、有效。建立并不断完善教育经费基础信息库，提升经费管理信息化水平。防范学校财务风险。建立经费使用绩效评价制

---

① 宗河：《教育投入占国内生产总值 4% 目标如期实现》，《中国教育报》2013 年 5 月 9 日。

度,加强重大项目经费使用考评。加强学校国有资产管理,建立健全学校国有资产配置、使用、处置管理制度,防止国有资产流失,提高使用效益;完善学校收费管理办法,规范学校收费行为和收费资金使用管理。坚持勤俭办学,严禁铺张浪费,建设节约型学校。4%只是公共教育投入的起点,并非终点。在我国教育投入的"后4%"时代,如何继续保证教育投入持续增长,如何广泛动员社会力量积极投入教育,仍然面临着极大挑战。高等教育经费投入在促进我国经济增长中具有显著作用,在高校基础设施建设普遍取得长足进展的背景下,尤其应加大人员经费投入,提高教师薪酬整体水平。

2006年6月,我国提出在事业单位实行岗位绩效工资制度,人事部、财政部推出《事业单位工作人员收入分配制度改革方案》,目的是"改革事业单位工资制度,建立符合事业单位特点、体现岗位绩效和分级分类管理的收入分配制度",建立与岗位职责、工作业绩、实际贡献紧密联系的绩效工资制,事业单位实行岗位绩效工资制度。2009年9月,国务院常务会议决定,自2010年1月1日起,包括高校在内的全国事业单位将全面实施绩效工资制度。2010年7月公布的《国家中长期教育改革和发展规划纲要(2010—2020年)》也指出:高校薪酬制度要"改进管理模式,引入竞争机制,实行绩效评估,进行动态管理","建立经费使用绩效评价制度",促进"高等学校绩效评价指标的科学化"。2014年3月,国务院《政府工作报告》强调,要"改革机关事业单位工资制度,在事业单位逐步推行绩效工资"。2014年5月,国务院公布《事业单位人事管理条例》(国务院令第652号),明确提出:"国家建立激励与约束相结合的事业单位工资制度。事业单位工作人员工资包括基本工资、绩效工资和津贴补贴。事业单位工资分配应当结合不同行业事业单位特点,体现岗位职责、工作业绩、实际贡献等因素。"① 目前,我国高校已逐步开始由点到面进行教师绩效改革,在已经着手绩效改革的高校,教师薪酬分配体系发生了根本变化,教师绩效薪酬改革我国高等教育的热点问题。

---

① 《事业单位人事管理条例》(国务院令第652号),http://www.gov.cn/zhengce/2014-05/15/content_2680034.htm。

第一节　核心概念界定

教育经费支出按用途分为事业性经费支出和基础建设支出两部分。事业性经费支出分为个人部分支出和公用部分支出。公用部分支出包括商品和服务支出和其他资本性支出。个人部分支出包括工资福利支出、对个人和家庭的补助，用于教职工、离退休人员、学生资助等个人方面的支出，具体包括：①教职工工资；②离退休人员费用，含退休金、福利费、各种补贴及其他费用；③奖、贷、助学金及按规定给学生发放的各项物价补贴等；④其他个人部分开支，如教职工的"补助工资"、"职工福利费"，聘用外籍专家经费，出国和来华留学人员奖学金及生活费，财政对经费部分自收自支的教育事业单位的补助费等。基建支出指各级发展与改革部门集中安排用于学校购置固定资产、土地和无形资产，以及购建基础设施、大型修缮所发生的支出以及与之配套完成上述项目的非财政预算内资金支出。

在我国，"财政性教育支出"广义上指政府对教育的人、财、物力投入，狭义上则专指政府的经费投入。UNESCO 对公共教育经费的定义是：地方、地区和国家（中央）政府，包括自治市、自治区政府，用于教育和教育管理的支出总和，但家庭和政府之间的转移支付经费被排除在外。我国政府 1993 年将公共教育经费的计算口径扩大为国家财政性教育经费，包括预算内教育经费，城乡教育费附加，企业用于办学的经费，校办产业、勤工俭学和社会服务收入中用于教育的经费。

财政性教育支出占财政总支出的比例可衡量地方政府对教育投入和重视程度，自 1995 年以来，OECD 国家就稳定在 5% 以上。公共教育支出占政府总公共支出的比例可反映教育相对于其他公共投资领域的重要性，OECD 国家在 2006 年为 13.3%。在世界银行分类的高、中高、中低和低收入的四组国家中，2006 年公共教育经费占 GDP 的比例分别为 5.7%、4.6%、3.5% 和 3.4%。我国当年为 3.01%，2008 年达 3.48%。总体来看，OECD 国家公共教育投入的特点是：政府教育投入增速快于 GDP 和财政收入的增速；公共教育投入占政府总公共开支的比例逐年增加；政府教育投入得到法律保障；政府更多地保证普通教育投入，鼓励私人和社会资金投入高等教育。

一些国家税收对公共教育的扶持力度很大。美国用于教育的税收主要包括个人所得税、消费税和财产税；法国要求各企业缴纳"成人职业培训税"和"学徒税"；英国将地方税中的一定比例用于教育，对设立教育基金的企业实行税收优惠；韩国采取多种形式向纳税者按不同比例加收教育税；新加坡向所有企业征收教育补助金；尼日利亚教育法规定所有企业要缴纳应税利润2%的教育税。尽管政策各异但其共同特点为：①基本上按比例征税；②纳税人主要是雇主；③教育税筹措收入主要用于职业培训；④教育税作为独立税种且经过立法程序。

高校教师薪酬是指高校教师从事教学、科研与社会服务而从组织或社会中得到的各种酬劳的总和，包括经济、非经济报酬。薪酬包括可以转化为货币形式的劳动报酬；工作本身带给教师个人的机会和满足感；以及工作环境带给教师的满意、方便、舒适和愉悦。绩效与薪酬是员工和组织之间的对等承诺。高校教师经济薪酬是高等教育经费支出中事业性经费支出的重要组成部分。尽管我国在高等教育系统投入巨大，但高校教师的平均薪酬却很低。在当前高校基础建设普遍取得长足发展的背景下，我国高等教育投入理应适当向个人部分倾斜，加大人员经费投入，提高教师薪酬整体水平。

第二节　相关理论基础

与教育投入及高校教师薪酬相关的基本理论依据主要有四个：一是公共产品理论，认为教育服务属于准公共产品，既有外部效益和社会效益，也具有私人产品属性，还具有竞争性和排他性；二是财政分权理论；三是人力资本理论；四是教育成本分担理论，即教育成本需要由四方分担，即政府或纳税人、家长、学生、捐赠个人或团体。

一　公共产品理论

公共产品理论是西方财政理论的重要组成部分，其思想最早出现在英国学者霍布斯的《利维坦》（1657）一书中，他指出，政府的职能就是为个人提供公共服务。其后，大卫·休谟（1739）对公共产品进行了理论分析；维克塞尔和林达尔又进一步发扬这个思想，并通过数学模型论证了政府如何提供公共产品。公共产品理论正式形成以庇古（Pigou）的《福利经济学》（1920）为标志。庇古运用福利经济学系统分析了市场缺陷，揭示了公共产品和市场机制之间的内在矛盾，从垄断和规模效益的角度分析了政府必须供给公共产品的理由，从社会平等的角度论证了政府必须供给公共产品并且扩大公共产品的范围。其后，萨缪尔森等（Samuelson）又从公共产品定义、地方公共品提供及准公共产品等方面进行研究，使公共产品理论不断完善。

人们的消费以产品作为对象，从属性上看，世界上的物品按照是否具有消费的排他性和竞争性可以分成四大类：纯共用品、准共用品、准私用品和纯私用品，准共用品与准私用品统称"混合品"。纯公共产品天生具有非排他性和非竞争性两个基本属性，指每个人对这种产品的消费都不会导致其他人对该产品消费的减少，消费过程中产生的利益不能被某个消费者所专有，它是为整体意义上的全社会成员产生的，具有共用受益或联合消费特点，个人消费等于集体消费，若要限制其他人享受这种物品带来的好处或消费这种物品是不可能的或代价（成本）太大。一个人不管是否付费，都会得益于这种物品；纯公共产品的非竞争性则是指在生产水平既定的情况下，一个人的消费不会减少其他人的消费数量，即增加一个消费者时边际成本为零。正是由于这两个属性，因而很难找到一个有效的价格体系来控制纯公共产品的消费。再者，由于在纯公共产品的提供中存在"搭便车"问题，个人不具备任何手段截留那些利益，以阻止其流向他人，也难以收取费用以弥补其发起人的成本，这就使私人通过市场提供公共产品将无利可图，或所得收益不足以弥补成本，因而私人不愿提供纯公共产品，或提供的数量达不到有效率的数量。在这样的处境下，政府机制的介入是解决问题的可行途径。因此，纯公共产品一般由政府提供。私人产品具有排他性和竞争性。纯私用品是指只有获取某种物品的人才能消费这种物品的产品，是从市场上购买和消费的一般性商品、服务或资源，为私人拥有、个人消费或使用，其消费的总量等于所有个人消费额的总和。对于私人产品的提供，理论上市场机制和政府机制均是可利用的工具。在现实中，私人产品通常由市场来提供，这缘于市场机制所具有的一些优势：一方面，通过价格机制与优胜劣汰的竞争激励机制的作用能够有效地实现资源的配置；另一方面，在现有的技术条件下，市场机制能够通过分散化的处理方式更为有效地解决经济过程中的激励和信息问题。混合品

（含准共用品和准私用品）是介于纯共用品和纯私用品之间，具有二者部分特征的商品或劳务。混合品同时具有纯公共产品与私人产品的一些特征，原则上由政府与市场共同提供。纯公共产品与准公共产品的全部或部分依赖于政府提供，政府提供又必须有财力基础，这就决定了政府应当有组织财政收入的权利。

公共产品存在受益范围，相应的，公共产品也就具有了层次性。层次性通常按照全国性公共产品和地方性公共产品受益范围不同而大致划分。如果受益范围仅仅局限于地方政府辖区之内的公共产品，应为地方性公共产品。如果公共产品的受益范围远远超出了区域性范围，直至能够为国内居民所共同享用，那么，它就具备了全国性公共产品的特征。由于公共产品具有层次性，并且不同地区居民之间对一定的地方性公共产品的偏好程度通常是各不相同的，因而，不同地区居民对这种公共产品的需求量也各不相同。中央政府若提供地方性公共产品，就必须考虑各个地区的需要，而要照顾到各地综合利益的公共产品及其提供数量是很难选择和确定的。因此，中央政府应该承担提供全国性公共产品的责任，而不能包揽其他层次公共产品的提供，否则，便容易产生效率低下的问题。相较之下，地方政府更能够了解本地居民的偏好，它提供的地方性公共产品的水准和组合会更有助于满足地方的客观需求，因此，各级地方政府更适宜负责其范围内的地方公共产品的提供。因此，不同层次性的公共产品应当由不同层级的政府负责提供，中央政府负责提供全国性公共产品，地方政府负责提供地方性公共产品。这意味着地方政府应当有组织地方财政收入的权力。

二　财政分权理论

财政分权理论在西方国家被称为财政联邦主义，主要利用公共品、税收和公债影响理论、政治过程的公共选择理论以及区位理论的各种观点，对联邦制国家中产生的财政问题进行分析。主要包括：采取联邦结构的理由，经济活动分配的规则和不同政府水平的收入来源，从一种权限向另一种权限的自由和无限制转移的效率性质，以及政府之间收入转移的作用和它们在联邦结构中的最好形式。哈耶克（Hayek，1945）最早从信息角度提出财政分权思想，认为地方政府和消费者对地方情况的了解比中央政府更具有优势，因而它们可以因地制宜做出更好的决策，实行分权可以克服信息传导中的信息流失，从而具有较强的激励效果。财政分权理论以蒂伯特（1956）的《地方支出的纯理论》为起点，经历了两个发展阶段。

第一阶段：第一代财政分权理论。以蒂伯特、施蒂格勒（Stigler）、马斯格雷夫（Musgrave）与奥茨（Oates）等为代表，主要研究地方政府存在的必要性与政府职能应如何在中央政府与地方政府间划分，财权是如何在各级政府之间的分配并固定以及从政府间的财政关系考虑，转移支付体制对分权体制下必然出现的横向和纵向的财政失衡的作用。主要观点为：

蒂伯特（1956）假定居民可以自由流动，不同的地方政府可以在税率和公共品之间形成不同的组合。此时，居民可以通过选择居住地来表达对地方公共品供给的偏好，即"用脚投票"，并用这个机制来有效地显示地方公共品的供给效率。通过"用脚投票"对地方政府形成强烈激励，增强地方政府之间相互竞争，政府间出于对居民竞争关系的考虑，也会以最有效的方式提供公共品。施蒂格勒（1957）分析了地方政府效率优势的来源。他认为，与中央政府相比，地方政府更接近公众，从而对辖区居民的偏好和公共物品需求拥有信息优势。同时，不同地区的居民对公共物品的数量和种类的需求是不同的，中央政府统一供给公共物品就无法适应这种异质性。奥茨（1972）研究了最优分权条件。他假定，地方政府提供的公共物品是可以变化的，中央提供的则是不变的，进而着重考察的是居民偏好的异质性以及公共物品的外溢性。他还指出，当偏好是异质的而公共物品在地区之间没有很强的外溢时，分权供给就是有效的；而当偏好同质且公共物品在地区间有外溢时（公共物品有正的外部性，分权供给会导致供给不足；有负的外部性，分权供给就会供给过多），中央集中供给就有优势。总体原则是，既要实现公共物品提供的规模效应并减少外部性，也要满足各地居民的不同偏好，最佳方式是在这两者之间作一个权衡。

马斯格雷夫（1959）通过构造模型求出了社区间最优规模和最优服务水平的均衡。他指出，为更好地平衡公共物品的供给效率和分配的公正性，中央政府和地方政府间必要的分权是可行的，而这种分权是通过税权在各级政府之间的分配固定下来，从而赋予地方政府相对独立的权力。他根据税收的公平与效率原则进一步提出中央政府和地方政府税收划分的原则，在这个原则基础上将税收收入划分为：属于中央政府的税收，应包括收入再分配性质的税收、促进经济稳定的税收、税基分布不均匀性质的税收、税基流动性大的税收、税负容易转嫁的税收；属于州（或省）的税收，应包括以居住为依据课征的税，如对消费品的销售或国内物品所征的税收；属于地方政府的税收，应将税基分布均匀、税基流动性小、税负不容易转嫁的税收划归地方政府课征。① 马斯格雷夫还认为，收益税及收费对各级政府都是适用的，而且，各级地方政府的主体税收应该属于经济周期中表现比较稳定的税收。关于收入的划分原则，Shah（1994）又给出了另外两条规则：（1）对税基拥有最多信息的政府负责该税种；（2）如果某些特定政策的目标包含提供更多服务，则应赋予该级政府相应的税收权限。

此外，Shah 等（1994）从政府间关系角度进行分析，主要从三个方面论证了在分权制下转移支付制度存在的必要性：（1）公共品具有外部性，公共品提供存在着辖区间的外溢，对于一些具有溢出正效应的投资，地方政府缺乏动力；（2）一些地区由于初始禀赋差异，即使在相同的税收努力下也无法提供基本的公共服务，在劳动力无法自由流动情况下，居民无法通过"用脚投票"机制来均等地分享基本公共服务；（3）政府间纵向财力不平衡。Shah（1994）还在此基础上进一步明确了转移支付有效供给的六条基本原则：（1）保证各级政府的财政收支平衡；（2）使得各地方的基本公共服务均等化；（3）鼓励地方政府努力征税和降低支出，转移支付要避免降低地方政府的税收努力和支出规模的过度膨胀；（4）转移支付要有一套客观的标准，避免由此产生"寻租"和腐败问题；（5）转移支付要公开透明、长期稳定，使地方政府对上级政府的转移支付具有较准确的预期；（6）对于条件性转移支付要有中间过程监督和事后评估，使该项支出达到预期目的。

第二阶段：第二代财政分权理论。以钱颖一、温格斯特等为代表，通过在分权框架上引入激励相容与机制设计理论，研究在非对称信息条件下如何设计对地方政府的激励机制。它假定政府和政府官员也有自己的物质利益，追求自身利益最大化。政府官员只要缺乏约束就会出现"寻租"行为。因此，应通过运用激励机制，构造一个为市场效率提供支持的有效的政府结构，使中央政府、地方政府各司其职，相互拥有权利和负有义务。

同时，也实现政府官员与地方居民之间的激励相容。第二代财政分权

---

① 理查德·马斯格雷夫等：《财政理论与实践》，中国财政经济出版社 2003 年版。

理论认为，财政分权可以激励政府官员，使其利益与全民福利相一致；好的市场效率来自好的政府结构，它要求政府行为既是有效果的，又是受限制的。其主要观点为：钱颖一（1996）、温格斯特（Weingast，1996，1997）通过对中国分权改革与经济发展进行研究，认为分权为中国创造了一个来自地方的改革支持机制，使得地方政府和中央政府形成经济上的制约和可置信的承诺，从而能够保证有效率的改革持续进行，并据此提出市场维护型财政联邦主义的概念。他们认为，市场维护型财政联邦主义应当具有五大特征：（1）存在一个政府内的层次体系。（2）在中央政府与地方政府之间存在一个权力划分，从而使得任何一级政府都不拥有绝对的制定政策法规的垄断权，同时又在自己的权力范围内享有充分的自主权。（3）制度化的地方自主权对中央政府的任意权力造成强有力的制约，使得中央与地方的权力分配具有可信的持久性。（4）地方政府在其地域范围内对地方经济负有主要责任，同时，一个统一的全国市场使得商品和要素可以跨地区自由流动，并且中央政府有权监督区域共同市场运行。（5）中央和地方之间的权责划分以制度的形式固定下来，既不能被中央政府单方面随意改动，也不会因为地方政府自下而上的压力而动摇，即各级政府都面临"硬"预算约束。钱颖一、温格斯特还认为，分权还会引导地方政府积极实施经济转型和改革，地方政府出于对流动性要素的竞争，会降低对市场的干预，放松对行业的管制，最终形成高效率的市场经济。他们进一步指出，财政分权有助于政府可靠地维护市场，但要达到这种效果，联邦主义政策的实行必须是可持续性的，这种可持续性的产生需要政府具有自我强制机制予以保证，而官员必须遵循联邦主义规则的激励，而要使财政主义持续、稳定地发挥作用，必须具备两点：（1）给中央政府监督防止下级政府逃避责任的充分资源；（2）地方政府必须有通过一致反对中央政府滥用权力的监督手段。

此外，德沃特里庞特和马斯金（Dewatripont and Maskin，1995）从一个信贷模型出发，分析了在逆向选择存在情形下非营利项目的融资问题，论证了信贷分权能够有效约束信贷融资。他们还将该思想从微观领域扩展到宏观领域，分析了财政分权与公共品的供给，认为分权能够硬化地方政府的预算约束，增加地方政府援助无效率企业的机会成本，提高政府支出效率。分权给予地方政府足够的经济激励，将自身利益最大化作为地方政府的目标函数，地方政府的收益与当地的经济发展呈正相关，于是各地都在"为增长而竞争"。

三 人力资本理论

美国经济学家西奥多·W. 舒尔茨（Theodore W. Schultz，1960）发表《论人力资本投资》，首先系统提出了人力资本理论。他指出，人的知识和能力也是资本，而且是比物质资本更重要的资本，人力资本是凝结在人体中能够使价值迅速增值的知识、体力和技能的总和，人力资本是经济增长的主要源泉，其投资收益率将远远超过物质资本的投资收益率。随后，加里·贝克尔（Becker，1964）在其《人力资本》一书中从家庭生产和个人资源分配角度系统阐述人力资本及其投资，认为人力资本是用于增加未来货币和物质收益的人力资源的知识、技能和体能。1980 年后，新增长理论把人力资本要素内生化，强调其内溢和外溢效应，深化了人力资本形成途径及对经济增长贡献的理论基础，最具代表性的有罗伯特·卢卡斯的人力资本外部性模型和保罗·罗默的知识驱动模型，他们构建的模型是以在生产中累积的资本来代表当时的知识水平，将技术进步内生化。人力资本概念实际上是指凝结在人体中的知识、技能和体力存量的总和，是"人"与"能力"的整体概念，是指为改进劳动者素质或工作质量，人们在保健、教育、培训等方面进行的时间和货币投资所形成的资本，是凝结在行为主体身上的体力、健康、经验、知识和技能等方面的能力，可以在经济活动中给行为主体及其所属的社会带来收益。人力资本的本质既是资本的一种形态，也是一种商品，拥有商品的二重性——价值和使用价值。劳动力价值构成了人力资本价值的主体，其使用价值有特殊意义，也包含两个方面——人力资本自身的价值与价值的增值部分。与人力资源概念相比，人力资本兼有存量和流量性质，既表现产出量（劳动者体能、知识和技能）的变化，也表现投资活动的特定积累；主要涉及质量的提升，是对劳动力资源质的概括，从投入—产出角度研究人力在获益和经济增长中的作用，并关注收益问题。

人力资本的特征具有以下特征：（1）依附性。人力资本蓄存于人体，依附于劳动力本身，通过人力投资形式形成价值在劳动者身上凝结，一切才能、智慧、情感、价值观念和思想道德都依附于人自身，与其所有者不可分离；人力资本的价值量和新增价值的创造，必须在劳动过程中才能得以体现，否则人只是一个纯粹消费者，其资本价值量不能得到体现。（2）能动性。人是人力资本的载体，人的目的性、主观能动性和社会意识，使人力资本成为不同于其他资本，得以自我丰富、自我发展、自我循环，在经济活动中处于主导地位；人力资本的能动性使科技发明与使用、技术与管理创新、经济持续发展、社会进步得以实现。（3）私有性。人力资本不可继承、转让和剥夺，其形成与其承载者不可分离，其所有权属于个人，不可继承、转让或剥夺，每个人的人力资本都需要通过自己的努力而获得，任何人不能剥夺个人的人力资本所有权，但个人可以向他人或机构让渡部分使用权。（4）增值性。指收益递增，通过不断使用和学习带来剩余价值，具有追求价值最大化本性，不但不会因使用而耗损，反而随着投入的增多，收益也增加。高质量的人力资本可以获得高收入，并带动资本和其他生产要素的收益递增，从而使其他劳动者的收入增加，最终提高全社会的经济效益。（5）可变性。人力资本存量不是固定不变的，会随着对人力资本投资和外部环境（如社会需求）变化而改变，如可能因劳动者自身学习、使用而不断增加，但也可能因自身学习中断、使用消耗、赋闲贬值而不断减少。（6）时效性。人力资本的形成和使用存在一定期限，一般劳动者的劳动年龄只有 40 多年时间。一定时期内的人力资本总会推动本期经济、社会发展，为了与经济、社会发展相协调，人力资本必然要不断补充、更新、提升并利用，否则就会失去其应有的价值。

人力资本投资指为了提高人自身知识、能力和健康存量水平，实现预期收益最大化及降低磨损与贬值风险而进行的相关投资。具体包括：用于正规教育与职业培训，医疗卫生保健，劳动力国内流动，国外移民入境、智力引进、国际人才吸收等方面的费用。舒尔茨曾将人力资本投资内容归纳为五个方面：（1）正规学校教育的支出，包括初等、中等和高等教育的一切开支；（2）职员的在职培训，包括社会组织的培训和企业内部开展的岗位培训；（3）人员迁移费用，主要包括个人为获得较好的发展机会和更高的工资收益而异地迁移的支付费用；（4）外来移民的支出，主要是指外来移民对移入国的人力资本投资效应，应为移入国可以节省大批的教育费用；（5）其他与教育相关的各种投资，例如教育当局派人出国考察、培训、相关会议费用等。

人力资本理论主要观点包括：（1）人力资源是一切资源中最主要的资源，人力资本理论是经济学的核心问题；人口质量重于人口数量，人力资源可以进一步分解为具有不同技术知识程度的人力类型，高技术知识程度的人力带来的产出明显高于技术程度低的人力。（2）人力资本投资与物质资本投资都是经济发展不可缺少的生产性投资，但在经济增长中，人力资本的作用大于物质资本的作用，人力资本投资与国民收入成正比，人力资本比物质资源增长速度快，资本投资的重点应不断由物质资本向人力资本转换。（3）人力资本的核心是提高人口质量，教育是提高人力资本最基本的主要手段，可以把人力投资视为教育投资问题；不应把人力资本的再生产仅仅视为一种消费，而应视同为一种投资，这种投资的经济效益远大于物质投资的经济效益。（4）教育消费是一种投资行为，教育投资是人力资本投资的核心，教育投资是一种长期性投资，它并不一定能获得即时回报，而是在未来社会活动中逐步实现其内在价值和收益；教育投资应以市场供求关系为依据，以人力价格浮动为衡量符号。

人力资本理论的重要贡献在于，发现了教育培训与个人收入水平的关系，进而建立了人力投资的收益率模型；将人力投资划分为教育投资与培训两个变量，并建立了个人收入与这两个变量之间的函数关系；发现了人力资本投资与企业发展及国民经济增长的关系；发现了人力（劳动力）内涵扩大再生产的重要性，将人力扩大再生产划分为内涵扩大再生产（劳动者素质/人力资源质量的提高）和外延扩大再生产（劳动者数量/人力资源数量增长）；发现了人力资源投入的生产性质，即人力资源投入不仅仅是消费，也是投资，从而将劳动者的支出划分为消费性和生产性支出（人力资本投资）；提出了劳动者的质量（人力资源素质）问题，将劳动者这一概念划分为劳动者质量（素质）和劳动者数量，进而建立了劳动者质量（素质）与个人收入及经济增长的关系；指出了经济发展的根本动力在于技术创新和进步，而人力资本既是技术创新和进步的发动者和推动者，又是新技术的载体和传媒，通过人力资本作用将会带来生产过程中全部要素生产效率的提高，最终推动经济的可持续性增长。一个国家要实现经济的可持续发展，就必须确立以人力资本投入为主导的经济发展观念。

四　教育成本分担理论

新政治经济学中，公共产品理论是处理政府与市场关系、转变政府职能、构建公共财政收支、公共服务市场化的理论基础。按照萨缪尔森的定义，纯粹的公共产品或劳务具有效用的不可分割性、消费的非竞争性和受益的非排他性。凡是可以由个别消费者占有和享用，具有竞争性、排他性和可分性的产品就是私人产品。介于二者之间的产品称为准公共产品或混合产品。私人产品可以被分割成许多可以买卖的单位，只能是所有者才可消费，谁付款，谁受益。由于存在市场失灵，市场机制难以在一切领域达到帕累托最优，特别是公共产品。如果由私人部门通过市场提供就难免出现"搭便车"，导致休谟指出的"公地悲剧"，难以实现社会福利最大化，这时就需要政府出面提供公共产品或劳务。此外，由于外部效应的存在，私人不能有效地提供也会造成其供给不足，这也需政府出面弥补这种"市场缺陷"，提供相关的公共服务，比如公园、灯塔、国防、外交、治安等。纯公共产品边际生产成本为零，即在现有供给水平上，新增消费者不需增加供给成本。纯公共产品边际拥挤成本为零，任何人消费公共产品不排除他人消费（从技术加以排除几乎不可能或排除成本很高）。混合产品介于私人产品和公共产品之间，由政府与市场共同提供。

高等教育职能包括教学、科研与社会服务，其直接产出包括学生人力资本的形成、学术科研成果以及其他社会贡献。由于教育具有巨大的正外部效应，如推动经济增长，改善收入分配的不公平，形成高素质公民社会，促进社会文明进步等，政府必须大力投入教育发展。萨缪尔森等指出："医疗保健、被管制的行业、教育、交通运输——同 19 世纪相比，当今所有这些都具有集体选择的主要成分。"[1] 要保证学生享受教育的机会均等，最理想的办法是由政府免费提供全部教育，但这在现实中越来越缺乏可行性。早在 1986 年，美国纽约大学校长、经济学家布鲁斯·约翰斯顿出版了《高等教育的成本分担：英国、联邦德国、法国、瑞典和美国的学生财政资助》一书，提出了著名的成本分担和补偿理论，即高等教育成本应该由多方负担，包括政府（纳税人）、学生、家长、高校和捐赠人等，他们可以用过去的收入（如存款）、现在的收入和未来的收入来分担成本；高等教育受益方根据各自收益的高低及支付能力大小对高等教育费用进行补偿。[2] "高等教育成本应当从完全或几乎完全由政府或纳税人负担转向至少部分依靠家长和学生负担，他们交学费补偿部分教学成本，或支付使用费补偿由政府或大学提供的住宿费和膳食费"。[3] 作为高

---

① 保罗·A. 萨缪尔森、威廉·D. 诺德豪斯：《经济学》，中国发展出版社 1992 年版。

② 布鲁斯·约翰斯通：《高等教育财政：问题与出路》，人民教育出版社 2003 年版。

③ 布鲁斯·约翰斯通：《高等教育成本分担中的财政与政治》，《比较教育研究》2002 年第 1 期。

等教育成本分担的一种方式，助学贷款为学生透支其未来的收入承担现在接受的高等教育提供了可能。助学贷款比助学金更能降低政府开支，使成本与收益的分配更为公平，使高校对学生更负责任，学生更珍惜学习机会。约翰斯通（Johnstone，2003—2004）断定，增加对高等教育成本的分担很可能是不可避免的，其根据较少来自新古典经济学所声称的公平与效率目标，而是由于财政收入的限制以及其他公共目标对国库依赖的优先权日益增加所致；自从高等教育学费引入及陡增以来，成本分担或者至少是部分高等教育成本负担由政府（纳税人）向学生及其父母转移，"用户"为自己的吃住付费，政府对学生的直接拨款大幅缩减等，已经是一个全球趋势。格拉迪厄（Gladieux，2003）认为，没有哪一项物品的价格像高等教育这样由学生家长、学生个人、纳税人及捐赠人共同承担，也没有哪个国家能妥善解决如此复杂的问题。[1] 约翰斯通教授（2010）进一步指出，目前高等教育成本分担的担子正在继续向学生及其家庭"偏移"。[2]

高校经费主要来自政府、学院和学生，官僚控制模式指经费控制权掌握在政府和官僚手中；相反，经费权掌握在无数消费者个人手中，就是伯顿·克拉克所谓的市场调节模式。在市场模式中，"分担"是基于参与者自发、自愿的行为。但在官僚控制模式中，作为游戏规则的制定者，政府往往具有先动优势和强势地位。它事实上是在"撬动"其他参与者加大投入，而其他成员也只能被动接受。因此在机制上，成本分担实际上是高等教育财政中的一种杠杆原理。为了调动社会资金参与高等教育成本分担，政府可以使用经济杠杆作为调控手段，用相对较少的补贴和投入来调动社会机构参与学生贷款；对银行和经营学生贷款的非银行金融机构，政府利用财政杠杆让他们主动去收回贷款。政府规定为学生贷款提供担保，但如果发生拖欠，银行也要承受一定的损失。这就提高了银行追讨债务的积极性，银行会把拖欠者的账户转给专门的追款机构。

政府投资教育，是出于教育的巨大正外部性和溢出效应；理性的学生（家庭）选择缴费上大学，主要出于预期的个人收益考虑。在我国，高等教育对政治、经济、文化以及个人生活的影响越来越大，正逐步走向大众

---

① Lawrence E. Gladieux, Student Assistance the American Way. Student Assistance the American Way, Washington D. C.: Educational Policy Institute, Inc., 2003.

② 2010 年 11 月约翰斯通于华中科技大学讲学，"Cost-Sharing: Shifting Costs to Parents and Students"。

化、终身化、现代化，正由传统社会的"奢侈品"转变为现代社会的"生存必需品"，人们对高等教育的需求急剧上升。受教育者承担一部分高等教育经费已经得到公众的普遍认同，学生缴纳的学杂费也已成为高等教育经费的基本来源之一，收费在一定程度上缓解了高等教育的经费短缺。

（1）受益原则，即根据社会和个人从教育中受益的大小来确定各自分担教育成本的份额。凡得到高等教育收益的各方，都要分担高等教育成本。收益多者多承担，收益少者少承担。这是经济公平的客观要求。但是，高等教育收益计量、分配存在一定的模糊性，要进行精确量化和货币计量比较困难，只能根据相关资料对社会和个人的直接收益进行计算。

（2）能力原则，即根据受教育者家庭及个人对教育成本的分担能力作为确定教育成本分担标准的依据。在个人成本分担能力普遍较低，高等教育的个人收益普遍较高的情况下，为了保证高等教育的发展，按能力原则确定成本分担标准应该说是比较科学的选择。这样既有利于促进教育公平，实现高等教育机会均等，又不会制约高等教育的发展。

调查显示，中国财产不平等程度在迅速升高，2012年家庭净财产的基尼系数达到0.73，1%的家庭占全国超1/3的财产，而25%的家庭仅拥有约1%。① 由于历史原因、地域差异、制度不合理等诸多因素，造成我国城乡不同地区和不同行业居民收入差距较大，贫富悬殊问题越来越严重。因此，教育成本分担应是财产和收入多者多分担；谁的财产和收入少，就少分担，这是社会公平的客观要求。自扩招以来，由于学校办学成本的上涨，我国国家拨款的增长远远小于高教发展的经费需求，按能力原则收取学费成为学校自筹经费的重要来源。

第三节　国内外研究现状述评

一　有关教育投入的研究

教育投资是指一个国家或地区为了培养不同熟练程度的后备劳动力和

---

① 北京大学中国社会科学调查中心：《中国民生发展报告（2014）》，2014年7月25日。

各种专门人才，以及提高现有劳动力智力水平和劳动能力而投入教育领域中的人力、物力和财力资源，它是以货币形式表现出来的费用总和。亚当·斯密曾大胆地把全体国民后天获取的有用能力全都算作资本的一部分；马歇尔也曾指出，所有投资中最有价值的是对人的投资。但是，受到所处时代的局限，他们并没有对此加以深入探讨，而且在很长一段时间内，存在着这样一种观念，即把人看成资本是对人的价值的贬损，"人力资本"概念本身也被看成是有辱人格的。这种观念限制了对人力资本的深入研究，人力资本投资也"很少被纳入经济学的正规的核心内容之中"。① 国内通常认为教育投入就是教育投资，把它理解为一项物质性投入，即教育投入是指一个国家或地区根据教育事业发展需要投入教育领域中的人力、物力和财力的总和，或者说是指用于教育、训练后备劳动力和专门人才，以及提高现有劳动力智力水平的人力和物力的货币表现。② 教育投资系指教育生产过程中的所有人力、物力和财力，就是购买教育的全部支出，通常指人力、物力的货币表现。一般来说，教育投资指的是公共教育投资。③ 教育财政是以支援作为国家公益事业的教育活动为目的，由中央政府或地方政府对其必要的财源予以确保、分配、开支、评价等一系列经济活动。④ 教育支出即教育投资，在现代生产和现代教育条件下，教育支出是具有生产性的投资，但仍具有消费的一面；投入到教育的人力资源主要包括教育者和受教育者。广义的教育者包括教师、教育机构和学校的各类管理人员、教学辅助人员、工勤人员等；受教育者指的是各级各类学校的学生，他们是直接的受教育者。⑤ 教育经费是教育财务管理中经常使用的一个术语，是指用于各级各类教育的经常性费用。⑥ "人力"投入实质上是教育活动中各主体的各种情感与精力投入。所谓教育中的情感，是指教育工作者和学习者在教育过程中产生的喜怒哀乐等心理表现。情感投入主要表现为教育工作者对教育或教育者的喜爱和爱护，以及学习者对学习或教育工作者的热爱和尊重等。教育精力则是指教育者或学习者的心

---

①　舒尔茨：《论人力资本投资》，北京经济学院出版社1990年版，第3页。

②　靳希斌：《教育经济学》，人民教育出版社2005年版，第204页。

③　曲恒昌、曾晓东：《西方教育经济学研究》，北京师范大学出版社2000年版，第79—80页。

④　文泰烈：《韩国的地方教育财政交付制度》，《比较教育研究》2004年第9期。

⑤　王善迈：《教育投入与产出研究》，河北教育出版社1996年版，第79页。

⑥　范先佐：《教育财务与成本管理》，华东师范大学出版社2004年版，第27页。

神状态或精神状态。精力的投入表现为强烈的责任心，认真负责的态度，以及饱满充沛、孜孜不倦、全心全意的工作或学习精神。[①] 随着软科学研究的兴起，国内一些学者提出了"软投入"、"广义投入"等概念，其中以 20 世纪 80 年代李国璋提出的软投入理论影响较大。该理论把人们为整个社会经济增长而人为提供的一切条件统称为投入，即广义投入。一类投入具有物质形态，称为硬投入，如资本、劳动等；另一类投入不具有物质形态，称为软投入，如政策、劳动者积极性等。[②] "硬投入"是一种物质形态的投入，如资产与设备等。物质性投入即物力与财力的投入是一种分割，遵循着"分割原理"。在分割过程中，物力和财力并不增值，总量一定，份数越多分量越少；投入以后，它才升值，且这种升值的速度是缓慢的。[③] 有学者指出，教育投入具有"二维"属性，是物质性投入和精神性投入的统一。教育投入是一项综合构成，它既包括各项物质性投入，也包括各教育主体的意识、认知、情感和行为等方面的非物质性投入。从要素上，教育投入是"物力"与"人力"的总和；从形态上，教育投入可分为"硬投入"和"软投入"；从影响因素上，教育投入是显性与隐性因素共同作用的结果。[④]

教育经费紧缺是世界性问题。国外相关研究可分为两段。20 世纪七八十年代特别重视教育筹资多元化，以响应世界范围出现的教育需求上升、财政规模的紧缩。如通过税收为教育筹资（H. M. Levin，1987）；通过提高私人教育投入减轻政府财政负担（Tan，1985）；通过征收学费、银行向学生贷款和动员社会力量办学来弥补部分办学成本（Psacharopoulos，1977）。20 世纪 90 年代之后，面对高校的多元筹资，研究热点由对政府拨款机制的分析转为对各国公、私立教育的效率效益等方面的实证研究。国内相关研究主要有三种观点：（1）依靠政府对教育尤其是义务教育的财政支持；（2）依靠市场增加对教育主要是非义务教育的经费供给；（3）依据混合经济学的理论指导，从政府和市场两方面筹措教育经费。研究者提出了教育经费筹措的具体渠道：教育税、教育费附加、教育彩票、社会集资、教育基金等。

---

① 胡弼成、王莎：《论教育投入的结构及基本特征》，《黑龙江高教研究》2006 年第 10 期。
② 李国璋、王卉：《软投入制约下产出的损失分析》，《开发研究》2006 年第 3 期。
③ 胡弼成：《学生发展：个体教育经济学的基本范畴》，《教育研究》2005 年第 5 期。
④ 陈慧青：《教育投入之"二维"界说》，《大学教育科学》2011 年第 1 期。

　　自舒尔茨（1961）、贝克尔等（1975）提出人力资本理论以来[1]，关于教育与经济增长关系的研究十分丰富。舒尔茨（1961）、丹尼森（1962）分别提出了舒尔茨余量法与丹尼森因素分析法，定量测算了教育对经济增长的贡献率[2]；20 世纪 80 年代，罗默、卢卡斯的内生增长理论认为，知识积累或人力资本积累引起的内生技术进步是经济增长的源泉[3]；而梅农（Menon，1997）、卡德（1999）对教育投入与经济增长的关系进行了实证研究[4]，梅农认为，教育发展是因，经济增长是果，而卡德认为，经济发展是教育发展的先导原因。

　　在定性研究方面，国内不少研究指出，高等教育与经济发展之间存在相互促进与制约的关系[5]；就完善实现 4% 目标后的教育投入保障机制问题，有研究者应提出尽快制定生均教育经费标准，建立和完善政府、家庭、社会横向和政府间纵向合理分担教育投入机制的可行办法，同时要加快立法、加强监督。[6] 在定量研究方面，近年来国内关于教育与经济发展关系的文献大量涌现。有学者运用丹尼森因素分析法测算了不同时期我国高等教育对经济增长的贡献率。[7] 冯云等（2011）采用曼特尔（Mantel）相关分析法和空间计量分析法，对 1995—2008 年我国地区教育投入差距与地区居民收入差距之间的关系进行了实证研究。结果发现：我国近年来

　　① Schultz, T. W., Investment in human capital. *American Economic Review*, 1961, 51（01）; Becker, G., *Human Capital*（2nd ed）［M］. The University of Chicago Press, 1975.

　　② Schultz, T. W., Education and economic growth. In N. B. Henry（ed.）, *Social Forces Influencing American education*. Chicago: University of Chicago Press, 1961: 85—90; Denison E F. The sources of economic growth in the United States and the alternatives before us, New York: Committee for Economic Development, 1962.

　　③ Romer, P., Increasing Returns and Long-run Growth. *Journal of Political Economy*, 1986: 94; Lucas R E. On the mechanics of economic developmentm, *Journal of Monetary Economics*, 1988（22）.

　　④ Menon, M. E., Perceived rates of return to higher education incyprus. *Economics of Education Review*, 1997, 16（04）; Card, D., The Causal Effect of Education on Earnings. *Handbook of Labor Economics*, Amsterdam: North-Holland, 1999.

　　⑤ 叶茂林：《教育发展与经济增长》，社会科学文献出版社 2005 年版，第 260—265 页；吴越、杜学元：《试论高等教育与经济发展》，《决策参考》2007 年第 21 期。

　　⑥ 张宝文：《完善实现 4% 目标后教育投入保障机制的思考》，《教育财会研究》2013 年第 4 期。

　　⑦ 崔玉平：《中国高等教育对经济增长率的贡献》，《教育与经济》2001 年第 1 期；宋华明、王荣：《高等教育对经济增长率的贡献测算及相关分析》，《高等工程教育研究》2005 年第 1 期。

地区居民收入差距一直在急剧扩大，地区财政教育经费投入差距与地区居民收入差距之间具有高度的正相关性，各地在高等教育和初等教育投入上不均等，是造成我国当前地区居民收入差距产生和扩大的重要原因，财政性教育投入能够显著促进各地居民收入的提高，缩小教育投入差距有助于阻止地区居民收入差距继续的扩大。[①] 有研究者运用时间序列数据分别分析了陕西、广东省高等教育与区域经济增长的关系[②]；少数学者采用计量方法分析了我国高等教育财政投入与经济增长的关系[③]；赵树宽等（2011）运用单位根检验、约翰森（Johansen）协整检验、格兰杰因果关系检验、脉冲响应函数、方差分解、线性回归及修正模型等计量方法方法研究了我国高等学校经费投入、高校教职工数（专任教师数）、高等学校在校生数与经济增长之间的关系，研究发现，高等教育投入与经济增长存在双向关联关系，但高等教育投入对经济增长的促进作用期不长，且人员投入的促进作用要大于经费投入[④]；赵树宽等（2011）认为，我国高等教育经费投入、人力投入与经济增长之间存在长期的动态均衡关系，长期均衡中，高等教育经费投入、人力投入对经济增长影响显著，高等教育经费投入和人力投入每增加 1%，会分别引起经济增长（GDP）增加 0.251%和 1.175%。[⑤] 范柏乃等（2013）基于中国省际面板数据模型，发现我国教育投入对经济增长贡献率为 35%。教育投入对经济增长的贡献率在不同的时间段存在显著的差异，2000—2006 年贡献率明显低于 1996—1999年和 2007—2011 年；在不同的区域上也存在显著的差异，贡献率由东向西递减。[⑥] 王利辉等（2013）采用 1952—2011 年样本数据，通过多变量

---

① 冯云、王维国：《教育投入差距与地区居民收入差距关系研究》，《教育科学》2011 年第 3 期。

② 师萍：《陕西省高等教育与经济增长的关系研究》，《西北大学学报》（哲学社会科学版）2007 年第 6 期；黄大乾等：《广东高等教育与经济增长关系的实证研究》，《华南农业大学学报》（社会科学版）2009 年第 4 期。

③ 吴惠、刘志新：《中国高等教育财政投入与经济增长关系模型》，《哈尔滨工业大学学报》2009 年第 7 期。

④ 邓水兰等：《高等教育投入位进经济增长的实证研究》，《教育学术月刊》2013 年第 10期；陈霞：《中国高等教育投入与经济增长协调关系分析》，《云南大学学报》（社会科学版）2010 年第 1 期。

⑤ 赵树宽等：《高等教育投入与经济增长关系的理论模型及实证研究》，《中国高教研究》2011 年第 9 期。

⑥ 范柏乃、闫伟：《我国教育投入对经济增长贡献率的时空差异研究》，《国家教育行政学院学报》2013 年第 12 期。

自回归模型研究了教育投入与经济产出之间的动态相关性，并在此基础上使用协整理论和误差修正模型对教育投入的相关因素与经济产出之间的作用机制进行了系统分析。研究结论表明：我国教育投入与经济产出之间即存在长期稳定的均衡关系，也存在短期的动态联系。从长期看，政府教育支出和教育基础设施建设对经济的产出弹性表现最为显著，分别达到1.413和1.257；从短期看，经济产出仅对政府教育支出和高校在校学生的响应系数为正，分别是0.492和0.378。[①] 刘新荣等（2013）在增长回归框架下，利用中国省级面板数据，考察了教育投入及其结构对经济增长的影响，认为教育投入结构对于经济增长具有倒U形的影响，而目前我国的教育投入结构仍然处在促进经济增长的阶段；从东中西分地区看，不同地区之间的教育投入及其结构对地区经济增长的影响存在很大差异。[②] 余菊（2014）采用1999—2010年面板数据的变截距及变系数模型，对中国31个省市区的科技进步、教育经费投入与城乡收入差距之间的关系进行实证分析。认为全国范围教育投入与城乡收入差距负相关，而科技进步与城乡收入差距正相关；而绝大部分地区R&D科技投入的增长拉大了城乡收入差距，半数以上的地区其教育投入对城乡收入差距的缩小有一定促进作用，但不同地区其影响效应呈现一定的差异性。[③] 以上研究通过我国省际数据，强调了教育经费和人力资本投入是经济增长的原因，教育投入逐渐成为我国经济增长的主要动力，甚至是原动力。

二　有关财政性教育支出的研究

古典经济学家如威廉·配第、亚当·斯密、马尔萨斯、卡尔·马克思、马歇尔、费雪等都曾提出教育能够促进经济增长的经济思想。从经济增长理论角度看，真正把教育当成经济增长的内生变量的现代学者是索罗（1957），他使用生产方程考察投入产出关系时，间接指出了教育对经济增长的贡献。人力资本和经济增长之间关系的被重视始于西奥多·W.舒尔茨的《人力资本理论》（1960）。他认为，人力资本可以通过"知识效

---

① 王利辉等：《我国教育投入与经济产出的长期均衡和短期动态实证》，《统计与决策》2013年第6期。

② 刘新荣、占玲芳：《教育投入及其结构对中国经济增长的影响》，《教育与经济》2013年第3期。

③ 余菊：《科技进步、教育投入与城乡收入差距——来自中国省际面板数据的经验证据》，《工业技术经济》2014年第1期。

应"与"非知识效应"来直接或间接地促进产出的增长,而财政教育投入是人力资本投资的主要方面。自舒尔茨的人力资本理论后,各国学者分别从理论和实证方面对人力资本和经济增长的关系进行了理论性和实证性论证。库兹涅茨(1971)指出知识存量的增长、生产率的提高和结构变化等因素能促进经济增长。他认为,随着社会的发展和进步,人类社会迅速发展增加了技术知识和社会知识的力量,当这种存量被利用的时候,它就成为现代经济高比例、高速增长的结构变化的源泉。在罗默(Paul M. Romer)模型中,知识和专业化的人力资本是经济增长的主要因素,它们使整个经济规模收益递增,它保证经济长期增长。卢卡斯(Robert Lucas)尝试用人力资本解释持续的经济增长,并认为人力资本可作为经济持续增长的源泉。丹尼森(Edward Fulton Denison)对人力资本的作用进行计量分析,用实证分析证明了人力资本对经济增长的贡献。他们从资本、产量、储蓄和投资的相互关系中发现经济增长原理,认为技术进步是经济增长的决定要素。

在国内,20 世纪 80 年代末,厉以宁据国际统计资料构建模型,测算我国未来财政性教育经费占 GDP 的比例;王善迈研究了世界各国教育投资占 GNP 的比重。王蓉等提出,我们的目标是建设一个具有高效性、公平性和给予受教育者更多选择的公共教育财政体制;也有学者提出了构建我国公共义务教育财政体制的思路。财政性教育投入占 GDP 的 4% 是一个典型的公共教育投入议题。我国政府在 1993 年提出、2006 年强调、2010年再次强调要实现这个 4% 的目标。吕旺实(2002)通过国际比较和国内发展需要分析,认为我国教育投入应当增加,但财政直接投入大幅度增加的能力毕竟有限,私人办学和团体办学的数量仍然很少,财政以外的教育经费来源少,财政投入不足与社会投入渠道不畅的问题并存。必须动员社会资金投入;调整财政教育投入结构,提高教育经费使用效率和管理水平。① 国内学者研究显示,教育对我国不同区域的经济增长有不同程度的影响。随着教育普及程度的提高,教育对经济增长的贡献有了明显的提高。1998 年与 1990 年相比,我国东部地区教育创造的 GDP 增量达 1082.91 亿元,教育对经济增长的贡献率为 3.60%,而西部地区教育创造

---

① 贾康、郭文杰:《财政教育投入及其管理研究》,中国财政经济出版社 2002 年版。

的 GDP 增量为 158.50 亿元，教育对经济增长的贡献率为 1.98%。① 还有研究发现，我国东、中、西地区教育投入对经济增长作用的大小存在显著差距，东部地区教育投入对经济增长的作用最大，人均教育投入每增加 1%，人均 GDP 将增加 0.74%；在中部地区，人均教育投入每增加 1%，人均将上升 0.68；在西部地区，人均教育投入每增加 1%，只能带动人均 GDP 上升 0.6%。② 据牛津大学喻恺 2009 年的研究，在财政性教育经费占财政总收支比例的计算上，用国际标准计算的结果远低于国内口径的计算结果。之所以一直未能达到这个 4%，周洪宇认为，应将财政性教育经费投入纳入地方政府考核指标，使各级政府的教育投入得到刚性保证。季俊杰等（2011）基于我国 1992—2008 年间教育投入分量和经济增长关系的实证研究表明，不同来源的教育经费对经济增长的边际贡献率是不同的。③ 其中，国家投入、个人投入和社会投入对经济增长的边际贡献率分别为 0.6277%、0.1503% 和 0.0386%。他们认为，造成这一差异的原因在于资金的使用效率和具体投入领域不同，今后应加大财政性教育经费投入力度，逐步降低个人教育经费投入比重，继续鼓励社会资金办学，以促进经济社会全面健康发展。

三　有关高校教师薪酬的研究

19 世纪末，"科学管理"之父弗雷德里克·泰罗首先提出了"绩效工资"概念。绩效工资是组织为了激励员工，使员工更加努力、高效率工作而支付的高于市场均衡水平的工资。索罗、斯蒂格里兹等将较高的工资解释为组织为防止员工偷懒而采取的激励办法。组织规模扩张后，完全监督每个员工已经变得非常困难，或者工作性质很难用时间来计算，此时工资便成为员工偷懒被发现从而被解雇的机会成本：工资越高，机会成本越高，较高的工资有利于减少员工偷懒的倾向性。④ 贝克等指出，为达到帕累托最优效率，应通过主观加权方法对客观绩效进行评价。⑤ 彼得·德

---

① 马晓、徐浪：《教育对经济增长的贡献：东西部之比较》，《经济学家》2001 年第 2 期。
② 刘志民：《教育经济学》，北京大学出版社 2007 年版，第 101 页。
③ 季俊杰、周绣阳：《我国教育投入分量与经济增长关系的实证研究》，《现代教育管理》2011 年第 12 期。
④ 张维迎：《博弈论与信息经济学》，上海三联书店、上海人民出版社 2004 年版，第 295 页。
⑤ Baker, George, Robert Gibbons and Kevin J. Murphy, Subjective Performance Measures in Optional Incentive Contracts. *The Quarterly Journal of Economics*, 109, 1994.

鲁克认为："判断教师的绩效时，重要的是我们不能问教师教了多少学生。我们应该问有多少学生学到了什么知识，这就是关于质量的提问。在知识工作者的生产效率方面，我们首要的目的是取得质量。"霍尔斯特龙等（Holmstrom et al.，1991）从多任务代理理论和动态激励理论分析研究型大学教师报酬制度的效率问题①，Takahara（1992）运用苏联工资等级模式把高校教学人员和研究所科学家的薪酬分成 12 个等级②，大学进行绩效工资改革，将教职工的收入和绩效挂钩，打破了人们"铁饭碗"和"不患寡而患不均"的传统思想。这种变化将改变员工的原有心理契约，在员工和单位之间构建一个新的双向责任关系（Mutual Obligations），进而对员工的态度和行为有显著性影响。③ 但是，单纯的绩效导向，对大学的稳定和发展也会带来可能的风险，国内外相关研究也证明了这一点，即绩效工资的负面效应确实存在。比如，道林等（Dowling et al.，1997）研究发现绩效工资存在的消极作用，他们认为，绩效工资产生积极作用还是消极作用，很可能与实施的环境有关。④ 德科普等（Deckop et al.，1999）研究认为，绩效工资属于一种竞争性激励报酬，它会一定程度降低员工之间的凝聚力和合作精神。⑤ Kellough 和 Nigro（2002）研究也发现，绩效工资会使员工工作满意度降低、离职倾向升高。⑥

国内研究者多为大学教师，关涉自身利益。学术界关于绩效考核的论述主要有以下几种：其一，绩效考核是指主管或相关人员对员工的工作做系统的评估，是一种衡量、评价、影响员工工作表现的正式系统，以此来揭示员工工作的有效性及其未来工作的潜能，从而使员工本身、组织及社

　　① Holmstrom B. P. Milgrom, Multi-Task Principal Agent Analysis. *Journal of Institutional and Theoretical Economics*, 149, 1991.

　　② Takahara, A., *The Politics of Wage Policy in Post-revolutionary China* [M]. London: Macmillan, 1992.

　　③ 杜旌：《绩效工资：一把双刃剑》，《南开管理评论》2009 年第 3 期。

　　④ Dowling, B., Richardson, R., Evaluating Performance-related Pay for Managers in the National Health Service. *International Journal of Human Resource Management*, 1997, 8 (3), pp. 348 – 366.

　　⑤ Deckop, J. R., Mange, R., Cirka, C. C., Getting More than You Pay for: Organizational Citizen-ship Behavior and Pay-for-performance Plans. *Academy of Management Journal*, 1999, 42 (4), pp. 420 – 428.

　　⑥ Kellough, J. E., Nigro, L. G., Pay for Performance in Georgia State Government: Employee Perspectives on Georgia Gain after 5 Years. *Review of Public Personnel Administration*, 2002, 22 (2), pp. 146 – 166.

会都受益。它可以通过系统的方法、原理来评定和测量员工在职务上的工作行为和工作成果。[①] 其二，绩效考核是在工作一段时间或工作完成之后，对照工作说明书或绩效标准采用科学方法检查和评定员工对职务所规定职责的履行程度、员工个人的发展情况，对员工的工作结果进行评价，并将评定结果反馈给员工的过程，以此判断他们是否称职，并以此作为人力资源管理的基本依据，切实保证员工的报酬、晋升、调动、职业技能开发、激励、辞退等项工作的科学性。从现象来看，是对员工工作实绩的考核，但它却是组织绩效管理决策和控制不可缺少的机制。[②] 其三，绩效考核是对员工的一种评估制度，它是通过系统的方法、原理来评定和测量员工在职务上的工作行为和工作效果。[③] 杜旌（2009）通过实证研究发现：一是实施绩效工资时，需要根据实际情况来采用合适的绩效工资强度，而不能简单模仿。这些实际情况包括了员工对组织的认同程度、管理人员的管理水平和员工的工作性质等。例如，基于个人绩效的绩效工资会降低员工整体互助水平，因而在工作相互依赖程度较高的组织中，实施过高强度的绩效工资有可能会影响到员工们的相互合作。二是要重视绩效考评中的过程公平性，增加过程公平性可以有效降低绩效工资的消极作用，使绩效工资达到激励员工的目的。[④] 但绩效工资制度的实行暴露出很多问题，比如：高校教师由于工作内容的特殊性，绩效难以评估；工资激励并不适合所有的老师。研究表明，金钱对于青年老师激励作用明显，而对于富有经验的老教授金钱激励作用有限；同时，教育本身是一个准公共产品，教育效果更难衡量。甚至一些学者认为，由于没有指导性的绩效工资设置模式或办法，绩效工资仅仅从名称上取代了原来的校内津贴[⑤]；也有学者认为，绩效工资制度在高校缺乏实施的必要条件，应该适当选择绩效工资形式，理性并有限度地推行绩效工资制度。[⑥] 张军（2010）认为，高校绩效

---

① 李红卫、徐时红：《绩效考核的方法及关键绩效指标的确定》，《经济师》2002 年第 5 期。

② 盛运华、赵宏中：《绩效管理作用及绩效考核体系研究》，《武汉理工大学学报》2002 年第 2 期。

③ 章杰：《"契约论"与绩效考核》，《嘉兴学院学报》2002 年第 11 期。

④ 杜旌：《绩效工资：一把双刃剑》，《南开管理评论》2009 年第 3 期。

⑤ 安晓敏：《高校教师绩效激励薪酬体系构建研究》，《管理科学研究》2010 年第 4 期。

⑥ 冯文全、夏茂林：《关于高校教师实行绩效工资制度的理性思考》，2010 年全国教育经济学术年会。

工资中存在如下问题：全员聘任制和岗位管理不到位，将会使岗位工资难以落实；我国还没有建立行之有效的绩效考核机制，目前我国的机制往往流于形式；关键岗位认定太难、政策倾斜力度不够。并提出应该科学设置岗位，建立公平、高效的绩效分配模式和关键岗位短期和长期激励相结合等方法解决存在的问题。[①] 夏茂林（2010）在其文章中阐述了绩效工资的合理性和必要性，并比较分析了国外绩效工资在实践中面临的困境，说明我国还不具备实行绩效工资的必要条件。[②]

2010年全国高校教师也开始实行绩效工资制度。不可否认实行绩效工资制度后，对过去分配制度的弊端得到有效遏制，高校教师的薪酬内容得到了进一步规范，薪酬项目得到了统一，工资中"活"的比例增大，工资的激励作用得以体现，一定程度上提高了工作效率，同时更符合高校间竞争的需要。在绩效工资实施过程中，葛晓东等（2010）阐明了绩效工资实施细则，并认为在实施过程中应处理好科研投入与成果、专业技术和管理及其他岗位关系、保障性津贴与奖励性津贴的比例关系等几个重要关系。[③] 钟虹等（2010）指出，公平分配是激发员工创造性劳动的保证，高校应该以人为本，多与教职工沟通，进而建立一个有效的绩效考核机制。[④] 周金城等（2013）对全国679名高校教师薪酬水平状况及对自身薪酬水平看法的问卷调查表明：绝大部分高校教师的薪酬水平并不高，主要依赖所在学校获得收入，校内收入的主要来源是基本工资、岗位津贴和课酬，大部分高校教师对目前的薪酬水平不满意，对自己的工作付出与薪酬回报感受不公，他们希望通过兼职、投资或其他途径改善自己的经济条件。[⑤] 李军等（2013）认为，高校教师的人力资本存量理应对应高薪酬水平。高校教师工资水平相对较低，不仅对教师组织公平感产生负面影响，而且会影响教师工作绩效。经实证研究发现，薪酬水平对高校教师工作绩

① 张军：《高校绩效工资潜在问题及措施分析》，《经济师》2010年第4期。
② 夏茂林：《高校推行绩效工资制度的理论考量与实践审视》，《教育科学》2010年第8期。
③ 葛晓冬等：《高等学校绩效工资改革方案实施的探讨》，《教育财会研究》2010年第10期。
④ 钟虹、李化树：《高校岗位绩效工资制度公平分配问题探析》，《内蒙古师范大学学报》2010年第7期。
⑤ 周金城、陈乐一：《我国高校教师薪酬水平状况的实证研究》，《现代教育科学》2013年第5期。

效产生积极影响；薪酬水平对组织公平感产生积极影响；组织公平感在薪酬水平和高校教师工作绩效之间存在部分中介效用。[1] 谢文新等（2013）指出我国高校教师薪酬制度存在外部竞争性和内部激励性不足、激励机制存在短视性和短期性缺陷，以及不利于激发教师团队合作等问题，并通过我国与美国、德国两个典型国家高校教师薪酬制度的比较分析，提出现阶段我国高校教师绩效工资改革应加大经费投入，适当提高高校教师薪酬水平；适度引入市场机制，扩大高校分配自主权；完善教师管理配套制度建设；正确把握薪酬中固定部分与浮动部分比例关系等。[2]

四 文献述评

教育投入以财政性教育经费为主。财政性教育支出包括四项：预算内教育经费，城乡教育费附加，企业用于办学经费，校办产业、勤工俭学和社会服务收入中用于教育的经费。文献分析证明，第一渠道不能满足教育发展的需要，其他三渠道也面临困境：一是教育费附加难收；二是企业办学基本萎缩；三是社会收入路子不宽。综合国内学者的研究，对于公共教育投入主要有两种观点：一种观点认为，财政教育投入与经济增长互为因果关系，各地区财政教育经费投入，对人力资本的形成有显著作用，地方教育投入（主要是基础教育投入）存在着正外部性。另一种观点认为，财政教育投入与经济增长之间存在单向因果关系，即财政教育投入是经济增长的原因，财政教育投入对经济增长有推动作用，财政教育投入与经济增长之间存在长期稳定的均衡关系，财政教育投入是经济增长的原因；财政性教育经费在高中以上教育层面的投入对经济增长的积极作用明显，而接受中等职业教育和义务教育的人力资源投入对经济增长的积极作用显著。这些研究采用不同模型揭示了教育投入与经济增长的相互促进关系，却没有意识经济发展对不同区域的教育发展影响不尽相同，尤其是对发达地区对落后地区的回波效应未给予足够关注，目前关于后4%时代教育投入如何促进经济增长的机制的研究文献也没有深入展开。

高校教师在高等教育系统内以教学、科研与社会服务，大多属于高成就需要者，或称进取的现实主义者，重视在工作中自我价值的实现，以学

---

① 李军等：《组织公平感视角下高校教师薪酬水平对工作绩效的影响研究》，《湖南师范大学》（社会科学学报）2013年第6期。

② 谢文新、张婧：《中、美、德三国高校教师薪酬制度比较与思考》，《高教探索》2013年第4期。

术为生命和志业，只有工作本身才能起到内在激励作用，薪酬只是保健因素。以上关于高校教师薪酬的研究指出了绩效考核的利弊，也提出了相应对策。但迄今从教育投入的角度探讨高校教师薪酬的研究几乎没有，关于高校教师绩效、薪酬与追求之间内在规律的研究文献也不多见，深入细致的探讨尚未展开。

总体来看，目前国内关于教育投入与高校教师薪酬的研究，定性分析较多，定量分析较少。定量分析也主要集中于高等教育对经济增长贡献的测算，以及省域层面高等教育投入与经济增长关系的实证研究等方面，鲜有学者从"资源诅咒"、技术创新的角度，研究我国教育投入与高校教师薪酬之间的关系。本书基于后4%时代教育投入的分析，从教育经济学、技术创新管理、人力资源管理、教育社会学等多学科视角研究教育投入，探究高校教师绩效、薪酬与追求的循环机制，分析其存在的障碍与阻力，提出相应对策。

第四节 研究方法

研究方法是由方法论、研究方式、具体方法与技术三个层面有机联系的整体，是从事研究的计划、策略、手段、工具、步骤以及过程的总和，也是研究的思维方式、行为方式以及程序和准则的集合。本研究主要采用规范分析与实证分析相结合、定性分析与定量分析相结合、比较、文献分析和测算计量等方法。

一 规范分析与实证分析相结合

本书核心是研究如何提高区域财政性教育支出占财政总支出比例问题。对此主题进行研究时，一方面运用了公共产品理论、财政分权理论等地方财政收入相关理论，比较优势理论、新经济增长理论等区域经济发展相关理论，人力资本与教育成本分担相关理论，指出了落后地区的教育投入活动"应该怎样"；另一方面以相关理论为依据，运用现有的统计资料，借鉴国内外研究成果，同时结合我国区域实情进行实证分析，对其教育财政、经济进行评价并且分析其影响因素，据以考虑对策建议的提出。因此，本书既运用了理论层面上的规范分析，又融入了实践方面的实证分析，以增加结论、建议的可信性。

二 定性分析与定量分析相结合

本书除了定性分析我国财政性教育支出、经济发展和地方教育发展及它们之间的关系外,更主要通过从 GDP、人民生活水平、地方财政收入、地方财政支出、地区资源、技术创新等多个角度对我国教育、经济发展和高校教师绩效进行总量分析;通过分析区域公共教育投入与经济增长的变化趋势,运用单位根检验、协整分析和格兰杰因果关系检验方法对两者的关系进行研究;通过财政支出构成、来源构成等方面对教育发展与教育投入进行结构分析,探究高校教师绩效、薪酬与追求的循环机制;通过运用当前的有关财政经济指标与过去比较,运用全国不同地区的指标进行比较分析。通过定性分析和多方面的定量分析较充分地对教育投入、高校教师薪酬状况进行揭示。

三 比较分析

马克思和恩格斯指出,科学由于比较和确定了被比较对象之间的差异而获得了巨大成就。比较是人类认识事物的基本方法之一。本书主要从两个方面运用比较法进行研究:一是通过全国省(市、区)比较找出异同点,在比较中找出其他地区教育投入的启示与教训,探讨区域财政收入来源的优势与劣势;二是对中外高校教师薪酬的比较,主要分析我国高等教育人员经费投入的不足,如何真正获得稳步提高高校教师薪酬的可持续性。

第二章 教育投入主体及现状分析

在现代社会，教育的正外部性越来越大，教育对一个国家经济与社会发展的巨大推动作用不容置疑。义务教育比较接近公共品，而非义务教育既具有私人产品特征，又体现出准公共产品属性。与此同时，教育服务消费的竞争性、不完全的强制性和导向性、个人消费不等于集体消费的关系，决定了教育不具有纯公共产品属性。教育服务的非排他性、具有外部性、内部性不为零的特征又排除了教育具有纯私人物品的可能性。教育服务的竞争性和消费效用的不可分割性和产权的共享性使得教育不具有典型的准私人产品属性。教育消费具有竞争性和非排他性，教育始终都具有消费的竞争性，并不具有准公共品"拥挤点"的典型特征。总之，只能把教育界定为兼有公共物品和私人物品属性的混合品，而且不同教育阶段产品属性各有千秋，这就决定了教育投入主体的多元化。

第一节 教育投入

教育投入是一个国家或地区为了培养不同熟练程度后备劳动力和专门人才，以及提高现有劳动力的智力水平和劳动能力而投入到教育领域中的人力、物力和财力资源，它是以货币形式表现出来的费用总和。教育投入主体包括政府（纳税人）、学生、家长、社会捐赠等。教育投资是社会劳动力再生产的必要物质基础，教育投入回报期较长，除了对社会的正外部性，也影响受教育者一生，其中既有显性的经济回报，也有隐性的精神回报。

一 教育的产品属性

公共物品理论依据产品或服务在消费上是否具有竞争性和排他性，将全部社会产品和服务分为私人产品、公共产品和准公共产品。消费上的非竞争性（非对抗性）是指多分配给一个消费者的边际分配成本为零；非排他性是指在技术上不易排除众多受益人，即便能排除但代价极高，大大超过排他后带来的收益。纯公用品，是指任何一个人对其消费都不会减少别人对其消费的物品，是为整体意义上的全社会成员而产生的，具有共用受益或联合消费的特点，个人消费等于集体消费。纯私人物品，是指只有获取某种物品的人才能消费这种物品的产品，它是从市场上购买和消费的一般性商品、服务或资源，为私用拥有、个人消费或使用。混合品（含准共用品和准私用品）是介于纯共用品和纯私用品之间，具有二者部分特征的商品或劳务。

教育服务消费的竞争性、不完全的强制性、不完全的导向性、个人消费不等于集体消费的关系，决定教育不具有纯共用品属性。教育服务的非排他性、具有外部性、内部性不为零的特征排除了教育具有纯私用品的可能性。教育的混合品及公益特性决定了教育投资主体的多元化。教育的投资主体和经费来源包括国家财政拨款、社会集资、学校自身投资、厂矿企业单位教育投资、学生家庭和个人投资等。

二　政府投入教育的缘由与现状

1988年卢卡斯提出了一个专业化的人力资本增长模型，即卢卡斯模型，其特点是把经济增长中的技术进步具体化，将其体现在生产的一般知识上，表现为劳动者劳动技能的人力资本。（1）卢卡斯在模型中把资本划分为物质资本与人力资本，把劳动划分为原始劳动与专业的人力资本。同时，卢卡斯把人力资本又具体化为全社会共同拥有的一般知识形式的人力资本和表现为劳动者劳动技能的专业化的人力资本。卢卡斯认为，只有专业化的、特殊的、表现为劳动者劳动技能的人力资本才是经济增长的真正源泉，是推动经济增长的重要动力。（2）人力资本效应可分为内在效应与外在效应，内在效应是通过正规与非正规教育形成的，它体现在高人力资本可以产生收益递增，并获得高收入；外在效应是在实际工作中边学边干，获得经验而形成的人力资本带来的，表现为资本与其他要素收益的递增。卢卡斯强调，在某种生产中所需要的专业化人力资本是增加产量的决定因素，人力资本增长率高的国家人均收入增长率也高。正是各国人力资本差异导致了各国在经济增长率和人均收入方面的差异。（3）"学中干"与"干中学"。卢卡斯认为，形成人力资本除了接受正式教育或脱离生产岗位到学校学习外，还可以不离开生产岗位，通过师傅带徒弟或在工作中边干边学的方式。这也为发展中国家积累人力资本提供了一个新思路：发展对外贸易，引进高科技产品，而后通过直接操作新设备或消费新产品等方式在实践中积累经验，学习掌握新技术。卢卡斯还认为，由于人力资本积累率的提高可以促使资本收益率递增，因此，一个国家要吸收与引进国际资本，就必须采取各项政策措施与法律保障来提高人力资本积累率。①

私人部门（居民、家庭、企业）投入教育的动机和目标通常是收益最大化，但各级政府却不能仅顾及收益和成本，而必须"以苍生为念"，将目标定位于社会公正与公平。在市场经济环境中，政府可以有效地再分配收入、有序地配置社会资源，从而稳定宏观经济。市场化尽管能够带来教育的多元化发展，但也容易造成混乱无序和贫穷落后的代际传递。这样，政府对公共教育的强力介入必能有效克服市场化的不足，从而弥补教育领域的市场失灵。我国当前经济社会发展均处于转型期，小农经济、工业经济、知识经济并存，行政指令、计划经济色彩在各个行业并未全身而退，是一种行政计划性过剩而市场化严重不足的混合经济体。因此，对于教育投入，一方面政府必须保证基本的投入，另一方面更要大力调动社会和市场力量办学。

公共财政支出包括直接的政府采购与间接的转移支付，政府采购包括军备、公共工程建设、机关办公用品、公务员薪酬、财政性教育经费等；政府转移支付包括社会保障、福利、农产品补贴、贫困生补助等。公共教育投入可分为常规投入、项目投入、非教育渠道投入、非经费投入四大类，在国家制定整体教育投入规划时应予以综合、充分考虑。常规经费包括人员工资、办学经费、教学活动经费、学校运营和修缮维护经费等，需要依据法定标准保持常态投入，且必须避免受经济波动影响，以保证教育事业的平稳有序发展，这是政府要保证的基础性投入。项目投入或非常态投入包括用于学校建设、新设备添置、图书购置、实验室更新、科研项目和提高待遇等的经费。在公立教育系统中，这类投入尤其要注重均衡、公平和有效。在投入的力度和对象方面，需要有充分的法律依据和保障措施。教育的社会投入涉及个人、企业、行业部门、社会非政府组织、慈善机构、国际组织等的捐款、教育培训类基金和教育类项目经费等。其中，

---

① 王惠清：《西方经济学》，东南大学出版社2009年版，第273页。

家庭对子女的教育投入目前在我国已仅次于公共教育投入，而社会捐赠力度和民办学校办学投入一直很小。2004 年社会捐赠教育经费为 934204 万元，2011 年为 1118675 万元，7 年间增幅不到 20%；民办学校办学经费2007 年为 809337 万元，2011 年为 1119320 万元，增幅不到 40%。这类教育投入方面，我国在管理和使用上有失规范，政府引导也不很充分，致使相当一部分投入带来局部的重复建设、结构性过剩等问题，而一些本应由政府作为的常规投入却出现缺位现象。非经费投入一方面是指物的投入、人的投入；另一方面，则是指由相关政策法规提供的间接投入等。物的投入包括图书、设备、设施等教育用品的提供或捐赠；人的投入包括专任教师、教辅、教育行政管理人员等的对口支援等。而间接投入则包括对地区、企业、社会机构等因参与教育投入而获得的税费减免等优惠和回报等，在职业教育、高等教育、社会教育和终身教育等方面。1991 年，我国教育经费只有 7315028 万元，到 2011 年达到 238692936 万元，20 年增加了 30 倍以上。但面对世界最大规模的教育，我国常规的经费投入依然数量不足、欠债较多、管理失范、依据不足，多年一次的项目投入、补偿性投入尽管绝对数额较大，但仍然存在较大缺口。

就可见的经费而言，财政性教育经费占 GDP（GRP）4% 的投入指标是世界公认的衡量教育水平的基础线。横向比较，世界各地区主要国家2009 年公共教育经费支出占 GDP 的比重普遍高于 5%，一些国家甚至达到了 7% 以上，较好地实现了教育投入充足的目标，而中国当年的投入水平只有 3.59%（见图 2 - 1）。目前，在国家财政性教育经费投入上，世界平均水平约 7%，其中发达国家为 9% 左右，经济欠发达国家也达到4.1%。我国教育事业经费按用途分为人员经费、公用经费和科研经费三块，其中，人员经费包括工资、福利、补助、离退休人员费用以及对学生的奖助补资金，公用经费包括公务费、设备购置费、修缮费、业务费、差额补助费及其他杂费。4% 的教育经费投入指标应是全国公共教育投入的总指标，而非各级地方要达到的教育投入指标。由于我国地域差异悬殊，中西部贫困地区由于 GRP 基数较小，其 4% 指标根本无法支撑教育发展；而经济发达地区由于 GRP 基数较大，其 4% 目标又很难实现。比如 2011年，教育经费突破千亿元的有广东省（1884.6 亿元）、江苏省（1588.2亿元）、山东省（1372.8 亿元）、浙江省（1206.9 亿元）、河南省（1182.1 亿元）、四川省（1024.4 亿元），但广东省总教育经费占其 GRP

的 3.54%，财政性教育经费仅占 GRP 的 2.55%；江苏省教育经费占其 GRP 的 3.23%，财政性教育经费仅占 GRP 的 2.4%；山东省教育经费占其 GRP 的 3.03%，财政性教育经费仅占 GRP 的 2.47%（见图 2 - 2）。

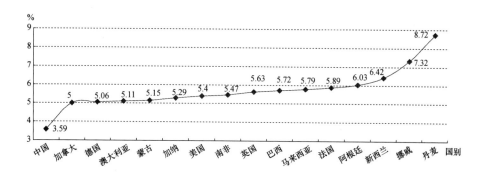

图 2 - 1　2009 年部分国家公共教育支出占 GDP 比重
资料来源：国家统计局网站。

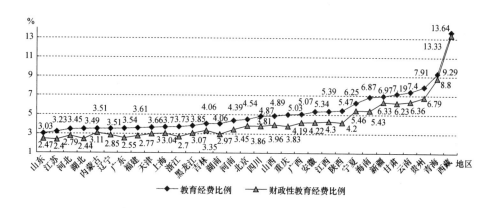

图 2 - 2　2011 年全国各地教育经费占 GRP 比例比较
资料来源：国家统计局网站。

2012 年，我国 GDP 为 519470 亿元，财政性教育经费支出 21994 亿元，占 GDP 比例达到 4.23%，实现教育事业发展里程碑意义的重大突破（见图 2 - 3）。但是，1990—2011 年，我国财政性教育经费占财政总支出比例总体上却呈下降趋势，1992 年这一比例曾高达 23.19%；随后几年，我国经济高速增长，但公共教育投入强度却快速下降，2005 年降到了最低点 15.21%；2006 年以后，公共教育投入强度又开始缓慢攀升，2011 年

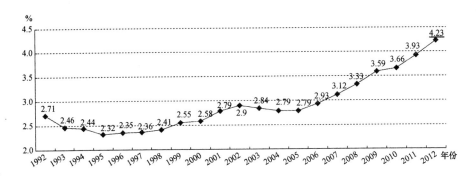

图2-3　我国财政性教育经费占GDP比例变化（1992—2012年）

资料来源：国家统计局和教育部网站。

达到17.01%（见图2-4）。目前，我国公共教育投入强度不算低，1990—2011年财政性教育经费占财政支出比例平均达到19.5%，可能略低于美国，但是大大高于法国、英国、日本、德国等国家10%的平均水平。但是我国财政之外还有一块非税收入，这块收入现在几乎没有投到教育领域。

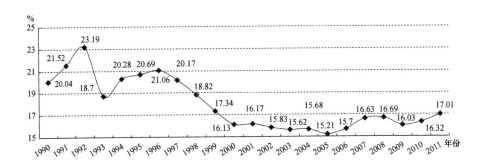

图2-4　我国财政性教育经费占财政总支出比例变化

资料来源：国家统计局网站。

全国范围内，财政性教育经费占财政总支出的比例地区差异很大，2011年沿海的浙江、山东、福建、广东以及中部的河南省都超过了20%，西部的广西、云南也达到了19%以上；但是青海、内蒙古、上海、重庆、湖北、黑龙江和西藏都在15%以下（见图2-5）。

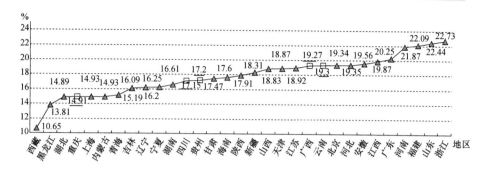

图 2-5　全国财政性教育支出占财政总支出比例（2011 年）
资料来源：国家统计局网站。

采用 2011 年国家财政性教育经费，各地年末人口总数以及每十万人口中各级学校平均在校生人数相加所得学生总数，可以发现，我国各省（市、区）生均教育经费相差极为悬殊。北京、上海生均公共教育经费在 2 万元以上，内蒙古、青海、西藏和天津 1 万—2 万，云南、广东、山西、甘肃、安徽、四川、河北为 5000—6000 元，河南、湖北、贵州、广西、湖南、江西生均公共教育经费不到 5000 元（见图 2-6）。生均学杂费反映了家庭（学生）的教育投入力度。上海、天津、北京、浙江、江苏、广东、福建等沿海发达地区以及东三省生均学杂费较高，中西部欠发达地区明显落后（见图 2-7）。

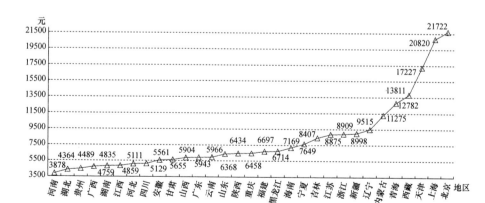

图 2-6　我国地区生均公共教育经费（2011 年）
资料来源：国家统计局网站。

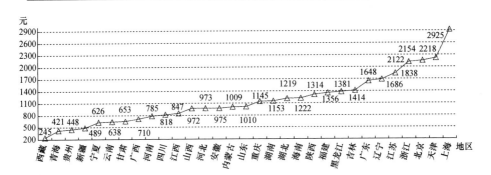

图 2 - 7　我国地区生均学杂费（2011 年）

资料来源：国家统计局网站。

由于义务教育具有更多公共产品属性，我国九年义务教育阶段公立教育投入主要依靠财政性教育支出。对于义务教育阶段的民办学校，除了公用经费外，学生人头费的投入也需要保障。对于公立义务教育阶段学校，除了保障国拨教师工资、日常经费和不定期建设费外，还有一些必要的投入也需保障。但近年来，多数公立学校办学经费的拨付严重不足，短缺资金则需要自主筹集：在乡村学校，经费拨付不到实际需求的 2/3，在城市则多是 1/3 左右。[①] 其中，学校的校舍设备维修费、教师的进修费、教育教学必需的活动费、教育教学的管理费等均缺少基本的投入，致使多数中小学校长将主要精力放在集资筹钱方面，严重影响了学校常规教育教学质量的提高。为此，国家要根据学校的办学实际重新确立办学经费的标准，并足额拨付义务教育阶段学校的实际费用。

普通高中投入方面，一些地方普通高中的财政性生均教育经费已达 4000—6000 元/年，而建设负债总额却高达 3000 亿左右。从整体上看，其常规投入依然严重不足，公立高中的办学总经费只有约 1/3 来自政府拨款，向社会多方面吸纳资金的问题在普通高中阶段比较突出。从产品属性看，尽管高中阶段相对九年义务教育具有更多私人产品特征，国家和地方政府的投入责任是有限的，但即便是对这些有限的责任也缺少明确的规定，特别缺少对收费、经费使用、监督和信息公开的规定，致使不少公立高中在吸纳社会资金方面普遍高于民办学校，未能体现公办学校的公益性

---

①　程方平：《教育投入三问——基于中国现实的思考》，《教育科学研究》2013 年第 11 期。

特点及社会引领作用。

高等教育投入方面。随着高等教育"大众化"的推进，国家、地方、学校和金融机构等对高等教育的经费投入都有了明显增加。据相关统计，公立高校建校负债总额已高达3000亿元。高校从本科到博士后，通常需要12年时间，涉及专业门类达千种以上，需要社会方方面面的支持，国家和地方的教育投入无法完全满足这样的需求。而仅按大学生的生均标准投入（部分发达地区已达2万元）也远远不够。而且，目前对公立大学的相关投入标准仍旧缺少依法论证及政策和法律的具体说明，国家及地方政府对公立大学的投入也未能突出地方性和公益性。近年来，尽管我国高校对贫困大学生的补助（包括助学贷款、助学金、奖学金、勤工俭学补助等）做得较好，但由于缺少具体、明确的标准和渠道，各高校的实施情况差别较大。针对高校兼有的教学、科研和服务三大基本功能，相应的拨款及标准也不明确，高校收入主要来自学费和研究经费等，对于民办高校而言，后者则几乎没有。

在教育管理与教育辅导机构投入方面。我国相关法律对教育管理与教育辅导机构的规定既不明确也不具体。作为一个健全的教育系统，相应的管理机构、研究机构、督导机构、进修机构和调查统计机构等不可或缺。然而，国家和地方政府对这些方面的投入，既不到位也不均衡。一些县区教育督导部门仅有1—2名临近退休的工作人员，相应的经费和条件也不充足，难以真正起到督导检查、诊断指导、及时纠偏和维护法律尊严的重要作用。其他方面，如常规管理、教师进修、教育调研等，也都普遍存在投入不足的问题。

三　高等教育成本分担实践

全球化时代，各国高等教育普遍面临严重的财政危机，政府、学生（家庭）和社会各方面共同分担高等教育成本已成大势所趋。

欧洲一些高福利国家以政府作为主要的高等教育成本分担主体。由于居民收入高，国家税收高，政府有能力实现高等教育全部财政拨款。比如德国政府拨款约占大学经费来源的75%，法国中央政府和地方政府合计拨款达到87%，丹麦、芬兰、挪威、瑞典、葡萄牙和希腊等一些高福利国家则基本实行了高等教育免费，其中希腊不仅在1964年宣布免去大学生的学费，而且在1971年又免去大学生的书费，成为免费高等教育最彻底的国家。① 但是近年来,受欧债危机冲击,公共高等教育财政预算裁减在欧洲持续蔓延。荷兰与爱尔兰 2011 年公共高等教育财政投入比上一年分别减少 10 个和 7 个百分点,而葡萄牙减少了 20%,欧债危机重灾区希腊的递减率则高达 35%。在英国,自 2008 年以来,公共高等教育财政拨款缩减了 10%。意大利高校必须在 2013 年之前把公共高等教育财政投入降低到 2010 年的 80%,荷兰则在 2014 年之前降低 10%。② 欧洲模式显然过分强调了高等教育的公共收益,认为高等教育等同于国防等公共产品,理应由国家财政负担。

美国高等教育成本的分担模式采用谁受益谁负担,多收益多负担原则,其分担结构由政府拨款、学生(家庭)付费和社会捐赠组成。1995—1996 年,来自美国较低收入家庭的学生中,超过 2/3 的学士学位获得者用贷款弥补大学学费。联邦政府构建了一套健全的助学金和贷学金混合补偿机制,如本科生家长贷款(PLUS)、佩尔助学金(Pell Grant)、帕金斯贷学金(Perkings Loan)等,增强了学生(家庭)的分担能力。这种模式很好地解决了高等教育财政难题,而且学生也感觉到一种责任,增强了其学习动力。本科生家长贷款(PLUS)面向经济上未独立的本、专科学生,由学生家长作为贷款人,政府提供担保,要求学生家长具有良好的贷款信誉且必须以自己的名义申请贷款;③ 每年贷款限额是学生求学直接成本减去学生获得的其他资助;如果父母因为不良的信用报告而被PLUS 贷款拒绝,其子女可以请求财政援助办公室考虑其申请额外的斯太福非贴息贷款资格。

加拿大高等教育成本分担模式倾向于确保学生及其家庭承担相应责任。学生贷款只能向其居留资格所在省申请,并由省级部门打包管理;联邦政府和省政府分别负责贷款额的 60%和 40%;贷款学生可以在"生源地"政府承认的外省或外国高校就读。贷款宽限期为 6 个月,还款期限15 年。④ 加拿大"生源地"(居留省份或地区)助学贷款对象不仅包括全

---

① 秦福利:《高等教育成本分担模式的国际经验借鉴与启示》,《江苏高教》2010 年第 1 期。

② 俞可:《欧债危机阴影下——欧洲高校抱团"过冬"》,《中国教育报》2012 年 4 月 27日。

③ Federal Student Aid, Federal Student Aid: Loan Program Fact Sheet, www. FederalStudentAid. ed. gov/ funding, 2009 - 04 - 01.

④ 李文利:《从稀缺走向充足——高等教育的需求与供给研究》,教育科学出版社 2008 年版,第 218 页。

日制学生，还包含部分时间制学生。加拿大省政府在学生贷款中有效充当立法者、监督者、协调者和服务者角色，如负责学生贷款资格认定，提供贷款经费，审查减免条件，修正某些政策条款，建立并管理数据库等。而贷款的发放、管理、回收等具体操作业务则由省政府委托民间代理机构（中介组织）完成。中介组织可以充当政府管理的"缓冲器"，避免政府介入具体管理，从而抑制腐败的滋生。

第二次世界大战后，日本由于经济凋敝，积极鼓励创办私立高等教育，而私立大学的主要经费来源是学生缴纳的学杂费，国家只给予少量补贴，其高等教育成本主要由学生或家庭负担，采用能力支付原则。成绩优异的学生可以选择进入收费较低的公立大学，而成绩一般且家庭有足够支付能力的学生则可以选择进入收费较高的私立大学接受高等教育。日本教育基本法规定：无论学生是否有能力，对于因经济原因而上学有困难的学生，国家及地方政府都要采取助学的方法。[①] 日本的学生资助综合了奖、贷学金两种模式，而且有"专门化"管理者：日本学生支援机构（JAS-SO）。它于2004年成为独立行政法人，这一身份可以有效抑制官僚主义的滋长。其主要职能是向大学、研究生院、高专、专修学校学生提供助学贷款。日本学生支援机构的助学贷款分无息贷款和有息贷款，无息贷款来源于政府借贷款和回收贷款；有息贷款来自政府发行债券筹措的财政融资以及该机构独自发行的债券和偿还金，利率上限为3%，可以提供给几乎所有想贷款的学生。

香港高等教育成本分担模式与英国类似，采用相当优惠和个性化的学生贷款政策，主要实施两种学生贷款制度：免入息审查贷款和入息审查贷款。前者贷款利率较高，面向所有学生；后者贷款利率较低，主要资助家庭贫困的学生。免入息审查贷款利率"以无所损益"为原则，比发钞银行的平均最优惠贷款利率低2%，再加1.5%用来抵消政府为学生提供无抵押贷款风险。2000—2001学年，有41194名香港大学生申请本地学生入息审查贷款，16679名大学生申请了免入息审查贷款。申请学生数共占该学年香港全日制在校大学生总数（62827名）的90%以上。由于特区政府的财政支持，学生申请贷款成功的比例也相对较高。如2000—2001

---

① 芝田政之：《日本的学生助学贷款制度》，王蓉、鲍威主编：《高等教育规模扩大过程中的财政体系：中日比较的视角》，教育科学出版社2008年版，第262页。

学年有 33347 人获得入息审查贷款，占申请人数（41194 人）的 81% 左右，占全体学生的 53%。无论是免入息审查贷款，还是入息审查贷款，香港学生贷款的利率都是很低的，正因为政府的"暗补"较多，学生才踊跃申请，从而真正实现了"应贷尽贷"。

在澳大利亚，政府根据福利部的家庭收入数据确定次年需要接受贷款的学生，还将父母的受教育程度考虑在内。政府计划拨款 4.33 亿美元用于未来 4 年的助学贷款，特别是对 25% 家庭最为贫困的大学生提供资助；预计到 2020 年，贷款覆盖率将由目前的 15% 提高到 20% 以上。

在韩国，政府指定十几家金融机构向城乡学生提供低息贷款，每年两次。学生携带录取通知书或学籍证明、户口本、居民证、印章等即可向银行申请，贷款额控制在学费以内，不含生活费，在 100 万—900 万韩元，贷款年利率为 4%—5.75%。偿还期分一两年的短期贷款和两年以上的长期贷款，最长期限可达 11 年。

在新加坡，学费贷款（Tuition Loan Scheme，TLS）需要一名 20—60 岁的人士提供担保。

在发展中国家，印度的国家学生贷款本金由中央政府划拨，邦政府实施管理和回收工作，学校负责发放；贷款以月为单位按收入比例偿还，还有偿还减免条件，但即使是无收入的借贷毕业生（包括家庭妇女）也必须还清本息。俄罗斯学生贷款必须由父母加上 4 个担保人负担，贷款条件不仅包括对这 4 个担保人的平均月收入进行详细限定，担保人和共同签名人还要提供其月收入、财产和其他资产的证据。南非国家学生资助计划只有贷款一种形式。贷款对象限于公立大学学生。其资金来源于政府、海外捐赠、第三级教育机构和私人部门。南非学生贷款实行按收入比例还款，还款比例随着还款人收入变化。此外，根据课程通过率，部分学生贷款可以转变成助学金。泰国学生贷款要求父母或监护人提供担保，政府还设立了学生贷款计划委员会向管理机构发放贷款，其管理机构为教育部（负责高中、职院等）和大学事务部。泰国学生贷款有比较细化的条件，如未获得过学士学位，无全职工作，家庭年收入低于 15 万泰铢等。其贷款限额为 10 万铢（2.4 万元）/年，贷款期限为 15 年，有两年的宽限期，且利率只有 1%，因此毕业生的还款负担率保持在很低水平。拉脱维亚学生贷款分为"学习贷款"和"学生贷款"，前者针对所有高校学生，后者仅面向全日制学生，并将学费纳入个人所得税扣除范围。两种贷款资金均由商业银行提供，年利率为 5%，宽限期一般为 1 年。前者在学期间免息，后者不免息。拉脱维亚学生贷款 2001 年前为信用贷款，之后要求提供担保，地方政府可以作为第一担保人。在 1998 年，孟加拉国乡村银行推出针对穷人子女的高等教育贷款项目，目的是资助穷人的子女完成大学学业，进而带动其家庭脱贫。这种贷款的年利率为 5%，只有普通小额贷款利率的 1/4，额度一般为 900 美元/年，贷款学生就学期间及毕业后一年宽限期内免息。孟加拉国学生贷款完全由商业银行经办，政府没有任何补贴，由于乡村银行的逐利性，这也限制了贷款发放的规模。马来西亚的助学贷款制度分为"可减免"和"普通"项目两种。前者的资助条件分学业和家庭经济状况两个方面，只有学业成绩稍次于奖学金获得者的贫困学生才能获得此种贷学金，在申请时还必须有两个担保人，原则上一个是家长。

第二节　多主体教育投入的必要性及现状

从国际比较和国内发展需要看，我国教育投入水平仍然很低。而财政性教育投入大幅度增加的能力毕竟有限，必须广泛动员社会力量投入教育事业。

一　多主体教育投入的必要性

长期以来，我国一直把教育作为公共产品，并以政府供给为其主要提供方式。根据前面分析，教育是具有较大正外部性的混合品。具体而言，义务教育为符合条件的所有受教育者提供非竞争性与非排他性的教育机会，使得教育这项产品（服务）具有了消费上的非竞争性和非排他性，因而义务教育具有更多公共产品属性；高等教育在消费上则具有竞争性和排他性，其直接受益者是受教育者本人及其家庭，从而具有更多私人产品属性。尽管如此，高等教育的外部效应还是十分显著的。现代社会，不同国家往往根据其经济发展水平来确定可提供义务教育的程度。发达国家的义务教育一般包括初等和中等两个阶段，如美国、英国等，少数高福利国家的义务教育可延伸至高等教育阶段，如丹麦、芬兰、挪威、瑞典、葡萄牙和希腊等一些高福利国家则基本实行了高等教育免费，其中希腊不仅在 1964 年宣布免去大学生的学费，而且在 1971 年又免去大学生的书费，成为免费高等教育最彻底的国家。但是对于新兴工业国家或广大发展中国家，一般只能提供初等以下的义务教育。

总之，教育的混合产品属性决定了教育成本理应由政府（纳税人）、家长、学生、个人和社会机构捐赠者来分担。也即教育投入主体包括政府、个人或家庭、学校（校办企业）和社会组织。国际货币基金组织（IMF）报告显示，2014 年中国 GDP 以购买力平价（Purchasing Parity，PPP）基准测算为 17.6 万亿美元，而美国为 17.4 万亿美元。中国占全球经济份额的 16.5%，美国为 16.3%。2019 年，中国经济规模将超过美国 20%。但中国经济仍然大而不强，"软肋"甚多，中国还将长期面临穷国办大教育困境。近年来，中国财政收入总量增幅小于国民收入增幅，实际呈下降趋势（见图 2 – 8），对教育投入的绝对值小幅增长，但由于规模的剧增，生均教育投入大幅下降。因此，随着财政性教育投入增长放缓，越来越需要有更多社会主体来分担我国规模庞大的教育成本。

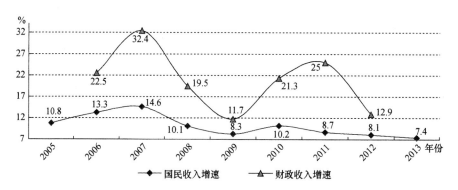

图 2 – 8　2005—2013 年中国国民收入与财政收入变化

资料来源：国家统计局网站。

二　多主体教育投入的现状

横向比较，我国人均教育支出仍然较低。1993 年人均教育支出仅为 10.77 美元，略高于不发达国家（8 美元）水平，大大低于发展中国家（43 美元）水平，仅为发达国家 1089 美元的十分之一。[1] 如果按 2014 年人民币对美元汇率（1 元人民币 = 0.1632 美元）计算，新世纪以来，我国人均教育支出已经有了大幅提高，从 2000 年不到 50 美元上升到 2011 年的 289 美元（见图 2 – 9），但是与发达国家教育投入水平仍然相差甚远。

----

　　[1]　贾康、郭文杰：《财政教育投入及其管理研究》，中国财政经济出版社 2002 年版，第 4 页。

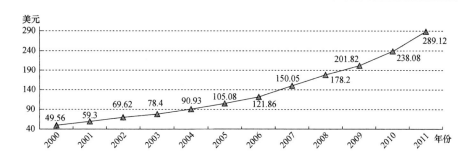

图 2 - 9 我国人均教育支出变化（2000—2011 年）

资料来源：国家统计局网站。

2011 年，中国教育经费共 23869.3 亿元，其中 78% 都是公共财政投入，社会捐赠经费、民办学校办学经费均只有 0.47%，而学杂费达到 14%，远远高于社会团体（公民个人）办学经费及社会捐集资办学经费。

当今时代，教育投入是支撑教育事业发展的物质基础，是国家长远发展的基础性、战略性投资。1991 年，世界平均公共教育经费占 GDP 的 5.1%，发展中国家为 4.1%，而我国不到 3%。1993 年发布的《中国教育改革和发展纲要》规定，这一比例在 2000 年要达到 4%，可直到 2001 年才突破 3%，2004—2005 年又重新降到 3% 以下。而印度在 2005 年即实现了 5% 的投入目标。目前，世界平均教育投入水平约占 GDP 的 7%，其中发达国家约占 9%，欠发达国家约占 4.1%，如古巴已达 6.3%，印度更是高达 7.1%。1992—2008 年，中国教育投入年均增长仅 0.029 个百分点。当下教育领域中许多问题都和教育经费投入不足直接相关，如各级教育欠债问题，长期存在的教育乱收费现象，35% 的家庭教育负担率远高于国际 20% 的水平，创新人才培养缺乏物质基础，高校青年教师待遇低，民办教师、代课教师身份问题等等。包括印度在内的大多数国家，总教育经费中政府负担高达 75%—80%，但我国政府长期只负担 65% 左右，受教育的负担只好过多依靠家庭投入，既影响了人民的正常生活，也衍生出种种教育不公平和不均衡。20 世纪 80 年代中期，发展中国家和发达国家的财政收入占 GDP 的比例平均为 34.98% 和 46.64%①，而我国 1992—

---

① 中国人民大学财政金融学院课题组：《财政收入占 GDP 比重问题研究》，《经济研究参考》2001 年第 19 期。

2008 年的平均比例只有 14.55％，直至 2007 年才突破 20％，财政收入占 GDP 比例过低的确是不争的事实。但 2001—2008 年预算内教育经费占财政支出的比例明显低于财政收入占 GDP 的比例，即财政收入的增幅高于公共教育财政支出的增幅。① 这证明，将公共教育投入不足仅归咎于"财政收入占 GDP 的比例过低"是难以成立的。

2000—2004 年，我国公共教育经费投入比例逐年下降，而学杂费比例逐年上升；2005 年后，公共教育经费投入比例逐年上升，学杂费比例保持平稳，而社会投入比例快速下降，呈现出"国进民退"态势。在非财政性教育经费来源中，除了学杂费之外，社会捐资集资办学经费占总教育经费的比重 1992 年为 8.03％，1993 年为 6.62％，1994 年为 6.55％，1995 年为 8.67％，1996 年为 8.33％。社会团体和公民个人办学经费占总教育经费的比重 1993 年为 0.31％，1994 年为 0.72％，1995 年为 1.08％，1996 年为 1.16％。② 2000—2011 年，社会捐资集资办学经费比例快速下降，从 2.96％下降到 0.47％，而民办学校办学经费比例 2007—2011 年间平均只有 0.52％（见图 2－10），而且各地区参差不齐，只有广东、河南、四川、江西、福建、重庆、陕西等地民办学校发展较快（见图 2－11）。有研究表明，人均国民生产总值每增加 1％，人均捐资集资相应增加 0.28％，但社会捐资集资办学经费显然不是学校经费的稳定来源。在国家公共教育经费投入增长放缓，民办学校办学经费及社会捐资集资办学经费有限的背景下，中国教育成本分担结构重心逐渐向个人或家庭倾斜，政府仍然分担了多半教育成本，然而政府的教育投入努力却明显造成社会办学积极性的不断下降，政府在力图弥补市场缺陷的过程中，又不可避免地带来另外一种缺陷，即政府活动的非市场缺陷。

对于中国高校校长来说，筹资显然并非其主要工作。而在发达国家，募集新捐款、广开财源早已成为校长的重要工作内容。比如在美国，社会捐赠是私立大学筹款的主要渠道。据美国国家教育统计中心 2011 年数据，美国私立高校的教育总经费达 1687 亿美元，其中占比最大的是学杂费，达 33.4％；其次为教育活动、投资回报和其他，占 22.9％；而政府的财

---

① 臧兴兵、沈红：《公共教育投入与人力资源强国建设》，《清华大学教育研究》2010 年第 4 期。

② 贾康、郭文杰：《财政教育投入及其管理研究》，中国财政经济出版社 2002 年版，第 29—30 页。

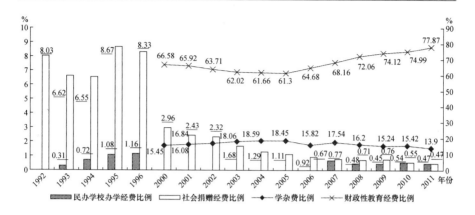

图 2 - 10 2000—2011 年全国教育经费构成变化

资料来源：国家统计局网站。

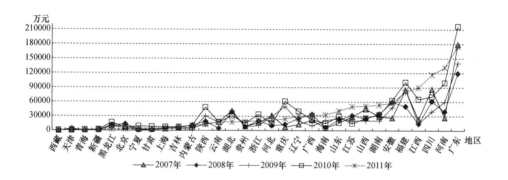

图 2 - 11 2007—2011 年全国民办学校办学经费变化

资料来源：国家统计局网站。

政支持总占比仅为 14.9%；剩下的近 30% 的经费都要依靠社会捐款。

　　全美 10 所获得捐款最多的大学中，9 所为私立大学。为了生存，各私立大学往往在筹款方面使出浑身解数。比如，哈佛大学专门成立了"哈佛管理公司"来募集捐款。截至 2013 年 6 月，该校募集的捐款获得 13% 的收益，达 327 亿美元，相当于拉脱维亚的年 GDP 总量。2013 年 9 月，哈佛大学启动大型筹款计划"哈佛运动"，计划 2018 年前募集 65 亿美元。2014 年 9 月，香港晨兴基金会就向美国哈佛大学公共卫生学院捐款 3.5 亿美元，成为哈佛建校 378 年以来收到的最大单笔捐赠金额。美国教育援助委员会（CAE）2014 年报告统计了 2013 年美国获得社会捐赠最多的前10所高校，斯坦福大学获得社会捐赠达9.32亿美元，连续第10年蝉联榜首，哈佛大学7.92亿美元排第2位，南加州大学排第3位，社会捐赠额为6.75亿美元。① 可见，社会捐赠在发达国家早已蔚然成风，并构成高校的重要财源，甚至逐渐演变成世界一流大学的评价标准之一。

第三节　公共教育投入不足的深层原因

财政性教育支出包括预算内和预算外的、国家批准的由政府部门管理的教育收入与支出。预算外部分有各级政府征收用于教育的税费、企业办学中的企业拨款、校办产业和社会服务收入用于教育的经费。财政预算内教育经费指中央、地方各级财政或上级主管部门在本年度内安排，并划拨到各级各类学校、教育行政部门和教育事业单位列入国家预算支出科目的教育经费，包括教育事业费拨款、科研拨款、基本建设拨款和其他拨款。

一　教育经费分配结构失衡，投入效率低

长期以来，我国公共教育经费偏重城市，城市中偏重高校，高校中偏重重点高校，基础教育中偏重实验小学、重点中学、示范高中，高等教育经费重点投入基础设施，教师薪酬水平偏低，从而造成结构失衡。整体而言，教育应属"混合"产品。高等教育具有更多私人产品属性，政府只需承担有限责任；基础教育则接近于公共产品，理应由公共财政"埋单"。2008年我国总教育经费使用中的56%、中小学的70%左右都是"人头"经费，中小学的公用部分只有30%。而1996年美国公立中小学公用和基建部分即达到40%以上。美国的义务教育主要经费来自地方社会的房地产税，这样的财政结构把教育经费和房地产市场捆绑在一起，在公立学校中也造成了巨大的贫富分化。2011年全国各级各类教育机构公共经费支出中，高校与中职占了29%，与中、小学的公共教育投入基本持平，财政性教育经费分配结构逐渐趋于平衡。

1997—2011年，尤其是在2001年以后，我国各级各类学校教育经费所占比例变化平稳。我国普通小学在校学生规模于1997年达到峰值13995.4万人；6年后的2003年，初中在校学生规模达到峰值6618.4万

---

① 《美国高校捐款从哪来》，《西安日报》2014年9月16日。

人；2007 年高中在校学生规模达到峰值 2522.4 万人，2008—2013 年基本维持在 2450 万人波动；但我国高等教育需求仍然十分旺盛，普通高校在校生规模在 20 世纪 90 年代初仅有 200 万人，到 2013 年达到 2468 万人，已经超过了 2013 年高中在校学生 2436 万人的规模。由于高等教育规模仍然稳中有升，高校教育经费从 1997 年的 17.23% 上升到 2011 年的 29.41%，高校财政性教育经费从 1997 年的 17.92% 上升到 2011 年的 22.04%；中学教育经费从 1997 年的 30.4% 下降到 2011 年的 27.95%，中学财政性教育经费除 2000 年外波动很小，从 1997 年到 2011 年均值为 30%；小学教育经费从 1997 年的 33.02% 下降到 2011 年的 25.19%，小学财政性教育经费从 1997 年的 34.29% 下降到 2011 年的 30.99%（见图 2 - 12 和图 2 - 13）。普通高中教育经费从 2007 年的 11.47% 下降到 2011 年的 10.45%，普通初中教育经费从 2007 年的 16.91% 上升到 2011 年的 17.45%，中职教育经费从 2007 年到 2011 年波动很小，平均值为 7%。

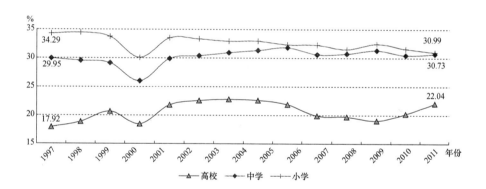

图 2 - 12　我国各级各类学校财政性教育经费所占比例变化（1997—2011 年）
资料来源：国家统计局网站。

　　由于高中教育并非义务教育，生均公共教育经费低于初中，如 2011 年普通高中为 7332 元，低于初中的 7702 元（见图 2 - 14）。公共教育投入过低势必引起乱收费，近年不少高中都在扩大办学规模，学生越招越多，争抢生源，其背后都是利益驱动。对于高等教育，我国生均公共教育经费已经不低，2011 年达到 17429 元，相当于普通高中（7332 元）的 2.4 倍（见图 2 -15）。

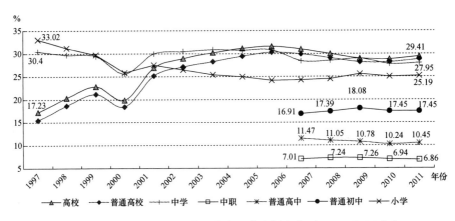

图 2 – 13 我国各级各类学校教育经费比例变化（1997—2011 年）

资料来源：国家统计局网站。

现代社会中，作为准公共产品的基础教育是全民素质提高的前提，是社会整体发展的先决条件。而高等教育能促使社会成员的人生更丰富多彩，在个人择业和人生设计上具有更多选择性，与分散的"发展投资"决策和"竞争性"的相关性明显增加，因而更多地偏向私人产品。我国高等教育投入的主要问题是如何形成利用杠杆原理撬动社会资金投入的机制。要建成高等教育强国，保证高等教育内涵式发展，仅靠政府的投入，显然力不从心，更难以持续发展。我国公办高校普遍敢于负债，前些年没有足够投入纷纷大规模贷款扩张，带来一系列问题，其背后是深层次的体制问题。国际高等教育竞争历史证明，依靠政府独挑大梁投入的时代已经一去不复返，必须有更多社会主体来承担高等教育发展的责任。

我国教师队伍庞大，但专任教师比例偏低。20 世纪 90 年代，美国中小学的专任教师占总教师的比重达到 87% 左右。我国到 2004 年各级各类学校专任教师比例仍然很低：普通高校 53.42%，本科院校 50.88%，专科院校 60%，职业技术学院 57.58%，独立学院 80%，中等教育 80.95%，高中阶段 28.72%，高中 21.31%，中职 68.52%，普通高中 21.17%，普通中专 60.61%，普通小学 91.25%，平均值仅为 56.2%；2012 年专任教师比例有所上升，普通高校 64%，本科院校 61.96%，专科院校 67.74%，独立学院 73.68%，中等教育 78.71%，高中阶段 67.76%，高中 64.78%，中职 73.95%，普通高中 65.04%，普通中专 72.09%，普通小学 100.9%，平均值为 71.87%。具有更多市场化特征的

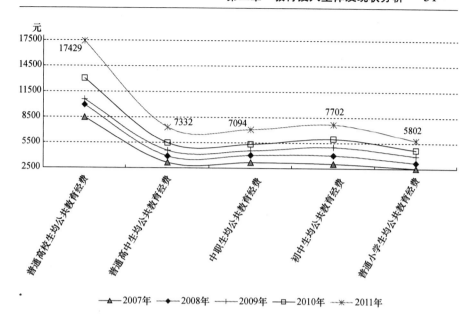

图2－14　全国各级各类学校生均公共教育经费

资料来源：国家统计局网站。

独立学院专任教师比例明显高于普通高校。在2003以前，普通高校专任
教师比例都低于50%，普通高中甚至低于20%（见图2－15和图2－
16）。我国教育投入效率十分低下。由于教师队伍中冗员多，大量支出用
于非专任教师人头经费；高校则主要向基础设施倾斜，教师实际薪酬水平
与发达国家相比相差甚远。

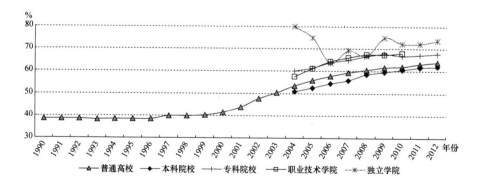

图2－15　全国高校专任教师比例变化

资料来源：国家统计局网站。

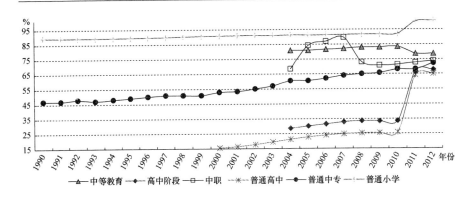

图 2－16　全国中小学校专任教师比例变化
资料来源：国家统计局网站。

二　行政成本过高挤占了科教文卫的支出

财政的目标在于富国裕民，或服从于经济富裕和社会发展的目标。亚当·斯密（Adam Smith）在其《国富论》（1776）中提出，财政只能是为"社会的一般利益面"活动，以促进社会的利益、经济的发展为己任。对于财政目标，他指出："第一，给人民提供充足的收入或生计，或者更确切地说，使人民能给自己提供这样的收入或生计；第二，给国家或社会提供充分的收入，使公务得以进行。"斯密认为，征税的四大原则都要服从经济的效率和公平目标。萨缪尔森认为，税收是政府为了满足财政支出的需要而强制向私人部门的征收。税收是政府支出的主要来源，政府支出又有相当多的部分用于转移支付。因而，税收具有再分配的经济性质。一方面，通过征税对社会资源进行再分配；另一方面，政府又将征收的税款用于转移支付，对社会财富再进行一次分派。萨缪尔森指出，税收可能通过对收入分配、劳动力供给、投资、消费和经济周期波动等方面对经济产生较大影响。其中，在论及税收对消费和国民收入的影响时，萨缪尔森认为，税收对消费的影响是巨大的，政府增加税收使得我们的实际可支配收入将降低，而可支配收入的降低又使我们减少消费支出。消费支出的减少必然使消费曲线下移，较低的消费曲线自然相交于较低的国民收入曲线，导致国民生产总值减少。他的结论是，税收的增加对消费产生不利影响，进而导致国民收入下降。

我国政府性资金主要包括四个部分：一是预算内资金，以财政收入为主；二是预算外资金，是指国家机关（国家权力、行政、审判和检察机关)、事业单位、社会团体和政府委托的其他机构，为履行或代行政府职能，依据国家法律法规和具有法律效力的规章而收取、提取、募集和安排使用，未纳入财政预算管理的各种财政性资金，如政府性基金收入、专项收入、行政事业性收费等；三是国有资本经营收入，是指政府以国有资产所有者身份凭借财产权利，直接参与国有资产收益分配所取得的收入，主要包括国有企业收入和国有资产、股权收益收入；四是债务资金，是指政府作为债务人凭借自身信誉，以政府的名义，采取有借有还的信用方式所筹集的预算收入，包括国内债务收入和国外债务收入两部分。

国际经验表明，一国财政收入占国民生产总值的比重过低将削弱政府的宏观管理和调控能力，因此，要保持政府公务正常运作，必须将这一比重保持在一定的水平上。国际比较，国家政府财政收入占国内生产总值的比重平均水平基本维持在25%左右。但我国改革开放以来由于社会财富分配格局的变化，1995年以前这一比值一直呈逐年下降趋势，1995年以后，国家财政收入占GDP的比重开始逐年上升，政府的宏观管理和调控能力显著增强，但是仍未达到25%，而且教育投入增长迟缓，一个重要原因就是政府行政成本太高所致（见图2-17）

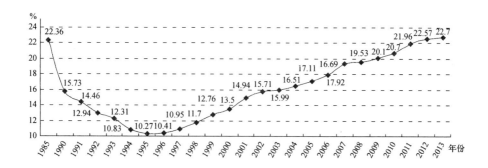

图2-17　全国财政收入占GDP比重变化（1985—2013年）
资料来源：国家统计局网站。

政府行政成本是政府向社会提供一定的公共服务所需要的行政投入或耗费的资源。在我国预算会计中，实际上没有行政成本的定义，可将人员经费和公用经费（会议费、公务接待费、差旅费、车辆购置及运行费、用电、纸张等）两者之和视作政府行政成本，但实际上，项目预算中也有很大一部分用于行政工作，因此实际的行政成本远远大于人员经费和公

用经费之和。1978—2013 年，中国财政收入从 1132 亿元增长到129142.90
亿元，增长约 113 倍；同期行政管理费用则从 53 亿元骤升至 14139 亿元，
增长了 266 倍。行政管理费占财政总支出的比重在 2003 年就已上升到
19.03%，高居世界第一。2005—2013 年，中国行政经费仍然以 1000 亿
元/年的速度高速递增，公务员队伍职务消费占全国财政总收入近 1/4，
直接造成对教育、卫生、环保等公共支出的挤占。由于事关各级官员自身
利益，多年来政府对公款挥霍的"治理"有限。2007—2013 年，我国在
文体传媒、外交、社保就业和环保等方面的财政支出比重变化很小，一般
公共服务成本比例则从 17.1% 降到 10.12%。由于一般公共服务成本比重
下降明显，公共财政在教育、医疗卫生、城乡社区事务、农林水事务、交
通运输等方面支出力度明显增加。从 2009 年开始，教育支出成为我国财
政第一大支出。尤其是 2012 年，在 4% 目标驱使下，财政性教育经费达
到财政总支出的 16.87%，2013 年这一比例又出现下滑，降至 15.65%
（见图 2 - 18）。

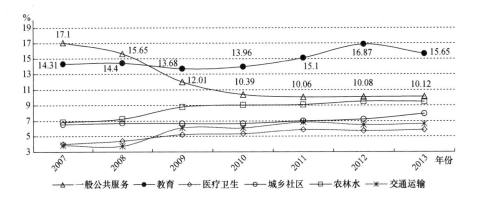

图 2 - 18 我国 2007—2013 年财政支出部分科目占总支出的比例变化

资料来源：国家统计局网站。

从西南地区地方财政看，2007—2012 年一般公共服务支出比例除贵
州省出现局部反弹外，其余省市区均有明显下降，比如四川省下降约 8 个
点，云南省下降了 7 个点，重庆、广西的降幅也在 6 个点以上（见图 2 -
19）。2011 年以前，四川、重庆地方财政教育支出占一般预算支出比例一
直在低位徘徊，云南、广西保持稳定，云南在 16% 左右，广西在 18% 左

右。到 2012 年，在中央政策强力推动下，西南地区均有大幅攀升，平均值达到 18%（见图 2 - 20）。

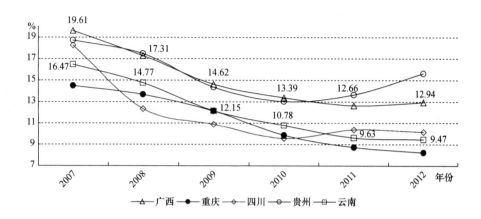

图 2 - 19　西南地区地方财政一般公共服务支出占预算支出比例变化

资料来源：国家统计局网站。

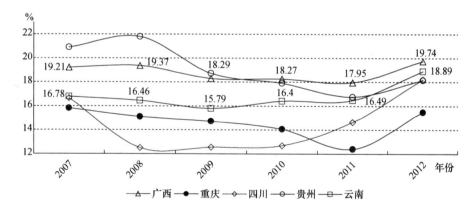

图 2 - 20　西南地区地方财政教育支出占一般预算支出比例变化

资料来源：国家统计局网站。

三　财政收入被诸多"黑洞"大量吞噬

政府各种收入没有完全纳入预算管理，巨额收入的支出游离于人大监督之外。2006 年政府实际总收入至少高达 6.7 万亿元，占当年 GDP 的 32%。而纳入预算的只有 3.9 万亿元，近 2.8 万亿元的收入没有纳入预算内管理。① 各级政府机构除了税收以外，还有非税收入，如 2013 年全国卖地收入突破 4 万亿元。这巨额预算外资金并不透明，没有提交各级人大审议、批准和监督，处于"黑洞"状态。

财政预算科目不合理，支出事项不具体，程序和过程不透明。比如，体现公共服务特点的教育、卫生、社保、环保等支出科目要么设置不合理，要么没有具体项目和部门预算，要么实行粗糙的基数预算；对于各种行政公务活动，政府办公设施建设，财政上没有科学的定员、办公、建造等财政消耗标准，不能严格地按照各种标准来限制行政公务支出和各种楼堂馆所建设的预算，行政公务支出和办公设施等建设支出实际上可能超过政府总收入的 1/3 以上；预算编制过程尤其是对地方转移支付的经费，包括中央各部门掌握的一些专项经费向地方的下拨，其程序和过程极不透明，随意性很大，形成各地方政府"进京跑部钱进"等种种乱象。

《预算法》形同虚设，预算执行不严肃。我国财政预算从编制到执行基本上没有监督，各级预算失去监督行政公务浪费、防止建造豪华办公设施和培训中心、控制行政事业机构和人员膨胀的功能。一般预算执行在年度的 1 月 1 日开始，但是，预算的审批往往在 2—3 月之间，预算还没有通过人大审议和批准，已经执行了一个季度；而且预算方案专业性太强，绝大多数人大代表根本看不懂，更提不出问题来。

"体外循环"对预算内资金的截留。近年来，国家审计署证实很多政府部门将预算资金进行"体外循环"，然后为内部成员改善福利待遇。如截留建设项目资金，用多余预算资金购置轿车和住房，资金被挪作他用，用项目资金发放补贴等等。从这些资金的流向不难看出，预算资金的"体外循环"由来已久，预算资金的挥霍实际上早已成为"国痛"之一。公共管理缺陷为政府部门扩张自身利益，提高行政成本创造了大量机会。

贪腐对公共财政的侵吞活剥。中国贪腐历史悠久，远在夏朝末年，贪贿风气已很严重。据《荀子·大略》记载，当时成汤求雨的祷词中，提问六件失政之事，三项便是贪贿问题。吴晗在其《论贪污》一文中明白指出，"贪污这一现象，假如我们肯细心翻读过去每一朝代的历史，不禁令人很痛心地发现'无代无之'，竟是与史实同寿"，"一部二十四史，充满了贪污的故事"。历史学家翦伯赞在其《贪污列传序》中也提出，"自

---

① 杨磊：《中国居民隐性收入达 4.8 万亿?》，《中国经营报》2007 年 6 月 25 日。

殷商以降，跟着私有制财产制度和阶级国家的成立，贪污遂成为统治阶级的职业"。[①] 腐败也是一个全球性难题，在行政领域中格外明显与严重，这也是行政成本膨胀的重要原因。腐败根源在于利用国家权力来非法攫取利益，造成行政成本的非正常上升。美国学者约翰逊（S. Johnson）等曾指出，"规则型体制及其执行本身必须首先为其诚实和效率建立声誉。这需要花费很长的时间，即使有了声誉，也要有严格的监督……在许多国家，高层政府努力制定和执行可依赖的治理体制，而中层政府官员利用新获得的权力迅速中饱私囊，因此毁坏了高层政府的努力。在大多数转型国家都明显存在着这类问题。"[②] 2005 年我国各级行政机关公车消费 3000 亿元、公款吃喝 2000 亿元、公款考察旅游 1000 亿元，三项合计高达 6000 亿元，占当年国民财政收入的 20%，相当于全民教育投入的 5 倍。比较而言，国外主要发达国家的行政费用支出仅占 10% 左右，50% 以上用于公共服务。[③] 我国公务消费中"三公"消费每年都达数千亿元之巨，其他不合理之处也俯拾皆是，如年底的"突击花钱"，各地巨额投资修建的华而不实的政府工程、形象工程等，都说明财政支出存在严重问题。如果将其部分用于教育，保持 4% 以上的目标是不难实现的。

---

① 吴海东：《新视域下综合素质教育》，复旦大学出版社 2012 年版，第 30 页。
② 同上。
③ 黄伟：《98.3% 的人认为行政管理成本浪费现象普遍》，《中国青年报》2007 年 3 月 26 日。

第三章　教育与经济发展的累积因果循环

教育活动与经济活动在社会发展过程中构成相互关联的产业链，两者互为上下游，关系密切。经济活动吸纳教育活动的"产品"：接受一定教育的人力资源，包括各类专门人才和具有一定劳动技能的劳动者，以及高校的技术创新成果。此时，教育系统作为投入部门，处于经济活动的上游。各级各类教育活动所需要的设施（场地、教学与实验设备、办公设施、学生学习用品等）又是经济活动的产出，是经济活动向教育活动提供的投入品。此时经济活动处于上游。教育是科学技术文化快速高效传递和传播的基本途径，科学家和各行各业专家都需要长期系统的接受教育。经济发展主要取决于四个要素：劳动力、资本、劳动生产率、科技进步。大力发展教育，能提高劳动生产率，促进科技进步和生产管理现代化，教育是使科学技术转化为生产力的重要途径，高等教育更是科学技术研究的重要基地。

第一节　"回波效应"与教育

当代中国正处于快速社会变迁过程中，比如从农业社会进入工业社会，从工业社会进入后工业社会或创新型社会，由熟人社会向陌生人社会转型，由安土重乡型社会向无根社会转型。这种社会变迁主要包括自然环境变迁、人口变迁、经济变迁、社会制度和结构变迁、社会价值观的变迁、生活方式的变迁、文化变迁、科技变迁等。中西部大量人口流入沿海，农村人口大量涌入城市，征地拆迁也使得大量村落消失。当代中国社会的"超稳定"状态正被大量无序因素干扰，整个社会日益呈现出无根状态；由均衡性社会向阶层性社会转型。从动态的角度来看，社会经济各有关因素之间存在着累积循环因果关系，社会变迁必然对教育产生巨大冲击。

一　教育市场剩余劳动力模型

这里的剩余劳动力包含隐性失业的情况。隐性失业在中西部各级各类生源不足的学校中普遍存在，即形式上有工作，但实际上教师提供的边际产值低于学校的边际劳动力成本，甚至提供的边际产值为零或为负数。如图 3－1 所示，以横轴表示聘用教师数，纵轴表示实际薪酬（即劳动的边际产量），OA 表示教师在原单位平均的较低工资水平，OW 表示调入发达地区学校的实际薪酬。由于 $OW > OA$，从落后地区迁移到发达地区学校的教师供给具有完全弹性，理论上而言，在这一较高薪酬水平，发达地区学校可以聘请无限数量的教师而无须再提高工资，因而 WS 是一条水平线，或者说教师供给是"无限的"。在初期，发达地区教育系统中的资本供给为 K_1，同时劳动的需求曲线是由劳动的边际递减产品决定的，在图中是负斜率的曲线 $D_1(k_1)$。发达地区理性的教育主管部门会不断招聘教师直到教师的边际产出与其薪酬相等为止，即聘用教师人数是劳动供给曲线 WS 与劳动的需求曲线 $D_1(k_1)$ 的交点所决定的劳动数量（L_1），教师雇用数量是 OL_1，教师所得薪酬总量相当于 $OWFL_1$，而教师在新的组织总劳动价值相当于 OD_1FL_1，WD_1F 为发达地区所获剩余价值部分。

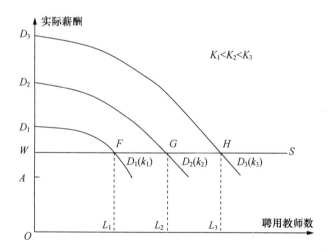

图 3－1　二元教育市场劳动力剩余模型

发达地区教育部门把剩余利润作进一步投资，使资本数量从 K_1 增加到 K_2，因此聘用教师数增加到 OL_2，教师总薪酬增加到 $OWGL_2$，总产出

达到 OD_2GL_2，发达地区所获剩余价值达到 WD_2G 以后，发达地区教育系统中的资本供给数量又达到 K_3，聘用教师数继续增加，如此循环反复，直到欠发达地区教育系统剩余劳动力被全部吸收到沿海发达地区时为止。

此后，由于生师比上升，隐性失业逐渐消失，欠发达地区教师的边际产出不再为零，发达地区只有以更高薪酬才能把教师吸引过来。这样，教师劳动的供给曲线就会因为发达地区的工资和就业继续上升而成为具有正斜率的一条斜线，不再是一条水平线，此时教师流动的结构性转换才会完成。

二　"回波效应"对教育的影响

物理学中，光子回波效应指这样一种现象，有两个光脉冲1、2相隔 t 时间，相继通过一介质，结果从介质中会自发辐射出光脉冲3（见图3－2）。"回波"这个名词是从核磁共振实验中引用过来的，当二列频率与物质吸收频率相同的电磁波先后通过放置在磁场中的物质时，得到的不是两列电磁波，而是在第二列波后面还出现第三列波。这列新产生的波好像是山谷中产生的回声，所以称这种现象为回波效应。

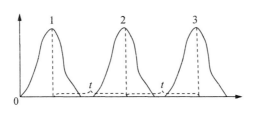

图3－2　光子"回波信号"

经济学中"回波效应"又称极化效应，指劳动力、资本、技术、资源等受到要素差异引导而发生的由落后地区向发达地区流动的现象，经济活动正在扩张的地点和地区会从其他地区吸引净人口流入、资本流入和贸易活动，从而加快自身发展，并使其周边地区发展速度降低。这种效应不仅会阻碍落后地区发展，而且还会使整个经济增长放慢。经济发展中，由于推行发展极战略，在要素收益地区差异调节作用下，欠发达地区的资本、劳动力、人才、资源等被经济发达地区大量吸走，这给欠发达地区经济发展造成不良影响，结果使国内地区间的经济差距扩大。需要指出的是，回波效应不是指地区间因历史、地理、自然等原因形成的经济上原有的一般差别，它必须包含以下两种情况：一是由于经济发展中采取的政策造成的；二是在新的发展政策下使原来的区际差距进一步扩大。否则，就不能称之为回波效应。因此，回波效应是相对于发展极而言的。较强的回波效应即意味着发展极的扩散和辐射力较弱。"回波效应"表示发达地区（增长极）对周围落后地区的阻碍作用或不利影响，促进各种生产要素向增长极的回流和聚集，产生一种扩大两大地区经济发展差距的运动趋势，落后地区受发达地区不利影响后所产生的地区经济发展差距扩大的不良后果。

改革开放以来，中国经济增长的势头主要集中在制造业和有创新能力的行业，这些行业一般聚集在东南沿海三大区域：珠三角、长三角和环渤海。这三大城市群已经成为中国经济的"发展极"或经济中心。但是中西部广阔的腹地社会经济发展相对落后，与沿海的差距越来越大。由于这种二元经济结构的存在，生产要素在地区之间的流动会产生两种效应，即回波效应和扩散效应。按照增长极理论，由于东南沿海三大"发展极"具有生产中心、贸易中心、金融中心、信息中心、交通中心等多种功能，从而形成"磁场极"，能够对周围地区产生吸引和辐射作用。首先，"发展极"的大企业不断创新，推出新技术、新工艺、新产品，并能把这些创新扩散到其他地区，同时还能吸收其他地区的新技术和人才，以加速本地区的发展；其次，"发展极"能够吸引和集中大量资本扩大生产，同时又能向周围地区扩散资本，并带动其发展；再次，由于大量企业集中在"发展极"，因此催生一些共同使用的道路、通信、货栈等服务性企业，这会大大降低交易成本，产生巨大的规模经济效益。总之，"发展极"使人力、生产、技术、贸易等高度聚集，形成"吸引中心"或"弥散中心"，以这些中心城市或经济区为核心，联系周围的农工商业，这样，就形成了一个完整的经济网络。"吸引中心"把中西部地区的居民吸引过来，可以减少原来地区的人口压力，使农户的耕作面积扩大，并通过改进生产技术提高中西部地区的人均福利水平。"弥散中心"则通过向边远地区投资，建立厂矿或修建道路，以此激活欠发达地区的经济。可见，只要建立了"发展极"，通过其吸引和扩散作用，整个经济便能得到有力的推动并获得长期发展。

经济学家缪尔达尔对增长极的运行机制做了修正，他在《进退维谷的美国：黑人问题和现代民主》中提出"循环的或积累的因果关系"原

理，即"累积的地区增长和下降"理论，并在《经济理论和不发达地区》
(1957) 和《亚洲戏剧：各国贫困问题考察》(1968) 等著述中，提出了
"扩散效应"和"回波效应"概念，说明经济发达地区（增长极）优先
发展对其他落后地区的促进作用和不利影响。缪尔达尔认为，经济发展过
程是一个动态的、各种因素相互作用、互为因果、循环积累的非均衡发展
过程。其中的影响因素包括产出、收入、生产生活水平、制度和政策等因
素。任何一个因素"起始的变化"都会引致其他因素相应变化，并导致
初始因素的"第二级强化运动"。如此循环往复的累积，就导致经济过程
沿初始因素发展的方向发展。缪尔达尔又进一步提出两种循环积累因果运
动及其正负效应：一种是"扩散效应"；另一种是"回波效应"。[①] 发达
地区的优先发展，对落后地区既有积极作用，又有消极的"回波效应"：
落后地区的人才、资本、资源被发达地区大量引走，从而给落后地区造成
不良的后果。由于发达地区收益高，资本等生产要素纷至沓来，结果落后
地区与发达地区的经济差距便越来越大。但是，这种"回波效应"不会
无限发展下去。因为，当发达地区发展到一定程度后，由于环境污染、人
口过多、交通阻塞、资源不足等原因，使发达地区生产成本上升，外部经
济效益变小，这时，劳动、资本、技术等生产要素就会向周围落后地区扩
散，产生"扩散效应"，并促使其经济发展，从而缩小地区之间的经济差
距。缪尔达尔主张采用制度的、整体的、动态的方法来研究经济发展问
题，发达地区应充分发挥带头作用，落后地区应采取适当对策来刺激经济
发展，以消除这种二元经济结构矛盾。

　　正是由于"回波效应"的影响，2000—2013 年，天津、北京、上海、
福建、浙江、江苏、山东和广东等地人口大幅增加。2000 年以来，我国
人口超过 8000 万的地区有四川、河南、山东、广东四省，直到 2005 年，
河南是全国人口第一大省，其次为山东；然而从 2006—2010 年，广东省
人口以年均 250 万人的速度爆炸式递增，相当于每年增加两三个中等城
市，年均增速达到 2.58%，远远超过全国人口 0.5% 的年增长速度；2010
年后，广东省人口增长放缓，年均增加 68 万，但这一人口流动规模仍然
相当于改革开放初期的"南下大军"。因此从 2006 年开始，广东省年末
人口总量一举超越山东、河南，跃居全国第一，并一路绝尘而去，到

---

　　① 刘溢海、李雄诒：《发展经济学》，上海财经大学出版社 2007 年版，第 78 页。

2009 年即已超过 1 亿（见图 3 - 3 和见图 3 - 4）。

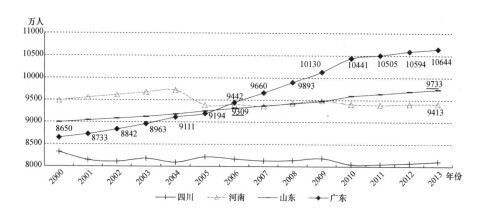

图 3 - 3　我国年末常住人口超过 8000 万地区人口变化（2000—2013 年）

资料来源：国家统计局网站。

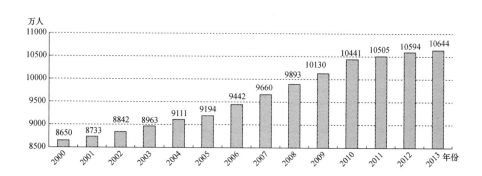

图 3 - 4　广东省年末人口变化（2000—2013 年）

资料来源：国家统计局网站。

2000—2013 年，东南部经济发达地区年末常住人口均有大幅增加。人口变化最惊人的是广东省，净增 1994 万，超过浙江省常住人口增量的两倍，约相当于增加了一个北京市（2010—2011 年），或者海南、青海与宁夏 2012 年年末常住人口之和（见图 3 - 5 和图 3 - 6）。其次为长三角经济增长极的浙江省，增加 818 万，上海市增加 806 万，江苏省增加 612 万；北方经济增长极京津冀鲁地区的北京市增加 751 万，山东省增加 735 万，河北省增加 659 万，天津市增加 471 万。

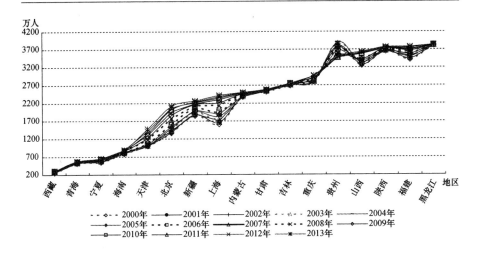

图3-5 我国地区年末常住人口变化 a（2000—2013 年）

资料来源：国家统计局网站。

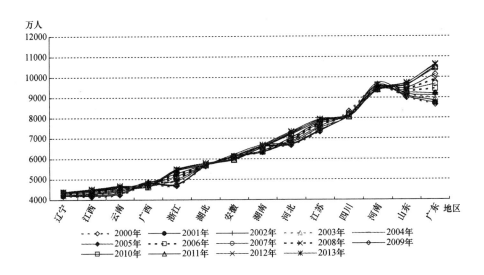

图3-6 我国地区年末常住人口变化 b（2000—2013 年）

资料来源：国家统计局网站。

另外，中西部地区的湖北、湖南、内蒙古、重庆、陕西、宁夏、吉林、黑龙江、甘肃、青海等地年末常住人口增长缓慢，14 年间增量均在160 万人以下（见图 3-7）。以湖北省为例，2000 年人口 5646 万，如果按我国 2000—2013 年人口平均自然增长率 5.6‰计算，到 2013 年应该

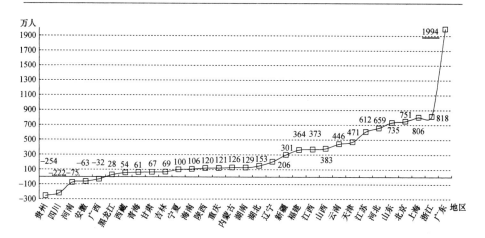

图3-7　全国人口增量变化（2000—2013年）

资料来源：国家统计局网站。

增加425万人，但实际增量只有153万。尤其是一些欠发达地区，年末常住人口还出现了骤减现象。比如从2000—2013年，贵州省年末常住人口共减少254万，四川省减少222万，河南省减少75万，安徽省减少63万，广西壮族自治区减少32万（见图3-7）。显然，中西部地区每年都有大量劳动力人口流向东南沿海经济发达地区。对人口流动的动因，如彼得·德鲁克所言："他们之所以大批涌进都市工厂，正是因为在都市中，他们再怎么可怜也强过以前在一个静态、专制、贫穷的农业社会底层的日子。他们在工业化的都市社会仍有稍好的'生活质量'"。[①]2000—2013年，我国人口流动"孔雀东南飞"现象仍然十分显著。麦可思基于中国2009届毕业生的区域流动研究表明，东部和沿海发达地区净流入率高，除云南省外，其他中西部地区应届大学毕业生以流出为主。[②]关于教师流动问题，有学者推算，20世纪90年代初至今，从湖北流向我国东南沿海经济发达地区的教师上万人，其中不下4000人流动到深圳，流动的教师中不乏优秀公办教师，甚至骨干、特级教师。在深圳市，各级各类学校专任教师达8万余人（含2万民办教师），湖北籍教师约占到总人数的1/5强，

①　彼得·德鲁克：《后资本主义社会》，东方出版社2009年版，第13—14页。

②　麦可思：《2010年中国大学生就业报告——就业蓝皮书》，社会科学文献出版社2009年版。

而湖南籍教师更多。① 由于能在深圳或沿海其他地区立足的教师多是中高级职称的骨干教师，对迁入地区来说，既节省了大量的教师培养成本，又能快速改善教育质量，有效创造社会财富。放眼加工制造、医疗卫生等其他行业，都存在类似的"回波效应"。

库兹涅茨在分析19世纪至20世纪50年代美国人口再分布与经济发展的历史时指出，经济发展与人口的区域再分布相互紧密联系，互为变量。现代社会技术进步造就的经济增长会通过工业化、城镇化等形式对人口分布产生更为重大的影响。经济增长有技术变革引导，而人口分布变动则是适应经济机会变化的结果。美国经济学家罗斯托在《世界经济》（1978）一书中也指出："随着经济的发展，初级产品所占的劳动力比例会下降，工业生产所占用的比例会提高，服务业所占用的比例会以更快的速度提高。"人口迁移与城市化是调整产业结构和就业结构的途径和手段。通过劳动力的合理流动和优化配置，在城镇中不断发展落后产业特别是第三产业，吸引大量的农村人口转入城镇，就能促进产业结构以及人口就业结构的合理化，从而达到优化产业结构的目的。② 根据刘易斯20世纪50年代提出的二元经济发展模型，发展只能在城市工业部门优先增长基础上进行，经济发展是城市现代工业部门不断扩张的过程，新就业机会是由城市工业部门的不断扩大创造出来的。可以认为，中西部欠发达地区劳动力"东南飞"对沿海发达地区经济的扩张和劳动力向城市转移具有决定性的意义。由于广东、江苏、浙江、山东等经济发达地区高工资水平的吸引，边际生产力较低的中西部剩余劳动力或处于隐蔽性失业状态的劳动力纷纷流向边际生产力高的东南沿海，这必然推动东南沿海经济增长（见图3-8和图3-9）。

劳动力素质是生产函数中的关键变量，直接影响经济发展。2000—2011年，我国财政性教育经费占财政总支出比例平均为16%，国民平均受教育年限逐渐提高，尤其农村人口受教育的程度越高，其向城市转移的预期收入就越高。在2000—2013年中国劳动力的大规模迁移过程中，那些相对缺乏技术的农村移民未必很快就能在高报酬的东南部城市工业部门中得到就业机会，但人口迁移本身就有利于提高人口素质。列宁曾指出：

---

① 赵莉：《湖北四千教师走鹏城的苦与乐》，《楚天金报》2013年11月19日。
② 刘家强：《人口经济学新论》，西南财经大学出版社2004年版，第116页。

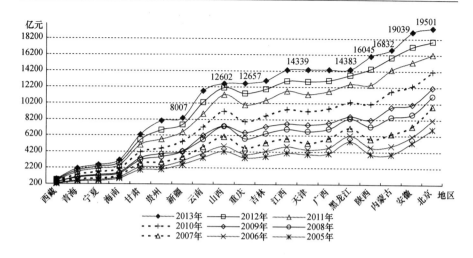

图 3 - 8　我国地区经济总量 GRP 变化 a（2005—2013 年）

资料来源：国家统计局网站。

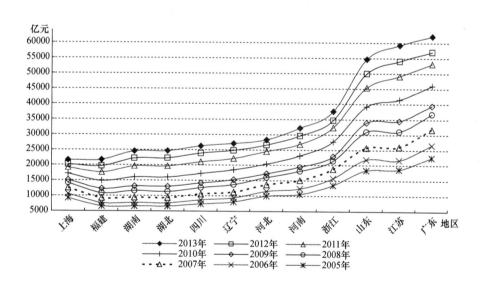

图 3 - 9　我国地区经济总量 GRP 变化 b（2005—2013 年）

资料来源：国家统计局网站。

"迁移"意味着造成居民的流动。迁移是防止农民"生苔"的极其重要的因素之一，历史堆积在他们身上的苔藓太多了。不造成居民的流动，就不可能有居民的开化，而认为任何一所农村学校都能使人获得人们在独立认识南方和北方、农业和工业、首都和偏僻地方时所能获得的知识，那就太天真了。① 人口迁移所以能提高人口素质，原因在于：（1）从遗传学角度看，地区人口来源多元化，血缘分布的近亲成分越小，人种基因就趋于优化，外来人口会促进人口群体的基因交流，提高人口质量；（2）发达地区劳动力素质普遍较高，教育文化基础设施齐全，可以为迁入人口创造或提供更多的学习机会；（3）发达地区就业形势严峻，产业转换会对迁入劳动力的智力结构和技能水平提出新要求，从而强迫其在干中学，主动或被动提高自身的科学文化素质和技能水平，从而带动人口文化水平的提高。

我国普通小学在校学生规模于 1997 年达到峰值 13995.4 万人；6 年后的 2003 年，初中在校学生规模达到峰值 6618.4 万人；2007 年高中在校学生规模达到峰值 2522.4 万人，2008—2013 年基本维持在 2450 万人左右上下波动；但我国高等教育需求仍然十分旺盛，普通高校在校生规模在 20 世纪 90 年代初仅有 200 万人，到 2013 年达到 2468 万人，已经超过了 2013 年高中在校学生 2436 万人的规模，预计很快达到峰值（见图 3 – 10）。

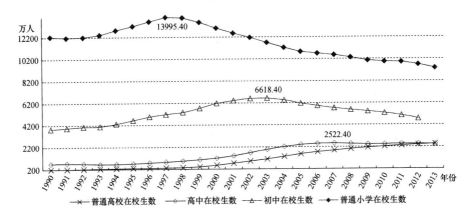

图 3 – 10　我国各级各类学校在校生数（1990—2013 年）

资料来源：国家统计局网站。

2012 年，全国初中在校学生数比上年共减少 3011451 人，除北京、上海、河北略有增加外，全国其余地区均出现不同程度下降，如最多的湖北省减少 46.3 万人，其次安徽省减少 36.85 万人，广东省减少 36.59 万人，四川省减少 22.42 万人，陕西省减少 18.33 万人，其余地区初中在校学生数减少

---

① 《列宁全集》第 3 卷，人民出版社 1984 年版，第 226 页。

10万人以上的还有山东、河南、江苏、山西、甘肃、重庆（见图3－11）。

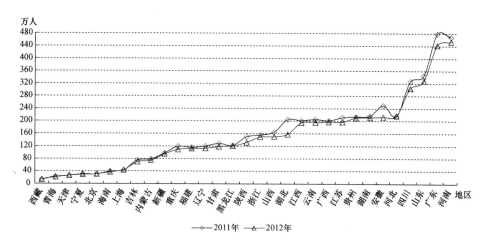

图3－11　全国各地初中在校学生数（2011—2012年）

资料来源：国家统计局网站。

在初中学生数大幅减少的背景下，2012年初中专任教师数也比上年减少1.99万人，其中下降幅度最大的是湖北省，高达1.29万，而初中专任教师数增加最多的为广东省，增加了0.55万（见图3－12）。从这里明显可以看出，2011—2012年有大量湖北籍初中教师流向了广东省。

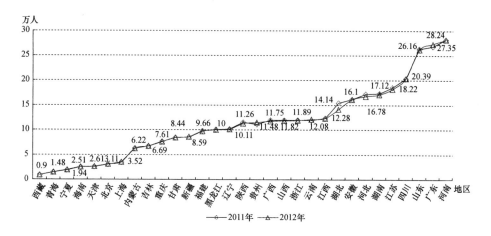

图3－12　全国各地初中专任教师数（2011—2012年）

资料来源：国家统计局网站。

生师比可以反映一个地区教师的稀缺程度，生师比越高的地区教师越稀缺。2008—2012年，甘肃、贵州、广东、安徽、宁夏、四川等地小学生师比下降幅度分别为4.32、4.29、4.27、3.97、3、2.7（见图3-13）；安徽、陕西、湖北、海南、江苏、广东、重庆、甘肃、福建、四川、吉林、浙江等地初中生师比下降幅度分别达到6.56、4.93、4.79、4.7、4.02、3.95、3.93、3.89、3.73、3.68、3.17、3.17（见图3-14）。由于甘肃、宁夏、吉林、海南人口只有少量增加（35万人以下），而安徽、贵州、四川年末人口都出现负增长，分别减少147万人、112万人、62万人，而广东省增加了701万人。因此可以断定，安徽、贵州、四川、甘肃、宁夏、湖北等地生师比下降主要是因为学生数减少（随父母异地就读），而广东省生师比下降则主要是因为大量新教师的流入。另外，河北、上海、福建、江苏、天津等地小学生师比反而上升，其原因主要是学生数增加，而新教师流入规模较小。从这里也不难发现，中西部教师主要流向广东省。

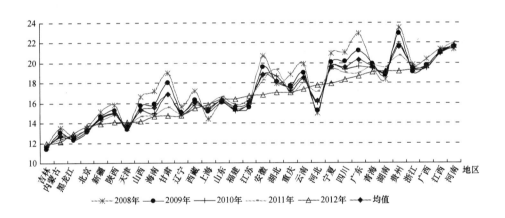

图3-13　全国各地小学生师比（教师数=1）

资料来源：国家统计局网站。

2004—2012年，广东、河南、安徽、山西、云南、四川普通高中专任教师数增幅较大，分别为6.65万人、3.13万人、2.62万人、2.11万人、2.02万人、2万人，尤其是广东省，普通高中专任教师6.65万的增量就相当于一个湖南省或浙江省的规模，在2012年可以排全国第十位（见图3-15）。

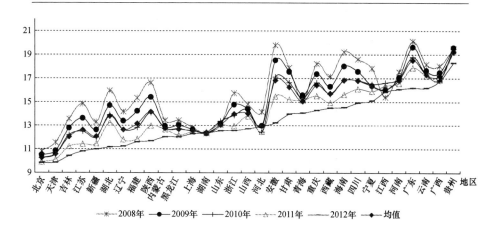

图 3 – 14 全国各地初中生师比 (教师数 = 1)

资料来源：国家统计局网站。

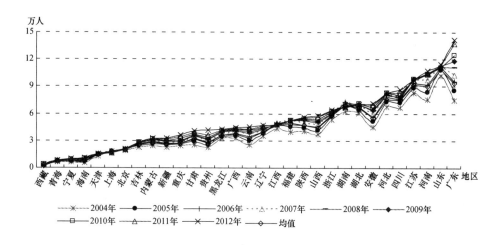

图 3 – 15 全国各地普通高中专任教师数

资料来源：国家统计局网站。

　　2014 年 10 月，笔者在湖北省西南地区走访发现，很多教师一旦评上中学一级教师或中高职称，就开始千方百计向沿海尤其是广东省流动，一些教师只要找到接收学校，甚至连档案都甘愿舍弃，有的教师在深圳找到了学校，宁愿长年代课。而对于留守的高中教师，多数都没有周末休息时间，有的教师周课时高达 45 节，一般教师周课时也有 30 多节，晚上要上自习，班主任还要查寝，一些县市高中教师不堪工作压力之大，甚至走上街头，到县政府门口静坐。究其原因，一方面有升学压力，另一方面也反映出高中教师的稀缺。2008—2012 年，江苏、湖北、河北、湖南、河南普通高中在校生数大幅下降，分别为29 万人、24.75 万人、17.43 万人、16.88 万人、14.63 万人，湖北普通高中生师比下降了3.67，江苏下降2.72，河北下降2.56。西南地区普通高中在校生数普遍增加，如重庆增加10.23 万人，四川增加10.53 万人，云南增加11.15 万人，贵州增加21.09 万人，云南、贵州普通高中生师比反而略有上升。而东南沿海的广东普通高中在校生数增加44.17 万人，但由于专任教师增加了3.11 万人，其生师比反而下降了0.49（见图 3 – 16）。

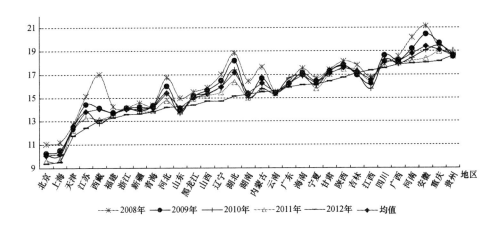

图 3 – 16　全国普通高中生师比（教师数 =1）

资料来源：国家统计局网站。

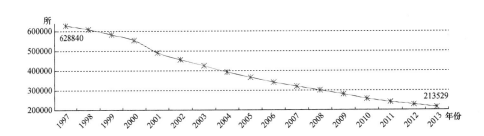

图 3 – 17　全国普通小学学校数变化（1997—2013 年）

资料来源：国家统计局网站。

新中国成立以来，全国普通小学学校数 1965 年达到峰值 1681939 所，"文化大革命"时期出现波动，改革开放以后逐年减少，到 2013 年，只剩下 213529 所。1997—2012 年，全国普通小学学校数共减少 41.5 万所（见图 3－17），平均每天消失 71 所，这些小学几乎都在农村。随着城镇化的加速，农村人口向乡镇、乡镇人口向县城"梯度转移"的趋势日益明显，加上人口出生率下降导致适龄儿童减少，作为"教育末端"的村小或者因生源减少，或者因乡镇撤并而大量"消亡"。随着撤点并校政策的实施，乡镇中心学校小学寄宿生人数大幅增加，小学生上学难、校车安全等问题接踵而来。

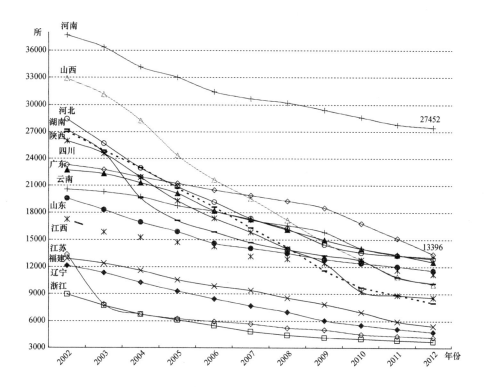

图 3－18　我国部分地区普通小学数变化（2002—2012 年）
资料来源：国家统计局网站。

从地区看，沿海发达地区普通小学数下降趋势相对平缓，如广东、山东、江苏、福建、辽宁、浙江等地，而中西部地区普通小学数下降趋势相对陡峭，如山西、湖南、四川等地（见图 3－18）。与小学相比，初中学校数下降速度要慢得多，2001—2012 年共减少 12309 所，平均每天大约消失 3 所（见图 3 - 19）。

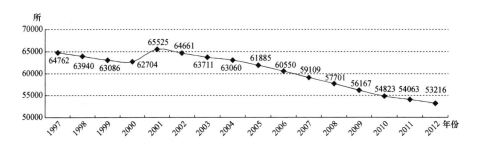

图 3 - 19 全国初中学校数变化（1997—2012 年）

资料来源：国家统计局网站。

"撤点并校"是近年来中国农村教育变化的典型特征，指大量撤销农村原有的中小学，使学生集中到小部分城镇学校。撤点并校前，"一村一小"，农村孩子走在田间小路、吹着麦笛上学，一日三餐在家里，放学后还可为家里干点农活，这是一种学习、锻炼、劳动有机结合的成长过程。撤点并校后，学生上学远，增加了交通费用和不安全因素，大量时间浪费在路上，占用了学生们做家庭作业、玩耍游戏、与家庭成员相处的时间，学生住宿更增加了家长们的经济负担。一方面由于城市化进程不断加快，农村学生人数减少需要合理撤点并校，以便更有效地整合利用资源，让农村孩子接受更好的教育；另一方面由于学校撤并可以明显减少地方政府教育支出，它正在演化为一项新的政绩"运动"。在地方政府"城市化率"的攀比中，撤点并校成为拉动县镇人口增长和经济发展的有力工具。

农村撤点并校导致"上学远"，以及政府在解决"上学远"问题上疏于校车系统建设。车体本身不达标、超载现象突出、司机素质低而导致安全事故迭出的背后，是校车运营混乱、监管不力以及校车立法空白的制度缺位。学校撤并，孩子们不得不去镇上上学，一些孩子离家就是二三十里路，车费、住宿费、伙食费，一年保守估计都要 1000 元，实际上农民的负担反而加重了。负担加重的直接结果是大量农村学生辍学，初中生放弃学业外出打工。但是在日本，只要能招满 10 名以上儿童，就可以开办一个幼儿园或学校，并由国家补贴；公立学校的孩子，步行上学基本不会超过 10—15 分钟，根本不需要校车。学校撤并的确提高了校舍单位面积、办学资金的利用率，降低了当地政府用于办学的成本。但学校撤并把部分政府的经济成本转嫁为农民的经济成本、学生的时间成本和安全风险。调研显示，撤校后学生上学距离平均变远4.05公里，安全隐患增加；住宿生的平均年花费为1157.38元，成为农村家庭的额外开支。①基础教育阶段，家庭教育的重要作用不容忽视，让一个小学生到寄宿制学校，意味着家庭教育和家庭温暖过早被剥离了，必将严重威胁农村学生心理和生理的健康发展。小学教育需要家长的监督与配合，孩子过早离开父母，很难适应学校集体生活，有些孩子的心理问题得不到及时疏导，很容易造成性格上的偏执，甚至出现扰乱课堂秩序、逃课、打架等问题。

　　但是全国普通高中学校数并未一直递减，而是呈一条抛物线：在2006年达到最大值16153所，之后又快速下降，到2013年，减少为13352所（见图3-20）。究其原因，在于2007年我国普通高中在校学生规模已经达到峰值2522.4万人，之后从初中毕业的高中生源开始逐年减少。

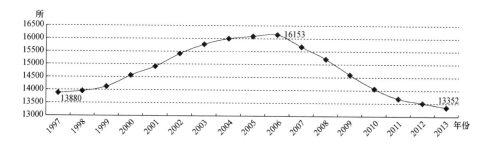

图 3 - 20　全国普通高中学校数变化（1997—2013 年）
资料来源：国家统计局网站。

　　从地区来看，多数省市区普通高中学校数变化与全国一致，呈抛物线变化，在2006年达到峰值（见图3-21和图3-22）。西藏、宁夏、海南、青海、天津、重庆、北京、上海、云南、辽宁、黑龙江变动幅度不大。与众不同的仍然是广东省，2010年才达到极大值1026所，前后几年波动很小，而且目前也很难断定2010年是否为最大值。

---

　　①　郭少峰：《农村小学数量十年减半　撤点并校加剧农民负担》，《新京报》2012年5月21日。

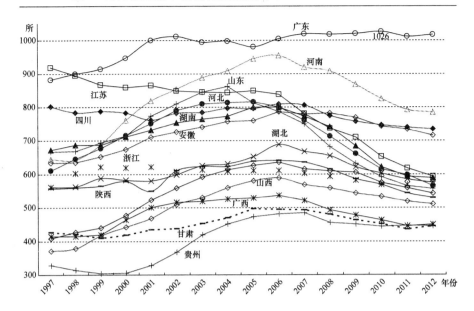

图 3 - 21　我国地区普通高中学校数（a）（1997—2012 年）
资料来源：国家统计局网站。

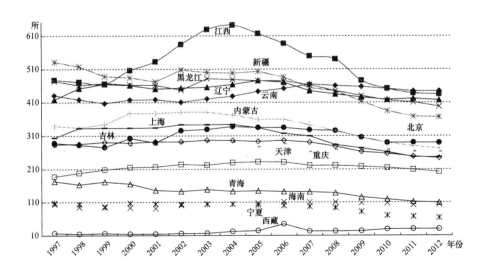

图 3 - 22　我国地区普通高中学校数（b）（1997—2012 年）
资料来源：国家统计局网站。

　　总之，从初等和中等教育看，广东省已经成为我国的重要增长极，就目前而言，其"回波效应"相当明显，但是对周边地区的辐射作用或者说"扩散效应"还十分有限。在东南沿海发达地区,教师工资占当地人均可支配收入的比例低,教师工资的吸引力明显小于中西部地区,而且这些地区获得其他职业的机会更高,教师职业未必受到优秀人才青睐。在高等教育方面,2012 年,我国普通高校在校生数超过 150 万人的依次为江苏省(167.12 万人)、山东省(165.85 万人)、广东省(161.68 万人)、河南省(155.9 万人)。与 2004 年相比,在校生数增量最多的仍然是广东,约 89 万人,但专任教师规模仅增加 4.04 万人,不及江苏省(4.7 万人)、河南(4.42 万人)和山东省(4.23 万人)。这说明"回波效应"对高校教师的影响相对较小(见图 3 - 23)。

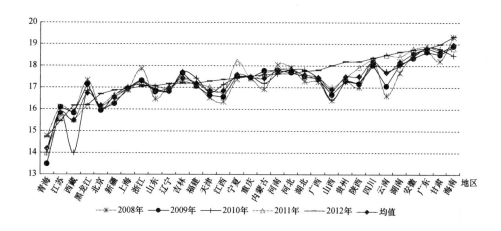

图 3 - 23 全国普通高校生师比(教师数 =1)

资料来源:国家统计局网站。

"扩散效应"也称"涓流效应",指增长极的周围地区会随着与扩张中心地区基础设施的改善等从中心地区获得资本、人才等,并被刺激促进本地区的发展,逐步赶上中心地区。增长极地区的社会经济发展对周边地区发展产生正的外部性。这种扩散效应主要包括:为周边地区的产品扩大市场,就业找到门路,新技术得到扩散。"扩散效应"表示了发达地区(增长极)对周围落后地区的具有推动作用或有利影响,促成各种生产要素在一定发展阶段上从增长极向周围欠发达地区的扩散,从而产生一种缩小地区间社会经济发展差距的运动趋势。对于周边地区来说,人口外流能够缓解该地的就业压力,带来资金回流,并能通过"干中学"促进人力资本增值。但是这需要一定的机会成本，尤其是支付相当程度的教育投入损失，所以从长期来看，是不利于欠发达地区的社会发展的。列宁曾指出，人口流动使农村的优秀人口大量消失，造成农村日渐荒凉。由于"回波效应"的作用并非无节制的，当沿海发达地区教育、经济发展到一定程度后，人口将停止快速增长，生源减少，生产成本会明显上升，外部经济效益逐渐变小，从而减弱社会经济增长势头。这时，生产要素会从发达地区流向落后地区，促使落后地区的社会经济得到较快发展。

以东南沿海地区经济活动的大规模空间扩散为例。在20世纪70年代末以前，由于实行计划经济，作为工业中心的上海市在资金、原材料供应方面得到了国家的特殊照顾，经济发展的机会远多于与之毗邻的江苏、浙江两省。到1978年，在计划经济体制的支持下，上海市的人均GDP达到了江苏省的5.8倍、浙江省的75倍。此后，随着市场经济的快速发展，上海市原先所具有的许多优势不断丧失，地处其南北两翼的江苏、浙江两省乘此机会大力发展地方工业，与上海市之间在经济发展水平上的差距不断缩小。1993—2013年，浙江、江苏两省国内生产总值平均增长率分别达到12.89%和12.56%，均高于沿海地区的平均水平，上海为11.46%。到2013年时，浙江和江苏的GDP分别位居全国第2、第4。上海市对两翼的扩散效应起始于乡镇企业，后来表现为资金、技术、信息等全面辐射。原先集中在上海这个我国最重要的工业中心的许多经济活动，改革开放以后逐渐扩散到地处其南北两翼的江苏、浙江两省。尤其是工业生产扩散更为显著，在1978年时，江苏、浙江两省的工业总产值加起来还没有上海市多，而到1992年仅江苏省的工业总产值已是上海市的近两倍，浙江省的工业总产值也已经超过了上海市。1993年，浙江省、河南省、四川省、湖北省、湖南省GDP分别排全国第5、7、9、10、11位，到2013年，浙江、河南、四川、湖北、湖南省GDP分别排全国第4、5、8、9、10位。四川、湖北、湖南省GDP都超过了上海市。

2012年，全国初中在校学生数比上年共减少3011451人，如最多的湖北省减少46.3万人，其次安徽省减少36.85万人，而毗邻广东的湖南只减少了5.23万人，毗邻江浙的江西只减少了6.41万人。初中专任教师湖北省下降1.29万人，而湖南省只减少0.21万人，江西省没有变化。每十万人口高中阶段平均在校生数可以反映地区中等教育发展水平，2008—2012年，湖北、天津、江苏、上海、北京、河北、湖南、辽宁、陕西等地都在直线下降，尤其是湖北省下降 1591 人；而广东、广西、贵州、云南等地出现大幅上升，比如贵州增加 900 人，广东增加 867 人（见图 3-24）。前面已经看到，2008—2012 年，贵州省年末常住人口减少 112 万人，而普通高中在校生数增加 21.09 万人；广东省年末常住人口增加 701 万人，普通高中在校生数增加 44.17 万人。每十万人口高校平均在校生数北京下降 1216 人、上海减少 890 人，降幅明显，天津、浙江也分别下降 176 人、36 人（见图 3-25 和图 3-26），可能是大量外来人口涌入的原因。

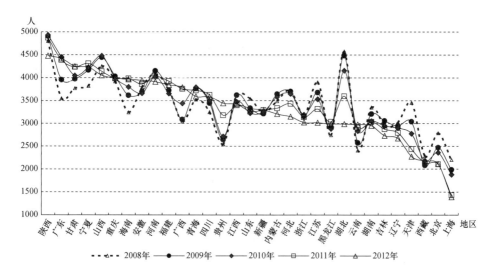

图 3-24 每十万人口高中阶段平均在校生数变化（2008—2012 年）

资料来源：国家统计局网站。

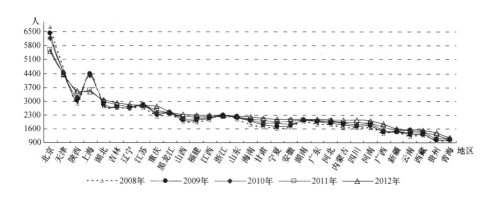

图 3-25 每十万人口高校平均在校生数变化（2008—2012 年）

资料来源：国家统计局网站。

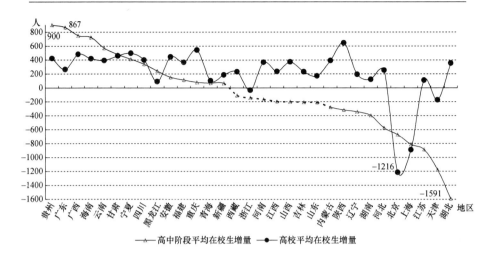

图 3 – 26   每十万人口高中阶段、高校平均在校生增量（2008—2012 年）

资料来源：国家统计局网站。

市场力的作用倾向于扩大而不是缩小地区间差别。一个地区的发展速度一旦超过平均发展速度，其"效率工资"就会趋于下降，这样，与发展缓慢的区域相比，它就可以获得累积的竞争优势。累积的因果过程就是通过这种机制起作用的。换言之，在市场机制作用下，不管由于什么原因，一旦地区间发展水平与发展条件出现差距，条件好而且发展快的地区，就会在发展过程中不断地为自己积累有利因素，从而进一步遏制困难地区的经济发展，使得困难地区不利于发展的因素越积累越多，处境也就日益恶化。解决区域经济的失衡，离不开地方政府的干预，更离不开地方财政的支持。一方面，许多发展地区经济战略、政策措施的实施在较大程度上要依赖地方财政收入资金的支持。利用政府财政收入资金所进行的投资不仅是地方经济发展的重要动力之一，同时还会影响经济结构，关系地区经济发展质效。另一方面，财政收入涉及国民收入分配以及国民收入在政府、集体和个人之间的配置。受客观因素的制约，一个国家或一个地区的国民收入在某一时期是一定的。在此条件下，国民收入分配的结果就意味着政府、集体和个人之间此消彼长。过分地追求财政收入势必使集体利益部分受到损害，使集体从事经济活动的积极性在一定程度上被削弱；同时，也可能会使个人的可支配收入减少，在政府财政收入没有主要用于民生时，这不仅在一定程度上影响着居民的福利水平，还会因减少居民消费而影响到地区经济的持续发展。

克服地区经济差距的出路在于强化发展极对周围地区的扩散效应。这对欠发达地区的经济发展有着特别重要的意义。我国许多地区经济落后，就因为落后在缺乏发展极和发展极作用弱小上。发展极的形成本身有个自然发展过程。有创新能力的产业企业会产生强大的凝聚力，经济活动的区位相互接近所带来的成本节约和收益的提高，会加速其经济增长速度，从而形成地区经济中心。发展极的形成包括：资本的集聚、技术的创新、产业和企业的集中，以及贸易、金融、信息等第三产业的完善。发展极的形成一般有两条途径：一条是市场无形之手，靠市场的吸引力来聚集要素；另一条是政府有形之手，通过计划和重点投资来主动建设发展极。由于市场机制的作用，回波效应总是先于和大于扩散效应，因为地区或区域的发展速度如果超过了平均发展速度，就能获得连续积累的竞争优势。由于市场的力量通常倾向于增加区域经济的差异而不是减少差异，即在市场机制作用下，发达地区在发展过程中不断积累对自己有利的因素，而落后地区则不断积累对自己不利的因素。因此，上述这种由于循环积累因果的作用使经济在空间上出现了"地理二元经济"结构，即经济发达地区和经济不发达地区同时存在。此时，政府应该采取积极的干预政策，而不是消极等待发达地区或增长极的"扩散效应"，从而刺激增长极周围落后地区的发展，缩小累积性因果循环造成的经济差距和差异。政府必须采取一定的措施来刺激不发达地区的发展，尤其是不发达地区的政府应制订相应的对策来发展自己的经济，缩小这种差别。总之，地区之间经济不平衡的加剧主要应由回波效应强于扩散效应来说明，因此，克服地区间不平衡的重要途径是弱化回波效应，强化扩散效应。

第二节　教育投入与经济发展的相关性分析

经济增长是经济发展的基础，经济发展是经济增长的目的。没有经济增长，不可能有经济发展。经济增长是经济发展的手段，经济发展是经济增长的归宿。经济增长作为一种手段，服从并服务于经济发展。根据产业纵向关联理论，产业间的纵向关系表现为产业间以各种投入品和产出品为连接纽带的技术经济联系，从而形成相互影响、相互依存的关系，其中的一个产业在规模、技术及管理等方面的变化都会影响与其相关的产业。教育活动与经济活动可以看成是相互关联的产业链，而且这种关联是双向的而非单向的，也即教育活动与经济活动可以互为上下游产业。教育活动与经济活动间的连接纽带主要表现为两类关系：一是经济活动接受一定程度教育的劳动者，包括各类专门人才和具有一定劳动技能的劳动者，以及教育活动过程中创造的科研成果和科研产品。它们是教育活动的产出，是教育活动向经济活动提供的投入品。此时，教育活动是投入部门，处于产业链的上游，经济活动则是需求部门，处于产业链的下游；二是开展教育活动所需要的设施（活动场所、教学与实验设备、教师办公设备、学生学习用品等），这些产品是经济活动的产出，是经济活动向教育活动提供的投入品。此时经济活动是投入部门，处于产业链的上游，而教育活动则是需求部门，处于产业链的下游。经济决定财政，财政影响经济。经济规模、结构以及发展水平决定着财政收入的总量、结构和增长速度；同时财政分配的规模、结构和增长速度也影响着经济发展的速度、质量和可持续性。对于地方政府而言，实现地方经济发展与地方财政收入增长的协调统一，是保证地方政府职能履行、缩小地区间经济发展差距、实现地方经济可持续发展的根本保证。

一　地方财政的职能

财政分中央财政与地方财政。财政收入指政府为满足社会公共需要，凭借相应权力参与社会产品的分配所组织到的收入。中央财政收入指中央一级政府的财政收入，地方财政收入是指地方政府一级的财政收入，是1994年实施分税制后产生的概念。1994年我国实行分税制财政体制以后，属于中央财政的收入包括关税，海关代征消费税和增值税，消费税，央企所得税，地方银行和外资银行及非银行金融企业所得税，铁道、银行总行、保险总公司等集中缴纳的营业税、所得税、利润和城市维护建设税，增值税的75%部分，证券交易税（印花税）的50%部分和海洋石油资源税。属于地方财政的收入包括营业税、地方企业所得税、个人所得税、城镇土地使用税、固定资产投资方向调节税、城市维护建设税、房产税、车船使用税、印花税、屠宰税、农牧业税、农业特产税、耕地占用税、契税、增值税的25%部分、证券交易税（印花税）的50%部分和除海洋石油资源税以外的其他资源税。2003年国家将个人所得税和企业所得税划为共享税，地方、中央按四六分。所以，地方财政收入一般是指在分税制下地方政府从当地全部税收收入中所分得的税收收入。

财政制度因公共服务所需而存在，公共教育差钱，政府就应当做出预算安排，这是财政预算的基本原理。保证按照基准化的教育服务标准提供充足经费，是财政制度设计的出发点。从弥补和克服市场缺陷的角度来看，可以把财政职能概括为三个方面：

第一，资源配置职能。从市场经济中的公共需要和弥补市场缺陷来看，政府配置资源的内容是多方面的。其中主要包括：提供公共产品，提供基础设施，资助基础性科学研究，对具有外部效应的行业或产品的供应进行调节，鼓励有益产品的生产和消费，抵制有害产品的生产和消费，对自然垄断行业进行调节，在市场发育不全的领域培育市场，维护有效竞争，限制垄断；制定和实施国家的产业政策，保证社会资源的配置符合国家的发展战略，等等。

第二，收入分配职能。财政收入分配的目标就是在一定程度上矫正市场过程建立的分配格局，使之达到社会认为的"公平"和"公正"的分配格局。减轻完全由市场作用下可能造成的两极分化的程度，缓和社会矛盾，满足社会成员基本的生存和生活需要。最主要的财政收入分配职能通过对高收入的个人或家庭课征累进所得税和对低收入的个人或家庭的转移性支出（包括补贴和救济等）得以实现。另外还有用税收为诸如公共住宅，特别是低收入家庭或个人获益的公共服务提供资金，以低价供应这些产品或服务；对大多数由高收入消费者购买的货物课税或课以重税，对主要由低收入消费者使用的货物给予补贴、免税或低税；建立社会保障制度保证低收入者或无收入者的最低生活水平。除上述直接的财政手段外，财政还可采用间接形式来实行收入再分配，如通过增加对教育的拨款，帮助穷人提高教育水平和工作技能，以增加他们获取高收入的机会和能力。判定政府干预之后个人收入分配公平与否，主要看是缩小了贫富差距、增进了平等，还是扩大了贫富差距、加剧了不平等。

财政收入分配的职能，就是调节收入与财富的分配，使之符合社会上认为的"公平"或"公正"的分配状态。从内容上看，它包括两个方面：一个是直接的人与人之间的收入再分配，即低收入者与高收入者之间的收入再分配；另一个是地区间的收入再分配，即贫困地区与富裕地区的收入再分配。但最终着眼点是人与人之间的收入再分配，地区间的收入再分配的最终目的也是实现人与人之间的收入再分配。

　　地区间的收入再分配是不可能通过地方财政实现的。其道理很简单：各地区之间的关系是平等和独立的。贫困地区不具备强迫富裕地区转交其一部分收入的权力，也难以想象富裕地区会从自身利益出发自愿地给予贫困地区单方面的援助。地区间的财政关系总是建立在平等互利的基础上，但这又往往难以改变现存的贫富不均、差距过大的现状。

　　我们同样可以论证人与人之间的收入再分配不可能由地方财政来实现。因为在市场经济中，一国内部各地区之间的商品、资金和人员的流动应该是没有任何障碍的，在这些生产要素可以自由流动的情况下，我们怎能期望地方财政来实现再分配职能？如果一个地方想要加大本地区的收入再分配力度，也就是从富人那里多征税，多给予本地区穷人各种补助，或是改善本地区各类公共设施，增加对诸如教育、住房、公共交通等方面的投资。这样做的结果必然是：一方面，本地的富人不堪承受对他们的重税，而外迁到其他税负较轻的地区，这意味着税源的流失；另一方面，其他地区的穷人就会蜂拥而来，享受本地区再分配政策的好处，这意味着支出的增加。最终结果必然是地方财政再分配政策失灵，从而被迫取消或调整。

　　从经济效率角度看，如果地方财政的再分配措施起作用，也会损失资源的配置效率。因为各地方政府间收入分配政策的差异，会影响人们对生产和居住地的选择。这时，劳动力和资本在各地区之间的配置不再仅仅受其要素收益高低的引导，还要受到这些不同的再分配政策的诱导，其结果是有可能使资源从最有效使用的地区流出，而转到其他使用效率不高的地方，从而造成资源的低效或无效配置。如对渔民来说，最适合发挥其作用的地方应该是在海边地区，从事捕鱼行业。但由于某个地区实行了非常吸引人的再分配计划，使得渔民从原来的地区迁出，来到这个地方居住，他原来的捕鱼技术就得不到发挥，造成资源的浪费。

　　最后，在市场经济中，地方政府很难具备有效的资金筹措手段来实行再分配政策。具有再分配性的累进所得税一般都属于中央税，地方政府虽然也有地方所得税，但往往税率很低，收入不多。

　　当然，地方政府并不是丝毫不能发挥收入再分配职能。特别是在商品、资本和人员等要素的地区间流动受到限制时，地方财政的再分配功能是很强的。比如在我国，市场经济的条件还不完全具备，各类要素在地区间的自由流动还存在一定的障碍，如户籍制度的存在、有些地方设置的城市增容费、对外来人员在打工就业等方面的歧视政策等都不同程度地阻碍了生产要素的流动性。因此，如果说中央政府执行财政收入分配职能有效与地方政府执行财政收入分配职能无效是以生产要素的完全自由流动为前提的话，那么，当这个前提不具备或不完全具备时，地方财政发挥收入再分配职能还是有余地的，其在这方面的作用大小视生产要素跨地区流动的难易程度而定。生产要素跨地区流动障碍越少，流动性越大，地方政府发挥财政收入分配职能的可能性和空间范围就越小，反之则越大。因此，随着我国市场经济的建立和逐步完善，阻碍地区间各种要素流动的各种体制性的或人为因素造成的障碍的消失，地方财政的收入再分配职能将逐步减弱，中央财政在这方面必将发挥越来越大的作用。

第三，稳定宏观经济。稳定经济职能是针对宏观经济周期波动的不可避免性而言的，它的目标就是调节经济运行，实现物价水平稳定、充分就业和国际收支平衡，最终实现经济稳定增长。财政的政策工具主要通过支出和收入的变化，来实现其稳定经济的职能。由于一国内各地区之间的经济是完全开放的，生产要素可以在各地自由流动，因此从理论和实践角度来讲，稳定经济的职能只能由中央政府来执行。

首先，地方政府旨在稳定本地经济的财政措施最终会使贸易条件改变和对其他地方的经济产生外部效应而变得无效。比如，当某地区想采取扩大本地区需求，刺激经济扩张性政策时，结果必将造成本地区进口的大量增加，从而使扩张性财政政策的乘数趋近于零，扩张性政策的效果也就丧失殆尽。相反，当采用紧缩性政策以控制通货膨胀时，又会由于进口的大量减少而使政策失效。

其次，地方财政也由于缺少可用于稳定经济的政策工具而难以承担此重任。稳定经济往往需要财政政策和货币政策相互配合才能起作用。一方面，货币的发行和利率的调整都是由中央银行根据全国的经济形势来操作的，地方政府没有权力和能力来实行货币政策。不难想象，如果由各地政府自行发行货币，全国的货币流通必将产生混乱局面，从而使地方政府的货币政策完全失效。另一方面，就财政政策而言，宏观调控需要周期性的财政盈余和赤字，这就涉及相应的预算融资，即在赤字时借债而在盈余时偿债，这对地方政府来说困难重重：第一，地方政府很难进入全国性的资本市场，从而难以利用这个市场为地方预算盈亏进行融资；第二，地方政府也无力操纵货币政策以支持其财政政策的执行。

当然，地方财政在稳定经济方面的作用很小，并不意味着地方财政与稳定经济之间没有任何联系。地方财政的收支是国家财政收支的一个重要组成部分，它也会对整个国家财政的收支规模、结构以及由此形成的宏观经济产生影响。中央财政在采取调控经济措施时也必然会考虑到对地方财政活动的影响。另外，地方财政在发展本地经济中还是可以有所作为的。如通过轻税政策吸引外来投资；对本地的主导产业或企业给予直接的财政支持等。

二 财政性教育投入与经济发展

财政收支与区域经济发展之间存在着相互促进、相互制约关系。一方面，经济发展水平越高，所创造的国民生产总值就越大，能够组织的财政收入总额也越多；另一方面，财政收入作为一个反映政府财力的重要指标，其规模、结构与质量直接关系到公共经济与私人经济之间总量分配、经济效益与社会经济的发展。因此，必须使地方财政收入与区域经济增长相适应，通过优化地方财政收入的结构、规模、质量和运用来逐步解决区域经济发展的失衡，促进区域经济的发展，并在区域经济发展的基础上进一步实现地方财政收入的可持续增长，最终实现区域经济发展与地方财政收入持续增长协调有序的良性循环。

经济增长是对国民提供日益增长的不同经济商品能力的长期增长，这种增长的能力以技术进步及所要求的制度和意识形态的调整为基础；发展经济学认为经济增长是一个国家或地区在一定时期内由于就业人数增加、资金的积累和技术进步等原因，经济规模在数量上的扩大。经济增长意味着更多的产出，其中不仅包括由于扩大投资而获得的增产，同时还包括由于更高的生产率即单位投入所生产的产品增加而获得的增产。经济发展目标是多重的，既有物质福利的改进，也包括经济结构及其技能的变化。金德尔伯格等将经济发展定义为"物质福利的改善，尤其是对那些收入最低的人们来说；根除民众的贫困，以及与此相关联的文盲、疾病和过早死亡；改变投入与产出的构成，包括把生产的基础结构从农业转向工业活动；以生产性就业普及劳动适龄人口而不是只基于少数具有特权的人的方式来组织经济活动；以及相应地使有着广大基础的集团更多地参与经济方面和其他方面的决定，从而增进自己的福利"。[①] 缪尔达尔认为，发展是整个社会制度向上的运动，换言之，这不仅涉及生产、产品的分配和生产

---

① 查尔斯·P. 金德尔伯格、布鲁斯·赫里克：《经济发展》，上海译文出版社 1986 年版。

方式，也涉及生活水平、制度、观念和政策。① 熊彼特认为，经济发展是对现有经济格局的突破，突破的力量来自企业家的创新，经济发展就是指采用不同的方法合理使用现有资源，不断实现生产要素的新组合。② 总之，经济发展指一国随着产出增长而出现的经济、社会和政治结构的变化，包括投入、产出、分配、消费结构，以及社会福利、文教卫生、群众参与经济及社会发展的程度等在内的协调和优化。这不仅是社会财富在量上的增多和扩张，而且还意味着质的变化和发展，即经济结构、社会结构的变化，投入产出效益的提高和人民生活质量的改善。经济发展是一个反映经济社会总体发展水平的综合性的概念，既包括经济增长，还包括伴随经济增长过程而出现的技术进步、结构优化、制度变迁、福利改善以及人与自然之间关系的进一步和谐等方面的内容。

教育属于混合产品，其中，初等教育具有更多的公共产品属性，中等教育更符合准公共产品的属性，而高等教育则接近于私人产品。普萨卡拉波罗斯（Psacharopoulos）的研究表明，初等教育的私人收益率和社会收益率均明显高于中等教育和高等教育。教育是通过培养人才来促进社会进步的，它能直接促进科技进步、增强人类征服自然和改造自然的能力和提高人类整体素质。对于初、中等教育，全社会公民基本上都可无差别享受，而高等教育所带来的收益则更多是个人化与内在化的，比如理想的就业、个人成就感、较高的收入和社会地位。因此，不同的教育阶段理应有不同的教育投入政策。教育投入是教育发展的经济基础和必要条件。教育发展包括四个方面：规模扩大、结构优化、质量和效益提高。较高的教育投入水平可以使更多的人获得受教育机会，使学校具有更好的教育环境，使教师具有更高的社会经济地位，从而保持较高的教育教学水平，保证国家教育的健康快速发展，使社会获得更多高素质人才，形成更充裕的人力资本存量，全面提升国民教育水平和人口整体素质。但教育投入并非教育发展的充分条件。教育发展从根本上说，取决于文化软实力、经济硬实力以及良好的制度环境，而本质上，政治、经济和文化是迥然不同的。教育属于文化领域，这里应是一片僻静的"山林"，"树木"只有在"山林"里方能茁壮成长，长成参天大树和栋梁之材，然后输送到社会，撑起国家

---

① 冈纳·缪尔达尔：《反潮流：经济学批判论文集》，商务印书馆 1992 年版。
② 约瑟夫·熊彼特：《经济发展理论》，商务印书馆 1990 年版。

的政治、经济殿堂。很显然，把树木直接栽在殿堂中，是极难成材的。实际上，在经济的"热土"、政治的"中心"，往往难有教育的蓬勃发展，因为教育有其自身独特的发展逻辑，它是遗传和环境的产物，尤其是高等教育更需要相当厚重的文化根底。

政府职能就是为个人提供公共品和公共服务，公共品的提供则要求政府有权组织财政收入。公共品存在着受益范围，存在着层次性，居民对地方公共品的不同偏好决定了各级地方政府更适宜负责其范围内的地方公共品的提供，进而地方政府也就具有了组织地方财政收入的充分理由。再者，不同的地方公共品的作用范围并不仅限于它所处的区域，在辖区之间会存在着溢出效应，在这种情形之下，就需要来自上级政府或者受益地方政府的转移支付的支持。无论是地方政府自己组织的地方财政收入，还是中央政府或受益地方政府的转移支付，都与经济发展水平密切相关，即经济决定财政。经济规模、经济结构、经济发展的水平决定财政收入的总量、结构和增长速度，同时，财政会反作用于经济。财政分配的规模、结构及其汲取收入速度又影响着经济发展的速度、效率和可持续性。因此，地方财政收入可持续增长的问题，实际上是经济可持续增长和财政分配规模与经济增长能力之间、公平与效率之间的平衡问题。如果经济的增长不可持续，财政收入的增长也就不可持续。如果财政分配规模打破了与经济增长能力之间的平衡（通常表现为财政分配规模超出经济的承受能力），或者财政分配的公平与效率之间失去平衡，会导致经济增长的停滞或社会矛盾加剧，最终同样会导致财政收入的增长不可持续。

教育投入是教育发展的物质保障和基础，它贯穿于教育发展的始终，教育投入活动本身就部分揭示了教育发展的客观规律，同时也作用于教育发展和改革；教育的发展具有显著的外溢性，能促进国家经济发展，是国家 GDP 增长的重要引擎。根据人力资本理论，教育形成的人力资本可产生递增的收益，能克服劳动和资本要素边际收益递减倾向，从而有可能保持经济的长期稳定增长。教育可以使个人提高知识技能和认知水平，提高劳动生产率，从而改善不均衡状态。尤其在知识经济时代，个人受教育程度越高，其劳动生产力（创新能力、生产效率）就越大，经济产出就越多，其就业选择和异地迁徙的能力也会越强；个体经济贡献的上升必然使国民收入水平整体攀升，随着国家经济发展，居民生活水平明显改善，开始进入以旅游、住房、汽车、教育等高消费领域，闲暇精神消费持续攀升，教育也成为新的经济增长点，这样各级政府教育投入与教育发展就通过经济发展紧密耦合在一起（见图 3 – 27）。

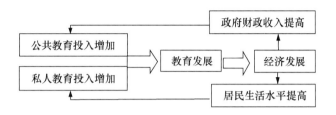

图 3 – 27 教育投入与经济发展的相互作用机制

一是经济发展决定财政收入。财政收入主要来自对经济活动的征税和政府向服务对象的部分收费。在税率一定的情况下，税收的规模取决于经济规模的大小，经济规模越大，税收收入就越多。同理，收费比率一定时，向服务对象的收费总量大小，取决于服务对象经济活动的规模。再者，经济发展结构、效率也决定了财政收入的规模与构成。二是财政收入的组织安排影响经济发展。财政收入的组织安排主要体现在税收制度和财政收入在中央与地方政府之间分配的制度。税收制度中对税种的设置、税率高低的规定、征收范围大小的安排及差别对待的税收制度等，会影响微观主体的储蓄、投资、消费、劳动供给和经济结构等方面，进而对经济发展产生不同的影响。

选取 2011 年全国各地财政性教育经费和地区生产总值，用 SPSS19.0 分析其相关性，结果如表 3 – 1 和表 3 – 2 所示，在 0.01 水平（双侧）上显著相关，Pearson 相关系数为 0.956，Spearman 相关系数为 0.909。同理，选取 2012 年全国各地财政性教育经费和地区生产总值，用 SPSS19.0 分析其相关性，结果如表 3 – 3 和表 3 – 4 所示，在 0.01 水平（双侧）上显著相关，Pearson 相关系数为 0.944，Spearman 相关系数为 0.914。

表 3 – 1   2011 年地区 GRP 与财政性教育经费的 Pearson 相关性

		2011 年 GRP	财政性教育经费
	Pearson 相关性	1	0.956**
2011 年 GRP	显著性（双侧）		0.000
	N	31	31

续表

		2011 年 GRP	财政性教育经费
财政性教育经费	Pearson 相关性	0.956 **	1
	显著性（双侧）	0.000	
	N	31	31

注：** 在 0.01 水平（双侧）上显著相关。

表 3-2　2011 年地区 GRP 与财政性教育经费的 Spearman 相关性

			2011 年 GRP	财政性教育经费
Spearman 的 rho	2011 年 GRP	相关系数	1.000	0.909 **
		Sig.（双侧）		0.000
		N	31	31
	财政性教育经费	相关系数	0.909 **	1.000
		Sig.（双侧）	0.000	0.000
		N	31	31

注：** 在置信度（双测）为 0.01 时，相关性是显著的。

表 3-3　2012 年地区 GRP 与财政性教育经费的 Pearson 相关性

		2012 年 GRP	财政性教育经费
2012 年 GRP	Pearson 相关性	1	0.944 **
	显著性（双侧）		0.000
	N	31	31
财政性教育经费	Pearson 相关性	0.944 **	1
	显著性（双侧）	0.000	
	N	31	31

注：** 在 0.01 水平（双侧）上显著相关。

表 3-4　2012 年地区 GRP 与财政性教育经费的 Spearman 相关系数

			2012 年 GRP	财政性教育经费
Spearman 的 rho	2012 年 GRP	相关系数	1.000	0.914 **
		Sig.（双侧）		0.000
		N	31	31
	财政性教育经费	相关系数	0.914	1.000
		Sig.（双侧）	0.000	
		N	31	31

注：** 在置信度（双测）为 0.01 时，相关性是显著的。

选取 2000—2010 年全国各地财政性教育经费和地区生产总值,用 SPSS19.0 分析其相关性,结果如图 3 - 28 所示,在 0.01 水平(双侧)上显著相关,Pearson 相关系数、Spearman 相关系数平均数都为 0.94。

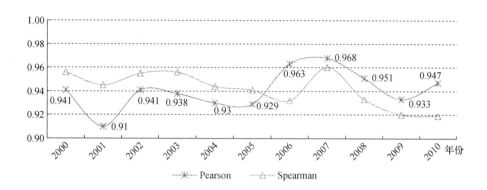

图 3 - 28　地区 GRP 和财政性教育经费的相关性 (2000—2010 年)
资料来源:国家统计局网站。

随着生产力发展,技术进步越来越成为经济可持续发展的基础,各个行业都在快速引入新技术,对熟练劳动力的需求也日益增加。一个国家如果没有良好的人力资本,就难以在经济全球化的国际环境中保持竞争力。同样,一个地区如果人力资本稀缺或低劣也势必在经济社会发展的“长跑”中远远落后于其他地区。研究表明,在工资放开的条件下,高中及高等教育回报率不断攀升,熟练劳动力的快速增长不但提高了生产力水平,而且能通过人口的自由流动缩小收入差距。中学以上的教育是技术扩散中非常重要的因素,知识和较高水平的技能对于实现技术推动型经济增长至关重要,一个地方必须达到最低的人力资本临界水平,方能从技术转让和扩散中受益。[1] 教育的投入尤其对减少农村贫困非常有效,基础教育可以提高农业和农村地区非农经济活动中技术活动的水平,并使农村人口具备在一个日益城市化的环境中寻找和利用经济发展机遇的能力。

政府、企业、学校和家庭应是四个平等的主体,既渊源颇深,又各有不同的运行规律。家庭(个人)向企业提供劳动、资本、知识、企业家才能同等生产要素,同时从企业获得相应报酬(如工资、股息、红利),

---

① 世界银行:《中国:推动公平的经济增长》,清华大学出版社 2003 年版,第 63 页。

并得以向企业购买商品和服务，家庭也向政府和学校提供人力资本（知识、才能），并取得收入；企业向家庭、政府、学校购买各种生产要素以提供各种商品服务；政府主要通过税收和公共支出来与家庭、企业、学校互动。政府通过调节税收和财政支出，居民通过调节消费与储蓄，企业通过调整投资与生产，学校通过优化教育投入与教育产出来对宏观经济进行纠偏。[①] 当家庭储蓄等于企业投资，政府的税收等于其公共支出，整个社会结构性失业率较低时，国民经济就处于均衡状态。

改革开放以来，我国经济在不经意间选择了"藏富于民"的发展路径，放权让利于民间，致使财政收入占 GDP 比重、中央财政收入占财政总收入比重双双下降，一些贫困地区财政收入甚至仅够"糊教育的口"，即地方财政沦为"教育财政"。而且，在教育管理权限下放地方的同时，并未在划分政府间教育事权职责基础上相应建立规范的教育财政转移支付制度，致使国家财政缺乏必要的教育平衡能力与协调机制，造成教育经费支出的地区差异十分突出。这期间，内地教师"孔雀东南飞"的现象相当普遍，原因就是沿海部分学校的教师工资可能达到内地同级学校的 10 倍以上。所以，要解决教育投入总量不足的问题，既要努力增强地方财政收入能力，又亟待健全国家层面的教育财政转移支付制度。

三　中央和地方政府间教育支出责任的划分

地方财政总收入反映了地方财政可用财力，包括地方财政收入和转移性收入。地方财政收入由地方一般预算收入加上基金预算收入构成，全口径财政收入通常由地方财政收入加上地方上缴中央的税收构成。上缴中央的税收包括消费税、增值税的 75%、上划的企业所得税和上划的个人所得税。全口径财政收入反映了地区内经济发展所提供的财政资源规模。

在各国实践中，国防、外交、国际贸易、中央银行、全国性的立法和司法等均为中央政府的职责。而交通、教育、卫生、环保、警察、消防、公园、社会福利等的大部分（或至少一部分）为地方政府的职责。不同国家之间的区别只是在于中央政府在多大程度上介入上述地方政府的职能，这通常与财政分权程度（以地方税收占全国税收的比例来衡量）有关。财政分权程度较高的国家，中央政府在这些项目上支出的比重较小。而在财政分权程度较低的国家，中央政府在这些项目上的支出比重较大，

---

① 樊勇明等编著：《公共经济学》第 2 版，复旦大学出版社 2007 年版，第 8 页。

其形式包括中央直接投资、各种拨款等。在我国行政框架下，"跑部钱进"现象普遍存在，下级政府想方设法先把经费弄到手，以后再想怎么样投入的问题。而上级往往没有考虑到地方的财力问题。

各国支出责任划分的区别还体现在某些具体项目上。如教育（见表 3-5），在澳大利亚、印度、阿根廷主要是省（州）级政府的责任，在美国是州和县市地方政府的共同责任，在巴西和墨西哥则是中央与省级政府的共同责任，在中国中小学教育主要是由县市政府来承担，大学教育则由省政府和中央政府来共同承担。社会保障和社会福利在澳大利亚、德国、瑞典等国是中央政府的责任，在巴西为各级政府的共同责任，而在印度则为州政府的责任。

表 3-5　　　　　　　　　部分国家划归地方的支出职能表

国家 项目	奥地利	比利时	丹麦	法国	德国	爱尔兰	意大利	卢森堡	荷兰	挪威	瑞典	瑞士	土耳其	英国
学前教育	R,L	L	L	L	L	R,L	L						L	
初等教育	R,L	R,L	R,L	L	R,L		R,L	L	L	L	L	R,L		L
职教技校	R	R,L		R,L			R,L	L		R,L	L	R,L	L	L
高等教育		R,L		L		R		R,L					R	L
成教	L	L	L	L	R,L		R			R,L	R,L	R,L		L

注：R 为州或地区政府；L 为地方政府。

资料来源：［美］乔治·马丁·瓦克斯：《财政支出职能的划分》。①

根据财政职能以及有关公共产品的层次性特点，中央和地方政府间支出责任通常作如下划分：（1）全民享用的公共产品和服务应完全由中央政府来提供。这些产品和服务主要包括国防、外交、外贸管理、全国性的立法和司法、中央银行和中央税的征管等。宏观经济稳定（通过财政和货币政策）是一种特殊的全国性的公共产品，其支出责任也应由中央政府来承担。（2）地方政府应提供本地居民享用的地方性公共产品和服务。这些产品和服务是：地区性交通、警察、消防、教育、环保、绿化、城市供水、下水道、垃圾处理、公园、地方性法律的制定和实施等。为了达到

---

① 钟晓敏：《地方财政学》，中国人民大学出版社 2012 年版，第 28 页。

资源配置最优的目标，地方性公共产品和服务的决策应尽可能地留给该层次的政府。（3）对具有跨地区外部效应的公共项目和工程，中央政府应一定程度参与。比如，跨地区的公路、铁路、水陆运输、邮政、通信等项目。另外，有些项目虽然位于一个地区，但受益者却不限于本地居民，邻近地区的居民也能受益，如防洪设施、兴修水利、控制环境污染、教育等项目。从理论上讲，这些项目在多大的程度上使外地居民受益应成为中央政府在多大程度上参与的主要依据。但在实践中，这个程度很难判断。因而，各国的做法也不尽相同。比如，教育项目的外部效应主要在于一些受教育者在学业结束后会移居其他地区，但究竟这些人的比例有多大，本地损失的效益有多少则几乎无法估计。如果中央政府参与，一个常见的做法是中央政府按一定的比例支出该项目的成本，即通过财政拨款使外部效应内部化。当然，拨款不是为受补助政府提供一般性的财政补助，拨款是有条件的，比如项目的配套拨款，地方政府必须用于特定的公共产品或服务项目。基金预算收入是原来纳入预算外管理的部分收入。自1997年取消了预算内、预算外收支界限后，为了加强原有预算外资金的管理，为使这部分收入纳入预算体系后保持原有的专用性，不与原来的预算收入统一分配，而单独设立基金收入加以反映。基金收入也分中央基金收入、地方基金收入、中央与地方共享基金收入。中央基金收入包括车辆购置附加费、铁路建设基金、三峡工程建设基金、民航基础设施建设基金、中央企业邮电附加费、港口建设费、市话初装基金、中央所属企事业单位文化事业建设费等。地方基金收入：省级基金预算收入包括养路费、公路建设基金、农话邮电附加费、农话初装基金、地方所属企事业单位文化事业建设费、省级水利建设基金和排污费收入等；市地县基金收入包括农村教育费附加、新菜地开发基金、渔业建设附加、城镇公用事业附加、市地县职工医疗保险基金、水利建设基金和排污费收入等。中央与地方共享基金收入包括电力建设基金、民航机场管理建设费和矿产资源补偿费。其中，电力建设基金和矿产资源补偿费中央与省各分享50%；民航机场管理建设费中央与机场所在市各分享50%。[①]（4）调节地区间和居民间收入分配很大程度是中央政府的职责，如与社会保障制度相关的职责，应在全国范围内实行统一标准的社会保障制度，因为地区间标准和计划的不一致会由于人

---

① 弯海川等：《地方财政收入优化与区域经济发展》，东北财经大学出版社2011年版。

口的流动而使各地的计划难以实现。但在人口不能做到自由地、无成本地流动时，地方政府在这方面还是可以有所作为的。比如，我国基本养老保险制度不统一，各地的最低生活费标准不一致，社会统筹层次低。目前，社会保障一下子还难以做到在全国范围的统一，但应该逐步提高统筹的层次和扩大统筹的范围，要逐步从县、市一级提高和扩大到省、自治区一级，最后扩大到全国范围。

除了中央政府与地方政府之间有必要进行支出责任分工外，由于地方政府本身也由多个不同层级政府组成，因此，政府间支出责任的分工还涉及地方政府间的分工。地方各级政府间支出责任划分的框架应该是：（1）中央政府制定政策和规范，省（州）政府监督和指导，省或州以下政府具体实施。（2）在决定某项公共服务由哪一级地方政府具体实施时，应考虑规模效益和受益范围。如每个数百人的村都修建一所医院，人均成本很高，利用率却很低，缺乏规模效益，因此，不如在辖数万人的乡镇修建合算。我国某些地区纷纷取消村小，集中建好乡中心小学，既保证了教学质量，也提高了办学的规模效益。另外，如一条公路通过一个县的几个村，由于其受益范围超出了任何一个村，修建该公路的责任应由乡或县政府来承担。根据目前有关的研究成果，市（县）政府与基层政府（城镇街道和农村乡镇）之间的分工可参考如下办法：消防、警察、垃圾处理、居民区绿化和公园、道路维护、交通管制、基层图书馆、部分初等教育和中等教育的责任应由基层政府承担。公共交通、水供应、废物处理、污水处理、大气污染处理、公共卫生、医院、供电、特种警察、地区性图书馆、地区性公园和娱乐设施等应归总人口 100 万或以上的市（县）政府来承担。（3）某些服务若由私营部门生产和提供，可能会更有效率。私营部门的参与形式包括竞价承包（如城市垃圾处理、绿化）、由地方政府发证营业、政府拨款支持（如对某些文化、艺术和娱乐活动）、居民义务活动（如医疗服务）、居民自助（如社区防盗）、民间非营利机构等。

四　地区财政收入来源 SWOT 分析——以云南省为例

比较优势理论经历了绝对优势论、比较优势论、要素禀赋论和内生比较优势理论四个阶段。

（1）绝对优势论。由英国古典经济学家亚当·斯密提出。所谓绝对优势，是指如果一国（地区）相对于另一国（地区）在某种商品的生产上有更高的劳动生产率，则称该国拥有这一产品上的绝对优势。在自由贸易条件下，由于各国自然禀赋或后天生产条件不同，使各国都拥有在生产或对外贸易的某些方面处于绝对有利地位的商品。如果各国都按照绝对有利的生产条件进行分工和交换，则各国的资源、劳动力和资本等生产要素都将得到最有效的利用，从而将会极大地提高劳动生产率和增加社会财富，对各国都有利。

（2）比较优势论。由大卫·李嘉图提出。该理论认为，劳动生产率的不同使各国在生产相同产品时存在不同的机会成本，即使一国并不拥有任何绝对优势，但只要该国在本国生产一种产品的机会成本低于在其他国家生产该种产品的机会成本，那么这个国家在生产该种产品上就拥有比较优势，如果每个国家都出口本国具有比较优势的产品，那么两国间进行贸易就能使两国都受益。

（3）要素禀赋论。由瑞典学者赫克歇尔和俄林提出。该理论认为，造成比较成本差异的原因主要是各国要素禀赋差异，贸易的直接原因是商品的价格差，而最终原因是要素的禀赋差。要素禀赋差决定要素价格差，后者又决定产品成本差，因此，分工与贸易最终由要素禀赋差决定。如果某一国的资源供给比较充足，其价格就比较低，因而生产时要大量使用这种资源的商品成本就会比较低。对发展中国家来说，劳动资源的供给相对较多，生产劳动密集型产品在国际竞争中就会有较大的优势；发达国家的资本比较充裕，因而出口资本密集型的产品比较有优势。因此，一国应该出口密集使用其丰裕要素生产的商品，进口密集使用其稀缺要素生产的商品，这样的分工和贸易对各国都有利。

（4）内生比较优势理论。由克鲁格曼、贝克尔、卢卡斯等人提出。该理论认为，比较优势可以通过后天的专业化学习获得或通过投资创新和经验积累获得。例如，内部规模经济和外部规模经济可以导致规模收益递增，从而产生内生比较优势；专业化分工导致人力资本和知识的积累，从而产生内生比较优势；干中学、学习曲线和技术创新等对比较优势有重要的影响等。

云南省自然资源丰富，属于山多、民族多、贫困地区多的边疆省份。尤其有色金属、旅游业在西部地区独领风骚。云南省素有"动物王国""植物王国"和"有色金属王国"的美誉。全国162种自然矿产中云南就有148种，其中铜矿、锡矿等有色金属矿产产量居全国前列。2012年云南省锌矿储量889万吨，居全国第1位；铅矿储量213万吨，居全国第2

位；茶叶产量 27 万吨，仅次于福建；铜矿储量约 300 万吨，居全国第 3 位；焦炭产量 1555 万吨，居西南地区第 1 位。但是云南省地质脆弱，地震等次生灾害频发。仅 2004—2012 年就发生地震 23 起，在全国仅次于新疆，超过西南其他省份的总和。

地方一般预算收入主要包括各项税收（主要有增值税、企业所得税地方分享部分、营业税、个人所得税、城市维护建设税、农业各税、资源税、房产税、印花税等）和非税收入。近年来，相对西南地区其他省市，云南省财政收入增长相对平稳（见图 3 – 29），资源型财政特征明显，2012 年地方财政一般预算收入 1338.15 亿元，位居四川、重庆之后（见图 3 – 30）。

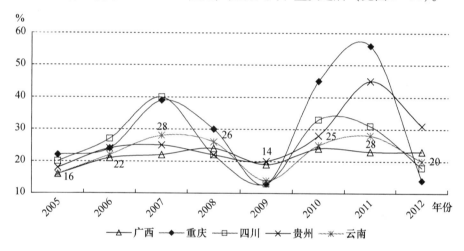

图 3 – 29　西南地区财政一般预算收入增长情况（2005—2012 年）

资料来源：国家统计局网站。

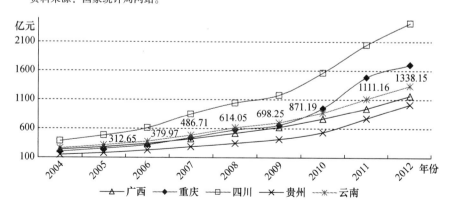

图 3 – 30　西南地区地方财政一般预算收入

资料来源：国家统计局网站。

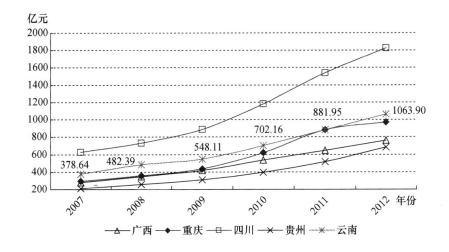

图 3 – 31　西南地区财政税收收入比较（2007—2012 年）

资料来源：国家统计局网站。

从财政税收收入看，2007—2012 年云南省均处于西南地区第二位，仅次于四川省，但是差距越来越大（见图 3 – 31 和图 3 – 32）。

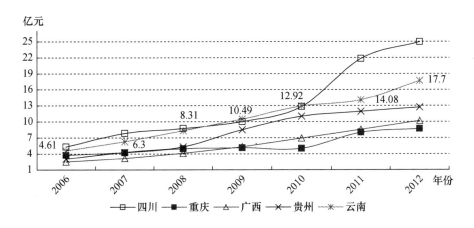

图 3 – 32　西南地区地方财政资源税比较（2006—2012 年）

资料来源：国家统计局网站。

旅游、烟叶是云南省两大名片。2012 年，云南省接待国际游客 458 万人次，国际旅游外汇收入 19.47 亿美元，挤进全国前十位，远远超过陕西、重庆、四川和广西等地；烟叶税 56.11 亿元，在全国遥遥领先，超过第二名贵州省近40亿元（见图3–33）。2012年云南省地方财政税收收入1063.9亿元，企业所得税135.82亿元，个人所得税37.10亿元，资源税17.7亿元，城市维护建设税93.8亿元，车船税9亿元，罚没收入45亿元，在西南地区仅次于四川。

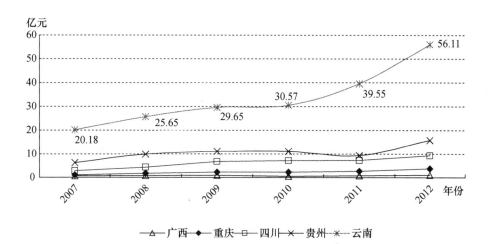

图3–33　西南地区地方财政烟叶税比较（2007—2012年）
资料来源：国家统计局网站。

　　上述情况表明，尽管云南省在很多自然资源上具有绝对优势或比较优势，但缺乏内生比较优势。教育落后导致人力资本和知识积累不足，通过后天的专业化学习或通过投资创新和经验积累的获得远远不及四川、重庆等地。内部规模不经济和外部规模不经济导致规模收益递减，结果反而产生内生比较劣势。云南省"土地财政"相对滞后（见图3–34），非税收入严重不足（见图3–35）。地方财政非税收入指除税收以外，由各级政府、国家机关、事业单位、代行政府职能的社会团体及其他组织依法利用政府权力、政府信誉、国家资源、国有资产或提供特定公共服务、准公共服务取得的财政性资金，是政府财政收入的重要组成部分。主要包括：行政事业性收费、政府性基金、彩票公益金、国有资源有偿使用收入、国有资产有偿使用收入、国有资本经营收益、罚没收入、以政府名义接受的捐赠收入、主管部门集中收入、政府财政资金产生的利息收入等。

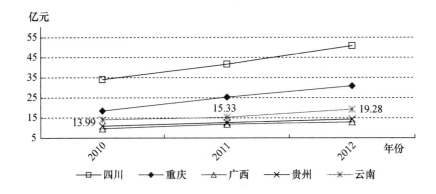

图3-34 西南地区地方财政城镇土地使用税比较

资料来源：国家统计局网站。

2012年云南省地方财政非税收收入只有274.25亿元，在西南地区列倒数第一（见图3-35）；行政事业性收费66.27亿元，而重庆达到301.14亿元（见图3-36）；国有资本经营收入甚至为-1.32亿元，出现巨额亏损，而西南区最高的重庆市达到125亿元（见图3-37）。

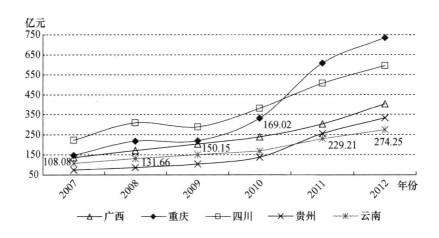

图3-35 西南地区地方财政非税收入比较

资料来源：国家统计局网站。

西南地区除广西外，地方财政专项收入几乎同步增长，相差不大（见图3-38）。地方财政专项收入指根据特定需要由国务院批准或者经国务院授权由财政部批准，设置、征集和纳入预算管理、有专门用途的收入。

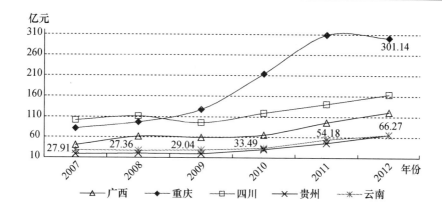

图3-36 西南地区地方财政行政事业性收费收入比较
资料来源：国家统计局网站。

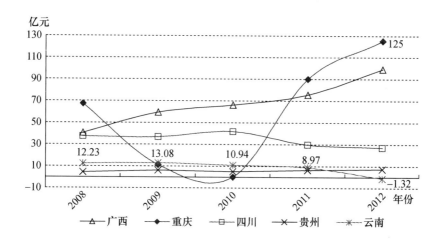

图3-37 西南地区地方财政国有资本经营收入比较
资料来源：国家统计局网站。

包括排污费收入、水资源费收入、教育费附加收入、矿产资源补偿费收入等。为了环境保护和经济事业发展的需要，广辟财源，增加收入，并适当集中资金进行重点建设，促进国民经济健康、协调、可持续发展，20世纪80年代以后先后开征了排污费、国家能源效能重点建设基金、国家预算调节基金、教育费附加等项专款收入。1985年起国家预算收支税目单设"专款收入类"和"专项收入类"。

2012年，云南省地方财政国有资源（资产）有偿使用收入43.53亿元，在西南地区列倒数第一（见图3-39），作为资源富裕地区，这是极不相称的。有偿转让国有资源（资产）使用权而取得的收入包括：海域使用金收入、场地和矿区使用费收入、特种矿产品出售收入、专项储备物资销售收入、利息收入、非经营性国有资产经营收入、出租车经营权有偿出让和转让收入及其他国家资源（资产）有偿使用收入八项。其中特种矿产品出售收入、专项储备物资销售收入、非经营性国有资产经营收入、出租车经营权有偿出让和转让收入为新设科目。这表明云南省虽然资源丰富，但并未形成有效规模或规模经济。

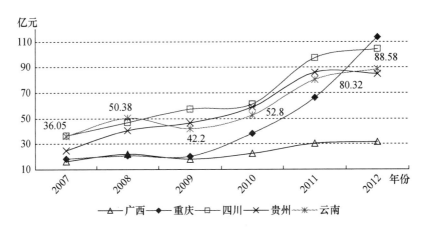

图3-38 西南地区地方财政专项收入比较

资料来源：国家统计局网站。

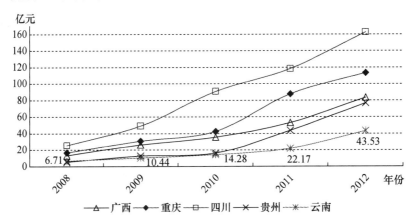

图3-39 西南地区地方财政国有资源（资产）有偿使用收入比较

资料来源：国家统计局网站。

　　赫希曼在《经济发展战略》一书中着重从现有资源的稀缺和企业家的缺乏等方面指出平衡增长战略的不可行性，并提出了不平衡增长理论。[①] 其主要观点是：欠发达地区应当集中有限资本和资源首先发展一部分产业，以此为动力逐步扩大其他产业的投资，带动其他产业的发展。赫希曼用引致投资最大化和联系效应原理论证了不平衡增长的合理性和适用性。(1)"引致投资最大化"原理。引致投资最大化项目指通过自身发展带动其他项目最快发展的投资项目。当一个地区的投资规模既定而且很有限时，为了使投资项目产生最高的效率并对经济发展做出最大贡献，应当选择那些引致投资最大化的项目。从经济发展角度看，许多投资项目都是经济发展所必需的，都可以创造引致投资，但是欠发达地区资源短缺，不允许同时使用多项投资决策。因此，优先选择引致投资最大化项目的原则就是：能刺激进一步的投资，产生最有效的投资效果，也就是能使引致投资最大化。(2)"联系效应"原理。联系效应指国民经济各产业部门之间存在的某种关系。这种关系可分为前向联系和后向联系两种形式。所谓前向联系是指某个产业与吸收它的产品部门之间的联系。如钢铁工业的前向联系是汽车工业、机械制造等。所谓后向联系是指某个产业与向它提供投入的部门之间的联系。如钢铁工业的后向联系是采矿业等。赫希曼认为，如果一国确定的引致投资最大化的项目是某一个生产性部门，并把它作为优先发展的项目，进而应该选择联系效应最大的产业部门优先发展。赫希曼认为，一个产业的联系效应，可以用该产业产品的需求价格弹性和需求收入弹性来衡量。如果价格弹性和收入弹性较大，则表明该产业的联系效应大，否则，联系效应小。同理，可以用价格弹性和收入弹性大小来测定一个产业的后向联系与前向联系大小。

　　凡是有联系效应的产业，不论前向联系还是后向联系，都能通过这个产业的扩大而产生引致投资。引致投资不仅能促进前向联系、后向联系部门的发展，反过来还可以推动该产业的进一步扩张，使整个产业部门得到发展，实现经济增长。因此，一个国家在选择工业化模式时，应当选择联系效应最大的产业优先发展，走不平衡增长道路，以加快经济发展进程。

　　赫希曼指出，在经济发展初期，应该把有限资源分配到联系效应最大的产业部门，通过这些部门的优先发展来克服经济发展的"瓶颈"问题，

---

　　①　赫希曼：《经济发展战略》，经济科学出版社1991年版。

并由此带动其他产业的发展，此时，适宜采用不平衡增长战略。当经济发展进入高级阶段时，从工业化和加快经济发展速度角度考虑，国民经济各部门应保持一定的比例关系、协调发展，此时，适宜采用平衡增长战略。赫希曼指出，平衡增长是目的，不平衡增长是手段。

赫希曼的"不平衡增长"理论为欠发达地区的经济发展提供了一条全新的发展思路，指出经济发展的道路不是一条而是多条，战略决策不是一种而是多种，各个国家应根据自己的具体国情，选择适宜的发展道路和战略决策。然而，不平衡增长理论也存在一定局限性。该理论过于看重产业之间的联系效应，从而忽视了各部门之间的互补性，低估了产业部门间的不平衡增长可能产生的不良后果。此外，由于发展中国家贫穷落后，产业部门极不健全且不成体系，因此各产业部门的自给性很强，联系并不太紧密，几乎没有太大的联系效应，这就为选择优先发展的部门增加了难度。

第三节　财政性教育投入与经济增长的相关性

公共教育投入和区域经济增长存在双向因果关系，两者相互促进。本节选取云南省为样本，对财政性教育投入与经济增长进行定量分析。改革开放以来，云南省教育事业虽然得到较快发展，但总体来说人口受教育程度仍然较低，和经济发达地区相比差距越来越大。2011 年全国第 6 次人口普查结果显示，云南省人均受教育年限只有 7.6 年，而 2010 年全国人均受教育年限就已经超过 9.5 年。同第 5 次全国人口普查结果相比，云南省文盲人口减少 205.3 万人，文盲率由 11.39% 下降为 6.03%，而全国文盲率由 6.72% 下降为 4.08%。由此可见，云南省人口整体受教育水平仍然偏低。1995—2010 年 16 年间，云南省 GRP 从 1206.68 亿元增长到 7224.18 亿元，增幅达到 5.99 倍；而云南省公共教育支出由 51.7938 亿元增长到 374.7944 亿元，增幅达到 7.24 倍，远高于 GRP 的增长。那么云南省的公共教育支出和区域经济增长到底存在着什么关系呢？对于教育在经济发展中的作用，人力资本理论的奠基人舒尔茨指出，教育的结果可看作资本的一种形式，即人力资本。人力资本是社会发展与科技进步的决定性因素，但是它的取得不是无代价的，而是要投入一定量资金和其他资源，即人力资本投资。公共教育投入是人力资本投资的主要形式，主要是政府为了增加未来收入而进行的长期性投资。公共教育投入因此成为实现整个经济增长的重要动力与源泉。只有了解了二者的关系，才可以更好地发展经济、发展教育。本书通过对云南省公共教育支出和区域经济增长的实证研究，来进一步厘清二者的关系。

一　数据来源与指标选取

本书中公共教育投入（EDU）是指云南省地方财政教育总投入，这也是云南省教育经费投入的主体；经济增长以云南地区生产总值（GRP）表示，由于收集到的数据是绝对数值，难免受物价指数等因素的影响。因此，为了剔除物价指数等因素的影响，应换算成某年的不变价格，然后以这年为基期进行计算，本书以1978年的国内生产总值指数为基期指数，计算公式为：某年度GRP = 1995年云南省GRP × 某年度以1995年为基期的GRP指数。本书原始数据主要选自2011年《云南省统计年鉴》，样本区间为1995—2010年，为了尽可能消除异方差，从而更好地分析云南省财政教育投入（EDU）和地区生产总值（GRP）之间的关系，对EDU和GRP取自然对数，分别用lnEDU和lnGRP表示。

二　单位根检验

如果时间序列变量是不平稳的，则会出现伪回归现象，所以对变量进行回归分析前需要进行平稳性检验。为了避免伪回归现象的出现，选取ADF单位根检验法来检验序列的平稳性。运用Eviews5.1软件对lnGRP和lnEDU进行单位根检验，结果如表4-6所示：lnGRP存在单位根，其ADF值大于5%显著水平下的临界值，是不平稳的时间序列，lnEDU则为平稳的时间序列；一阶差分序列D（lnGRP）的ADF值-3.093035小于5%显著水平下的临界值-3.052169，D（lnEDU）的ADF值-5.060741小于5%显著水平的临界值-3.040391，因此一阶差分序列D（lnGRP）和D（lnEDU）是平稳的时间序列，且都为一阶单整序列，两者符合协整检验的前提条件，可能存在协整关系。

表3-6　　　　　　　　　　ADF单位根检验结果

变量	模型形式（C, T, K）	ADF值	1%临界值	5%临界值	10%临界值	结论
lnGRP	（C, T, 1）	-0.275804	-3.95148	-3.081002	-2.681330	不平稳
lnEDU	（C, T, 1）	-3.921138	-4.616209	-3.710482	-3.297799	不平稳

续表

变量	模型形式（C，T，K）	ADF 值	1% 临界值	5% 临界值	10% 临界值	结论
D（lnGRP）	（C，0，1）	−3.093035	−3.886751	−3.052169	−2.666593	平稳
D（lnEDU）	（C，0，0）	−5.060741	−3.857386	−3.040391	−2.660551	平稳

三　协整检验

由 ADF 单位根检验知，lnGRP 和 lnEDU 皆为一阶单整 I（1）序列，符合协整检验的前提条件。为了分析 lnGRP 和 lnEDU 之间是否存在协整关系，按照 Engle 和 Granger 协整检验的两步法，第一步：先做两变量之间的回归分析。第二步：残差的平稳性。

第一步：用最小二乘法（OLS）估计序列的长期均衡及长期均衡关系。第二步：残差的平稳性检验。由上面方程可得到残差的表达式：$\mu t = lnGRP - 3.854645 - 0.879057 \times lnEDU$。

对残差进行平稳性检验，检验结果如表 3 - 7 所示。

表 3 - 7　　　　　　　　　　　残差的 ADF 检验结果

	统计量	概率
Augmengted Dickey-Fuller test Statistic	−4.772757	0.0035
Test critical values：1% 的水平	−4.121990	
5% 的水平	−3.144920	
10% 的水平	−2.713751	

残差的统计量 ADF 的值小于任何显著水平下的临界值，证明残差序列是平稳的。因此，1995—2010 年云南省公共教育投入与经济增长间存在着长期的均衡关系，在上述模型中，回归系数是 0.879057，由于本书对财政教育投入和经济增长取自然对数，所以该回归系数是一个弹性的概念，0.879057 是公共教育投入对 GRP 的弹性，即云南省财政教育投入每增加一个百分点，经济增长则增加约 0.879057 个百分点，由此可以看出云南省公共教育投入的增长对经济增长有显著的促进作用。

四　格兰杰因果关系检验

由协整检验分析可知，1995—2010 年云南省公共教育投入（EDU）与区域经济（GRP）增长间存在着长期均衡关系，这仅表明两者具备了存在格兰杰因果关系的可能性，并不确定两者一定有统计意义上的因果关系，这种均衡关系是否能构成因果关系需要进一步的验证。通过对1990—2010 年云南省公共教育投入（EDU）与经济增长（GRP）进行因果关系验证，得表 3－8。

表 3－8　　　　　　　　　　　格兰杰因果关系检验结果

原假设	滞后期	F 统计值	概率
lnGRP does not Granger Cause lnedu	1	1.49065	0.2456
lnedu does not Granger Cause lnGRP		22.9514	0.0004
lnGRP does not Granger Cause lnedu	2	0.62513	0.5569
lnedu does not Granger Cause lnGRP		3.44079	0.0776
lnGRP does not Granger Cause lnedu	3	1.52359	0.3018
lnedu does not Granger Cause lnGRP		4.14149	0.0656

格兰杰因果关系显示：滞后期为 1 年时，公共教育投入是经济增长的显著原因。因为此时 P ＝ 0.0004，拒绝原假设，说明公共教育投入能显著构成区域经济增长的格兰杰原因。随着滞后期的延长，概率逐渐增大，当滞后期为 2 年、3 年时，概率分别为 0.0776 和 0.0656，说明公共教育投入仍然能显著促进经济的增长，公共教育投入是区域经济增长的格兰杰原因显著。

通过以上实证分析发现，云南省公共教育投入和区域经济增长存在双向因果关系，两者相互促进。（1）经济增长的时间序列经过单位根检验后是不平稳的，公共教育投入的时间序列经过单位根检验后是平稳的，但经过一阶差分后两者都是平稳的，说明两者存在某种长期的均衡关系。协整检验证明云南省公共教育投入和区域经济增长存在长期的均衡关系，由回归方程可知，公共教育投入对经济增长的长期弹性系数为 0.879057，这表明在 1995—2010 年间，公共教育投入对经济增长具有显著的促进作用，即公共教育投入每增加 1 个百分点，经济增长就增加 0.879057 个百分点。（2）格兰杰因果关系表明：滞后期为 1 年时，公共教育投入是区域经济增长的原因显著。说明公共教育投入能显著地构成区域经济增长的格兰杰原因。当滞后期为 2 年、3 年时，公共教育投入仍然能显著地促进区域经济增长，公共教育投入是经济增长的格兰杰原因显著。

五 西南地区教育投入与社会经济发展比较

联合国开发计划署"人类发展指数"（HDI）是衡量一个国家经济社会发展水平的指标，主要考量其人均国民收入、平均寿命和受教育程度。HDI 接近 1.00，说明该国家的经济社会发展水平越高。HDI 针对全球 187 个国家进行综合排名，2014 年中国大陆排第 91 位；在亚洲，韩国与中国香港特区并列第 15 位，日本第 17 位；非洲的尼日尔排名最后一位。中国在 2003 年即已消灭"低度发展省份"（HDI ≤ 0.5）。但各地 HDI 指标的差别很大，如 2010 年，中国内地 HDI 平均为 0.693，北京、上海、天津、江苏、浙江、辽宁、广东、内蒙古、山东、吉林、福建、黑龙江均进入高人类发展指数行列，HDI 为 0.7 以上，和"亚洲四小龙"相似；而西南地区的贵州、云南和广西只有 0.6 左右，仅与越南、印尼相当。

我国西南地区包括贵州、云南、重庆、广西和四川，各地区经济总量差别较大，其中四川遥遥领先，贵州省相对落后。2013 年，四川省的地区生产总值约为贵州的 3.28 倍，而云南、重庆、广西多年经济总量相差不大（见图 3-40）。

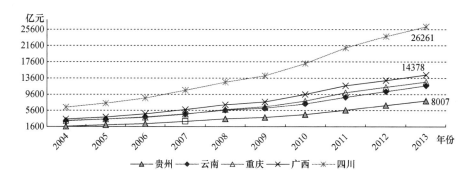

图 3-40 西南地区 GRP 比较（2004—2013 年）

资料来源：国家统计局网站。

人均国民收入方面。2012 年，重庆、广西、云南城镇居民人均可支配收入分别居全国第 11、13、14 位，处于中上游水平，四川和贵州比较靠后；贵州、云南、广西居民消费水平分别排全国倒数第 2、4、7 位，云南只相当于上海的 1/4；西南地区城镇单位就业人员平均工资近年来呈线性增长，离差较小（见图 3-41），但与其他地区相比水平较低，其中广西、

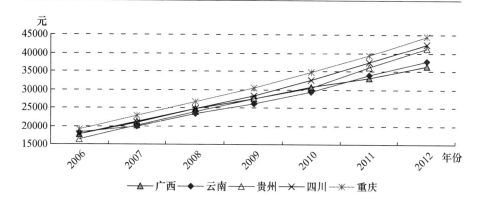

图3-41 西南地区城镇单位就业人员平均工资比较（2006—2012年）

资料来源：国家统计局网站。

云南城镇单位就业人员工资居全国倒数第1、4位；贵州、云南、广西、四川、重庆农村居民家庭人均纯收入分别排全国倒数第2、4、7、11、13位，反映西南地区城乡收入差距矛盾比中东部更为突出。由于重庆市城镇化水平较高，其居民消费水平在西南地区也处于领先地位，而贵州省的居民消费水平较低（见图3-42）。

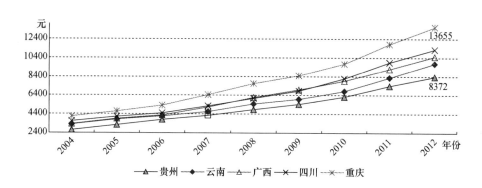

图3-42 西南地区居民消费水平比较（2004—2012年）

资料来源：国家统计局网站。

平均寿命方面。云南、贵州2010年人口年均预期寿命为70岁左右，明显低于重庆、四川和广西（75岁左右），与北京、上海地区相差近10岁。2011年贵州、云南、广西、重庆、四川每万人拥有卫生技术人员数分别排全国倒数第1、3、6、8、9位，每万人医疗卫生机构床位数贵州、广西、重庆分别排全国倒数第1、3、8位，云南、四川处于中等水平。

教育方面。在全国范围内横向比较，贵州、云南、广西、四川每十万人口高校平均在校生数分别排全国倒数第2、4、6、8位。2012年，云南、四川、贵州、广西普通高校生师比分别为18.5、18.36、18.19、17.8，明显高于全国平均值17.5。尤其是西南地区中学教师严重不足，普通高中生师比方面，贵州、重庆、广西、四川分别排全国第1、2、5、6位，贵州、广西、云南、四川、重庆初中生师比分别排全国第1、2、4、8、11位。

2011年，云南省教育经费总量处于全国第15位，国家财政性教育经费排第13位，四川省居全国第6位；四川、重庆、云南三省市社会捐赠教育相对踊跃，经费分别排全国第4、5、8位。在公共教育投入方面，实际上早在2001年，西南地区的云南、贵州两省财政性教育经费占GRP比例即已突破4%，其中云南当年已经达到4.57%，贵州达到4.47%；四川省2009年曾经达到4.31%，但是随后两年又重新跌落4%以下；广西在2010—2011年突破4%，达到4.2%左右；而重庆市在2011年以前始终未超过4%（见图3-43）。

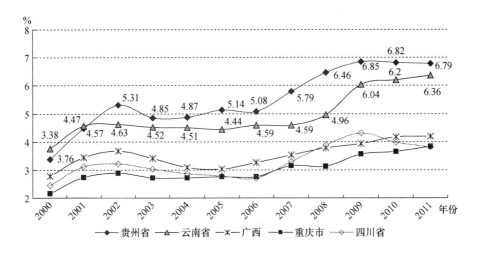

图3-43 西南地区财政性教育经费占GRP比例变化（2000—2011年）

资料来源：国家统计局网站。

　　2011 年，西南地区财政性教育经费占 GRP 比例分别为贵州（6.79%）、云南（6.36%）、广西（4.19%）、重庆（3.83%）和四川（3.81%）。云南省财政性教育经费总量在西南地区仅次于四川，约565 亿元，反映出国家对边疆地区教育的高度重视。四川、重庆均未突破4% 大关。尽管四川省财政性教育经费接近云南、贵州两省总和，但由于地区生产总值基数较大，公共教育投入强度实际上处于西南地区倒数第一（见图 3 - 44）。

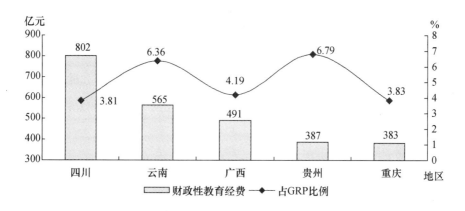

图 3 - 44　西南地区财政性教育经费及其占 GRP 比例（2011 年）

资料来源：国家统计局网站。

　　2011 年财政性教育支出占财政总支出的比例全国平均值为 17.83%，西南地区云南、广西达到 19.3% 左右，分别处于全国第 10、11 位，重庆、四川和贵州相对靠后；而浙江、山东、福建、河南和广东等地均已突破 20%。

　　云南省财政性教育经费占 GRP 比例从 2001 年开始快速上升，当年即达到 4.57%，这一水平一直持续到 2007 年，期间波动很小；2008 年开始，又开始高速递增，到 2011 年已经达到 6.36%（见图 3 - 45）。1996—2011 年，云南省财政性教育经费占财政总支出比例平均值为 19.88%，1998—2000 年曾经出现剧烈下滑，跌落到 18.24% 的低谷，2001 年以后，基本维持在 20% 左右，比较稳定（见图 3 - 46）。作为经济欠发达的西部省份，云南省提高财政性教育支出占财政支出比例并非易事。在社会资源现实变化背景下，如何开辟公共教育投入的新财源，如何从制度上保障这些新财源确实进入教育发展之中，实现《纲要》提出的 2012 年的"保4"的目标，并保障 2012 年之后的公共教育投入持续增长。必须通过开辟教育新财源的方案设计及其制度保障设计，促进政府财政积极回应社会资源

的现实变化，推动教育财政的创新，才能实现云南省公共教育的足额投入
与持续增长。

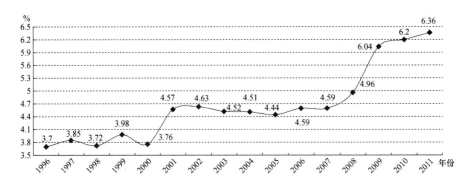

图 3 – 45　云南省财政性教育经费占 GRP 比例变化（1996—2011 年）

资料来源：国家统计局网站。

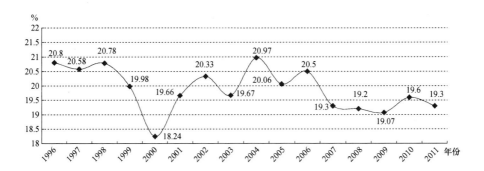

图 3 – 46　云南省财政性教育经费占财政总支出比例变化（1996—2011 年）

资料来源：国家统计局网站。

第四节　教育与经济发展的累积因果循环

经济制度是发展着的社会过程的一个组成部分，从动态的角度来看，
社会经济各有关因素之间存在着累积循环因果关系。某一社会因素的变化
将会引起有关另一社会因素的变化，而这第二级的变化，反过来又会加强
最初一级的那个变化，但发展的方向既可以向上，也可以向下，关键在于

最初一级的那个变化是促进向上还是向下发展。在经济发展初期，各地区人均收入、工资水平和利润率都是大致相等的，且生产要素可以自由流动，但有一些地区由于受到外部因素的作用，经济增长速度会快于其他地区，就会出现地区之间的经济发展差距，而且这种差距会引起"累积性因果循环"，使发达地区发展更快，落后地区发展更慢，从而逐渐增大地区经济差距，形成发达地区和不发达地区并存的二元经济结构。

教育与经济发展之间表现为相互影响、相互制约的关系。亚当·斯密指出："学习一种才能，须受教育，须进学校，须做学徒，所费不少。但这种费用，可以得到偿还，赚取利润。"按照新古典均衡理论，地区经济长期增长取决于要素的流动性。从个人角度看，教育在促进个体社会流动中动力作用明显。现代社会是一个高度流动的社会，而且个人的流动性主要取决于他的个人素质，个人素质的提高主要来自教育。教育的相对独立性决定了其能够为社会底层的子女提供了跨越社会阶级之间的文化障碍，实现向上流动的空间和可能性。教育通过培养上层建筑、意识形态各个领域的人才，对社会生产力发生作用。教育通过陶冶劳动者的思想和道德，提高劳动者的精神文明程度，从而提高他们的劳动主动性、积极性和创造精神，对经济发展发生作用。教育通过影响和改造人的劳动能力，为社会生产提供人力资本和知识劳动者，从而直接影响着一个国家的经济发展水平。教育是培养各种类型的劳动者和专门人才的最有效、最科学和最基本途径，从而促进一国经济增长。教育能提高劳动者的劳动熟练程度、技巧和速度，从而大大缩短社会必要劳动时间，提高劳动生产率。教育不断生产和再生产科学知识，通过技术创新促进经济的增长。教育与收入之间正相关的普遍性被称为"现代社会科学中最显著的发现之一"。个人受教育程度越高，个人向社会提供的劳动数量就越多，质量就越高。因此，教育对个人收入水平的提高有积极作用。教育能在一定程度上解决"结构性失业"问题，"结构性失业"造成一些劳动力价格很高的部门和行业，找不到具有相应素质的劳动，而一些劳动力价格很低的部门和行业中，很多人找不到工作。通过适当教育，劳动者能较快地适应新的工作岗位，减少失业或待业时间，从而提高个人收入。教育还可以增加个人的隐性收入，提高人的消费水平、消费技能。教育是培养和发展受教育者智力素质的最主要途径。不仅在系统、高效的学校教育中能让人获取科学文化知识，提高劳动生产率，而且还可以通过职业教育与终身教育来进一步发掘受教育者的创造力并提高其生产经验,使人力资本得到保值和增值。教育可培养人的情感、意志、审美等方面的非智力素质。非智力素质也是人力资本的重要组成部分,其作用甚至超过智力素质。

一　教育发展与经济发展的良性循环

从国家角度看,教育不仅是产业,而且是一种新型产业,是具有先导性和基础性的知识产业,正逐渐从第三产业中独立出来,构成新的知识产业中的重要组成部分。知识、信息、科学技术的传播、生产、转化和使用都离不开教育的中介和桥梁作用。教育系统是知识传播系统的重要组织机构,教育特别是高等教育还是知识创新、技术创新的重要基地和场所,因此教育在知识的推广和应用中占有特殊地位,负有重要的历史使命。

经济发展水平决定教育所能拥有的资源水平。教育是一种培养人的活动,教育所培养出来的人应具有什么规格,不仅受社会政治制度的制约,而且受制于经济的发展要求。从根本上看,教育结构受制于社会经济结构。社会经济结构中的产业结构、行业结构、技术结构和区域结构直接或间接地制约着教育内部结构的发展变化及其调整改革的方向。选取2011年全国各地教育经费和地区生产总值(GRO),用SPSS19.0分析其相关性,结果如表3-9、表3-10所示,在0.01水平(双侧)上显著相关,Pearson相关系数为0.965,Spearman相关系数为0.940。选取2000—2010年全国各地教育经费和地区生产总值,用SPSS19.0分析其相关性,结果如图3-47所示,Pearson相关系数为0.95,在0.01水平(双侧)上显著相关;Spearman相关系数为0.95,在置信度(双侧)为0.01时显著相关的。

表3-9　　　2011年教育经费和地区生产总值的 Pearson 相关性

		教育经费	2011 年 GRP
2011 年教育经费	Pearson 相关性	1	0.965 **
	显著性(双侧)		0.000
	N	31	31
2011 年 GRP	Pearson 相关性	0.965 **	1
	显著性(双侧)	0.000	
	N	31	31

注:**表示在0.01水平(双侧)上显著相关。

表 3 - 10　　　　　　　教育经费和地区生产总值的 Spearman 相关系数

			2011 年教育经费	2011 年 GRP
Spearman 的 rho	2011 年教育经费	相关系数	1.000	0.940**
		Sig.（双侧）		0.000
		N	31	31
	2011 年 GRP	相关系数	0.940**	1.000
		Sig.（双侧）	0.000	0.000
		N	31	31

注：**表示在置信度（双侧）为 0.01 水平时，相关性是显著的。

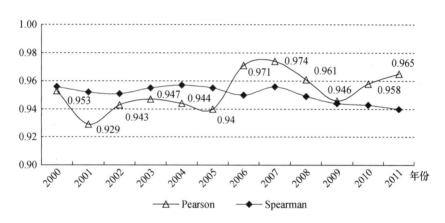

图 3 - 47　各地教育经费和地区生产总值的相关性（2000—2011 年）
资料来源：国家统计局网站。

　　分析表明，教育投资和地区经济发展有显著正相关关系。一般来说，高等教育经费占 GRP 的比例随人均 GDP 的增加而超前增加，经济水平提高越快，超前幅度越大；普通中、小学教育投资也是如此，普通教育生均经费相对于人均国内生产总值是超前增长的，普通教育生均经费超前于人均 GDP 增长幅度，且随着时间推移而增加。教育投资与国民经济的关系有如下规律：（1）一国教育经费占 GRP 的比例随人均 GRP 的增长而增长；（2）教育投资的超前增长是各国经济发展的基本趋势，即教育投资增长率高于 GRP 的增长率；（3）随着人均 GRP 的不断提高，教育投资的超前增长幅度是逐渐减慢的，当人均 GRP 达到一个较高水平以后，在技术没有重大突破的条件下，教育经费在 GRP 中的比例将逐渐趋于稳定，那时教育投资与 GRP 接近于同步增长。

　　教育消费通过刺激社会总需求而在经济增长中发挥长期作用。这种积极的教育消费趋向，有利于增加社会总需求。教育消费对经济发展具有直接拉动作用：短期内教育投入具有直接经济贡献功能。发展教育需要大量资金投入基础设施，教育本身也要消耗大量劳动力。教育投资增加必然刺激经济增长，且因投资的"乘数效应"，增加一定量的教育相关投入会带来数倍经济效益产出。学杂费反映了家庭对教育的消费或投入，家庭对教育的积极投入与经济增长也具有高度正相关性。选取2011年全国各地教育经费学杂费和地区生产总值，用SPSS19.0分析其相关性，结果，Pearson相关系数为0.936，在0.01水平（双侧）上显著相关（见表3-11）；Spearman相关系数为0.935，在置信度（双侧）为0.01时，相关性是显著的（见表3-12）。2000—2011年全国各地教育经费学杂费和地区生产总值相关性都十分显著（见图3-48）。

表3-11　　2011年地区学杂费和地区生产总值的Pearson相关性

		学杂费	GRP
学杂费	Pearson 相关性	1	0.936**
	显著性（双侧）		0.000
	N	31	31
GRP	Pearson 相关性	0.936**	1
	显著性（双侧）	0.000	
	N	31	31

注：＊＊表示在0.01水平（双侧）上显著相关。

表3-12　　2011年地区学杂费和地区生产总值的Spearman相关系数

			学杂费	GRP
Spearman 的 rho	学杂费	相关系数	1.000	0.935**
		Sig.（双侧）	0.000	0.000
		N	31	31
	GRP	相关系数	0.935**	1.000
		Sig.（双侧）	0.000	0.000
		N	31	31

注：＊＊表示在置信度（双侧）为0.01水平时，相关性是显著的。

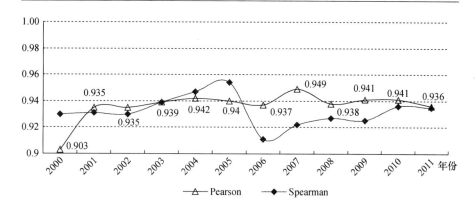

图 3 - 48　2000—2011 年全国各地教育经费学杂费和地区生产总值相关性
资料来源：国家统计局网站。

教育本身并不直接创造物质财富和产生经济效益，而是通过培养劳动力作用于物质生产来促进生产和经济发展。教育培养了大批科学家和工程技术专家，是提高劳动生产率的有力杠杆，也是科学技术迅速、大规模、有效传递和传播的基本途径，尤其高等教育既是科学技术研究的重要基地，更是技术创新的重要途径。美国人口普查局的调查数据显示，个人收入与受教育年限成正比，并且随着知识经济的发展，受教育年限所引起的个人收入差距在逐步扩大，在 1975 年时，美国具有学士学位的全日制工人平均年收入是具有高中学历工人的 1.5 倍，至 1999 年差距已经扩大到 1.8 倍；同期，硕士以上学历的全日制工人比具有高中学历的平均年收入由原来的 1.8 倍上升到 2.6 倍。由此可见，高素质的人力资本的重要性正在凸显。内生经济增长模型，或称"新增长理论"（The New Growth Theory），从理论上说明了经济长期增长的根本性动因。内生增长理论把知识和人力资本作为内生变量正式引入增长模型中，强调知识和人力资本是经济长期增长的主要源泉和决定性因素；突破了传统经济增长理论中要素收益递减和规模收益不变的假定，认为专业化的知识和人力资本的积累可以产生递增收益并使其他投入要素的收益从而总的规模收益递增。卢卡斯指出："有两大原因使得目前这样一个理论还无法很好地适应经济发展理论的需要：解释跨国差异时明显的失效以及国际贸易将导致资本—劳动比率和要素价格迅速趋同这一预言与现实明显矛盾。"① 经济增长与发展主要取决于劳动力、资本、劳动生产率和科技进步四个要素。教育对经济增长的作用主要表现在教育对劳动生产率提高、科技发展、生产管理现代化的促进作用。教育投资的结果，是获得具有长期发挥作用的劳动能力，只要这个劳动能力不停止生产，教育投资就能不停获得收益。高生产率是一种习得和人生的能力共同作用的结果，教育对个体能力的提高具有重要作用，投资教育最终能够促进生产率的提高。对教育投资的增加有利于跨代社会阶层流动，能够避免经济陷入低增长循环，并能增加工人的流动性。人力资本增长率随着人力资本投资的有效程度的增加而增加，随贴现率的增加而减少。由于人力资本具有正的外部性，相同技术水平的工人在人力资本平均水平较高的国家中获得较高的工资，结果导致人口从欠发达地区向发达地区流动的强大吸引力。② 人力资本的增长率是人们用于积累人力资本时间比例的线性函数，工人的人力资本水平不仅影响自身生产率，而且能够对整个社会的生产率产生影响。由于人力资本外部效应具有报酬递增的性质，使得人力资本成为经济增长的引擎，成为长期经济增长的源泉。

二　教育落后与经济贫困的恶性循环

欠发达地区之所以长期贫困，原因是经济中存在着若干相互联系、相互作用的"恶性循环系列"，其中就有教育落后与经济贫困的恶性循环。从供给方面看，欠发达地区的贫穷和经济落后导致收入太低，有限收入绝大多数用于满足生活消费需要，因此用于储蓄和投资的部分很少，教育投资能力太低会造成人力资本形成不足，教育落后，进而又导致生产规模难以扩大、生产率难以提高；反过来，教育落后、生产能力低又导致低产出，低产出又带来低收入和经济贫困。所以，在供给方面形成了一个"低收入—教育落后—低收入"的恶性循环。从需求方面来看，欠发达地区的贫穷和经济落后导致收入太低，这意味着人们的教育消费水平和购买力必然也低，教育需求也十分有限，因而教育落后；反过来，教育投资不足导致人力资本形成不足，从而导致生产规模难以扩大、生产率难以提高，进而又带来了低产出和低收入。所以，在需求方面同样形成"低收

---

① 卢卡斯：《经济发展讲座》，江苏人民出版社2003年版，第37页。
② 车丰淳、周学勤：《芝加哥学派与新自由主义》，经济日报出版社2006年版，第83页。

入—教育落后—低收入"的恶性循环。供给和需求两个方面的恶性循环相互联系、环环相扣，从而构成了一个死圈，难以打破。

在自由市场条件下，劳动总是从低工资地区向高工资地区流动，资本则总是从高工资地区向低工资地区流动，其结果将表现为地区增长是倾向均衡的。在存在地区间不平等状态下，经济力和社会力的作用使有利地区的累积扩张以牺牲其他地区为代价，导致后者的状况相对恶化并延缓它们的进一步发展，由此将导致不平等状态的强化。我国教育资源过多集中于中、东部地区，使西部地区人力资本的提高十分困难。由于累积因果性作用，西部地区投资形成的人力资本往往流向收益更高的东部沿海地区，地区间"回波效应"明显，进一步加大了地区间知识经济的差距，其结果是发达地区教育发展更快。而在欠发达地区，由于累积因果关系的作用，一些能促进教育发展的要素却起不到促进作用。西部地区高校学生的生均教育经费明显低于全国平均水平，使西部地区的教育经费投入捉襟见肘；而高中以下教育阶段的教育经费来源更多依靠地方财政收入，西部地区经济不发达的实际，使地方财政和地方企业为教育提供大量经费投入的能力有限，严重抑制了学校教育的发展。加上西部地区特殊的文化自然环境下，学校教育存在规模小、校点多、效益低、地域分布广和教育需求多样化等特点，使西部少数民族地区教育投入效率较低，有限的教育投入无法满足当地群众不断增强的多样化教育需求。[1] 我国欠发达地区教育发展所遇到的困难，如教师严重流失，地方政府教育经费严重不足，教育质量恶化等，都表明了地区间教育确实存在着"累积因果关系"的作用。要摆脱"教育落后与经济贫困的恶性循环"，必须对教育有更大投入，提高教育水平从而促进经济增长，使人均收入增长突破一定限度，从而摆脱贫困的恶性循环。

---

① 刘寒雁：《少数民族地区人力资本研究：兼论云南省少数民族教育问题》，云南大学出版社 2007 年版，第 143 页。

第四章　"资源诅咒"、技术创新
与教育投入努力

　　自工业革命以来，经济学者和历史学家一直将自然资源作为经济起步、发展、腾飞的积极因素纳入分析。然而，更多的事实却显示了相反的迹象。OPEC 国家 1965—1998 年人均 GDP 平均下降了 1.3%，盛产石油的印度尼西亚等国的经济发展与资源相对贫瘠的东亚新兴经济体之间差距甚大。来自中国内部的数据也显示了这种趋势：资源相对缺乏的广东、江苏、浙江和福建走在经济发展的前列；然而资源大省山西、辽宁、黑龙江、新疆、云南等地经济发展却相对滞后。究竟是什么原因使得有些地区的经济发展没有享受到资源的福祉，反而遭受资源的"诅咒"？这些问题必然引起人们对"资源诅咒"问题的深思，以揭示（自然）资源禀赋程度与经济发展、价格体系之间的因果关系和作用机制。"资源诅咒"对经济层面的负面影响是多种多样的，可以表现为国民产出整体的衰减，收入差距的拉大，经济增长难以收敛等现象，还有"寻租"行为导致坏制度的延续等。本书认为，充沛的自然资源对技术创新、人力资本存在挤出效应，对教育投入努力存在"诅咒"效应。

第一节　"资源诅咒"的挤出效应

　　自然资源行业的扩大会降低人力资本的报酬以及教育投资的规模，对长期增长产生负面效应。现有研究大多确认"资源诅咒"在我国省际层面上的存在性，并且指出，资源性投资对一般投资，特别是教育支出和研发支出的挤出、对"寻租"行为的催化是区域省级层面上"资源诅咒"传导的主要渠道。[1] 要破解"资源诅咒"，必须努力提高资本积累、技术

---

① 马述忠、冯晗：《东西部差距》，浙江大学出版社 2011 年版，第 81 页。

创新能力、教育投入（人力资本投资）、市场化程度并加强制度建设。

一　"资源诅咒"假说

自然资源、物质资本、劳动力人数等生产要素是传统经济增长的依赖对象，而现代经济越来越多地需要引入智力因素来替代传统的生产要素。自然资源作为国家财富的重要组成部分，对经济发展具有非常重要的意义，经济的高速增长往往以丰富的自然资源为基础，当今的经济强国在历史上的强势发展阶段都曾受益于自然资源的贡献。因此，"一国自然资源越丰裕，经济增长就越有保障"的结论似乎是顺理成章的。在马尔萨斯和李嘉图所处的时代，经济学家对自然资源抱有异乎寻常的崇拜心理，因为有无充足的自然资源支持一个农业社会以及紧接着的工业化社会的持续增长是至关重要的。马尔萨斯的"人口论"就认为：人口增长如果超过自然资源增长可能会导致很坏的结果。自然资源对增长具有极为重要的决定作用，拥有丰富的自然资源应该是持续增长的必要条件，二者呈正相关关系。然而，20世纪末期，学者们通过研究却发现自然资源与经济发展呈负相关关系，世界上最富有的一些国家和地区，如日本、卢森堡、瑞士、新加坡和中国香港并没有富裕的自然资源，而塞拉利昂、中非、赞比亚、委内瑞拉等国家虽然自然资源在国民财富中的比重超过25%，但经济却呈现负增长。对此做出解释的最主要理论就是"资源诅咒"假说。

1993年，奥蒂（Auty）在研究产矿国经济发展问题时发现丰裕的资源对一些国家的经济增长不但不是充分的有利条件，反而是一种限制，并提出了"资源诅咒"这一概念。[①] 萨克斯和沃纳（Sachs and Warner，1995，1996，1997）对"资源诅咒"这一假说进行了实证检验，结果表明，自然资源禀赋与经济增长之间有显著的负相关性。[②] 托尔维克（Torvik，2001）构建了一个包含规模收益递增和寻租行为的静态模型，讨论

[①]　Auty，R. M.，*Sustaining Development in Mineral Economies：The Resource CurseThesis*，London：Routledge，1993.

[②]　Sachs，J. D. and Warner，A. M.，"Fundamental Sources of Long – run Growth"，*American Economic Review*，1997，87，pp. 184 – 188；Sachs，J. D. and Warner，A. M.，"Natural Resource Intensity and Economic Growth"，In：Mayer，J.，Chambers，B.，Ayisha，F.（Eds.），*Development Policies in Natural Resource Economics*，Edward Elgar，Cheltenham，UK，1999；Sachs，J. D. and Warner，A. M.，"Natural Resources and Economic Development：The Curse of Natural Resources"，*European Economic Review*，2001，45，pp. 827 – 838.

资源开发或者资源丰裕对生产效率和福利的影响。[1] 此后，许多学者调整了衡量资源丰裕度的指标，选取不同的指标作为衡量工具。但研究结果一致表明，资源丰裕度与经济增长的负相关关系普遍存在。[2] 帕皮拉基斯和格拉夫（Papyrakis and Gerlagh，2003）的实证研究也支持了"资源诅咒"假说。[3] 丰裕的自然资源将有限的资本、劳动聚集到了资源密集型初级产业中，因而用于制造业的资本和劳动越来越少，进而导致制造业萎缩。当对长期增长至关重要的制造业得不到发展时，经济必然增长乏力。

经济学认为，基于一定禀赋结构的完全市场造就合理的经济价格体系。生产要素价格的经济分为可贸易的制造业部门、可贸易的资源出口部门和不可贸易的部门。在充分就业状态下，如果某种自然资源或者自然资源价格意外上涨，将导致两方面后果：一是劳动和资本转向资源出口部门，则可贸易的制造业部门就不得不花费更大的代价吸引劳动力，制造业劳动力成本上升首先打击制造业的竞争力；同时，由于出口自然资源带来外汇收入的增加使得本币升值，会再次打击制造业的出口竞争力，即所谓资源"转移效应"；在资源转移效应影响下，制造业和服务业同时衰落下去。二是自然资源出口带来的收入提高会增加对制造业和不可贸易的部门产品的需求。但这时对制造业产品需求的增加却是通过进口国外同类价格相对更便宜的制成品来满足的（这对本国的制造业来说又是一个灾难）。不过对不可贸易部门产品的需求增加无法通过进口来满足，一段时间后本国的服务业会重新繁荣，即所谓"支出效应"（见图4-1）。"资源诅

① Torvik, R., Learning by Doing and the Dutch Disease, *European Economic Review*, 2001, Vol. 45.

② Davis, G. A. and J. E. Tilton, "The Resource Curse", *Natural Resources Forum*, 2005, 29, pp. 233 – 242; Wood, A., Berger, K., Exporting Manufacture: Human Resources, Natural Resources and Trade Policy. *Journal of Development Studies*, 1997（34）; Leite, Carlos, Weidmann, Jens, "Does Mother Nature Corupt? Natural Resources, Coruption and Economic Growth", IMF Working Paper No. 99/85, International Monetary Fund, Washington, DC, 1999; Gylfason, T., "Resources, Agriculture, and Economic Growth in Transition Economies", Kyklos, 2000, 53, pp. 545 – 580; Gylfason, T., "Natural Resources, Education, and Economic Development", *European Economic Review*, 2001, 45, pp. 847 – 859; Gylfason, T. and Zoega G., "Natural Resources and Economic Growth: The Role of Investment", CEPR Discussion Paper, No. 2743, Center for Economic Policy Research, London, 2001; Stijns, Jean-Philippe, C. "Natural Resource Abundance and Economic Growth Revisited", *Resources Policy*, 2005, 30, pp. 107 – 130.

③ E. Papyrakis and R. Gerlagh, The Resource Curse Hypothesis and Its Transmission Channels, *Journal of Comparative Economics*, 2003, 32, pp. 181 – 193.

咒"表现在自然资源丰富的地区最终使得制造业逐渐衰落。制造业承担着技术创新和组织变革甚至培养企业家的使命,而自然资源开采部门缺乏联系效应以及外部性甚至对人力资本的要求也相当低。一旦制造业衰落,人力资本必将外流。即使服务业繁荣,经济也难以健康发展。

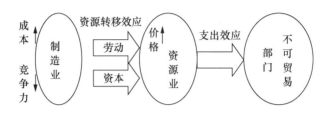

图 4-1 "资源诅咒"的传导机制

自然资源对经济增长往往起着阻碍而不是促进的作用,其原因在于,自然资源会对其他要素形成挤出效应,从而间接地对经济增长产生负面影响。盖尔法森(Gylfason,2001)称为"资源诅咒"的传导机制。[①] 常见的传导机制包括贸易条件论、荷兰病、资源寻租和腐败、轻视人力资本投资和可持续发展能力衰退。但在欠发达地区,劳动力的绝对过剩和资本的严重不足往往同时并存。资源部门的意外繁荣会使得过剩劳动力转向现在繁荣的资源产业但同时并不会提升制造业的工资水平,因此资源转移效应也未必导致劳动力成本上升。另外,如果制造业的中间产品大都需要进口,假如汇率升值,制造业也未必会失去竞争力。

托内尔(Tornell,1999)和托尔维克(2002)的模型都结合寻租解释了"资源诅咒",并认为资源丰裕与收入之间存在单调性。托尔维克(2002)的分析很好地阐述了寻租活动如何使得资源大发现阻碍了经济的发展。在其模型中,公共部门通过资源出售、对制造业征收固定税率税收以及通过寻租获得租金三种方式取得收入。个人通过将自身努力配置于生产活动或者寻租活动来使自己获得均衡收入。资源生产的扩展在使得政府收入增加的同时,也使企业家才能从制造业部门退出进入寻租活动领域,企业家远离现代制造业部门会造成制造业供给的下降,由于制造业

---

① T. Gylfason, Natural Resources and Economic Growth: What is the Connection? CESifo Working Paper, No. 530, 2001.

具有规模报酬递增特点，因此制造业生产的下降幅度要远大于资源开采收入上升的幅度，从而导致整个社会由于资源开采业的繁荣而变得更加贫困。

国内有学者提出中国区域的经济增长在长周期上也存在着"资源诅咒"效应①，"资源诅咒"在省际层面上成立②，并把它看作是形成地区发展差距的一个重要原因。有研究指出，山西省资源丰裕度与经济发展水平呈现明显的负相关关系。③ 胡援成、肖德勇（2007）以 1999—2004 年各省自治区和直辖市的数据为研究样本，进一步验证了"资源诅咒"现象在中国省际层面上的存在。④ 张景华（2008）以 1996—2005 年各省的数据为研究样本，以制度因素为门槛变量，证明了"资源诅咒"命题在中国省际层面成立。⑤ 邵帅、齐中英（2008）以 1991—2006 年的数据为研究样本，证明了西部大规模的能源开发在一定程度上遏制了经济增长。⑥ 这些研究反映出我国区域经济发展过程中同样遭遇到"资源诅咒"效应。

解释"资源诅咒"已经成为 20 世纪 90 年代以来发展经济学最令人感兴趣的焦点之一。关于"资源诅咒"的成因，涉及"寻租"、"制度建设"以及"人力资源"等方面。奥蒂（2001）提出的"贸易条件论"指出，初级产品价格波动大的特点导致国内需求随之波动，进而影响政府财政收入和宏观经济政策的制定，造成经济的不稳定。⑦ 松山（Matsuyama，1992）提出的"荷兰病效应"理论认为，经济结构中促使制造业向采掘业转变的力量降低了经济增长率，其原因就在于这种力量削弱了具有学习

---

① 徐康宁、韩剑：《中国区域经济的"资源诅咒"效应：地区差距的另一种解释》，《经济学家》2005 年第 6 期。

② 徐康宁、王剑：《自然资源丰裕程度与经济发展水平关系的研究》，《经济研究》2006 年第 1 期。

③ 武芳梅：《"资源的诅咒"与经济发展——基于山西省的典型分析》，《经济问题》2007 年第 10 期。

④ 胡援成等：《经济发展门槛与自然"资源诅咒"——基于我国省际层面的面板数据实证研究》，《管理世界》2007 年第 4 期。

⑤ 张景华：《自然资源是"福音"还是"诅咒"：基于制度的分析》，《上海经济研究》2008 年第 1 期。

⑥ 邵帅等：《西部地区的能源开发与经济增长——基于"资源诅咒"假说的实证分析》，《经济研究》2008 年第 4 期。

⑦ Auty，R. M.，*Resource Abundance and Economic Development*. Oxford：Oxford University Press，2001.

效应的制造业的成长。[1] 自然资源丰富的国家（地区）往往低估教育和人力资本投资的长期价值，结果导致教育和培训投入不足。

在内生经济增长模型中，知识不再是一个外在的独立因素和变量，而是直接作用于经济增长的内在因素和变量。知识可分为一般知识和专业化知识，一般知识可使全社会获得规模经济效益；专业化知识会给个别厂商带来超额利润，进而成为个别厂商研究与开发资金的来源，促进了技术进步，它与投资相互促进。作为独立因素的知识积累不仅自身产生递增收益，还使其他要素的收益递增，扩展所及还会使全社会收益递增。因此，知识的积累不仅可以实现社会总产出的规模收益递增，而且还是经济长期均衡和稳定增长的保证和源泉。[2] 罗默模型的提出不仅为经济增长理论的研究开阔了视野，而且具有一定的实证检验意义，主要分为两个方面：（1）现代经济的本质是知识经济。当今发达国家把资源的50%左右用在研究与开发方面，足以说明知识对企业、地区或整个国家经济增长的重要影响。（2）知识和积累率的高低和由此带来的要素收益率的差距是各国经济增长率与人均收入存在巨大差别的主要原因，技术进步与资本积累有明显正相关。全球化可以加快知识积累，提高世界总产出水平。在此过程中，包括中国在内的新兴工业化国家可以通过技术、知识扩散提高本国的劳动生产率。第一阶段，采用模仿创新战略，追随、模仿、引进创新领先者的成熟技术，跳跃式进行自身的技术积累，同时回避技术和市场的风险；第二阶段，通过产业优势、科技优势的积累，积极开展合作创新，尝试自主创新。

前面已经分析了2011年全国各地财政性教育经费和地区生产总值的相关性，Pearson 相关系数为 0.956，Spearman 相关系数为 0.914；2012年全国各地财政性教育经费和地区生产总值 Pearson 相关系数为 0.944，Spearman 相关系数为 0.914（见表 4-1 至表 4-4）。采用 2011—2012 年我国地区 GRP、城镇就业人数、固定资产投资等数据，用 SPSS19.0 进行相关分析，可以看出，地区 GRP 与城镇就业人数、固定资产投资的确高度相关（见表 4-1、表 4-2、表 4-3、表 4-4、表 4-5 和表 4-6）。

---

[1]　Matsuyama, K., Agricultural Productivity, Comparative Advantage and Economic Growth. *Journal of Economic Theory*, 1992, Vol. 58, pp. 317 - 334.

[2]　王惠清：《西方经济学》，东南大学出版社 2009 年版，第 272—273 页。

表 4 - 1　　2011 年我国城镇就业人数与地区 GRP 的 Pearson 相关性

		GRP	城镇就业人数
GRP	Pearson 相关性	1	0.932 **
	显著性（双侧）	—	0.000
	N	31	31
城镇就业人数	Pearson 相关性	0.932 **	1
	显著性（双侧）	0.000	—
	N	31	31

注：** 表示在 0.01 水平（双侧）上显著相关。

表 4 - 2　　2011 年我国城镇就业人数与地区 GRP 的 Spearman 相关系数

			GRP	城镇就业人数
Spearman 的 rho	GRP	相关系数	1.000	0.934 **
		Sig.（双侧）	—	0.000
		N	31	31
	城镇就业人数	相关系数	0.934 **	1.000
		Sig.（双侧）	0.000	—
		N	31	31

注：** 表示在置信度（双侧）为 0.01 水平时，相关性是显著的。

表 4 - 3　　2011 年我国固定资产投资与地区 GRP 的 Pearson 相关性

		GRP	固定资产投资
GRP	Pearson 相关性	1	0.898 **
	显著性（双侧）	—	0.000
	N	31	31
固定资产投资	Pearson 相关性	0.898 **	1
	显著性（双侧）	0.000	—
	N	31	31

注：** 表示在 0.01 水平（双侧）上显著相关。

表 4-4 2011 年我国固定资产投资与地区 GRP 的 Spearman 相关系数

			2011 年 GRP	固定资产投资
Spearman 的 rho	GRP	相关系数	1.000	0.915**
		Sig.（双侧）	0.000	0.000
		N	31	31
	固定资产投资	相关系数	0.915**	1.000
		Sig.（双侧）	0.000	0.000
		N	31	31

注：**表示在置信度（双侧）为 0.01 水平时，相关性是显著的。

表 4-5   2012 年我国固定资产投资与地区 GRP 的 Pearson 相关性

		2012 年 GRP	固定资产投资
GRP	Pearson 相关性	1	0.885**
	显著性（双侧）		0.000
	N	31	31
固定资产投资	Pearson 相关性	0.885**	1
	显著性（双侧）	0.000	
	N	31	31

注：**表示在 0.01 水平（双侧）上显著相关。

表 4-6 2012 年我国固定资产投资与地区 GRP 的 Spearman 相关系数

			GRP	固定资产投资
Spearman 的 rho	GRP	相关系数	1.000	0.895**
		Sig.（双侧）	0.000	0.000
		N	31	31
	固定资产投资	相关系数	0.895**	1.000
		Sig.（双侧）	0.000	0.000
		N	31	31

注：**表示在置信度（双侧）为 0.01 水平时，相关性是显著的。

通过以上分析，用 A 代表技术进步，K 代表资金，L 代表劳动（用城镇就业人数表示），E 表示教育因子，α 为资金的产出弹性，β 为劳动的产出弹性，γ 表示教育的产出弹性，则生产函数可表示为：

$$Y = AK^{\alpha}L^{\beta}E^{\gamma} \tag{4.1}$$

总之，解决"资源诅咒"的整体思路为"资源优势→资本优势→产业优势→科技优势"的连续转型，通过物质资本积累增加教育投入，变自然资源优势为人力资本优势和技术创新动力，从而推动地区经济持续健康发展。从短期来看，必须解决好资源收入的分配与使用问题，建立相对公正的资源收入分配机制，防止资源收入流失，利用资源收入扶持本地弱势产业、优化投资环境、吸引技术人才；就长期而言，关键要连续追加人力资本投入，持续增加教育经费，注重知识的生产、积累、传递与再创新，正如管子所言："终身之计莫如树人"，从而改变劳动力的形态，提高人力资源质量和素质，普遍提高劳动者对新知识和新技术的学习、理解和接受能力，通过技术创新实现物质的内涵型扩大再生产。

二 "资源诅咒"与教育懈怠

舒尔茨指出，教育投资是土地、人力、物力资本之外的另一个生产因素，单从自然资源、土地和资金已不能解释生产力提高的全部原因。决定人类前途的并非空间、土地、自然资源，而是人的能力；人力资本投资是经济增长的主要源泉，人力投资增长无疑已经明显提高了投入经济过程中的工作质量，这些质量上的改进也已成为经济增长的一个重要源泉，有能力的人才是现代经济丰裕的关键。德鲁克认为，"如今，正式知识被视为最关键的个人资源及经济资源。传统的生产要素如土地（自然资源）、劳动力与资本，虽然现在还没有消失，但已经不那么重要了。现在，只要有知识，土地、劳动力与资本自然就跟着来"。① 初级资源行业的扩大会降低人力资本的报酬以及教育投资规模，这也将对长期增长产生负面效应。人力资本进入寻租的机会成本是将人力资本投入企业家行为的回报，当经济进入完全企业家均衡时，人力资本从事企业创新活动相对受益较大，而经济进入寻租均衡状态情况刚好相反，寻租最终破坏经济增长的原动力。一个经济体可能存在路径依赖而进入一种状态。资源膨胀助长了寻租活动，由于寻租的规模效应，最终使资源膨胀带来收入的增长远低于其他主要经济部门收入衰减程度，从而降低经济社会福利水平。

市场经济中，如果人力资本投资的回报率超过了折现率，教育投资的

---

① 彼得·德鲁克：《后资本主义社会》，东方出版社2009年版，第24页。

预期收益大于教育的机会成本，穷人也会投资教育，导致短期的经济增长，短期经济增长会促进人力资本的持续投资；人力资本投资的增长会刺激教育需求上升，教育发展推动人力资本积累，结果基尼系数下降。在这个良性循环中，除了市场无形之手的牵引，政府的有形之手也至关重要。因为政府首先应该提供教育这种公共产品。政府的政策直接影响穷人的选择。如果政府的经济发展战略强调对劳动力知识技能的需求以增强国际经济竞争力，这无疑会提高人力资本投资的回报率，使得穷人选择投资教育。然而在资源丰富的地区，这个良性循环却很难实现。资源的膨胀，其租金往往被少数人和企业拥有，随着资源从制造业和其他可贸易部门转向资源垄断部门，政府的政策也往往会随之改变，不再将重点放在劳动密集型产业的发展，而会采用内向型的资源依赖型数量增长战略。由于制造业受到汇率和成本上升的困扰，为了补偿损失，国家可能对制造业实施贸易保护战略。整个社会对劳动力的知识技能需求大为降低，教育投入必然下降，从而形成恶性循环。

自然资源是生产资料或生活资料的天然来源，包括矿产资源、土地资源、水资源、动植物资源等。资源税以各种应税自然资源为课税对象、为了调节资源级差收入并体现国有资源有偿使用而征收的一种税，在理论上可区分为对绝对矿租课征的一般资源税和对级差矿租课征的级差资源税，体现在税收政策上就叫作"普遍征收，级差调节"，即所有开采者开采的所有应税资源都应缴纳资源税；同时，开采中、优等资源的纳税人还要相应多缴纳一部分资源税。我国资源丰裕的地区经济增长速度普遍要慢于资源贫瘠的地区。"资源诅咒"是我国东西部差距形成的重要原因之一。人力资本积累缓慢、技术创新能力低下、回波效应、荷兰病、资本外流、制度弱化、资源浪费以及贫富差距扩大是影响经济增长的主要渠道，问题出现的关键则是制造业的衰退和产权安排的缺陷。例如，我国西部大开发战略非但未能削弱"资源诅咒"效应，反而在一定程度上强化了"资源诅咒"。西部大开发战略实施之后"资源诅咒"的显著性大大加强了。研究显示，西部大开发对能源产业的过度强调减少了 R&D 和人力资本投资，损害了西部地区长期的经济发展潜力，从而进一步拉大了东西部差距。[①]总之，教育投入水平上的制约是我国省际层面"资源诅咒"存在的关键，

---

① 马述忠、冯晗：《东西部差距》，浙江大学出版社 2011 年版，第 81 页。

而人力资本投入和金融支持是缓解"资源诅咒"的重要途径，也可以有效地解决资源的硬约束，促进经济的可持续发展。

资源对经济增长既存在正面的、促进的直接效应，也因会减少投资、降低受教育水平、缩小开放度、减少 R&D 支出、增加政府官员寻租行为而带来负面的间接效应。丰沛的自然资源主要通过降低外商直接投资、教育和创新的渠道来间接地阻碍经济增长。

以我国 2012 年地方财政资源税为例，内蒙古、黑龙江、辽宁、陕西、新疆、山西都较高（见图 4-2），但是观察 2008—2011 年财政性教育经费占财政支出比重，2008 年内蒙古、辽宁、黑龙江、陕西分别排全国倒数第 3、7、8、14 位，2009 年内蒙古、黑龙江、辽宁分别排全国倒数第 3、4、6 位，2010 年黑龙江、辽宁、内蒙古、陕西、山西、新疆分别排全国倒数第 4、5、9、15、18、21 位，2011 年黑龙江、内蒙古、辽宁、陕西、新疆、山西分别排全国倒数第 2、5、9、16、17、18 位（见图 4-3）。

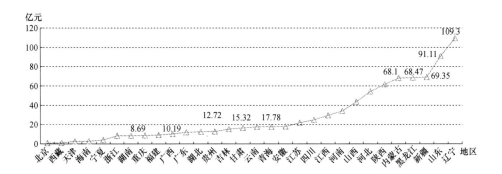

图 4-2　我国地方财政资源税（2012 年）

资料来源：国家统计局网站。

2011 年，自然资源丰富的新疆、黑龙江、内蒙古、山西、陕西教育经费分别排全国倒数第 9、10、12、17、18 位（见图 4-4）；民办学校办学经费新疆、黑龙江、内蒙古、陕西分别排全国倒数第 4、5、11、12 位（见图 4-5）；社会捐赠教育经费黑龙江、内蒙古、新疆、陕西、山西分别排全国倒数第 2、5、12、16、17 位（见图 4-6）。自然资源丰富地区容易忽视教育的公共支出，导致自然资源挤出人力资本。而资源相对稀缺的浙江省公共教育投入力度最大、教育经费排全国第 4 位、社会捐赠教育经费排全国第 2 位；广东省教育经费总量、民办学校办学经费最大、社会捐赠教育经费排全国第 3 位；江苏教育经费排全国第 2 位、社会捐赠教育经费排全国第 1 位。可见，由于资源丰富地区的资源开采部门对熟练或高素质劳动力需求相对不足，膨胀的自然资源挤出效应明显，容易挤出对推动经济增长更为重要的人力资本要素，即忽视对教育的投入。

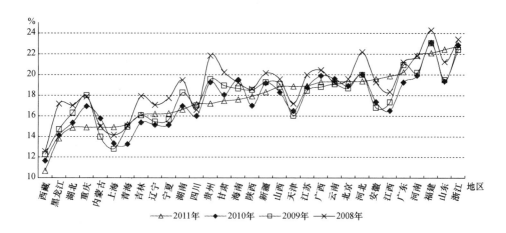

图 4-3 我国地区财政性教育经费占财政支出比重（2008—2011 年）

资料来源：国家统计局网站。

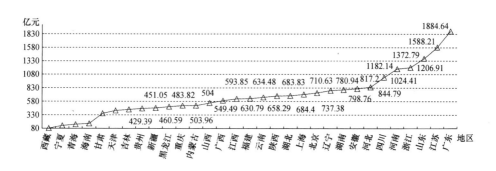

图 4-4 我国地区教育经费比较（2011 年）

资料来源：国家统计局网站。

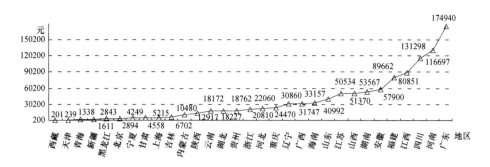

图 4 – 5　我国地区民办学校办学经费差异（2011 年）

资料来源：国家统计局网站。

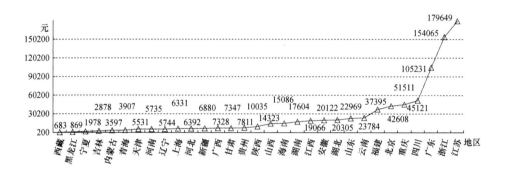

图 4 – 6　我国地区社会捐赠教育经费差异（2011 年）

资料来源：国家统计局网站。

　　教育应该被视为一项重要的投资，一个国家或地区初始的教育水平对随后的经济增长率有显著正向影响，人力资本理论包括内生增长理论预言对教育投资的差异将导致国家（地区）在劳动生产率上的差异。经济增长与发展主要取决于劳动力、资本、劳动生产率和科技进步四个要素。教育对经济增长的作用主要表现在教育对劳动生产率提高、科技发展、生产管理现代化的促进作用。首先，教育消费对经济发展具有直接拉动作用。其次，教育培养大批科学家和工程技术专家，是提高劳动生产率的有力杠杆，是科学技术迅速、大规模、有效传递和传播的基本途径，也是使科学转化为技术及科学技术转化为生产力的重要途径，尤其高等教育是科学技术研究的重要基地。最后，管理、科学技术、教育被称为推动经济增长三大新的支柱，必须进行系统的教育与培训，才能掌握管理科学；必须通过教育提高管理人员素质，源源不断地输送经过专门的管理教育与培训的管理人员，才能不断提高管理水平。除此以外，对教育的投资还能降低收入的不平等程度从而提高经济增长率。对妇女教育的投资还会降低生育率和改善子女的健康水平，这都是倾向于一国的长期经济增长。于是，有不少经济学家试图从此角度来解释"资源诅咒"，集中探讨资源丰富为什么会导致对教育投资缺乏积极性，丰沛的资源如何挤出人力资本要素的深层次机制。

三　"资源诅咒"与坏制度

在资源依赖型经济中，资源的膨胀和繁荣容易导致政府的扭曲行为。从全球来看，资源丰富并不必然意味着"诅咒"，如美国、澳大利亚、加拿大、挪威等发达国家，如马来西亚、博茨瓦纳等发展中国家同样成功地维持了长期的高水平经济增长。但非洲、南美、亚洲不少资源丰富的国家的确长期陷入"资源诅咒"泥潭。"资源诅咒"的背后可能还有更深层次的诅咒。历史上，殖民者常常在缺乏开发、环境较好、人烟稀少的地区引入比较好的财产保护制度，如美国、加拿大、澳大利亚和新西兰，殖民者永久定居并建立了加强法规和鼓励投资的好制度；而在自然资源储量丰富、开发较多、疾病肆虐、简单劳动力密集的地区，殖民者往往引入恶劣的财富榨取制度，比如非洲和加勒比海的贫穷，是因为当时殖民者在那些地方建立了坏的掠夺性制度，在非洲刚果河黄金海岸建立榨取制政府以快速转移资源到本国主要都市，这些坏制度根本不利于投资和技术进步。正是由于制度差异，导致世界不同地区社会经济长期发展的不同表现。制度的好坏会影响资源的配置效果，进而影响经济增长。资源丰裕会反过来影响制度的形成，通过所形成制度的好坏来间接影响经济增长。

过度依赖资源，经济发展也将面临很大的外部风险。比如全球最大的能源出口国俄罗斯，出口总量中有 2/3 以上为石油和天然气。2014 年以来，俄罗斯因乌克兰危机遭受西方制裁。在西方国家持续不断的经济制裁下，油价下跌导致俄罗斯经济和财政压力迅速加大，俄罗斯卢布在这种情势下一路走低。摩根士丹利预计，原油价格每下跌 10 美元，就意味着俄出口将遭受 324 亿美元的损失，约占该国 GDP 的 1.6%。国际游资对俄罗斯经济渐失信心，纷纷开始逃离这个国家。俄罗斯央行数据显示，继 2014 年第一季度资本外流 620 亿美元后，第二季又跑出去 123 亿美元，上半年累计有近 750 亿美元资本外逃，是 2013 年同期的 2.2 倍，超过 2013 全年的 627 亿美元，而且这种趋势并未减缓。俄罗斯央行预估 2014

年资本流出规模会达到1280亿美元，2015年预计流出990亿美元。自2014年以来，卢布对美元汇率已下跌了将近40%，卢布对欧元汇率也下跌了25%，成为全球跌幅最大的货币；俄罗斯外汇储备减少了300亿美元，由4695亿美元降至4391亿美元。① 可见，过度依赖资源，一旦价格波动，经济就会面临巨大风险。雷特和威德曼（Leite and Weidman, 1999）的实证研究表明，富集的矿产资源会产生腐败，而腐败又会阻碍经济的发展。② L—W模型将腐败作为控制变量以后，发现矿产资源的出口在经济发展回归中并不显著，这意味着一国的矿产资源对该国经济表现没有直接的经济效应，只会通过影响社会"基本制度"这一间接方式影响经济发展。奥蒂（2001）认为，资源丰裕国家，尤其是油气资源丰裕国家容易出现寡头政治统治。③ 政府在小集团控制下会形成强大的部门利益，并造成国家的资源开采和生产为了小集团的利益而损害公众的利益，如俄罗斯出现的情况。这种资源依赖模式会抑制制造业等生产效率更高、对经济影响更大的行业的发展，导致经济体系畸形发展。

外因只是影响事物的发展，内因才是决定事物发展的根本原因。俄罗斯的经济困难，起因于外部制度的恶化，但根本原因在于国内经济增长模式单一，生产率低下。俄罗斯要解决"资源诅咒"困境，必须首先弥补这一短板，从内部体制上破除阻碍宏观经济发展的种种积弊，消除腐败贿赂，实行多元化战略，提高劳动生产率、创造就业和提升技术创新水平，同时建立独立的司法制度，增加教育投入，投资人力资本，发展制造业，形成有效的税收管理系统。

博茨瓦纳属于南部非洲的内陆国，曾经是一个需要援助的落后国家；但通过合理经营其矿产资源，以钻石业、养牛业和新兴的制造业为支柱产业，经济持续高速发展近30年，成为经济状况较好的国家之一。博茨瓦纳成功的经验在于其多元化战略以及相对强大的国家廉政体系建设，从而避免了两个威胁：过度依赖资源和过高的公共行政成本。这主要体现在：

---

① 周武英：《石油经济熄火 俄罗斯靠什么"过冬"》，《经济参考报》2014年11月17日。

② Leite, Carlos, Weidmann, Jens, "Does Mother Nature Corupt? Natural Resources, Coruption and Economic Growth", IMF Working Paper , No. 99/85, International Monetary Fund, Washington, D. C. , 1999.

③ R. M. Auty（ed.）, *ResourceAbundance and Economic Development*, Oxford, Oxford University Press, 2001.

（1）民主问责制。博茨瓦纳整个国家处于民主氛围之中，所有的政府部门都受宪法的控制，市民可以起诉政府。（2）独立的司法系统。独立的司法系统不仅被宪法保护，而且真正起到实际作用。法院的作用在于监督权利的滥用、腐败和经济犯罪。（3）监察员的设置。作为监察员的办公人员，已经对博茨瓦纳的人民产生了深刻而严重的影响。它的报道揭露了公共服务的不公正。（4）充足的媒体自由。国家有九大报刊，其中一些是国有的，其他的属于私人所有，享受着表达的自由。

1978—2013 年，中国财政收入从 1132 亿元增长到 129142.90 亿元，增长约 113 倍；同期行政管理费用则从 53 亿元骤升至 14139 亿元，增长了 266 倍。行政管理费占财政总支出的比重在 2003 年就已上升到 19.03%，高居世界第一。2005—2013 年，中国行政经费仍然以 1000 亿元/年的速度高速递增，公务员队伍的职务消费占全国财政总收入的近 1/4，造成对教育、卫生、环保等公共支出的直接挤占。

我国主要的自然资源分布极不均衡，石油集中在新疆、东北、山东、陕西、河北、甘肃、内蒙古（见图 4 - 7），天然气集中在四川、新疆、内蒙古、陕西（见图 4 - 8），煤炭集中在山西、内蒙古、新疆（见图 4 - 9），铁矿集中在辽宁、四川、河北、内蒙古、山西（见图 4 - 10），锰矿主要分布于广西、贵州、湖南（见图 4 - 11），铜矿主要分布于江西、内蒙古、云南、西藏（见图 4 - 12），铅矿和锌矿主要分布于内蒙古、云南、广东、甘肃（见图 4 - 13 和图 4 - 14），铝土矿储量广西最高（见图 4 - 15），水资源西藏、四川、江西、广西、广东、湖南、云南相对丰富（见图 4 - 16），森林资源内蒙古、黑龙江、云南、四川、西藏、广西比较丰富（见图 4 - 17）。然而这些资源富饶地区社会经济发展并不乐观，尤其石油、矿产、水电等自然资源容易诱发贪婪的寻租行为，弱化地区制度质量，进而对经济增长施加负的非线性影响，成为"资源诅咒"的根源。其中，制度质量涵盖了法律制度、财产保护、政府官员的责任心与听取社会各界意见的渠道、寻租、官员腐败、政府的效率、浪费等内容。资源丰裕地区往往缺少将其资源收益成功转化为投资所必需的投资环境，反而容易诱导地方精英争抢资源，导致纷争不断，也就没有足够的动力、精力去改善投资环境，提高本地区的经济多样化程度，最终形成恶性循环。

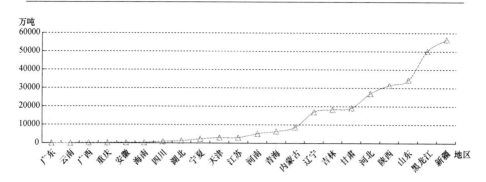

图4-7 我国石油储量地区分布（2012年）

资料来源：国家统计局网站。

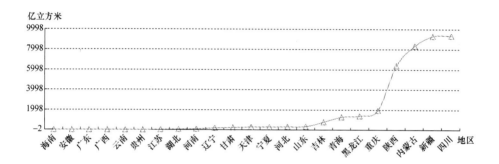

图4-8 我国天然气储量地区分布（2012年）

资料来源：国家统计局网站。

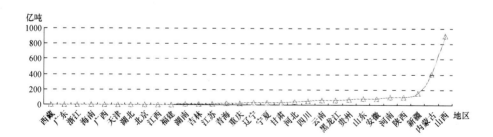

图4-9 我国煤炭储量地区分布（2012年）

资料来源：国家统计局网站。

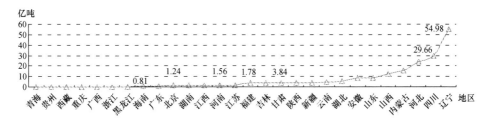

图 4 - 10 我国铁矿储量地区分布（2012 年）

资料来源：国家统计局网站。

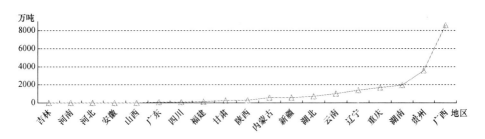

图 4 - 11 我国锰矿储量地区分布（2012 年）

资料来源：国家统计局网站。

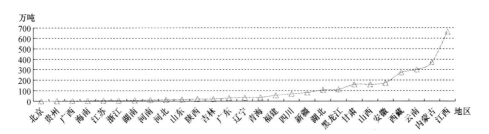

图 4 - 12 我国铜矿储量地区分布（2012 年）

资料来源：国家统计局网站。

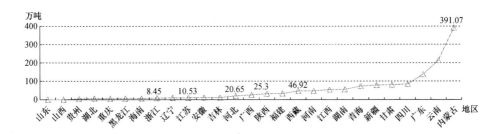

图 4 - 13 我国铅矿储量地区分布（2012 年）

资料来源：国家统计局网站。

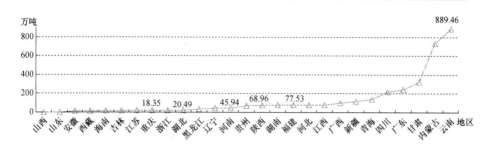

图 4 – 14 我国锌矿储量地区分布 (2012 年)

资料来源：国家统计局网站。

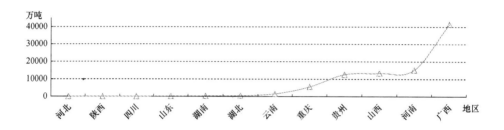

图 4 – 15 我国铝土矿储量地区分布 (2012 年)

资料来源：国家统计局网站。

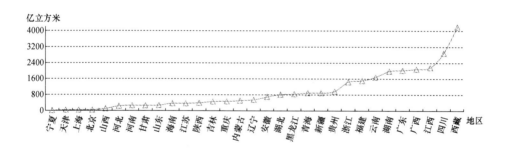

图 4 – 16 我国地区水资源总量比较 (2012 年)

资料来源：国家统计局网站。

　　自然资源存在超额经济租，开发商为了取得许可证和配额以获得额外收益会千方百计对公权力掌握者进行疏通，寻租行为必然引起腐败、官僚化和公共利益受损，由于制度弱化，"资源诅咒"应运而生。资源的禀赋对制度的发展路径和制度质量影响很大，而制度的发展路径和制度质量差异会影响长期经济绩效。可以认为，非洲地区贫穷落后的根本原因并不

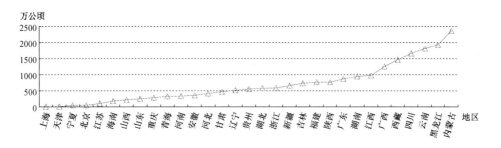

图 4 - 17　我国地区森林面积比较（2012 年）

资料来源：国家统计局网站。

完全是地理或者文化因素，而是因为长期坏制度的结果。坏制度一旦形成，必然产生惯性或路径依赖。非洲一些资源大国出现经济波动，往往起因于资源相关的制度失灵。倘若一个社会的优质人力资本沉湎于非生产性领域竞争超额租金，那么社会经济将很难真正得到发展。非洲的资源大国如此，改革开放以来的中国也是如此。从我国区域人均一般公共服务支出来看，除西藏、北京、上海等特殊地区外，内蒙古、新疆、辽宁、陕西等资源富省仍然偏高（见图 4 - 18）。2007 年地方财政一般公共服务支出占财政预算支出比例山西、广西等地较高（见图 4 - 19）。

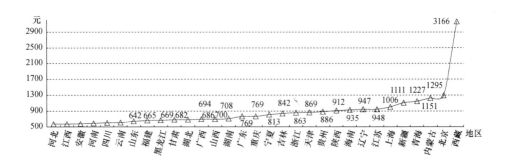

图 4 - 18　我国地区人均一般公共服务支出（2012 年）

资料来源：国家统计局网站。

近年来，我国吏治加强，打击贪污腐败力度空前，过去繁杂的行政审批项目有的取消，有的下放，从而大幅减少了寻租的机会。因此一般公共服务支出占财政支出比重也大幅下降，从 2007 年的 17.1% 降至 2013 年的 10.12%（见图 4 - 20）。

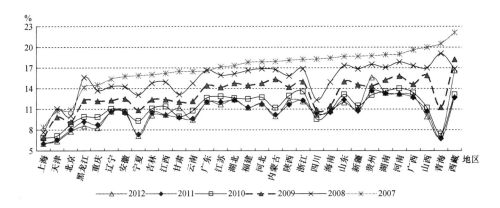

图4-19 地方财政一般公共服务支出占财政预算支出比例的变化（2007—2012年）
资料来源：国家统计局网站。

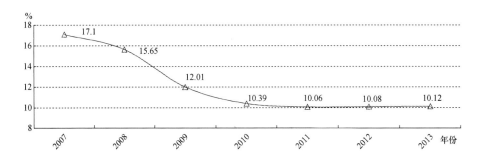

图4-20 我国一般公共服务支出占财政支出比重变化（2007—2013年）
资料来源：国家统计局网站。

1986—2014年，我国地方党政机关中共计被查处了126名省部级官员，西藏成为大陆地区唯一一片纯净清廉的天空。东部经济发达地区、沿海地区、资源大省涉及腐败的省部级官员明显多于西部地区。广东省查处的人数最多，为9人，其次是山西省，查处8人。东部10省（市）涉及44人，平均每个省（市）4.4人；中部6省涉及33人，平均每个省5.5人；西部11省（市、自治区）涉及39人，平均每个省（市、自治区）3.5人；东北3省涉及10人，平均每个省3.3人（见图4-10）。可见，中东部沿海经济发达地区及资源丰富地区是腐败的重灾区。

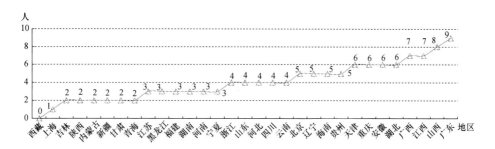

图4-21　1986—2014年我国地方被查省部级官员分布

资料来源：国家统计局网站。

　　研究表明，大量出口自然资源的国家与很少出口或没有出口自然资源的国家相比，经济增长的表现更糟糕。资源依赖经济模式与贪污腐败、官僚办事效率低下、政治特权化紧密相关。资源丰裕在劣质制度（如不明确的法律体系或高风险的征收制度）国家会影响经济增长，但在制度优良的国家会带来经济繁荣。自然资源和法规或制度的质量指标的相互作用，对经济增长有着积极作用。好制度所做出的选择往往切实可行，而坏制度容易带来有害的政策选择，当一个国家制度质量较低时，自然资源丰裕的负面影响就会加剧。在好的制度安排下，自然资源租金可以用来投资于长期经济增长，从而导致更高的社会经济发展水平。企业家会在寻租和生产活动之间进行选择，而生产活动的相关利润取决于制度，如法规和政府的办事效率。高质量制度会使企业家全部成为生产商，低质量制度将会使一部分企业家成为寻租者（或掠夺者）。在坏制度环境下，由于租金积累都给了政府，所以自然资源丰富却导致集体成果的匮乏。自然资源租金吸引政府官员参与其中，做出政治合理但经济效率低下的决策，这种所谓的"决策失误"反映了政治家的合乎理性的政治策略和政府官员对自然资源租金的刺激反应。结果大量自然资源只能带来较低的国民收入，蜕变为诅咒。一旦制度恶化，租金就会被特殊利益集团中饱私囊。

　　巴比埃（Barbier，2003）认为，任何自然资源的衰落必然需要通过其他投资来获得补偿和延续。但在很多欠发达地区，资源丰裕并没有转变成为新的投资。[①] P. 史蒂文斯（P. Stevens，2003）指出，传统寻租理论

---

　　① Barbier, Edward B. , The Role of Natural Resources in Economic Development, Australian E-conomic Papers, 2003, 42（2）, pp. 253 - 272.

认为，丰富的自然资源的出现引诱那些掌权的人们采取政策性选择来为他们自己的利益服务，导致了不良的集体后果。[①] 这一论点为大多数资源丰裕国家出现的现象提供了解释。罗宾逊等（J. A. Robinson，R. Torvik and T. Verdier，2003）把重点放在"制度质量"上，借助于制度质量分析了自然资源对发展结果的影响。[②] 保罗·琼斯·梁（Pauline Jones Luong，2004）认为，理解资源丰富的国家有如此多消极特性的关键不在于它们丰富的矿产资源，而在于与这些资源相关的所有制结构，关键的是从资源的开发、生产和出口中获得的收益是集中的还是分散的，当收益高度集中于国家机关，国家成了资源财富的直接受益者，这个国家管理者们不仅仅对资源的取得和出口有较大的使用权，而且对从中所获得的收益的利用和分配也有较大的权利。[③] 因此，国家管理者们具有更大的激励和机会去掠夺财富，参与腐败，忽视制度建设，而不是将从资源中获取的财富投资于长期经济增长，从而导致"资源诅咒"。布赫等（Bulte、Damania and Deacon，2005）采用多元统计的方法研究了自然资源、制度质量与人类发展指数之间的关系，他们把自然资源与制度质量两者之间的关系放在一个更大的范围进行研究。实证研究结果显示，在控制其他因素后，发现自然资源与制度质量之间呈现负相关关系，资源一倍标准误差的变化能够引起政府效率 0.27 倍标准误差的下降。[④] 由此，他们拓宽了"资源诅咒"假设的含义范围，即"资源诅咒"现象与经济增长之间不仅存在负向影响，而且与人类发展之间也存在负向影响关系。A. 罗瑟（A. Rosser，2006）指出，自从 20 世纪 70 年代以来，自然资源丰裕国家的经济停滞说明了关于实现出口拉动和任何类型的经济增长的系统性失败。[⑤] 伊夫林·迪切

[①]　P. Stevens, Resource Impact Curse or Blessing? A Literature Survey, IPIECA, available at: http: //www. ipieca. org/downloads/social/PStevens_ resourceimpact_ final. doc, 2003.

[②]　J. A. Robinson, R. Torvik and T. Verdier, Political Foundations of the Resource Curse, Centre National dela Recherche Scientifique (CNRS), Working Paper No. 200333, availableat: http: //ideas. repec. org/p/cpr/ceprdp/ 3422. html, 2003.

[③]　Pauline Jones Luong, Rethinking the Resource Curse: Ownership Structure and Institutional Capacity, Paper Prepared for Presentation at the Conferenceon Globalization and Self – Determination, Yale University, May14 – 15, 2004, availableat: http: //www. yale. edu/macmillan/globalization/jones_ luong. pdf.

[④]　Bulte, Erwin H., Damania, Richard and Deacon, Robert T., Resource Intensity, Institutions, and Development, World Development, 2005, 33 (7), pp. 1029 – 1044.

[⑤]　A. Rosser, The Political Economy of the Resource Curse: A Literature Survey, Institute of Development Studies (IDS), Centre for the Future State Working Paper 268, 2006.

（Evelyn Dietsche，2007）认为，资源丰裕同经济成果之间的负相关关系可以源于那些掌握权力的代理人情绪化的或非理性的行为，这些代理人未能意识到与自然资源开发相关的风险及经济波动。① 因此，国家，而非个人权力持有人，可能是导致负面结果的主要角色。基于控制国家政权的经济、政治精英们很容易控制从有限资源中榨取收入的假设，政府具有通过所得税和对自然资源开采征税方式获得收益的特权，因此往往不会通过建设和完善国家制度去促进经济发展。因此，他们对开发其他经济领域不感兴趣，也不需要纳税公民的支持，所以他们几乎没有理由提高行政部门的权威和加强协调更复杂经济体系的必要能力。恶劣的结果源于掌权者仅仅追求与自然资源丰裕相伴随的寻租机会的合乎理性的行为。假定产出中的一部分用于寻租活动并获取租金收益，且租金收益是外生的。寻租行为会降低资本的有效边际产出和均衡的资本存量。资源繁荣，尤其是点资源的繁荣形成大量的资源租金，刺激更多的人寻租，从而导致更大比例的产出用于寻租。这种为了获取资源租金而进行的浪费性的寻租博弈可能导致宏观经济增长崩溃。而且，这种在资源部门的寻租行为，在一个地区内会形成一定的扩散效应，加剧了经济下滑的趋势。

传统模型专注于使用初级产品出口在 GDP 中所占份额去解释不同国家的 GDP 增长率，香农·M. 潘德加斯特等（Shannon M. Pendergast and Judith A. Clarke and G. Cornelis van Kooten，2008）通过考虑资源租金导致腐败和寻租的可能性来评估自然 "资源诅咒"，从人均角度而不是资源在GDP 中的相对份额来测量资源丰裕度，他们在用人类发展指数（HDI）而不是 GDP 衡量的全面的生活标准的基础上检验资源丰裕的效应，得出按购买力平价调整的人均 GDP 衡量的结果与使用 HDI 检验的结果结论相似。② 查农·M. 潘德加斯特等人研究认为，不论是使用 HDI 还是 GDP 来检验，来自能源的租金对不同国家的生活水平均会产生全面的消极影响。但是，许多国家通过增进制度质量促使寻租活动最小化，从而一定程度减

① Evelyn Dietsche, The Quality of Institutions：A Cure fort he "Resource Curse"? Centre for Energy, Petroleum, and Mineral Law and Policy University of Dundee, Published by Oxford Policy Institute, 2007.

② Shannon M. Pendergast, Judith A. Clarke and G. Cornelisvan Kooten, Corruption, Development and the Curse of Natural Resources, availableat：http：//web. uvic. ca/ – kooten/REPA/ WorkingPaper2008 – 10. pdf. , 2008.

轻了"资源诅咒"效应。他们进一步指出，自然资源在不同国家提供了一个有价值的收入流。纵观历史，一些资源富裕的国家具有较快的增长速度并且达到了较高的生活水准，而另一些国家却经历了腐败、内战和普遍贫困。自然资源丰裕度与全面生活水平的关系是极端复杂的，因此，在做出关于自然资源无论是诅咒还是祝福的一般主张的时候，研究者应该慎重考虑资源租金帮助或阻碍经济发展的制度。

总之，在"资源诅咒"发生机制分析中，制度问题占了相当比重，对于市场制度不完善的欠发达国家（地区）尤其如此。罗斯（M. Ross, 1999）[1]、奥蒂（R. M. Auty, 2001）[2]、史蒂文斯（P. Stevens, 2006）[3]、罗瑟（2006）和伊夫林·迪彻（Evelyn Dietsche, 2007）等人认为，国家避免对经济发展不利的经济政策和管理，如减少奢侈性财政支出、改变汇率管理不善的现状、增强开放度、弱化保护主义以及避免低效利用政府通过对自然资源开采征税所积累起来的财政收入，"资源诅咒"是可以避免的。资源丰裕一方面会导致资源开发路径的改善；另一方面可能导致对委托人更多的恩赐从而造成公共部门的低效率。哪个起主导作用，取决于控制公共资源的制度质量。当这些制度是恰当的并且能够保证政治家的责任心时，资源丰裕会增加国民收入；当制度质量较差时，资源丰裕就会减少国民收入。自然资源丰裕地区经济的不发达以及相关问题的出现，并不是资源本身的问题，而是资源开发及相关制度安排问题。制度的作用是重要的，制度质量低下必定会阻碍经济增长和社会福利的提高。由于制度结构不同，即使自然资源禀赋相似的国家，也可能具有不同的发展路径。因此，合理的产权制度安排和自然资源财富分配方案是规避"资源诅咒"的基础。资源丰裕的国家需要改革和完善连接资源丰裕和经济发展绩效的制度变量，从而变"资源诅咒"为资源祝福。

四　"资源诅咒"与技术创新

资源依赖型经济结构往往缺乏人力资本积累和技术创新的内在动力。

---

①　M. Ross, The Political Economy of the Resource Curse, *World Politics*, Vol. 51, pp. 297 – 322, 1999.

②　R. M. Auty (ed.) *ResourceAbundance and Economic Development*, Oxford, Oxford University Press, 2001.

③　P. Stevens, "Resource Curse" and how to avoidit? *The Journal of Energy and Development*, Vol. 31, No. 1, 2006.

20 世纪 80 年代中期以来，新的内生增长理论对于索洛增长理论的"趋同过程"和"赶超假说"提出质疑，大量实证研究开始比较各国经济增长速度的差异。一些经济学家发现自然资源的丰富反而拖累经济发展，丰富的自然资源可能是经济发展的诅咒而不是福音，大多数自然资源丰富的地区比那些资源稀缺的地区经济更容易陷入增长陷阱。如果某种自然资源丰裕，制造业和服务业可能就会衰落。资源带来的财富使该地区创新动力逐步萎缩，其他相关产业也会逐渐失去竞争力。[①] 自然资源收入的提高导致寻租利润提高，而如果现代部门利润保持不变，企业家则将资本、技术等要素转移至寻租部门，又因为需求外部性导致对现代部门的产品需求下降，使得现代部门利润降低，同时，寻租部门的利润也开始下降且速度更快，这一过程一直要持续到两部门利润相等为止，显然，具有需求外部性和规模收益递增的现代部门萎缩不利于生产效率的提高和福利的增进。"资源诅咒"产生的原因：一是外部贸易条件的恶化；二是自然资源对其他要素的挤出效应；三是人力资本的投资不足。资源丰裕挤出了外资、社会资本、人力资本、真实资本和财政资本，每一个挤出效应都倾向于阻止增长。[②] 单一的资源型经济结构导致资源丰裕地区严重缺乏人力资本积累和技术创新的内在动力，人力资本的投入无法得到额外的收入补偿，人们接受教育的意愿普遍降低，大量具有较高知识水平和技能素质的劳动力流出，知识创新缺乏机会。究其本源，还在于轻视人力资本投资、教育投入不足。在大多数国家，资源丰裕和各级别的入学率、预期在校时间和公共教育支出之间普遍存在着负相关。[③] 即对某种相对丰富的物质资源（如农产品、矿物、燃料、旅游资源）的过分依赖，导致人们精神追求的懈怠。这正如黑格尔所言：一个民族有一些关注天空的人，他们才有希望；如果只是关心脚下的事情，那是没有未来的。

自然资源是生产活动的物质基础，也是经济发展的必要条件，但并非充分条件。我国传统优势是廉价的劳动力，出口产品也以劳动密集型产品

---

① 高波、张志鹏：《发展经济学——要素、路径与战略》，南京大学出版社 2008 年版，第 87 页。

② Papyrakis, E. and R. Gerlag, The Resource Curse Hypothesis and Its Transmission Channels, *Journal of Comparative Economics*, 2004, 32, pp. 181 – 193.

③ Gylfason, T., Natural Resources, Education, and Economic Development. *European Economic Review*, 2001, 45, pp. 847 – 859.

为主，但从国际市场格局看，这种竞争优势已在逐渐丧失，低技术水平的发展建设导致严重的生产过剩。没有技术创新，资源优势不能转化为竞争优势，企业无法持续发展下去。比如我国新疆、内蒙古、云南省虽然自然资源丰富多样，经济发展潜力很大，但仅有自然资源是远远不够的，区域经济的腾飞还需要企业技术创新能力的大幅提升、人力资本的长期积累和各级教育的大力支撑。从地方财政主要税源来看，2012年我国地方财政平均资源税仅占地方财政税收收入的1.8%，而营业税高达32.85%，企业所得税占16%，江苏、广东、北京、浙江等经济发达地区营业税都超过了1000亿元，而陕西、湖南、重庆、江西、云南、内蒙古、山西、广西、新疆、黑龙江等地营业税不到300亿元（见图4-22）。企业所得税是对我国内资企业和经营单位的生产经营所得和其他所得征收的税种，营业税涉及国民经济中第三产业这一广泛的领域，也反映了第三产业的发展规模（见图4-23）。可见，自然资源对国家的财政或经济影响十分有限，经济发展的基础在于企业的茁壮成长，而企业的持续发展又必须依靠技术创新。

全球化是一个包含经济、技术、政治和文化等多方面的过程，这四个方面相互影响，共同在社会生活中起到前所未有的作用。人类文明的每一次进步，都离不开技术或制度的创新与突破。传说华夏人文始祖伏羲氏根据天地万物变化，创造了文字、渔网、瑟，创作了曲子，首创婚姻制度结束了群婚，还创造了八卦。后来，莱布尼兹根据八卦发明了二进制数学，成为今天计算机的语言基础。中国在古代曾经有过火药、造纸、印刷和指南针四大发明的辉煌，近现代却长期面临自主创新能力不足的困扰。技术创新是经济增长的重要驱动力量。自18世纪英国工业革命以来，人类经历了机器生产、蒸汽机、铁路、电力、汽车、信息技术等为标志的技术革命，推动了全球经济的不断增长，并给人类生产生活带来了深刻的革命性变化。在21世纪的今天，技术与创新已经成为国家、地区、产业或企业提高竞争力的根本途径和内容。2008年金融危机以来，全球技术创新日趋活跃。创新是最强大、最持久的管理原则之一。正如弗里曼·戴森（Freeman Dyson）所言："技术革命就像一种爆炸，它撕裂了祖先留给我们的静止世界，取而代之的是一个转速加快了1000倍的地球。"当今，大数据、智能制造和无线革命三大变革将改变21世纪。3D打印、智能机器人、人工智能等交叉融合技术成为研发热点。技术创新指企业应用创新的

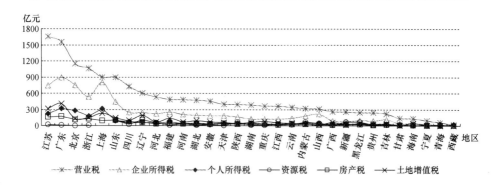

图 4 - 22 我国地方财政主要税源比较

资料来源：国家统计局 2012 年数据。

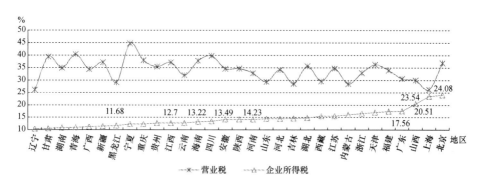

图 4 - 23 地区营业税和企业所得税占地方财政收入比例

资料来源：国家统计局 2012 年数据。

知识和新技术、新工艺，采用新的生产方式和经营管理模式，提高产品质量，开发生产新的产品，提供新的服务，占据市场并实现市场价值。企业是技术创新的主体。技术创新是发展高科技、实现产业化的重要前提。研究与试验发展（R&D）人员全时当量指全时人员数加非全时人员按工作量折算为全时人员数的总和。例如：有两个全时人员和三个非全时人员（工作时间分别为 20%、30% 和 70%），则全时当量为 2 + 0.2 + 0.3 + 0.7 = 3.2 人年。为国际上比较科技人力投入而制定的可比指标。2011—2012 年，我国沿海经济发达地区广东、江苏、浙江、山东规模以上工业企业 R&D 人员全时当量在全国遥遥领先，最高的广东省 2012 年达到 424563 人年，相当于四川省的 8.4 倍、黑龙江或山西的 13.4 倍、内蒙古的 20 倍、云南省的 34.5 倍、新疆的 68.5 倍（见图 4 - 24）。

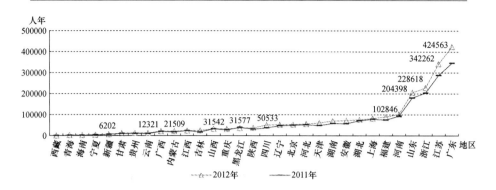

图4－24　国内规模以上工业企业 R&D 人员全时当量（人年）

资料来源：国家统计局网站。

技术创新必须投入才有回报。比较我国各地区规模以上工业企业 2012 年新产品项目数，浙江、广东、江苏都超过了 4 万项，其中江苏达到 53973 项，相当于青海、新疆、宁夏、云南、内蒙古、甘肃、贵州、吉林、山西、江西、广西、黑龙江、重庆、陕西、河北、湖南的总和（见图4－25）。2012 年国内专利申请受理量江苏省达到 472656 项，国内专利申请授权量江苏省达到 269944 项，相当于西藏、青海、海南、宁夏、内蒙古、新疆、甘肃、吉林、云南、贵州、江西、广西、山西、河北、黑龙江、湖南、重庆、天津、辽宁、福建、河南、陕西、湖北 23 个省（市、自治区）的总和（见图4－26）。

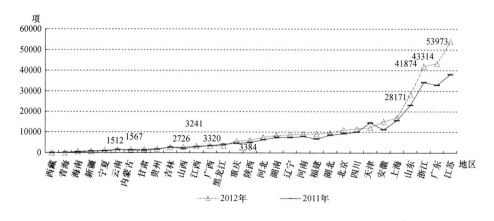

图4－25　国内规模以上工业企业新产品项目数

资料来源：国家统计局网站。

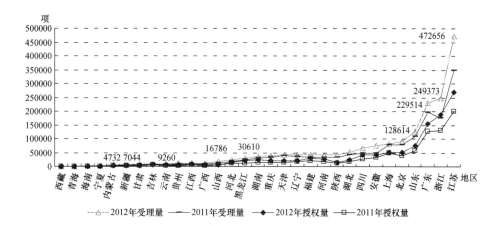

图 4 – 26　国内专利申请受理量与授权量（2011—2012 年）

资料来源：国家统计局网站。

区域技术创新情况以云南省为例，2011 年，云南专利申请量年增长率低于全国 35.6% 的平均水平，在全国 31 个省（区、市）和西部 12 个省份中，分别居第 24 位和第 6 位，较 2010 年均下降了 2 个位次，贵州、广西两省专利申请量则超过了云南，并与云南申请量的差距拉开近千件。排在云南之前的西部省份是四川（49734 件，增长 23.6%）、陕西（32227 件，增长 40.4%）、重庆（32039 件，增长 40.4%）、贵州（8351 件，增长 89.2%）和广西（8106 件，58.4%）。[①] 2012 年，云南省规模以上工业企业 R&D 经费（万元）、R&D 项目数在西南地区与贵州同处于落后位置（见图 4 – 27）；从云南省国内发明专利申请授权情况来看，其专利申请受理量、外观设计专利申请受理量、专利申请授权量均处于倒数第一的位置（见图 4 – 28）。技术创新能力不强，究其原因还在于人力资本存量不足，在于教育水平长期落后。

从 2011 年贵州、广西两省专利申请量均超过云南近千件不难看出，云南省自然资源对其他要素的挤出效应已然很明显，地区人力资本积累和技术创新的内在动力实际上在逐渐弱化，教育对经济发展的支撑作用在不断下降。根据前面实证研究的结论，政府公共教育投入和区域经济增长存

---

① 杨清强：《2011 年云南省专利申请、授权及有效情况统计分析报告》，http：//www. yni-po. gov. cn/news view. aspx？id = 3292。

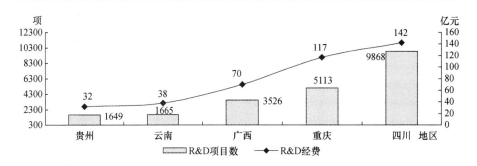

图4-27 云南省规模以上工业企业R&D经费及项目数

资料来源：国家统计局2012年数据。

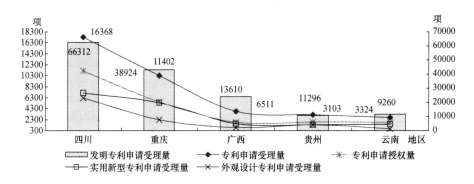

图4-28 西南地区国内发明专利申请授权情况

资料来源：国家统计局网站。

在双向的因果关系，"资源诅咒"在一定程度上减缓了云南省的经济增长速度，由此导致公共教育投入的相对不足，而教育投入不足又会进一步拖累经济的长期增长，教育和经济就会陷入恶性循环的怪圈，其后果将是十分危险的。

在经济学理论中，短期内传统生产要素分为：（1）劳动，包括劳动者数量质量；（2）资本，包括资本品和购买资本品的货币资金，以及人们生产出来的能够产生收益的资产，包括机器设备、厂房等，也包括企业家才能，即管理企业生产经营的综合能力及创新能力等相关能力；（3）土地，即自然的未开发的一种资源状态，包括土地上的矿藏、森林、水等自然资源。罗默增长模型是一个收益递增模型，这是因为把知识积累看作经济增长的一个独立因素，特殊的知识和专业化的人力资本是经济增长最重要的源泉，它们自身不仅能形成递增的收益，还能使投入的劳动和资本也产生递增的收益，从而使整个经济的规模收益是递增的。这与其他经济增长模型显著不同。公式表现为：

$$Q_i = F(K_i, \ K, \ X_i) \tag{4.2}$$

式中，Q_i 表示 i 厂商的产量；F 表示所有厂商的连续微分生产函数；K_i 表示 i 厂商生产的专业化知识；K 表示所有厂商都可以使用的一般知识；X_i 表示 i 厂商的物质资本和劳动等追加生产要素投入的总和。一般情况下，若经济的产出是 Y，有 i 个生产要素 X_1, X_2, …, X_i，则生产函数的一般形式为：

$$Y = F(X_1, \ X_2, \ \cdots, \ X_i, \ t) \tag{4.3}$$

式中，t 为时间。为了简化模型，诸多生产要素中可进一步选择其主要因素，通常认为资本 K 和劳动 L 是最主要的因素，这样，式（5.1）可简化为：

$$Y = F(K, \ L, \ t) \tag{4.4}$$

这就是用于测量资金、劳动、技术进步与产出之间关系的一般形式生产函数。技术进步因子用 A 表示，经常采用的生产函数是柯布—道格拉斯生产函数：

$$Y = AK^{\alpha}L^{\beta} \tag{4.5}$$

式中，A 代表技术进步；K 代表资金；L 代表劳动（可用人数或劳动时间表示）；α 为资金的产出弹性，即在其他条件不变的情况下，资金增长 1% 时，产出增长 α%；β 为劳动的产出弹性。在分析教育对经济增长作用时，可把式（5.4）改写成：

$$Y = AK^{\alpha}L^{\beta}E^{\gamma} \tag{4.6}$$

式中，E 表示教育因子；γ 表示教育的产出弹性。或：

$$Y = AK^{\alpha}L^{\beta}E^{\gamma}R \tag{4.7}$$

式中，Q 表示教育与培训经费投入；R 表示科研与设计经费投入；γ 表示教育产出弹性；δ 表示科研设计产出弹性。或：

$$Y = AK^{\alpha}(LE)^{\beta} \tag{4.8}$$

式中，E 表示教育因子，上式的含义是教育的作用相当于劳动力人数 L 扩大 E 倍。美籍华裔学者刘遵义（1990）等基于 1960—1985 年 58 个国家影响国内生产总值增长的因素进行了研究后发现：教育对总产出有很大贡献，就业人员平均受教育年份增加一年，可使国内生产总值提高 3%；对大多数发展中国家来说，教育的起始水平越高，教育对生产力的作用越大；教育的经济效益可能存在临界点，一般至少需要4年以上的教育才能达到读、写、算的最低水平。因此，教育起始水平只有超过平均受教育年限4年这个临界点时，才能显示巨大的经济效益。①

假定用 $Y(t)$ 表示所能生产的最大可能产量，用 R 表示自然资源，E 表示公共教育投入努力，H 表示人力资本，T 表示技术创新，L 表示劳动，公共教育投入努力对人力资本、技术创新和劳动同时产生作用，则产出与要素投入的关系可表示为：

$$Y(t) = AR^{\alpha}(t)(EH)^{\beta}(ET)^{\gamma}(EL)^{1-\alpha-\beta-\gamma}(t)$$
$$= AR^{\alpha}(t)H(t)^{\beta}T(t)^{\gamma}E^{1-\alpha}L(t)^{1-\alpha-\beta-\gamma}(t) \tag{4.9}$$

内生增长理论认为，技术进步既是经济增长之源，又是知识内生积累的结果。知识对他人、社会有溢出效应，生产知识的个人又不能内化这种效应，因而知识产出不足，这就为政府干预从短期需求向长期供给的转变提供了理论支持。这样，经济增长就取决于经济系统本身，而不是像新古典增长理论那样是外生的。从实践意义和影响看，内生增长理论主要是为政府的政策运用找到了新的空间和领域，并受到各国政府的高度重视。波特认为，一个国家或地区的竞争优势并非建立在一个个孤立的产业之上，而是建立在通过纵向和横向联系联结在一起的产业集群之上。产业集群是指在特定领域中，由一群在地理上集中且有相互关联性的企业、专业化供应商、服务供应商、相关产业的厂商，以及相关的机构（如大学、制定标准的机构、产业协会等）构成的群体。产业集群的竞争优势源于其专业化、集中化、网络化与地域化特性。产业集群可以提高产业的劳动生产率，促进新企业创立，刺激产业的创新。产业集群最适合那些产业链条长、配套环节多、迂回生产方式复杂的产业，这些特点唯有制造业全部具备。波特认为，一群在地理上互相靠近的、在技术和人才上互相支持并具有国际竞争力的相关产业和支持产业所形成的产业链（产业群聚、产业扎堆等），是国家竞争优势的重要来源。这种地理上的相对集中加剧了同业之间的竞争，缩短了相互之间沟通的距离，能够快速地相互学习，不断地进行创新和观念交流，并不断扩大其专业人才队伍和专业研究力量，从而形成产业群内部的一种自加强机制。这种产业群如果参与国际竞争并在国际竞争中形成竞争优势，则其所形成的竞争优势难以被其他地区的企业夺走，因此可持续发展。

---

① 邬志辉：《教育先行的决策效益研究》，《上海高教研究》1997年第8期。

第二节 技术创新理论脉络及我国现状分析

技术创新指企业应用创新的知识和新技术、新工艺，采用新的生产方式和经营管理模式，提高产品质量，开发生产新的产品，提供新的服务，占据市场并实现市场价值。库克（Cook）认为，区域创新系统主要是由在地理上相互分工与关联的生产企业、研究机构和高等教育机构等构成的区域性组织体系，这种体系支持并产生创新。威格（Wig）认为，广义的区域创新系统应包括：进行创新产品的生产、供应的生产企业群；进行创新人才培养的教育机构；进行创新知识与技术生产的研究机构；对创新活动进行金融、政策法规约束与支持的政府机构；金融、商业等创新服务机构等。① 企业是技术创新的主体。技术创新是发展高科技、实现产业化的重要前提。罗默和卢卡斯的经济增长模型使技术进步因素完全内生化，在揭示这一因素作为推动经济增长最重要的动力方面都取得了巨大的进展。但目前这种说明还停留在定性解释的阶段，定量分析方面还存在许多技术上的困难，因为无论罗默的新思想、新知识的创造引起技术进步，还是卢卡斯人力资本投资引起技术进步都有一个难以测度的问题。而且正如新剑桥学派当年批评新古典增长模型的总生产函数中的总资本不能加总测量一样，新增长理论也面临同样的总量问题，作为物质资本和人力资本混合体的总资本难以相加求和。

一 技术创新理论脉络与实践

创新始于人类活动，技术创新是人类的一种本能。中国古代的《易经》就是一本揭示变化的书，易即变易、改变、变革、改革、重组、再造、革命。亚当·斯密的《国富论》第一章就谈到了技术变革和经济增长，提出 18 世纪科学研究上的专业分工增加的趋势以及机械业创新与科学家之间的联系，探讨了科学在技术变迁中的作用。美国经济学家熊彼特（J. A. Sehumpeter）于 1912 年最先在《经济发展理论》一书提出了"创新理论"；提出："创新是一种内在要求的结果，经济发展是这种来自内

---

① 刘曙光、徐树建：《区域创新系统研究的国际进展综述》，《中国科技论坛》2002 年第 5 期。

部的、自身创造性的对于经济生活的一种变革。"德鲁克在 20 世纪 50 年代将创新概念引入管理领域，把创新概念宽泛地界定为赋予资源以新的创造财富能力的行为，认为技术创新是在自然界中为某种自然物找到新的应用，并赋予新的经济价值。① 技术创新的新古典学派以索罗（R. Solow）等人为代表，他采用正统经济理论模型作为分析工具，没有充分考虑经济发展中技术和制度的作用及其发挥作用的方式。将技术创新过程看成一个"黑箱"，他们本身并不关心这个黑箱内部的运作。新熊彼特学派代表人物有爱德温·曼斯菲尔德、莫尔顿·卡曼、南希·施瓦茨等，将技术创新视为一个相互作用的复杂过程，重视对"黑箱"内部运作机制的揭示，研究的主要问题有：新技术推广、技术创新与市场结构的关系、企业规模与技术创新的关系，等等。制度创新学派以美国经济学家兰斯·戴维斯和道格拉斯·诺斯等人为代表，强调经济的组织形式或经营管理方式的革新。国家创新系统学派以英国学者克里斯托夫·弗里曼、美国学者理查德·纳尔逊等人为代表，认为技术创新不仅仅是企业家的功劳，也不是企业的孤立行为，而是由国家创新系统推动的。国家创新系统是参与和影响创新资源的配置及其利用效率的行为主体、关系网络和运行机制的综合体系。

　　新古典增长理论假定技术外生和生产的规模收益不变。罗默的知识内生型经济增长理论认为这一假定不符合现实情况。因为从社会角度看，技术属于经济系统的内生变量，是经济行为人追求利润最大化决策的结果；从历史上看，生产表现为规模报酬递增而不是规模报酬不变。为此，新经济增长理论从技术内生和生产规模报酬递增来考察长期的经济增长。新增长理论的发展过程大致可分为两个阶段。②

　　第一阶段，以罗默 1986 年的论文《收益递增与长期增长》和卢卡斯 1988 年的论文《论经济发展机制》为代表，仍然在完全竞争假设下考察经济增长。罗默认为，从纵向考察各国的经济增长可以看出，随着时间的推移，一国的经济增长率存在上升的趋势；从世界各国的横向比较看，发达国家与大多数发展中国家的差距是日益扩大而非缩小。根据这个经济增长的基本事实，罗默得出生产收益递增的结论。罗默认为，新古典增长理

---

① 胡志坚：《国家创新系统——理论分析与国际比较》，社会科学文献出版社 2000 年版。
② 车卉淳、周学勤：《芝加哥学派与新自由主义》，经济日报出版社 2006 年版，第 80—81 页。

论不能解释这个基本事实,因为新古典增长理论假定生产规模收益是不变的。新古典增长理论通过假定存在外生的技术进步以避开其理论与增长事实的矛盾。在罗默看来,解决理论与事实矛盾的办法只能是抛弃新古典增长理论关于技术外生和规模收益不变的假定,代之以假定技术内生和规模收益递增。罗默把知识引入经济增长模型,并且认为知识积累是促进现代经济增长最重要的因素。他把知识分为一般知识和专业知识,一般知识可以产生规模经济效益,专业化知识可以产生要素递增收益。两种知识的结合不仅使技术和人力资本本身产生递增的收益,而且也使资本与劳动等其他投入要素收益递增。他认为知识积累具有两个特征:(1)由于随着资本积累的增加、生产规模的扩大、分工的细化,工人能在实践中学到更多的专业化知识,专业生产知识的积累随着资本积累的增加而增加。(2)知识具有溢出效应,随着资本积累的增加、生产规模的扩大、知识也在不断流动。知识的外溢性使得每个企业都从别的企业获得知识方面的好处,从而导致整个社会知识总量的增加。罗默由此构建了一个用规模收益递增、知识的外部性来解释经济增长的模型,强调知识积累是经济增长的决定性因素。诸如资本、劳动、土地等因素由于受边际收益递减的限制,无法实现长期增长,而知识具有不同的特性,随着知识的累积,会带来边际生产力的递增。一国的知识水平越高,则其人均收入水平和经济增长率也越高。发展中国家只有不断使用和创造知识,才能找到长期增长之路。

第二阶段,罗默在其论文《基于由专业化引起收益递增的增长》(1987)和《内生的技术变化》(1990)中放弃了完全竞争假设,转而分析垄断竞争条件下的经济增长问题。罗默拓展了外部性,把技术变化和垄断力量结合起来,提出了一个基于经济主体为实现利润最大化目标使得投资的内生技术变化的垄断竞争均衡增长模型。罗默对知识和技术的特征进行了界定,认为知识或技术是非竞争性产品,这就导致个人或厂商无法排斥他人对知识或技术的使用,从而使得知识或技术具有外溢效应。非竞争性意味着生产表现为规模收益递增;部分排他性则为从事 R&D(研发)专业化活动的厂商提供了激励。罗默将经济分成三个部门:R&D 部门、中间产品部门和最终产品部门。R&D 部门使用人力资本和现有的资本存量生产新的知识,其产品形式是用于生产新资本品的设计,并把这种新设计出售给中间产品部门;中间产品部门利用这些新设计和一部分过去的最终产品生产出大量新资本品，卖给最终产品部门。这种内生技术变化模型表明，经济增长率与人力资本存量成正比，与 R&D 部门的生产率成正比，与时间贴现率成反比。该模型认为，内生技术变化是经济增长的源泉。这种技术变化源于人们有意识的投资。它由研究部门生产，并以两种不同方式进入生产：首先，它会用于生产中间产品，并进而通过中间产品数量和种类的不断扩大提高最终产品的产出；其次，它会增加总知识存量，通过外溢效应提高研究部门的人力资本生产率。通过这两种途径，经济就可以实现长期增长。模型很好解释了各国经济增长的差异：人力资本水平越高、总人力资本越丰富的国家，其经济增长率越高；而在一些落后国家（地区），由于人力资本总水平太低，没有足够的人力资本投入 R&D 活动，这些国家（地区）将很难实现经济的增长。罗默认为，知识创造是投资的一个副产品，从而消除报酬递减的趋势，"干中学"（经验对生产率的正向影响）要靠每个企业的投资来获得；知识与生产率的提高来自投资和生产；每个企业的知识都是公共品，任何其他企业都能无成本地获得，知识一经发现就立即外溢；企业资本存量增加导致其知识存量同时增加。

英国经济学家莫里斯·斯科特（M. Scott）也提供了一个资本投资决定技术进步的模型。[①] 该模型的特点是：（1）认为技术进步是影响经济增长的主要因素，但技术进步的作用与投资不能分开，并可用投资数量来测量。（2）经济增长率主要取决于资本投资率和劳动生产率的增长率。经济增长的关键是技术进步，知识与技术对劳动力的质量和劳动生产效率都有重要影响；但斯科特反对过分强调技术进步、知识积累和人力资本对经济增长的作用并将其与资本积累割裂开来的做法，认为技术进步与投资是一体的，而不是单独的力量。（3）资本投资是技术进步的源泉，是经济增长的决定性因素。现今世界上发展中国家通过国际贸易可以吸收先进技术和人力资本，从而减少失误、少走弯路，形成一种特殊的赶超效应，加快本国经济的发展步伐。

此外，"中心—外围"理论也认为，世界经济并不是由众多同质经济体组成的，而是由"中心"部分和"外围"部分这两种非对称性经济组成的。发达国家和发展中国家组成的现代国际经济体系是不合理的——世

---

① 王惠清：《西方经济学》，东南大学出版社 2009 年版，第 273 页。

界"经济星座"中存在着"中心"加"外围"的格局和结构上的不平衡。造成"中心—外围"格局的主要原因是：技术发展、技术扩散、技术成果分配和贸易条件等方面的差异。具体来说，"中心"国家和"外围"国家在上述这些方面很不相同。中心国家的经济比较发达，这些国家是技术发明、技术扩散的国家，其劳动生产率高，并且主要以制成品、资本品等需求收入弹性高的产品出口为主，并因此具有较有利的贸易条件；外围国家的经济比较落后，是技术输入国，劳动生产率较低，并主要以农产品、矿产品等需求收入弹性低的产品的出口为主，并因此具有不利的贸易条件。从中心国家和外围国家的上述差异，即技术水平、经济实力、资源结构和资源利用方式、产品生产与出口等方面的差异可以发现，中心国家处于有利的主动地位，外围国家处在不利的被动地位，在贸易条件不平等的条件下，就会出现"中心剥削外围"现象，从而加剧贫富差距。

企业最宝贵的资产是以组织知识为基础的能力。创新系统包括技术、组织和管理创新，而知识管理是关键（见图4-29）。波特将生产要素分为人力资源、物资资源、资本资源、基本设施资源和知识资源五大类。这些要素又可分为基本要素和高级要素。基本要素是指先天拥有的或不需花太大代价就能得到的要素，包括自然资源、气候、地理位置、非熟练和半熟练劳工等。高级要素是指需通过长期投资或培育才能创造出来的要素，包括现代化电信网络、高科技人才、尖端学科的研究机构等。我国许多落后地区基本要素充裕，具有比较优势，而高级要素匮乏，具有比较劣势。基本要素的重要性正日益下降，高级要素的重要性却与日俱增。知识经济的兴起和发展更加剧了这种要素重要性的变化。如果仅仅重视基本要素上的比较优势，那么它们很难在竞争中形成自己的竞争优势。即使能获得竞争优势，其竞争优势也是难以持续的。相反，如果一个国家基本要素不足，但如果具备高级要素，这个国家仍然有可能成为具有竞争优势的国家，并且在特定条件下，一国基本要素的劣势反而有可能刺激创新，使其在高级要素上获得优势。比较优势和资源有关，是指企业在生产和经营发展中所独具的资源与有利条件。竞争优势和资源利用有关，指在竞争中相比于竞争对手的更强的（资源利用的）能力与素质。由于竞争优势强调一个国家或企业的内生能力，特别是创新力，因此相对于比较优势，其在国家或企业竞争力中的地位也更重要。

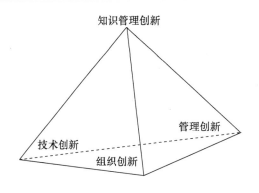

图 4 - 29　创新系统构成

　　企业作为技术创新的主体，其主要任务是技术与产业创新、实现新知识和技术的产业化与商业化。技术创新是发展高科技、实现产业化的重要前提。西门子公司把电磁感应原理转化为发动机，使社会进入电气化时代；贝尔公司发明了电话，开创了机器说话的时代，而其晶体管的发明则使人类又进入半导体时代；得克萨斯仪器公司首创集成电路，将社会推入微电子时代，从而导致了信息革命；杜邦公司和法本公司首创人造橡胶；杜邦公司又创尼龙；帝国化学公司生产出聚乙烯，这三项发明奠定了三大合成材料的基础。当代企业技术创新具有以下特点：（1）调整科技政策，企业成为国家创新体系的主体；（2）企业是社会研发经费的主要投入者；（3）企业研发投入持续增长，研发重点转向高新技术；（4）研发投入多的大企业主要集中在北美洲和欧洲；（5）企业自主创新能力不断增强；（6）合作创新成为主要创新模式。比如美国 GE（通用电气）全球研发中心，100 多年来成为 GE 发展的基石，始终保持研发 20—30 年后的产品，从第一个商用灯泡，到第一台 X 光机，第一个电视网，第一颗人造钻石，再到第一台喷气式发动机……GE 一次又一次引领了世界新技术的变革潮流，始终走在时代的最前沿，在这一过程中，GE 科学家积累了数千项专利并两次获得诺贝尔奖。德国西门子公司每年将营业收入的 5% 投入研发，为其保持行业领先地位奠定了坚实的科技基础。2011 财年，西门子研发人员共申请 8600 项发明专利，相当于平均每个工作日有 40 项发明专利，同比增长 10%，西门子研发人员的人均发明数量在过去 10 年中增长了 1 倍（现有研发人员 2.78 万名）。2012 财年西门子用于研发的投资预计超过前一年 39 亿欧元（占当年收入的 5.3%）的水平，增加约 5 亿欧元。

英国则重视产、学、研相结合模式。英国被很多人视为"传统"和"保守"，但在重视技术创新和实施方面却颇有成效。剑桥大学电子工程系一年的科研经费超过 6000 万欧元，其中约 2/3 是由企业提供的，如罗罗、东芝等。东芝在剑桥大学著名的卡文迪许实验室建立了合作研究机构。卡文迪许实验室前后共有 28 人获得诺贝尔奖。

　　竞争模式的转变，要求企业必须从效率型、质量型向灵活型、创新型转变，对企业的技术以及技术创新要求越来越高。在创新制胜时代，企业必须以变为主，以变应万变，向创新型企业转型（见图 4－30）。优秀创新公司主要有三个特点：一是创新的速度比对手快；二是创新的成本比对手低；三是拥有大量的知识资源。"蓝色巨人"IBM 公司 2008 年注册专利 4186 项，连续 16 年位居美国榜首，1993—2002 年的 10 年中，IBM 公司共获得了 22357 项美国专利。仅在 2002 年成功地获得了 3288 项美国专利，连续 10 年位居美国公司专利榜首，这个数字比其后的 10 家 IT 公司的总和还多 20 项。大量的专利给 IBM 带来了丰厚的回报，创造了约 100 亿美元的知识产权版税。美国 3M 公司被誉为"最富创新精神的公司"，6 万个员工拥有 6 万多个产品每年新产品 200—300 个。"创新则兴，不创新则亡"成为当今企业竞争的潜规则。王安电脑公司发明了电脑磁芯记忆装置专利，20 世纪 60 年代不断推出新产品，70 年代推出办公室电脑，从 60 年代到 80 年代初，公司销售额和利润增长 20 倍，1985 年其分公司遍布 103 个国家和地区，员工超过 3 万人，总营业额 23.5 亿美元，全美排名第 16 位；然而在随后几年，因满足于自己产品在设计和技术水平上的优势和声誉，"脱离了用户，忘记了创新"，最终败在 IBM 和苹果公司手下。

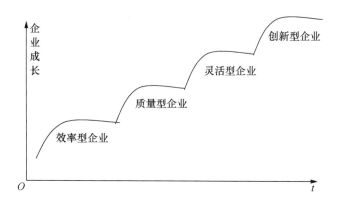

图 4－30　未来企业转型方向

这个新时代，已不再信奉传统的弱肉强食般的"丛林法则"，而是更崇尚"天空法则"，即"天高任鸟飞"。当前人类社会的技术创新积累到一定程度，就需要一次爆发式革命来实现质的飞跃，而老龄化、能源危机等多种外部因素加剧和推动了技术创新从量变到质变过程。新一轮工业革命是新能源、生物技术、信息技术以及传统行业自我技术创新相互映射、融合的结果。斯坦福大学教授谢德苏（Edison Tse）在其《源创新》中，介绍了硅谷的创新模式，提出"动态生态系统理论"，即"源创新"[1]：在信息时代，重点不是在原有的市场竞争，而是随着信息的增加，如何有效地组合各方成员的资源，来为各方成员创造新价值。这会吸引更多成员加入，而形成一个生态系统。

综观全球，各国科技战略和技术创新计划主要有以下趋势：

（1）高度聚焦新兴产业的培育和发展。世界各国重点发展的产业，主要集中在清洁能源、生物技术、健康保健、新一代信息技术等新兴产业领域。此外，美国和英国等存在制造业空心化倾向的国家，强调发展新一代高附加值的制造业。

（2）高度重视科技创业和中小企业创新。《美国创新战略》中专门提出"创业美国计划"：加大对创业者和小企业的税收减免，通过小企业局为小企业提供融资支持，增加对小企业的政府采购，帮助小企业扩大出口，扩大对小企业的咨询和培训，加强对中小企业的法律保护。2009年到2010年，在德国的第二轮经济刺激计划中，德国政府提供9亿欧元用于支持中小企业研发。

（3）着重培养创新人才，促进科教结合。《美国创新战略》一书提出要改进从幼儿园到12年级的教育，并推进政府在教育方面同私营机构的合作，培养学生在科学、技术、工程和数学（STEM）方面的兴趣；明确提出未来10年培养10万名STEM教师。德国政府一直高度重视创新人才培养，近些年来，德国的举措非常值得借鉴，主要包括：对因经济原因无法继续深造的青年人才给予支持；加强青年科学家小组工作，设立更多青年教授席位；加强大学、政府和企业合作，消除人才流动障碍；扩大企业与大学联合培养项目；将人才培养作为大学和科研机构重要考核指标等。

---

① 谢德苏（Edison Tse）：《源创新》，北京大学出版社2012年版。

（4）改进科技创新的宏观管理。科技事业的推进需要政策一致性，而实际上科技管理职能又分布于多个政府部门。各国为政策一致性，提高管理效能，都对科技宏观管理体系进行不同程度的改革和调整，强化对科技与创新相关工作的宏观统筹。奥巴马上任之初，就提出恢复和加强总统科技顾问的地位，成立了总统科技顾问委员会（PCAST），并设立首个国家首席技术官，积极打造全新的科技领导团队，加强决策的科学化、民主化和透明化。完善立法。2009 年美国出台了《美国复兴与再投资法》，强调提高研究开发投入和营造创新环境。加强基础设施建设。美国提出实施"无线计划"，帮助企业在 5 年内向 98% 的美国人提供高速无线网络连接，创建 21 世纪创新所需的"信息技术生态系统"。欧洲提出推进能源网络升级和现代化，以便容纳智能电网，并要推进新成员国和欠发达地区的基础设施建设。加大研发税收优惠范围和力度。到目前为止，经合组织已有 22 个国家采用研发税收激励措施，其中加拿大和日本力度最大，两国企业所获得的 80% 的公共资助都是通过研发税收减免而来。通过政府采购推动创新。2010 年，加拿大提出了以政府采购为主要手段的"创新商品化计划（CICP）"，总投资 4000 亿加元，通过采购支持企业创新。

（5）加强创新主体间合作与互动。2009 年 6 月，英国合并了商业、企业和法规部（BERR）和创新、大学与技能部（DIUS），成立了新的商业、创新与技术部（BIS），统一负责科学、教育、技术、创新以及企业政策。通过专项计划促进系统互动。2010 年法国继续实施"竞争力集群计划"，推进区域内产学研协同合作；2010 年，英国继续实施创新券计划，支持中小企业购买公共科研机构的科技成果。建立产学合作的机构或组织。2010 年英国提出未来 4 年投资 2 亿英镑，创建一批技术创新中心，作为英国大学和商界的桥梁；加拿大国家理事会设立了区域创新联盟计划，促进企业、大学和政府在创新上的合作。推进公、私合作的人才培训。日本和德国积极推动和鼓励产学结合的方式培养人才。

（6）重视科技国际合作。由于技术创新活动的复杂性、集成性和开放性，多种技术融合已成为技术创新的重要趋势，尤其在高科技领域，技术复杂程度增加。2010 年发布的《欧洲 2020 战略》中七大旗舰战略之一的"创新型联盟"，就是为了推进欧盟各国在创新领域的合作和政策协同。2010 年 2 月，日本综合科学技术会发布了科技外交战略特别工作组报告提出，日本必须制定科技国际战略，以便利用海外优秀的研究资源，强化日本的研发体系，促进本国科技成果的海外转移。

横向比较，中国创新能力正在稳步上升。我国《国家中长期科学和技术发展规划纲要（2006—2020年）》绘制的未来科技发展目标是：到2020年建成创新型国家。所谓创新型国家，指科技进步对经济的贡献率在70%以上，研发投入占GDP比重超过2%，自主创新活跃，科技人力资源丰富。伴随信息技术、生物技术、海洋技术、空间技术、新材料技术、新能源技术六大高新技术产业蓬勃发展；传统产业经受着科技进步带来的巨大压力，经历并继续面临调整的局面，钢铁业、造船业、矿业、纺织业等产业在GNP中的比重出现不同程度的下降。据中国科学技术发展战略研究院发布的《国家创新指数报告2013》显示，中国创新指数排名在全球40个主要国家中升至第19位，比上年提高1位。这主要归功于知识创造能力提高和创新环境改善。其中，万名研究人员的发明专利授权数、每亿美元经济产出的发明专利申请数分别位居第3位和第2位，导致知识创造分指数排名跃升至第18位。由于在政府创新政策的完善落实，以及风险投资对企业创新支持力度等方面进步显著。其中，政府规章对企业负担影响、政府采购对技术创新影响分别从上年第6位和第8位提升到2012年的第3位，企业创新项目获得风险资本支持的难易程度排名则从上年第12位提升到第8位。创新环境分指数排名由上年的第19位提升到第14位。报告从企业研发经费投入强度、研发人员、专利等方面对企业创新进行评价，中国企业创新分指数排在第15位，与上年持平（见表4－7）。① 在知识创造方面，中国学术部门百万研发经费的科学论文引证数、万名科研人员的科技论文、知识服务业增加值占GDP比重等指标都在低位徘徊。

我国"创新资源"指数在2010—2012年排在世界第30位，其中研发经费投入强度有所上升，排名进入前20位，研发经费占世界比重5%左右；但是研发人力投入强度、科技人力资源培养水平十分靠后。中国创新绩效分指数位居第14位。其中，单位能耗的经济产出和劳动生产率两项指标排名也相当落后，在全球40个主要国家排在倒数第5位和倒数第2位，劳动生产率之低下，已经连续13年位居倒数第二。这反映出中国科技创新中人力资源素质不高是最明显的短板。

---

① 赵竹青：《我国科技创新资源现状：经费投入加强 人力投入落后》，http：//scitech. people. com. cn/n/ 2014/0331/c1007 - 24782964. html。

表 4 - 7　　　　　　　　　　　　2012 年中国国家创新指数排名

指标	每亿美元经济产出的发明专利申请数	万名研究人员的发明专利授权数	政府采购对技术创新影响	政府规章对企业负担影响	企业创新项目获得风险资本支持的难易程度	创新环境	创新绩效	企业创新	知识创造	国家创新指数	创新资源	单位能耗经济产出	劳动生产率
排名 (2012 年)	2	3	3	3	8	14	14	15	18	19	30	36	39
排名 (2011 年)	—	—	8	6	12	19	—	15	24	18	—	—	—

创新需要成功地将脑海中的创意变成了商业价值，帮助企业在动荡的经济环境和激烈的竞争中赢得主动。创新更需要持续的投入和关注，丝毫懈怠都可能导致被竞争对手超越。我国企业技术创新发展正在蓬勃兴起，但存在的问题还很多，如技术落后、投入不足、能力不足、动力不足、观念陈旧、管理落后等。

二　技术创新与经济增长高度相关

知识一旦与工作结合，生产力就会暴增。德鲁克认为，"自从泰勒开始把知识运用到工作后，不到几年，整个社会的生产力就开始以 3.5%—4%的增速成长，大约每 18 年就增长一倍。到现在，先进国家的生产力已经增加了 50 倍左右"。[1] 研究与试验发展（R&D）人员全时当量为国际上比较科技人力投入而制定的可比指标，指全时人员数加非全时人员数按工作量折算为全时人员数总和。例如：有两个全时人员和三个非全时人员（工作时间分别为 20%、30% 和 70%），则全时当量为 2 + 0.2 + 0.3 + 0.7 = 3.2 人年。专利是专利权的简称，包括发明、实用新型和外观设计。专利反映拥有自主知识产权的科技和设计成果情况，是对发明人的发明创造经审查合格后，由专利局依据专利法授予发明人和设计人对该项发明创造享有的专有权。选取 2011—2012 年地区 GRP、规模以上工业企业 R&D人员全时当量以及国内专利申请受理量，利用 SPSS19.0 进行相关性分析，结果可以发现，2011 年地区 GRP 与规模以上工业企业 R&D 人员全时当量

---

① 彼得·德鲁克：《后资本主义社会》，东方出版社 2009 年版，第 20 页。

的 Pearson 相关系数为 0.935（见表 4 - 8），Spearman 相关系数为 0.923（见表 4 - 9）；2011 年地区 GRP 与国内专利申请受理量的 Pearson 相关系数为 0.834（见表 4 - 10），Spearman 相关系数为 0.846（见表 4 - 11）；2012 年地区 GRP 与规模以上工业企业 R&D 人员全时当量的 Pearson 相关系数为 0.923（见表 4 - 12），Spearman 相关系数为 0.917（见表 4 - 13）；2012 年地区 GRP 与专利申请授权量的 Pearson 相关系数为 0.832（见表 4 - 14），Spearman 相关系数为 0.873（见表 4 - 15）。

表 4 - 8　　　　　　　2011 年地区 GRP 与规模以上工业企业
R&D 人员全时当量的 Pearson 相关性

		2011 年 GRP	规模以上工业企业 R&D 人员全时当量
2011 年 GRP	Pearson 相关性	1	0.935 **
	显著性（双侧）		0.000
	样本	31	31
规模以上工业企业 R&D 人员全时当量	Pearson 相关性	0.935 **	1
	显著性（双侧）	0.000	
	样本	31	31

注：**表示在 0.01 水平（双侧）上显著相关。

表 4 - 9　　　　　2011 年地区 GRP 与规模以上工业企业 R&D 人员
全时当量的 Spearman 相关系数

样本			GRP	规模以上工业企业 R&D 人员全时当量
Spearman 的 rho	GRP	相关系数	1.000	0.923 **
		Sig.（双侧）	0.000	0.000
		样本	31	31
	规模以上工业企业 R&D 人员全时当量	相关系数	0.923 **	1.000
		Sig.（双侧）	0.000	0.000
		样本	31	31

注：**表示在置信度（双侧）为 0.01 水平时，相关性是显著的。

表 4 – 10 2011 年地区 GRP 与国内专利申请受理量的 Pearson 相关性

		2011 年 GRP	国内专利申请受理量
2011 年 GRP	Pearson 相关性	1	0.834**
	显著性（双侧）		0.000
	样本	31	31
国内专利申请受理量	Pearson 相关性	0.834**	1
	显著性（双侧）	0.000	
	样本	31	31

注：**表示在置信度（双侧）为 0.01 水平时，相关性是显著的。

表 4 – 11 2011 年地区 GRP 与国内专利申请
受理量的 Spearman 相关系数

			GRP	国内专利申请受理量
Spearman 的 rho	2011 年 GRP	相关系数	1.000	0.846**
		Sig.（双侧）	0.000	0.000
		样本	31	31
	国内专利申请受理量	相关系数	0.846**	1.000
		Sig.（双侧）	0.000	0.000
		样本	31	31

注：**表示在置信度（双侧）为 0.01 水平时，相关性是显著的。

表 4 – 12 2012 年地区 GRP 与规模以上工业企业
R&D 人员全时当量的 Pearson 相关性

		2012 年 GRP	规模以上工业企业 R&D 人员全时当量
2012 年 GRP	Pearson 相关性	1	0.923**
	显著性（双侧）		0.000
	样本	31	31
规模以上工业企业 R&D 人员全时当量	Pearson 相关性	0.923**	1
	显著性（双侧）	0.000	
	样本	31	31

注：**表示在 0.01 水平（双侧）上显著相关。

表 4 – 13   2012 年地区 GRP 与规模以上工业企业 R&D 人员
全时当量的 Spearman 相关系数

			2012 年 GRP	规模以上工业企业
Spearman 的 rho	2012 年 GRP	相关系数	1.000	0.917**
		Sig.（双侧）	0.000	0.000
		样本	31	31
	规模以上工业企业	相关系数	0.917**	1.000
		Sig.（双侧）	0.000	0.000
		样本	31	31

注：** 表示在置信度（双侧）为 0.01 水平时，相关性是显著的。

表 4 – 14   2012 年地区 GRP 与专利申请授权量的 Pearson 相关性

		GRP	专利申请授权量
GRP	Pearson 相关性	1	0.832**
	显著性（双侧）		0.000
	样本	31	31
专利申请授权量	Pearson 相关性	0.832**	1
	显著性（双侧）	0.000	
	样本	31	31

注：** 表示在 0.01 水平（双侧）上显著相关。

表 4 – 15   2012 年地区 GRP 与专利申请授权量的 Spearman 相关系数

			GRP	专利申请授权量
Spearman 的 rho	GRP	相关系数	1.000	0.873**
		Sig.（双侧）	0.000	0.000
		样本	31	31
	专利申请授权量	相关系数	0.873**	1.000
		Sig.（双侧）	0.000	0.
		样本	31	31

注：** 表示在置信度（双侧）为 0.01 水平时，相关性是显著的。

随着中国成为世界第二大经济体，技术创新步伐也在日益加快，创新
型企业越来越多。2011 年，我国发明专利 52.6 万件，占全球总量的

25%。其中，有 10 万件来自国外，国内 40 多万件，占全球的 20%，跟中国人口占世界的比例相一致。而 2001 年时，国人的发明专利不到 4 万件，占全球不到 5%。我国商标注册申请量自 2002 年起已连续 10 年位居世界第一；计算机软件著作权年登记量从 2.57 万件增加到 10.93 万件，软件产业收入从 5800 亿元增加到 1.84 万亿元。2011 年国内有效发明专利拥有量首次超过国外；提交的 PCT（专利合作条约）国际申请数量达到 1.64 万件，升至世界第 4 位。2008 年，华为以 1737 件 PCT 国际专利申请首次跃居世界企业第 1 名；2011 年，中兴以 2826 件的申请量再次成为世界企业 PCT 申请量冠军。华为技术有限公司，电信网络解决方案供应商，致力于向客户提供创新的满足其需求的产品、服务和解决方案，为客户创造长期的价值和潜在的增长。在全球设立了包括印度、美国、瑞典、俄罗斯以及中国的北京、上海、南京等多个研究所，3.5 万名员工中的 48% 从事研发工作，截至 2005 年年底，已累计申请专利超过 1.1 万件，已连续数年成为中国申请专利最多的单位。2014 年《财富》世界 500 强排行榜上，华为排名 285 位，前进 30 位。正如华为总裁任正非所言："回顾华为十年的发展历程，我们体会到，没有创新，要在高科技行业中生存下去几乎是不可能的。在这个领域，没有喘气的机会，哪怕只落后一点点，就意味着逐渐死亡。"美国最具影响力的商业杂志《快公司》（Fast Company）推出 2014 年最具创新力的 50 大公司，谷歌、彭博慈善基金会、小米位列前三位。小米手机以全新的商业模式切入智能手机市场，采用"低价高配"策略，坚持走大众化亲民路线，以强劲的互联网营销和微薄利润销售自己的产品，然后依靠手机内置的软件服务来提供收入来源。其 2013 年销量接近 1900 万台，营收达 52 亿美元，比 2012 年同期增长 150%。腾讯控股有限公司成立于 1998 年 11 月，一个只有几个人的小公司。凭借着开发出适合中国用户的即时通讯（IM）产品 OICQ（2000 年改称腾讯 QQ），十几年中频繁推出新版本，增加新的服务和功能。自 2003 年正式组建专利团队，2011 年专利授权 311 项，迄今获得的专利授权已超过千项。2004 年上市至今，通过无所不在的创新，客户端逾 7 亿，最高同时在线人数达 1.454 亿。借助网络游戏创造的丰厚利润，马化腾将腾讯公司打造成了一家科技巨头，进而又通过即时消息等各种免费服务推广其游戏。其微信注册用户超过 4 亿，成为中国第一款在世界范围内获得认同的社交软件，在全球十大最常用的 App 排行榜中微信排名第五。由于微信，新浪微博用户数量下滑了 9%。在中国"最具创新力的公司"和互联网企业市值排名中，腾讯多年蝉联榜首。中国目前已成为世界最大的网络零售市场，专家预计，2015 年零售额将超过 3 万亿元，并且此后还将出现井喷式发展。在此过程中，阿里巴巴等创新型企业功不可没。2014 年 9 月 20 日，阿里巴巴正式登陆纽交所，市值 2285 亿美元，一举超越 Facebook、亚马逊、腾讯和 eBay，成为仅次于谷歌的全球第二大互联网公司。以全球科技行业富翁的净资产排名，马云位列第 7，李彦宏第 9，马化腾第 13。2014 年福布斯中国富豪榜中，中国互联网企业家马云、李彦宏、马化腾居前三。而马云也于 2014 年超过王健林，一跃成为中国大陆新首富。

三　技术创新与教育投入显著相关

春秋时期的管仲曾言："一年之计莫如树谷；十年之计莫如树木；终身之计莫如树人。一树一获者，谷也；一树十获者，木也；一树百获者，人也。"① 管子认为，只有教育才是富国强兵之道。作为齐国的主政者，他努力践行这一思想，教导民众制造和改进农具，传授冶炼技术等，从而极大提高了齐国的生产力，增强了国力，终于成为春秋五霸之一。墨子也提出"教人耕者其功多"②，主张要提高生产，就必须施之以教。孔子认为人口、财富、教育是立国三大要素。孔子曾论述了两点，一是教育重要，二是先富后教。《论语》中记载了"庶矣哉"—"富之"—"教之"的过程。③ 人力资本是社会经济持续发展的重要前提。第二次世界大战后联邦德国、日本的快速崛起表明，人力资本存量与经济增长速度高度相关。一国国民的素质越高、奋斗精神越强、创新意识越浓、企业家精神越普及、对现代化的追求越迫切、商业道德水准越高，那么它对经济增长的动力就越大，后劲就越足，成功的可能性也就越大。④ 在教育投资过程中形成的知识积累和经济增长之间存在一种互为因果的关系：知识提升人力资本存量，促进经济增长→人们在经济增长中积累更多的新知识→人们增加的知识存量又推动经济增长。20 世纪 70 年代，"世界工厂"角色的扮演者是韩国、中国台湾、中国香港、新加坡以及墨西哥。1980—1990 年，韩国工人的工资迅速增长，从每小时 0.75 美元上涨到现在的 13.56 美元。

---

① 《管子·权修》。
② 《墨子·鲁问》。
③ 《论语·子路》。
④ 刘志民主编：《教育经济学》，北京大学出版社 2007 年版，第 127 页。

由于教育投入有力，在 20 世纪 80 年代早期，几乎所有的韩国人都接受了完整的高中教育。其经济模式也从低端的劳动密集型产业转向高生产率的服务、创新产业。与韩国形成鲜明对比的是墨西哥。其小时工资从 1975 年的 0.75 美元，上涨到了 1990 年的 4.01 美元。同时墨西哥的低端产业开始大规模向中国等地转移。而在产业转移前夕，80 年代的墨西哥有超过 80% 的城市学生进入高中就读，而农村地区的升学率却仅略高于 40%。大量低端工厂转移之后，这些未能接受高中教育的低端劳动力面临失业。失业的墨西哥人有三个选择：其一是向美国非法移民，其二是寻找更为低端的岗位，其三是参加黑帮。严重的暴力和犯罪，成为墨西哥当下所面临的社会问题。① 在经济体系中，资本的增加来自于经济主体自身知识的积累和能力的提高，资本效率的提高取决于技术进步，尤其劳动力质量的提高更是一个专业化人力资本积累的过程。劳动者素质的提高主要是创新能力的提高，使得劳动者能积极从事发明创造，寻找新思路、新方法，用以解决生产经营中出现的问题和矛盾；寻找更加节约资源、劳动、体力的生产方法，引起物质资本、资金和技术投入使用效率的提高，使投入同样数量的物质资本、资金和技术能够获取更多的产出。选取 2000—2011 年我国教育经费与国内专利申请受理量数据，利用 SPSS19.0 进行相关性分析，结果两者显著相关（见表 4 – 16、表 4 – 17、表 4 – 18、表 4 – 19 和图 4 – 31）。

表 4 –16　　　　2011 年中国地区财政性教育经费与国内专利
申请受理量的 Pearson 相关性

		财政性教育经费	国内专利申请受理量
财政性教育经费	Pearson 相关性	1	0.769 **
	显著性（双侧）		0.000
	样本	31	31
国内专利申请受理量	Pearson 相关性	0.769 **	1
	显著性（双侧）	0.000	
	样本	31	31

注：** 表示在 0.01 水平（双侧）上显著相关。

---

① 蓝方：《美国学者称中国教育投入不均危及社会稳定》，《中国远程教育》2012 年第 4 期。

表4–17　　　　2011 年中国地区财政性教育经费与国内专利
申请受理量的 Spearman 相关系数

			财政性教育经费	国内专利申请受理量
Spearman 的 rho	财政性教育经费	相关系数	1.000	0.786 **
		Sig.（双侧）	0.000	0.000
		样本	31	31
	国内专利申请受理量	相关系数	0.786 **	1.000
		Sig.（双侧）	0.000	0.000
		样本	31	31

注：** 表示在置信度（双侧）为 0.01 水平时，相关性是显著的。

表4–18　　　　2011 年中国教育经费与国内专利申请
受理量的 Pearson 相关性

		教育经费	国内专利申请受理量
教育经费	Pearson 相关性	1	0.765 **
	显著性（双侧）		0.000
	样本	31	31
国内专利申请受理量	Pearson 相关性	0.765 **	1
	显著性（双侧）	0.000	
	样本	31	31

注：** 表示在 0.01 水平（双侧）上显著相关。

表4–19　　　　2011 年中国教育经费与国内专利申请
受理量的 Spearman 相关系数

			教育经费	国内专利申请受理量
Spearman 的 rho	教育经费	相关系数	1.000	0.825 **
		Sig.（双侧）	0.000	0.000
		样本	31	31
	国内专利申请受理量	相关系数	0.825 **	1.000
		Sig.（双侧）	0.000	0.000
		样本	31	31

注：** 表示在置信度（双侧）为 0.01 水平时，相关性是显著的。

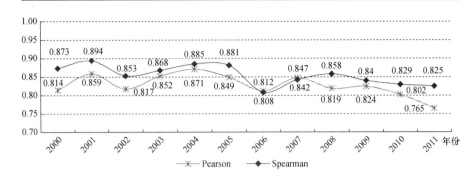

图 4 – 31　教育经费与国内专利申请受理量的相关性（2000—2011 年）

资料来源：国家统计局。

在技术创新的发明、开发、转化及扩散过程中，不论是新理论、新方法的提出，还是实现新技术的商业化，都需要有一支素质良好的科技工作者、研发人员、企业家、经营管理人员及熟练工人队伍。这些都有赖于对教育的长期投入以实现人口素质的全面提高才能实现。选取 2012 年我国财政性教育经费与规模以上工业企业 R&D 人员全时当量数据，利用 SPSS19.0 进行相关性分析，结果两者显著相关，Pearson 相关为 0.818（见表 4 – 20），Spearman 相关系数为 0.821（见表 4 – 21）。

表 4 – 20　　　　　2012 年中国财政性教育经费规模以上工业企业
R&D 人员全时当量的 Pearson 相关性

		财政性教育经费	规模以上工业企业 R&D 人员全时当量
财政性教育经费	Pearson 相关性	1	0.818 **
	显著性（双侧）		0.000
	样本	31	31
规模以上工业企业 R&D 人员全时当量	Pearson 相关性	0.818 **	1
	显著性（双侧）	0.000	
	样本	31	31

注：** 表示在 0.01 水平（双侧）上显著相关。

表 4 - 21　　　　　　**2012 年中国财政性教育经费规模以上工业企业**
R&D 人员全时当量的 Spearman 相关系数

			财政性教育经费	规模以上工业企业 R&D 人员全时当量
Spearman 的 rho	财政性教育经费	相关系数	1.000	0.821**
		Sig.（双侧）	0.000	0.000
		样本	31	31
	规模以上工业企业 R&D 人员全时当量	相关系数	0.821**	1.000
		Sig.（双侧）	0.000	0.
		样本	31	31

注：＊＊表示在置信度（双侧）为 0.01 水平时，相关性是显著的。

一个国家的技术创新能力与其投入强度、长期积累高度相关。我国研发人力投入强度与科技人力资源培养水平排名相对落后。20 世纪 90 年代以来我国 R&D/GDP 一直徘徊在 0.6%—0.7%。发达国家一般为 2%—3%。2007—2013 年，国家财政科学技术支出占 GDP 比重平均只有 0.91%。过去 10 年间，美国全社会的研发投入是中国的 4.7 倍。2013 年，中国全社会研发支出达到 11846 亿元，约占当年国内生产总值的 2.08%，其中中央财政科技投入逾 2700 亿元。但我国发明专利技术总体质量不高，核心专利技术缺乏，原创性研究能力平均滞后国际水平 13 年。[1] 我国研究与试验发展资金主要来源于企业、政府，国外资金比例很小。2003—2011 年，全国研发支出占 GDP 比例逐年上升，从 1.13% 上升到 1.84%（见图 4 - 32）。

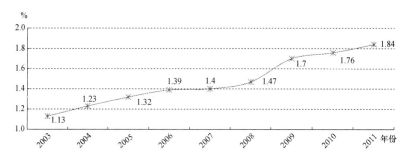

图 4 - 32　中国研发支出占 GDP 比例

资料来源：国家统计局网站。

---

① 米格：《中国工程院院士：我国环保企业未成创新主体　致环保技术落后国际》，http://news.sina.com.cn/ c/2014 - 10 - 24/170931040758.shtml。

我国企业资金是创新经费的主要来源，创新费用主要用于购置机器设备和软件，而较少用于教育人力资源开发。2003—2011 年全国研发支出中，政府资金比重逐年下降，从 2003 年的 29.91% 下降到 2011 年的 21.86%；而企业资金比重逐年上升，从 2003 年的 60.1% 上升到 2011 年的 73.91%（见图 4 - 33）。从世界排名看，我国从事研究开发工作的总人数并不少，但在专利等产出指标上，国际竞争力的排名却落后很多。根本原因还是长期教育投入不足，知识积累不足，导致研发人力资源不强，技术创新整体效率低下。1991—1996 年，全国教育经费中社会捐赠经费总量上呈上升态势，之后，社会捐赠教育经费逐年下降，尤其是在教育经费中所占比重"一落千丈"，从 1995 年的 8.67% 下降到 2011 年的 0.47%（见图 4 - 34），与发达国家形成巨大反差。

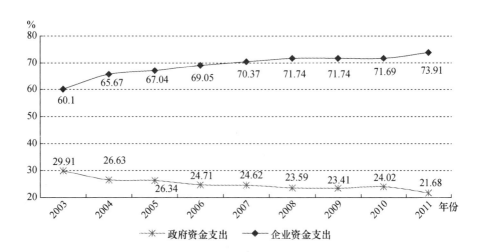

图 4 - 33 中国研发经费支出中政府与企业资金支出的比重

资料来源：国家统计局网站。

四 产业技术创新竞争力和自主创新能力薄弱

我国创新主体以高校和科研院所为主，企业创新能力不足，力量分散，企业仍未成为创新主体，研发实力均不具备国际竞争力，研发与转化脱节问题突出。企业自主研发技术多处于小试或中试阶段，技术产业化水平远落后于发达国家。很多产业的市场被进口产品及外商独资、合资企业所占领，高新技术产品国内市场占有率逐年下降。我国近半数发明专利申

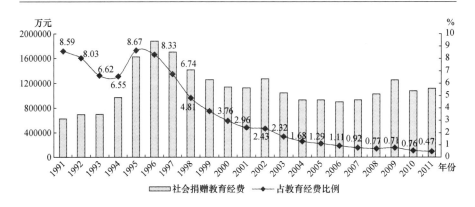

图4-34　中国教育经费中社会捐赠经费及其比重

资料来源：国家统计局网站。

请来自国外，其中绝大部分集中在移动通讯、无线电传输等高新技术产业领域。在高技术领域，美国、日本拥有的专利占世界专利总量的90%左右，包括中国在内的其他国家仅仅占有10%左右。2004年，大中型工业企业投入技术引进与消化吸收的经费比例仅为1:0.15，而日韩两国技术引进与消化吸收的比例均保持在1:5—8。近几年，一些重点产业用于消化吸收的经费还有下滑的趋势。例如，2004年软件产业消化吸收比只有1/16，低于2000年的1/10；纺织行业的消化吸收比只有1/35，并且在1998—2003年，消化吸收比最好的年份也只有1/20。

改革开放到现在，一直在进行技术引进，很多产业形成了对国外技术的依赖，自主创新能力薄弱。2003年，设立研发机构的大中型企业仅占总数的25%，开展研发活动的约占43%，而发达国家80%的科研工作都在大企业中完成。2004年，开展研发活动的企业在大中型企业中所占比重为38.4%，小型企业中开展研发活动的占9.0%。在研发经费投入强度方面，从2004年的1.23%增长到2005年的1.34%、2006年的1.41%，虽然保持了一定的增长速度，但因基数过低，这一比例仍然偏低。与发达国家2%左右、世界500强企业5%—10%的水平相比仍有较大差距。

比如我国汽车产业在技术开发上的总体水平远远落后于发达国家。国内豪华车市场中，德系的奥迪、宝马和奔驰仍然排名前三甲，并占据大部分市场。2014年前三季度，奥迪、宝马和奔驰在华销量分别实现41.57万辆、33.59万辆和20.35万辆，在前十豪华品牌销量中约占75%。其中，奥迪销量占比超三成，为 32.4%；宝马和奔驰分别占 26.2% 和 15.8%。① 尽管中国正在并将继续成为全球汽车零部件技术创新最活跃的地区，但是在汽车零部件体系建设方面也明显落后于跨国汽车企业。跨国零部件企业与整车企业同步开发，同步发展，给整车发展以支撑，而自主品牌汽车在这方面差距很大。2013 年 9 月至 2014 年 8 月，我国自主品牌乘用车市场占有率连续下跌 12 个月，原因是自主品牌汽车底子薄，技术积累不够。

五 技术创新管理落后

2014 年《财富》世界 500 强排行榜上，中国上榜公司数量创纪录地达到 100 家。中石化取代埃克森美孚，在榜上排名第三，中石油排名第四，国家电网公司排名第七，其他排名前 100 的中国大陆企业还有中国工商银行、中国建设银行、中国农业银行、中国建筑、中国移动、中国银行、中海油、中铁建、上海汽车、中铁、中国人寿。美国上榜公司 128 家、日本 57 家、法国 30 家、德国 28 家、英国 27 家，中国上榜公司数量仅次于美国，但几乎都是国企。传统国有企业往往都是垄断企业，甚至垄断一个行业。垄断市场的特征表现为行业体现为厂商、产品不能替代、单独决定价格、存在进入壁垒。完全垄断厂商的均衡产量较低，产品均衡价格较高。由于厂商的外部激励机能差，因而技术创新效率最低。以电动车业为例，中国与西方同时起步，但现在美国电动汽车制造商特斯拉光特斯拉一个公司就相当于中国整个电动车产业的总产量。以上种种问题的一个重要原因都归根于体制因素。在长期计划经济、政府行政指令的体制框架下，政府行政主导的创新体系，不可能全方位在经济领域展开，企业，尤其是国有企业缺乏相应的创新条件和激励机制，在创新观念、文化以及组织管理方面都显得较为落后。比如与硅谷的公司相比，中国 IT 业公司与公司之间沟通非常少，而硅谷的工程师有各种聚会，他们确实在致力打造一个生态系统，而中国的业界还缺乏这种共识。重视传统管理方法的运用，忽视管理创新工作开展；重视日常生产经营管理，忽视技术创新活动管理；重视技术创新实际工作的开展，忽视过程的管理；重视个别创新管理制度的制定，忽视体系的建立。在管理内容上，仅涉及设备管理、工艺

---

① 中商情报网：《2014 前三季度国内豪华车市场销量统计分析》，http：//www. askci. com/chanye/2014/ 10/29/10158dnr1. shtml。

管理、质量管理、技术标准管理、研究开发管理等；在管理领域上，只涉及程序性管理，如操作规范、工艺规程等，尚很少涉及技术创新管理。

第三节　新形势下我国技术创新的出路

技术创新有助于突破技术上的限制，获得经营上的弹性；同时也可以满足顾客多样的需求，扩大企业的市场占有率，构建新的竞争基础，维持或者强化企业的市场竞争地位。提高行业进入壁垒，降低市场集中度，获得高额利润。中国技术创新面临三重任务，在推进信息技术深度应用、抢占新兴产业制高点的同时，必须重视传统产业的转型升级。

一　加大教育投入，建设人力资源强国

教育不仅是提升人力资本积累的最基本手段，而且还促进科技进步、知识积累与更新。技术创新首先需要知识的更新和学习。恩格斯指出，科学的发展同前一辈人遗留下来的知识量成比例。吸引和培养高水平的管理人员和技术人才并对他们进行有效的激励，为他们提供充分发挥才能的机会。约翰·奈斯比特在《大趋势》（1982）中提出"信息经济"的社会特征是：（1）起决定作用的生产要素不是资本，而是信息、知识，工业社会中战略资源是资本，信息社会里战略资源是信息；（2）价值增长不再通过劳动，而是通过知识，信息社会里知识的生产已经成为决定生产力、竞争力、经济成就的关键因素，价值的增值不是靠劳动，而是靠知识；（3）人们注意和关心的不是过去和现在，而是将来，在信息时代，企业要实行长远考虑的方针，从根本上抓住事物的本质，才能应付激烈的环境变化。[①] 托夫勒在《权力的转移》（1990）里鲜明地提出：知识的变化是引起大规模力量转移的原因，并对知识的含义进行了新的阐发，包括事实、原理、观念和能力。20世纪90年代初，彼得·德鲁克在《后资本主义社会》中提出，在知识社会里，"作为一种生产手段，经济资源的基础是知识"，"知识的生产率将日益成为一个国家、一个行业、一家公司竞争的决定因素"，"知识成为最关键的资源，是我们的社会之所以为后资本主义社会的原因。它从根本上改变了社会的结构，创造出新的社会动

---

① 约翰·奈斯比特：《大趋势》，中国社会科学出版社1984年版。

力、经济动力，以及新的政体"。① 内生经济增长理论把人力资本视为最重要的内生变量，论述了人力资本对经济特别是现代经济的重要作用，强调人力资本是一种特殊的具有主观能动性的资源，是促进经济增长的强大推动力；强调人力资本存量和教育培训等人力资本投资在内生性经济增长和从不发达经济向发达经济转变过程中的首要作用；强调作为人力资本培养与投资重要渠道的教育在现代社会经济增长和经济发展中的极端重要性。卢卡斯将人力资本和技术进步概念结合起来，将资本区分为有形资本和无形资本，并将劳动力划分为纯体力的原始劳动和表现劳动技能的人力资本，认为只有后者才是经济增长的源泉。人力资本的积累途径：一是通过脱离生产的正规和非正规学校教育；二是通过生产中的"干中学"，工作中的实际训练和经验积累。突出了观念和思想创新的重要性，拓展了对知识和技能获得手段的认识，把实践和"干中学"也视为重要手段，从而扩大了人才的标准，不仅要重视正规教育，还要重视实践培训。

技术创新是以人为中心的，高水平的管理人员和技术人才在技术创新中起着关键作用。中国劳动力丰富且成本低的比较优势正在消失，快速进入老龄化社会。面临人力资本的挑战。通过模仿发达国家的技术和管理模式带来的追赶效应已经日益削减，中国的后发优势正在消失。新一轮工业革命已经蓄势待发，中国的机会在哪？"转型"怎么转？狠抓教育，建设人力资源强国是唯一的出路。人力资源强国意指国家的人力资源发展能力、水平、潜力和贡献方面的综合指数位于世界前列。正如舒尔茨所说，"人类的未来不是预先由空间、能源和耕地所决定，而是要由人类的知识发展来决定"②，可见，教育是人力资源强国的根基。我国《中长期教育改革和发展规划纲要（2010—2020）》"序言"中指出，"我国实现了从人口大国向人力资源大国的转变"，今后要"加快从教育大国向教育强国、从人力资源大国向人力资源强国迈进"。在"战略目标"中更明确提出："到2020年，基本实现教育现代化，基本形成学习型社会，进入人力资源强国行列。"这对中国教育是一个极大的挑战；就企业而言，必须大力加强职工培训，全面提升制造业从业人员的技能水平。

二 加强组织学习，培养技术创新能力

技术创新能力是便于组织支持企业技术创新战略的企业一系列综合特

① 彼得·德鲁克：《后资本主义社会》，东方出版社2009年版，第26页。

② 西奥多·舒尔茨：《论人力资源投资》，北京经济学院出版社1990年版，第42页。

征，包括可利用资源及分配、对行业发展的理解能力、对技术发展的理解能力、结构和文化条件、战略管理能力。其核心是掌握专业知识的人、技术系统、管理系统能力及企业价值观。以资源和能力形式存在的企业本身的基础特性相对稳定；外部环境变化越快，内部资源和能力为企业长期发展提供的基础就越重要。无论是技术的获取还是运用，企业都应强调技术能力的观点，从培养和发展技术能力的角度来实施技术管理，才能形成持续性竞争优势，也使技术本身在应用中得以发展和更新。技术的本质是知识，技术进步需要有知识的学习做基础。

技术管理也是组织学习的过程，其长期成功在很大程度受组织学习的影响。学习有多种途径：干中学、用中学、向竞争者模仿等。要积极培育创新文化，如鼓励冒险、宽容失败，鼓励参与、积极授权，重视交流思想等。企业技术创新过程是包括创新构思的产生、研究开发、设计、生产、市场投放以及与此相关的管理活动等的一个完整过程。技术创新过程中的学习机制包括：获取新知识的学习、研发活动中的学习、改进生产流程，提高生产效率的学习（见图4-35）。组织学习首先是一个过程，是一个通过组织中人与人之间的交互作用、从而不断产生和应用新的知识、以便不断改变组织行为的过程；组织学习也是一个组织知识不断产生、扩散传播、不断应用的循环上升过程；组织学习强调的是社会性的学习，是组织中人人都参与的整体学习和集体实践的社会现象。在知识经济中，这个过程中的各个阶段是互动并双循环的组织化学习过程，是信息流动与企业内

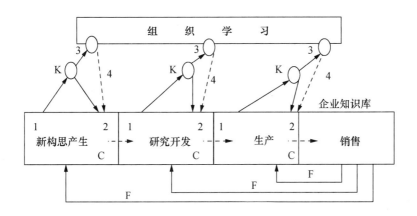

图4-35 结合组织学习的技术创新过程模式

外部资源知识的融合过程，本质是知识—技术—工程化—产业化—商业化的过程。组织学习可以促进企业技术知识和信息的获取与流动，并通过技术知识和信息的良好传递来减少企业技术创新所面临的各种不确定因素，保证创新顺利进行，提高企业技术创新能力。

三 组织变革与制度创新

20世纪90年代以后，对创新性的要求增加，要求产品更具独特性。竞争模式的转变，要求企业也要从效率型、质量型向灵活型、创新型转变，对企业的技术以及技术创新要求越来越高。组织结构和组织方式，组织、制度和观念要具有柔性，能适应创新。组织结构创新有利于提高企业技术创新的效果和效率，技术创新成功的前提是技术创新应该由合适的组织变革或组织开发伴随；组织文化与行为规则创新将对企业技术创新活动的全过程产生影响。应努力形成接纳创新，鼓励创新，积极响应变革的机制和企业文化。对创新项目进行精心计划和实行有效控制，尽量缩短创新周期，强调高效率的研究开发和高质量的产品生产，评价活动应贯穿创新的全过程。将创新看成是整个企业的任务，从创新早期阶段开始，所有部门就要一体化地参与创新，部门之间要实行有效的交叉职能联结，精诚合作。

强调市场导向，强调满足用户需要，尽可能让潜在用户参与创新过程，为顾客提供良好的技术服务。加快健全技术创新市场导向机制，有利于解决当前技术创新中存在的矛盾和问题。发挥市场对技术研发方向、路线选择、要素价格、各类创新要素配置的导向作用，是新形势下建设创新型国家的重要着力点。建立良好的内、外部信息沟通交流机制，既要与外部市场信息源和技术信息源实现有效的联结，又要在企业内部建立通畅的信息沟通渠道。要深思技术创新的体制和机制，要加大对关键技术和核心技术的攻关，推进工业化信息化的深度融合。在这一过程中，唯有深化改革，才能冲破制约创新的体制机制，从而让科技创新在市场经济沃土中结出硕果。一方面，技术创新是由多个创新主体参与形成的创新链，这是市场竞争的结果。技术创新链起始从研究市场技术需求开始，以满足最终用户需求为一个创新流程，主要包括技术需求发现、创新创意形成、成果转化与商业化等环节。由于目前创新组织对知识及技术掌握呈现出"深度的加强"和"广度的减少"特征，一个单体企业在产品、技术、人才、市场网络等方面不可能都处于优势，为了竞争需要，就要与相关企业、大学、科研机构、中介等建立起固定联系，进行联合创新而形成创新链。技术创新链是在发挥比较优势基础上连接而成，各单位承担着技术创新链上的一个或多个环节任务，发挥各自的比较优势进行专业化分工协作。这比单一创新组织更有效率、更能优化配置资源、更快实现技术创新目标，这是市场导向的创新资源优化配置过程。另一方面，由于利益驱动，市场会自动形成连接机制，将这些创新主体有效地连接起来。以市场为导向、市场起着决定性作用的重大意义在于，既可以优化配置资源、提高创新效率，又可以将创新成果较快地转化应用，这也正是技术创新的一个重要目标所在。

改革开放以来，我国技术市场发展取得了巨大成就，市场规模迅速扩大，技术交易日趋活跃，交易形式不断创新，服务水平日益提高，为优化科技资源配置，加速科技成果向现实生产力转化，提高企业的技术竞争力，促进经济结构调整和经济发展做出了卓越贡献。但相对于我国科技进步和科技实力的迅速增长而言，其功能和效力远未得到充分发挥，深入分析我国目前的技术创新现状，与市场导向机制存在一定的偏差，主要表现如下：创新人才逆向流动；政府支持技术创新资金分散；大学和科研机构激励目标偏差；企业技术创新行为偏差；区域技术创新合作困难等。①

第一，健全技术创新需求市场发现机制。技术创新需求发现是技术创新的开始，直接关系技术创新的成功与否。由谁来发现技术创新需求？显然，技术需求一般源于市场，是由消费者主导的：一类是消费者存在潜在需求，要通过技术创新来满足其需求；另一类是由企业和研发机构进行技术预见，通过技术创新来创造需求。但不管哪种类型，企业在其中起着核心主体的作用。因为，企业与消费者离得最近，为了竞争需要也始终在研究消费者需求，对消费者的需求最了解。通过技术创新满足或引导消费者消费是企业追求的目标之一。此外，行业专家一直跟踪本行业的产业与技术发展趋势，研究市场动态，进行技术预见；而科技中介服务机构的定位就是研究技术需求、推介技术成果、组织共同研发、进行技术服务等，这都是市场需求发现的重要力量。

第二，建立健全优势互补、分工合作的区域间技术创新合作机制，打破目前存在的区域行政壁垒，让创新要素在更大范围内自由流动，充分发

---

① 颜廷标、张学海：《健全技术创新市场导向机制》，《经济日报》2014年4月1日。

挥各自优势，释放创新能量，提高创新效率，形成优势互补、创新要素快速流动的创新分工与合作关系。一是技术创新体系对接。通过区域创新体系对接，形成分工协作、优势互补、协同创新的技术创新体系，可以将存量创新资源优化配置形成乘数效应。二是构建一批利益共享的研发、中试、成果孵化、转化、产业化的技术创新链条，使技术创新链条成为区域创新合作的重要形态，解决技术创新各环节的脱节问题。

健全技术创新市场导向机制，除了用好市场无形之手，还要重视政府的有形之手。在这一过程中，政府首先要加大研发投入。目前，发达国家在影响未来研发走向的十大关键性领域中全部位居第 1 位，其中，美国 8 项第一，德国 2 项第一。其背后都离不开政府的经费支撑。2011 年，美国研发投入占全球的 29.6%、欧洲占 24.6%、日本占 11.2%，三者合计占全球的 65.4%。其次要大力减少和纠正用行政手段包揽、直接介入或干预科技创新活动的做法，把主要精力放在完善创新激励政策、营造公平公正的竞争环境上来，做到既不缺位，也不越位。

四　重视合作创新

中国目前已与 154 个国家和地区建立了科技合作关系，中国科技人员加入了逾千个国际科技合作组织，有 200 余名名科学家担任要职。[1] 从制造业大国迈向制造业强国，必须加大技术创新力度，建立官产学研用等各个项目结合的全产业链。合作创新主要有三种形式：一是产学研合作，包括：企业与大学院所合作研发，大学院所或技术人员以技术入股引进投资者成立企业，企业和大学科研院所联合共建实验室。二是虚拟企业合作创新，如虚拟生产、虚拟研发、虚拟共生、虚拟营销网络。三是战略联盟合作创新。中国正处于经济结构调整发展方式转变的关键历史时期，实施创新驱动发展战略需要分享各国的创新经验。

合作创新的基本程序：（1）寻找创新活动的合作者。通常的合作者可能是大学、科研机构，产业链中的供应商或客户企业，以及同行业中的其他竞争企业等。要考虑以下问题，企业与合作者以前曾经有过成功的合作经历；合作伙伴有较强的科研优势；合作者在行业内有较好的信誉或口碑；企业与合作者之间有较好的兼容性，能够与企业形成互补优势；合作

---

① 张素、韦柳：《专家"数"解中国科技创新现状》，http://kfq. ce. cn/sy/kfqdt/201410/27/t20141027_ 2025 630. shtml。

者的技术对企业有重要价值，其R&D成果是国家资助项目或计划的产物，且经过严格的鉴定。（2）签署合作创新协议，组建合作团队。首先确定合作创新方式及过程；然后组建合作团队，明确合作各方的人员参与及各自的职责；合作创新资源的投入及成果利益的分配，合作创新风险的防范和承担，有关知识创造、交流、转移和应用问题的规定；合作创新成果知识产权的规定；以及技术保密的相关规定。（3）合作创新项目的执行。企业不应将R&D项目完全交给合作其他方由其单独进行开发，而是应努力参与，实现共同开发。合作各方之间的交流与沟通：一是横向关系，主要指合作各方之间的关系；二是纵向关系，主要指处理好企业管理者与企业直接参与合作创新项目人员之间的管理关系。（4）合作创新项目的终止与评价。一般而言，当合作取得了预期的成果或结果时，合作创新就可以结束合作创新是否成功，关键要看是否获得了有价值的结果（或资产）。

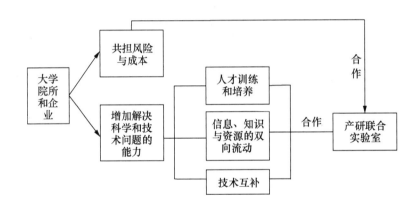

图4-36　企业和大学科研所共建联合实验室的动因模型

五　坚持走自主创新道路

技术引进使我国经济发展具有明显的依附特征，只有自主创新才能从根本上减少对国外技术的依赖。相对于技术引进、模仿而言的一种创造活动，自主创新是指通过拥有自主知识产权的独特核心技术以及在此基础上实现新产品价值的过程。指企业通过自身的努力和探索产生技术突破，攻破技术难关，并在此基础上依靠自身能力推动创新的后续环节，完成技术的商品化，获取商业利润，达到预期目标的创新活动，有时也用来表征一国的创新特征。和技术引进相对应，技术创新指不依赖外部的技术引进，而依靠本国自身力量独立开发新技术，进行技术创新。先进制造业和新兴产业代表了当今世界科技创新、工业发展的方向和愿景。新技术是新产业的灵魂，没有新技术就没有新产业。中国制造业在抢抓第四次工业革命的机遇时，必须抢占核心技术和关键技术这一制高点。目前，中国共有5个国家自主创新示范区，北京中关村高新技术产业占北京市地区生产总值的比重超过20%，上海张江高科技园区集聚国内40%的集成电路领域企业，武汉东湖新技术开发区光纤光缆、光器件的国内市场占有率均为60%。2011年我国研发支出上升到世界第2位，占全球的比重由1993年的2.2%增加到12.7%。专利申请数跃居全球第一，国际专利申请量与发达国家差距明显缩小。中兴、华为成为申请全球专利数第一和第三的企业。在影响未来研发走向的十大关键性领域中，我国有8项进入研发领先国家前五位，其中，在农业和食品生产，军事航天、国防安全，能源生产与效率，信息与通信4个领域进入前三位。[1] 创新所需的核心技术来源于内部的技术突破，其本质就是牢牢把握创新核心环节的主动权，掌握核心技术所有权。自主创新的成果，一般体现为新的科学发现以及拥有自主知识产权的技术、产品、品牌等。自主创新所需的核心技术来源于企业内部的技术突破，是企业依靠自身力量，通过独立的研究开发活动而获得的。在研究、开发、设计、生产制造、销售等创新的每一环节，都需要相应知识和能力的支持，不仅技术突破是内生的，且创新的后续过程也主要依靠自身力量推进。自主创新的优势：（1）有利于创新主体掌握和控制核心技术，赢得竞争优势；（2）可以形成技术创新的集群现象，形成产业联动效应；（3）有利于生产技术和管理经验的积累。当前我国企业首先应通过学习来发展自身能力，而后再开始进行自主创新，并在国内市场的竞争中逐渐积累发展自己的技术能力。2009年4月22日，耗资逾60亿元的长虹等离子项目实现批量生产，首批10余款拥有自主知识产权的长虹欧宝丽系列等离子电视问世。这一项目成功标志着中国真正拥有了自己第一条自主建设、拥有自主知识产权的等离子显示屏生产线。中国本土零部件公司，这几年的技术进步也相当惊人，30%技术更新周期较长的产品与外资的技术差距在缩小。[2] 随着这些本土零部件企业并购外资公司，将其先进技术引

---

① 中国经济网：《中国正成为全球汽车零部件技术创新最活跃的地区》，http://cv.ce.cn/lbjz/scfx/201410/22/t20141022_3753084.shtml。

② 同上。

入国内，本土零部件公司也在中国汽车零部件技术进步和创新方面发挥越来越重要的作用。

新技术的多点突破和融合互动推动新兴产业的兴起。据预测，大数据每年可为美国的医疗服务业节省3000亿美元，为欧洲公共部门管理可节省2500亿欧元。到2030年，生物技术对化工和其他工业产品领域的贡献占35%，对药品和诊断产品领域的贡献达到80%，对农业领域的贡献达到50%。2010—2020年，全球节能投资将达近2万亿美元。未来10—15年全球纳米相关产品市场将超过1.3万亿美元。[①] 中国与前两次工业革命失之交臂。第一次中国被列强工业革命下的坚船利炮打垮；第二次机遇中中国进入世界产业链的末端。在新一轮工业革命中，中国将何去何从？13亿人口的市场并不能成为中国"反超"的资本，更重要的还是技术创新所带来的竞争力的增加。只有抓住世界科技革命和产业革命新的历史机遇，创造和掌握更多的自主知识产权，创造出引领世界潮流的高新技术和著名品牌，提高国家和企业的核心竞争力，形成更多自主创新品牌经济集聚之地，才能使我国在日趋激烈的国际竞争和全球合作中逐步占据主动地位。

---

① 国务院发展研究中心《世界经济趋势与格局》课题组：《全球技术创新现状、趋势及对中国的影响》，http：//www. cssn. cn/dybg/201312/t20131223_ 921151. shtml。

第五章 高校教师绩效

　　在知识经济时代，依靠科学进步和面向经济发展已成为当代技术创新的主要特征。技术创新的实质是科技与经济结合，创造出更多适应社会需求的财富。技术创新是人类财富之源，是经济发展的根本动力。正如彼得·德鲁克所指出的，"今后，全凭制造业、农业、矿业、运输业里体力劳动者的生产力增加，再也不能创造出更多财富。这场生产力革命已功成身退。从现在起，创造财富最重要的关键是非体力劳动者的生产力。要提高他们的生产力，就得运用知识于知识上"。① 在国家创新系统中，高校已经成为全社会知识探索和创新活动的重要基地，高等教育系统内包括高素质人才、知识机构、知识网络和信息基础设施，其主要功能是为社会创新及知识的生产、扩散和有效利用提供支撑。当知识呈几何级数迅速增长，并对大多数生产部门影响越来越大时，高等教育同全球化进程的联系才越来越紧密。尤其对于社会流动的激烈竞争而言，高等教育已成为关键环节。高校一直是科学和技术的倡导者，它在技术创新中担当着重要的地位。高校扮演着人才培养、科学研究、社会服务和文化传承等社会职能，尤其在基础研究、知识创新方面独占鳌头。与其他部门相比，高校学科门类齐全，科技人才密集，实验设施先进等优势，理应成为知识发现、技术创新的基地和新知识、新技术辐射源。按照 Y 理论假设，高校教学、科研单位也面临着客观、公正、全面、合理考核绩效的问题。

第一节　绩效与薪酬

　　19 世纪末，"科学管理"之父弗雷德里克·泰罗针对车间工人，首先提出"绩效工资"概念，强调差别和计件工资，极大地提高了工人劳动

---

① 彼得·德鲁克：《后资本主义社会》，东方出版社 2009 年版，第 22 页。

积极性。"绩效"表示"成绩、成效"，主要包括完成工作的数量、质量、成本费用以及为改善组织形象所做出的其他贡献。绩效强调对工作或学习结果的主观评价，或者其造成的客观后果及影响；员工绩效就是员工的工作效果、业绩、贡献。绩效是员工对组织的承诺，是员工知识、能力、态度等综合素质的反映，也是组织对员工的最终期望。薪酬指个人参与社会劳动从组织中得到的各种酬劳的总和，包括经济、非经济报酬。薪酬包括可以转化为货币形式的劳动报酬；工作本身带给员工个人的机会和满足感；以及工作环境带给员工的满意、方便、舒适和愉悦。绩效与薪酬是员工和组织之间的对等承诺。

一　绩效薪酬的特征

绩效具有丰富的含义，一般来说，是指一个组织为了达到目标而采取的各种行为的结果，是客观存在的，可以为人所辨别确认。绩效又分为组织绩效和员工绩效。组织绩效是组织为了实现一定的目标所完成的各种任务的数量、质量及效率。员工绩效就是员工的工作效果、业绩、贡献。主要包括：完成工作的数量、质量、成本费用以及为改善组织形象所做出的其他贡献。绩效是员工知识、能力、态度等综合素质的反映，是组织对员工的最终期望。人力资源管理中的绩效指的是员工或部门的绩效。

绩效的三个特点是：（1）多因性。指绩效的优劣不仅仅受某一个因素的作用，而是受多种因素的共同影响。这些因素主要有：员工的知识水平、工作技能、工作态度和工作环境等。（2）动态性。指绩效处于动态变化过程中，不同的时期员工的绩效有可能截然不同。（3）多维性。员工的工作绩效可以从多方面表现出来，即绩效的多维性。工作绩效是工作态度、工作能力和工作结果的综合反映。

绩效考评也叫绩效评估，是组织依照预先确定的标准和一定的考核程序，运用科学考核方法，按照考核的内容和标准，对考核对象（员工）的工作能力、工作成绩进行定期或不定期的考察和评价。绩效考评的核心是绩效的认定，绩效可分为绝对绩效和相对绩效，又可以体现为效率和效果。绩效考评既能将人力资源管理的多个环节紧密联系起来，又能对整个组织人力资源管理状态作出较为客观的评价。同时，绩效考评积累下来的丰富而又实用的内部数据是人力资源管理的最好信息库。所以，绩效考评在人力资源管理中处于核心地位。

绩效考评对组织、管理者和员工个人具有不同的作用，总体表现为以下几个方面：（1）为组织制定人力资源政策提供依据；（2）是组织对员工的岗位调配、升迁和淘汰的重要依据；（3）是组织建立合理的薪酬制度和进行薪酬管理的依据；（4）培育竞争机制，强化激励机制，通过绩效考评，对员工绩效的优劣进行鉴别；（5）发现优秀人才，促进人才的合理开发；（6）发现组织中存在的问题。保证组织良性运转是管理者的一大职能。当组织存在或者开始出现问题时，完全可以从员工整体绩效中窥知端倪，如图 5 - 1 所示。

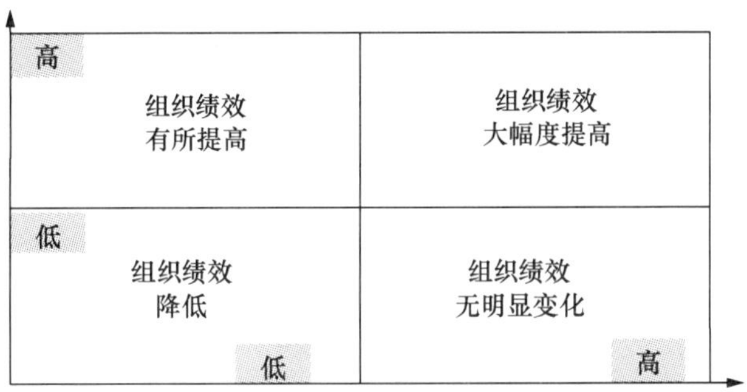

图 5 - 1　员工整体绩效与组织绩效

　　在武书连的《中国大学评价》中，教师绩效指的是教师从事教学与科研的综合水平，教师绩效得分一栏中的分数，是"以全国 705 所大学的教师绩效为 1 计算的"。[①] 其排名基本上能反映教师绩效与院校绩效的一致性，大学教师绩效越高，学校的教学与科研水平就越高。如 2012 年北京地区教师绩效与院校绩效前 3 名为北京大学、清华大学和中国人民大学，武汉地区教师绩效与院校绩效前 3 名为武汉大学、华中科技大学和华中师范大学，昆明地区教师绩效与院校绩效前 3 名为云南大学、昆明理工大学和云南师范大学（见图 5 - 2、图 5 - 3 和图 5 - 4）。
　　薪酬指个人参与社会劳动从组织中得到的各种酬劳的总和，包括经济、非经济报酬：直接以货币形式支付给员工的劳动报酬；可以转化为货币形式的劳动报酬；工作本身带给员工个人的机会和满足感；以及工作环境带给员工的满意、方便、舒适和愉悦。薪酬主要由基本薪酬、奖励薪酬

---

　　① 武书连：《全国 705 所大学教师绩效分省排行榜》，http://learning.sohu.com/20120531/n3445213522.shtml。

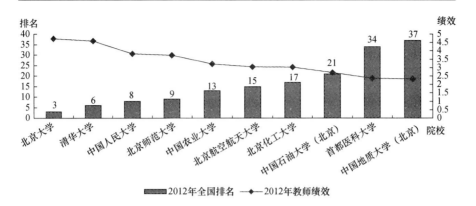

图 5 - 2   北京地区教师绩效与院校绩效

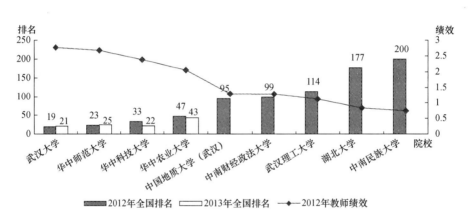

图 5 - 3   武汉地区教师绩效与院校绩效

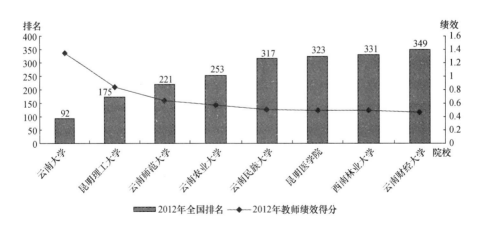

图 5 - 4   昆明地区教师绩效与院校绩效

（奖金）、附加薪酬（津贴）、补贴薪酬、红利、酬金和福利等组成。奖金、津贴、补贴、红利、酬金是与基本薪酬相对应的薪酬，又可称为辅助薪酬。基本薪酬和辅助薪酬组成直接薪酬（经济报酬）；福利则是间接薪酬（包括经济报酬和非经济报酬）。（1）基本薪酬。以一定的货币定期支付给员工的劳动报酬，以员工劳动熟练程度、复杂程度、责任及劳动强度为基准，按照员工实际完成的劳动定额、工作时间或劳动消耗而计付的劳动报酬。基本薪酬具有常规性、稳定性、基准性、综合性等特点。（2）辅助薪酬。与基本薪酬相对应。具体分为奖金、津贴和补贴以及分红等形式。在辅助薪酬中，又以奖金、津贴为主要形式。辅助薪酬具有辅助性、灵活性的特点。（3）福利。指组织为了吸引或维持骨干员工而支付的作为基本薪酬补充的若干项目，往往采取实物或延期支付形式，常见的待遇有住房、用车、带薪休假、节假日工资、工作午餐和医疗保健等。福利主要分为法定福利和企业补充福利。福利是货币工资的重要补充，是集体激励的一种形式，福利兼有避税功能，具有选择性和准固定成本的性质。薪酬有补偿、激励、配置和增值等功能。20世纪90年代以后，管理界开始关心薪酬如何与新出现的管理变革，如柔性化、团队管理、流程再造等相适应，使得股票期权和员工持股制度得到普遍推广。这个时期的薪酬管理强调的是员工的主动性、协作性和创新性的发挥。

　　教师主要从事脑力劳动，其薪酬指每经过一个固定时间段获得相对固定的报酬（例如月薪）。目前教师薪酬的支付基础主要有职位、能力和绩效三个。其中，职位和能力用于确定员工的基本工资，而绩效则多用于决定奖金。能力与基本工资挂钩有两种方式：一种是直接挂钩，即根据员工能力决定基本工资水平；另一种是间接挂钩，即员工的基本工资由员工职位的相对职位价值和员工的能力共同决定，其中职位决定"薪等"，能力决定基本工资在薪等内具体位置。2006年，我国人事部提出在事业单位实行岗位绩效工资制度。在我国，义务教育阶段主要是由区县财政支撑，在不同区县财政的支持下，广州城区中小学教师薪酬差异很大，相同学历、级别、教龄的教师待遇存在较大差别，有的甚至月收入相差上千元。而在高校，也因为专业的不同，收入有高低之分。有的省属学校高中教师月收入不过5000元，而有的能拿17000元。[①] 2010年以来，我国高校已

---

　　①　陈晓璇、林世宁：《广州教师同城同工不同酬》，《羊城晚报》2014年9月10日。

逐步开始由点到面进行绩效工资改革，教师绩效薪酬很快成为我国高校的热点问题。大学教师绩效薪酬管理应符合学术职业理想、促进教师发展，同时又能提升高校组织绩效。学术职业以学术作为物质意义上的职业或志业，他们整天围绕着高深知识而工作和栖息，其教学、科研绩效该如何评价？绩效薪酬能否实现激励其追求的功效呢？彼得·德鲁克认为，在判断大学教师的绩效时，"重要的是我们不能问教师教了多少学生，而应该问有多少学生学到了什么知识，这就是关于质量的提问。在知识工作者的生产效率方面，我们首要的目的是取得质量"。弗兰克和欧匹兹（Franck and Opitz，2006）也认为，在市场模式下，学术人员间存在着激烈竞争，因为大学的声誉和收入取决于他们所提供的服务的质量，这种模式下的大学在科研和教学方面都追求卓越。① 尽管如此，国内外相关研究发现绩效工资也存在负面效应。比如，道林和理查孙（Dowling and Richardson，1997）研究发现，绩效工资产生积极作用还是消极作用，很可能与实施的环境有关；② Deckop 等人（1999）认为，绩效工资属于一种竞争性激励报酬，它会在一定程度上降低员工之间的凝聚力和合作精神；③ Kellough 和 Nigro（2002）指出，绩效工资会使员工工作满意度降低、离职倾向升高；④ 国内的杜旌（2009）通过实证分析发现：实施绩效工资时，需要根据实际情况（员工对组织的认同程度、管理人员的管理水平和员工的工作性质等）来采用合适的绩效工资强度，而不能简单模仿；⑤ 张慧洁（2009）比较了日本、美国、英国高校教师工资制度，提出大学应该坚持学术性，追求人文主义的价值取向；⑥ 傅秀丽（2012）、刘练军

① 菲利普·阿特巴赫、佩蒂·彼得森：《新世纪高等教育：全球化挑战与创新理念》，中国海洋大学出版社 2009 年版，第 10 页。

② Dowling, B., Richardson, R. Evaluating Performance – related Pay for Managers in the National Health Service. *International Journal of Human Resource Management*, Vol. 8（3），1997，pp. 348 – 366.

③ Deckop, J. R., Mangel, R., Cirka, C. C., Getting More than You Pay for：Organizational Citizen-ship Behavior and Pay-for-performance Plans. *Academy of Management Journal*, Vol. 42（4），1999，pp. 420 – 428.

④ Kellough, J. E., Nigro, L. G., Pay for Performance in Georgia State Government：Employee Perspectives on Georgia Gain after 5 Years. *Review of Public Personnel Administration*, Vol. 22（2），2002，pp. 146 – 166.

⑤ 杜旌：《绩效工资：一把双刃剑》，《南开管理评论》2009 年第 3 期。

⑥ 张慧洁：《从价值取向看美、英、日三国高校教师工资制度改革》，《教师教育研究》2009 年第 4 期。

（2013）认为，高校绩效工资改革不应"喧宾夺主"，单纯采取"自上而下"的方式，而要广开言路，充分听取广大教师的意见和建议，一定要让普通教师参与整个评价方案的编制过程等。[1][2] 这些研究指出了绩效考核的利弊，也提出了相应对策。但迄今关于学术职业绩效、薪酬与追求之间内在规律的研究文献还不多见，深入细致的探讨也尚未展开。本研究基于人力资源管理过程中激励的相关理论，从管理学、经济学、教育社会学视角深入分析学术职业绩效、薪酬与追求的循环机制，探究学术职业群体的现实生存境遇和理想追求。研究假设：学术职业特指在高等教育系统内以教学、科研与社会服务为工作内容的职业，即大学教师群体；学术职业属于高成就需要者，或称进取的现实主义者，重视在工作中自我价值的实现，以学术为生命和志业，只有工作本身才能起到内在激励作用，薪酬只是保健因素。

二　绩效薪酬的优势

亚当·斯密指出："一个天生积极的热爱劳动的人，就有权利以任何他可以从中获利的方式，而不是以履行义务而他从中一无所获的方式，来从事那项活动。"[3] 绩效薪酬制度始于泰勒在"科学管理"中推广使用的计件工资制度，是与工作结果以及工作相联系的行为和能力、组织环境等绩效相关的工资支付形式。组织薪酬结构中基础部分反映个体静态的人力资本存量价值，体现员工的能力、资历、学历、职称等；绩效部分反映人力资本发挥的效果。相对于基础薪酬，绩效薪酬更能体现个体差异。调查表明，美国90%的组织采用了绩效薪酬。20世纪早期，美国部分高校开始引入绩效工资制度，但是绩效工资方案由于缺乏精确的衡量标准，在实施过程中出现激励偏差以及教师工会的反对，很少被各级各类教育工作者接受。[4] 美国高校对绩效工资制度的接受也是一个相当漫长的过程。20世纪三四十年代，绩效工资制度基本被抛弃；50年代以后，又重新获得认可；70年代美国各界开始关注绩效工资制度改革，得到一些院校管理者，

---

① 傅秀丽：《对高校绩效工资制度的思考与建议》，《经济师》2012年第3期。

② 刘练军：《绩效工资改革不应喧宾夺主》，《法制日报》2013年4月3日。

③ 伯顿·克拉克：《高等教育新论——多学科的研究》，浙江教育出版社2001年版，第101页。

④ Urbansky, A., Merit pay won't work in schools. *Education Week*, 1997, 18（1），pp. 31 - 33.

尤其是部分商学院的支持，它们相信绩效薪酬制度可以防止学术的萎靡不振[①]；80年代以后，尽管对绩效工资制度的质疑声音仍旧广泛存在，但美国高校在教师薪酬设计中采用按绩效付酬的方式越来越普遍。[②] 绩效薪酬与工作绩效挂钩，根据绩效评价结果支付，增加了员工选择的自由[③]，薪酬多少取决于员工的绩效高低，具有规范性、系统性和全面性等特征。绩效工资制度有利于员工工资与可量化的业绩挂钩，将个人业绩融入组织目标之中，有利于工资向业绩优秀者倾斜，提高组织效率，节约工资成本。在私营领域，有大量的实证证据表明绩效工资制度能对员工表现和组织生产效率产生积极的效果。[④] 基于结果的绩效薪酬主要有三个优势：一是员工筛选机制，二是生产率效应，三是对监管成本的替代效应。绩效薪酬通过筛选机制和内部激励能够促进组织生产率的提高，生产率高的员工会选择绩效薪酬计划，风险厌恶的员工则相反。[⑤] 绩效薪酬能够促进以工资最大化为目标的员工分流，生产率高的员工会选择留在组织以最大化自己的收入，而生产率低的员工则会进入固定工资组织。员工的异质性越强，绩效薪酬的筛选机制发挥的作用越明显，价值也越大。筛选机制优化了组织的员工队伍，提高了员工整体素质。而生产率效应则表现在产出结果与工资之间更加明确紧密的联系上，员工能够清晰地感受到自己的努力能够影响产出以及收入，激励员工付出更多努力，对工作投入更大激情，从而获得更高的报酬。绩效薪酬基于绩效，因此会使能力强和能力弱的员工在收入水平上产生差距。绩效薪酬强度越大，这种差距越大。适度的差距可能会使能力较差的员工产生紧迫感和危机感，激发其努力提高自身能力，缩小差距。有研究表明，绩效薪酬使得劳动生产率在组织层面增加了9%，在雇员层面增加了5%，员工流入增加了6.4%，而员工流出只增加

① Hoko, J. A., Merit pay: In search of the pedagogical widget. The Clearing House, 1988, 61 (1), pp. 29 – 31.

② Debra, E. B., Concept of Merit Pay for Professors Spreads as Competition among Institutions Grows. The Thronicle of Higher Education, 1989, 36 (7): A1.

③ Heywood, J. S., Wei, X., Performance Pav and Job Satisfaction. *Journal of Industrial Relations*, 2006, 48 (4), pp. 523 – 540.

④ Heneman, R. I., Strategic Rreward Management: Design, Implcmentation, and Evaluation. Greenwich, CT: Information Age Publishing, 2002: 16.

⑤ C. Bram, Fei Song, Francis Tapon, Sorting and Incentive Effects of Pay for performance: An Experimental Investigation. *Academy of Management Journal*, Vol. 50, No. 2, 2007, pp. 387 – 405.

了 1.5%[①]；当员工拥有较大自由裁量权和难以监督时应优先实行绩效工资制，以激励那些行为难以观测和成果出现时间难以估计的员工。[②]我国高校长期实行行政计划资源配置方式。由于不存在市场，也就没有市场机制，计划机制或行政机制遍布于高等教育活动的整个过程之中，直接体现在高等教育的各个运行环节上，甚至反映在高等院校的各项活动中。这种计划机制实际上是一种垄断机制，其具体特征是集权、封闭和划一。[③]对于高等教育机构，要想克服"大学老师在教学科研中运用独特的知识诀窍和非程式化地位产生的逆向行为（投入最低限度的努力）"[④]，采取直接的干预措施将产生高额的监督成本，院校处理信息不对称和目标冲突最有效的方法是基于成果的管理。具体来说，研究成果（在高水平渠道发表）以及教学表现评级是影响大学教师薪酬的关键变量。绩效激励计划针对性强，只要能够完善高等教育机构和教师学术劳动的测量水平，与其他付薪制度相比，绩效薪酬制度能够更加精确地估算学术劳动力成本，从而有助于控制高校成本和预算。

第二节　高校教师绩效与科技贡献

人才培养是高校最基本的职能。从中世纪大学产生到 19 世纪初，大学一直沿袭培养人才的单一办学方向缓慢前行。欧洲中世纪大学是由最初的知识职业行会脱胎而成，如意大利的博隆那大学、法国的巴黎大学、英国的牛津大学等。其主要任务是通过专业教育，为社会培养官吏、牧师、法官和医生。19 世纪初，德国洪堡以新人文主义的思想指导创办了柏林大学，极力推崇科学研究职能是大学的根本价值所在，"大学立身的根本原则是，在深入、广泛的意义上培植科学，并使之服务于全民族的精神和

---

①　Anne C. Gielen, Marcel J. M. Kerkhofs and Jan C. van Ours, Performance Related Pay and Labor Productivity, IZA Discussion Paper, No. 2211, 2006.

②　Femie, S., Metcalf, D., (Not) Hanging on the Telephone: Payments Systems in the New Sweatshops. *Advances in Industrial and Labor Relations*, 1999, 1 (9), pp. 23 – 67.

③　闵维方主编：《高等教育运行机制研究》，人民教育出版社 2002 年版，第 56 页。

④　Luis R. Gomez-Mejia, David B. Balkin, The Determinants of Faculty Pay: An Agency Theory Perspective. *Academy of Management Journal*, 1992, 35 (5), pp. 921 – 955.

道德教育"。① 在洪堡看来,人的发展是教育的真正目的,大学要实现这个目的就要通过研究进行教学。1862 年以后,随着美国赠地学院的发展,社会服务成为高校的第三大职能。现代高校社会服务的范围早已超越了培养人才的单一目标,广泛涉及人力培训、决策咨询、技术推广、技术转让、兴办知识产业、进行社会监督等诸多形式。研究发现,在长期内,高等教育经费投入与人力投入对经济增长具有持续的正向影响,经费投入影响较显著;经济增长对高等教育经费投入与人力投入具有正向影响,影响效应并不显著;高等教育经费投入对人力投入具有持续显著的正向影响效应;经费投入是高等教育促进我国经济增长的主要动力,更是原动力。② 高校教师从事专业技术工作,国外文献一般称为学术职业。技术创新主要源于科学研究,科学研究是产生知识的源泉。美国等发达国家主要依靠大学进行基础研究。根据美国大学技术管理人协会的统计,1980 年以来,大学仅技术转让就为全美经济做出了 300 亿美元的贡献,每年能够提供 25 万个就业机会,市场上超过 1000 种产品来自于大学科研成果。③ 亨特(J. E. Hunter,1990)等人对不同工作类别的员工高绩效和平均绩效的差异进行了比较,发现对于办事员来说,高绩效和平均绩效的差异为 17%;对于事务性管理人员而言,这种差异拉开到 25%;对于专业技术人员来说,这方面的差异被进一步扩大为 46%。④ 这是高校教师绩效管理具有合理性的一面。

一 高校教师工作分析

在知识经济时代,人才已成为创新的第一资本。无论是对于获得工作还是保住职位而言,全球经济中薪资水平最高的工作都需要高级知识和技能。高校教师同时扮演着教学者、研究者和服务者角色,既要"传道、授业、解惑",又要从事科研,开展社会服务。高校教师作为研究者,一方面通过专业研究、创新知识、传播知识、应用知识、改进人类的生产和生活;另一方面通过教育研究、更新教育观念、揭示教育规律、指导教育

---

① 威廉·冯·洪堡:《论柏林高等学术机构的内部和外部组织》,《高等教育论坛》1987 年第 1 期。

② 赵树宽等:《高等教育投入与经济增长关系的理论模型及实证研究》,《中国高教研究》2011 年第 9 期。

③ 石金叶、范旭:《高校技术创新对美国高校教学科研和管理活动的影响》,《高等工程教育研究》2006 年第 6 期。

④ 张一驰:《人力资源管理教程》,北京大学出版社 1999 年版。

教学工作、改进教学内容和教学方法。作为服务者，高校教师对外服务包括技术创新、科技咨询、成果推广以及在各类培训中直接为社会提供专业服务，对内服务指教师在学科建设、专业队伍建设、学术管理、学生管理等各种校内服务中履行职责。高校教学科研必须由教师和科研人员来完成，高校质量的优劣取决于师资队伍的质量。社会对知识与技能的需求给新的教育供给创造了机会，并且强化了对技术维持与更新的永久需要。高校的人才培养为企业等主体的创新人才提供来源，因此，其技术创新能力的提高能带动整个社会创新能力的提高。高校知识资源丰富，研究型大学还拥有学士→硕士→博士→博士后的完整人才培养体系，每年都有大批新生进入高校攻读学位，年轻人往往思维敏捷，勇于创新，易于产生新理论、新方法、新技术，既保持了高校科研队伍的活力，又能使年轻人迅速成长。高校知识扩散能力对企业技术创新能力的提高存在显著的促进作用。高校技术创新包括基础研究、应用研究及相关服务。高校技术创新促进了高校的教学活动。高校的技术创新活动使大批学生有机会参与不同层次的科研活动，锻炼了实践能力，培养了独立思考、勇于探索的能力和创造性。高校技术创新使人才培养模式更加多样化，更重视企业的需求，如高校与企业联合培养研究生。

马克斯·韦伯认为，学术工作不仅是学者据以谋生的手段，而且是学者响应知识的"神召"、积极实现精神超越的手段。由于高校中不少教师并不习惯到社会上挣钱，而是喜欢以本职的教学、科研安身立命，高校在基础研究的技术创新能力上远远高于企业。学科发展及研究方向创新是科学技术发展的战略性问题。从学术上看，创新的基本条件有三个，即知识积累、学科交叉和学科前沿。知识积累对于知识创新至关重要，学科交叉是知识创新的基础，学科前沿是知识创新的最佳领域和场所，是可能实现创新或已接近实现创新的研究方向和研究热点，学科交叉则是实现知识创新最可行的技术路线。也可以说，在学科前沿领域进行学科交叉是在选择知识创新研究方向时的最佳思考。高校不仅具有学科领先的优势，而且具有学科综合的优势。学科的综合优势，便于学科交叉、融合，也容易在发展边缘学科、新兴学科方面出现新的生长点。跨学科的交叉、渗透。更易激发科学家的思想火花，创造新的理论。近年来，我国许多高校通过合并等方式，强强联合，也在力求发挥跨学科协调发展的优势。

高校技术创新是指以高校中从事技术研发的相关人员为主体，利用和整合企业、政府、金融、中介组织等相关机构资源与功能，以技术发明或改进为目标的一种创造活动过程及其结果。① 据测算，美国、英国、日本和德国等发达国家技术进步对经济增长的贡献率超过 2/3。技术创新不等于发明专利，而是更强调成功的商业化，否则，"它便不能以任何物质形式影响经济的发展"。② 据世界银行估计，中国的科技成果转化率平均只有 15%，而美国和日本已经分别达到 70% 和 80%。从根本上说，一个国家、一个地区的经济增长取决于该国或地区的创新能力：科学技术知识创造能力、技术扩散能力、技术应用能力。高校作为知识创新和生产的主体、知识传播和转移的主阵地，在区域技术创新和经济发展中发挥着独特的作用。战后美国的经济增长 50% 以上归于科技创新以及由此而出现的高新技术产业，而美国科技创新的最主要力量就是高等院校。美国几个占有优势地位的高技术领域如生物技术、第五代计算机和人工智能等领域，都是以高校的高技术研究力量作为支撑基础的。美国高校能成为国家创新系统的重要一环，充分发挥其在科技创新方面的潜力和优势，与政府和高校在各方面的努力是分不开的。而一些新兴工业国家往往在科技方面投入不足，如南非、巴西和墨西哥的大学必须通过激烈的竞争才能获得科研经费，而丹麦、秘鲁和俄罗斯等国非常缺乏科研基金。③ 总之，科研经费不足很难保证学术人员去努力改进教学并更新知识。

我国不同地区普通高校专任教师数差别很大，2012 年排在前 10 位的江苏、山东、广东、河南、湖北、四川、河北、湖南、陕西和北京专任教师数平均为 7792 人，而排在后 10 位的云南、天津、内蒙古、甘肃、贵州、新疆、海南、宁夏、青海和西藏专任教师数平均仅 1705 人；2000—2012 年，经济增长越快的地区（江苏、山东、广东），普通高校专任教师数增幅越大，而经济落后地区普通高校专任教师数增幅越小（见图 5－5）。

利用 SPSS19.0 对 2012 年各地区普通高校专任教师数和国内专利申请受理量进行相关性分析的结果 Pearson 相关性系数为 0.648，在 0.01 水平

---

① 孙伯琦：《高校科技创新的法律保障》，《经济导刊》2010 年第 9 期。
② 傅家骥：《技术创新学》，清华大学出版社 1998 年版，第 38 页。
③ 菲利普·阿特巴赫、佩蒂·彼得森：《新世纪高等教育：全球化挑战与创新理念》，中国海洋大学出版社 2009 年版，第 21 页。

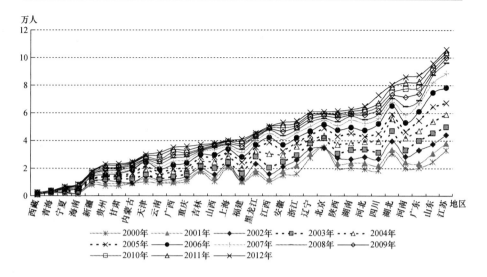

图 5-5　我国各地区普通高校专任教师数变化（2000—2012 年）

资料来源：国家统计局网站。

（双侧）上显著相关；Spearman 相关系数为 0.84，在置信度（双侧）为 0.01 时，相关性是显著的（见表 5-1 和表 5-2）。选取 2000—2011 年各地区普通高校专任教师数和国内专利申请受理量，利用 SPSS19.0 进行相关性分析，结果如图所示，Pearson 相关性在 0.01 水平（双侧）上均显著相关，从 2000—2011 年，相关性渐趋增强；Spearman 相关系数平均为 0.84，与 2012 年情况高度一致，在置信度（双侧）为 0.01 水平时，相关性是显著的（见图 5-6）。

表 5-1　　　　　　　地区普通高校专任教师数和国内专利申请
受理量 Pearson 相关性

		普通高校专任教师数	国内专利申请受理量
普通高校专任教师数	Pearson 相关性	1	0.648**
	显著性（双侧）		0.000
	样本	31	31
国内专利申请受理量	Pearson 相关性	0.648**	1
	显著性（双侧）	0.000	
	样本	31	31

注：**表示在 0.01 水平（双侧）上显著相关。

表 5 - 2   地区普通高校专任教师数和国内专利申请

受理量 Spearman 相关系数

			普通高校专任教师数	国内专利申请受理量
Spearman 的 rho	普通高校专任教师数	相关系数	1.000	0.844 **
		Sig.（双侧）	0.000	0.000
		样本	31	31
	国内专利申请受理量	相关系数	0.844 **	1.000
		Sig.（双侧）	0.000	0.000
		样本	31	31

注：＊＊表示在置信度（双侧）为 0.01 水平时，相关性是显著的。

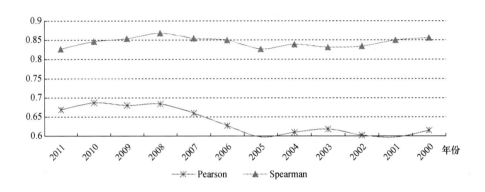

图 5 - 6   地区普通高校专任教师数和国内专利申请受理量的相关性

二 产学研合作创新

产学研结合的本质是科技、教育与经济的结合。产学研合作的主要机制是优势互补、利益和风险共担和竞争机制，其组织形式包括政府推动型、自愿组合型、合同连接型和共建实体型。产学研合作容易在技术供给、技术需求、利益分配、风险投资等方面出现问题。1995 年，Henry Etzkowitz 等人提出"三螺旋"模型（Triple Helix），以解释大学、政府和产业三者之间在知识经济时代的新关系。"三螺旋"模型利用一个螺旋形的创新模型（区别于传统的线性创新模型），描述了在知识商品化的不同阶段、不同创新机构（公共、私人和学术）之间的多重互反关系。"三螺旋"模型经历三个发展阶段：第一阶段是国家主义模式，即三螺旋 I：大学、产业和政府三种主体被定义成机构上的，在其边界上进行的交互是由类似工业联络组织、技术转化办公室和合同办公室等机构来完成的；第二阶段是自由主义模式，即三螺旋Ⅱ：由分离的制度领域构成，强的边界将政府、产业和大学领域划分开，螺旋体被定义为包含市场运作、技术创新（打破平衡趋向的运动）和交互界面控制的不同信息交互系统，这些不同功能间的交互作用又会在技术转化或专利立法中产生新的信息交流机制；第三阶段是重叠模式，即三螺旋Ⅲ：制度层面的大学、工业组织和政府除了完成他们自身传统的功能外，同时还担当起其他创新的角色，如大学创建工业组织的雏形，或者作为区域创新的组织者来扮演准政府的角色①（见图 5 - 7）。

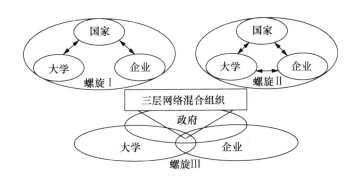

图 5 - 7　"三螺旋"模型

　　界面是多种信息源面对面的交汇处，并普遍存在于由相互作用的不同要素组成的复杂系统中，是系统各要素赖以实现交互作用的接触面。企业经济学的界面涉及完成或解决某一问题，企业各部门、各成员之间在信息、物资、财务等要素交流方面的相互作用，并将产生冲突的区域。② 技术创新广泛涉及 R&D、技术推广应用、市场营销、生产制造等部门共同参与的过程，而并行工程取代串联的按部就班的新产品开发模式，使企业创新过程中各部门的交互作用更加频繁。高校在参与区域技术创新活动中，将以各种形式与有关各方实现有效连接，并通过这种连接方式实现各

---

　　① 　向延平：《地方性高校社会化服务绩效评价研究》，电子科技大学出版社 2012 年版，第 55 页。

　　② 　官建成、靳平安：《企业经济学中的界面管理研究》，《经济理论与经济管理》1995 年第 6 期。

方与各环节之间的交互作用，从而实现技术创新。[1] 在知识经济社会，知识流动主要有五种形式：企业间的技术合作、公共研究部门与企业之间的知识流动、技术扩散、人员流动、国际知识流动。高校与企业合作是双方实现自身价值、进行互补的有效途径，高校通过企业投资获得资金支持，企业通过利用高校特有的资源进行技术创新；校企合作制度的深化，有利于促进学校和企业之间知识体系的良性循环，有利于打造人才培养"快车道"，确保新型人才的培养质量。[2] 高校教师要实现教学、科研、社会服务协调发展，就必须重视产学研合作。知识是当今企业获得和保持持续竞争优势的主要源泉，高校和企业必须双向互动，高校生产知识，而企业则将高校产出的知识商业化。产学研合作是高校教师走出象牙塔，为社会服务，建设创新型国家的必由之路。在美国，高校普遍注重学术界、产业界、政府和研究机构等各方面的合作，并以高校为依托建立了多种形式的组织，专利联合申请比率很高。大学和企业之间已发展成为正式的、大规模的集团性知识联盟体，尤其在产业政策与政府推动下，大学与企业的关系由单一扶助型逐步转变为"三螺旋"模型。美国高校的具体做法，一是重视基础性原创研究。美国高校全部研发活动中，2/3 是基础研究，占全国基础研究的半数以上。二是与企业建立合作研究中心。一些高校鼓励打破系、所、院界线，与地理位置相邻或专业领域相近、互补的院所合作建立专门机构，发挥交叉学科的优势。是美国战后科研体制发展的决定因素，在开发"大科学"工程中起着领导作用。其选题特点是针对某一行业带有普遍性的技术问题进行探索，相当于应用研究。如美国 4 所一流的研究型大学—加州大学伯克利分校、哈佛大学、麻省理工学院和斯坦福大学的"产—学"合作研究中心是较为成功的范例。它们使大学增强了对社会需求的适应能力，有利于交叉科学的研究，提高大学的研究活力。《美国创新战略》中提出，要改进从幼儿园到 12 年级的教育，并推进政府在教育方面同私营机构的合作，培养学生在科学、技术、工程和数学（STEM）方面的兴趣；明确提出未来 10 年培养 10 万名 STEM 教师。三是建立大学科技园。迄今，美国已建立了有 250 所高校和 1 万多家公司合作的 80 多个科学园区。如以斯坦福大学为依托的著名的硅谷科技园、北卡

---

① 方一兵、范旭：《界面与高校技术创新中的界面问题》，《自然辩证法研究》2004 年第 11 期。

② 鲁若愚等：《企业大学合作创新混合属性及其影响》，《科学管理研究》2004 年第 6 期。

罗来那金三角科技园以及波士顿 128 号公路高新技术开发区。硅谷位于美国加利福尼亚州旧金山中半岛的海湾地区，经过 50 多年发展，成为美国乃至世界电子技术工业和高技术产业中心、技术创新的前沿，"硅谷模式"成为世界各个国家效仿的对象。大学是硅谷的知识中心、学术智库和创新源头。硅谷所在地拥有世界著名的斯坦福大学、加州大学伯克利分校、圣克拉拉大学和圣何塞大学在内的 8 所大学、9 所专科学院和 33 所技工学校。[①] 斯坦福大学、加州大学伯克利分校是半导体、计算机和机电一体化等科学领域重要的研究中心，也是硅谷基础科学研究的主要承担者，所产生的专门知识具有世界影响，在解决重大现实问题中无所不在。由于这类项目大多数有大学的科研人员参加，且部分高技术公司直接由大学创办，因此，它是美国大学参与技术创新的新途径。

英国被很多人视为"传统"和"保守"，但在重视技术创新、实施方面却颇有成效的。剑桥大学电子工程系一年的科研经费超过 6000 万欧元，其中约 2/3 是由企业提供的，如罗罗、东芝等企业。东芝在剑桥大学著名的卡文迪许实验室建立了合作研究机构。卡文迪许实验室前后共有 28 人获得诺贝尔奖。2009 年 6 月，英国合并了商业、企业和法规部（BERR）和创新、大学与技能部（DIUS），成立了新的商业、创新与技术部（BIS），统一负责科学、教育、技术、创新以及企业政策。2010 年法国继续实施"竞争力集群计划"，推进区域内产学研协同合作。2010 年英国提出未来 4 年投资 2 亿英镑，创建一批技术创新中心，作为英国大学和商界的桥梁；加拿大国家理事会设立了区域创新联盟计划，促进企业、大学和政府在创新上的合作。日本和德国积极推动和鼓励产学结合方式培养人才。德国政府一直高度重视创新人才培养，近些年德国的举措非常值得借鉴，主要包括：对因经济原因无法继续深造的青年人才给予支持；加强青年科学家小组工作，设立更多青年教授席位；加强大学、政府和企业合作，消除人才流动障碍；扩大企业与大学联合培养项目；将人才培养作为大学和科研机构重要考核指标等。

新形势下，我国应通过体制、机制创新和政策项目引导，鼓励大学同科研机构、企业开展深度合作，通过校校合作、校所合作、校企合作、国

---

① 范旭、石金叶：《美国高校在区域技术创新中的作用及其启示》，《科学学与科学技术管理》2006 年第 6 期。

际合作等多种途径，建立协同创新的战略联盟，促进资源共享，达到多方共赢。2011年，我国推出协同创新计划，目的是促进高校对国家发展和企业的贡献，教育、产业、政府三者协同合作。[①] 按照"三螺旋"模型，一个国家（区域）社会经济发展能否取得成功，形成自己的核心竞争力，主要取决于政府、企业与大学这三种力量能否形成有效的相互交叉影响的三螺旋关系。同时，三螺旋理论还揭示了知识经济中的"潜规则"：学术组织成为区域发展和竞争力提升的主要知识资产，具有更高的价值。在成熟的创新区域内，学术科研机构通过其组织结构最下层的研究中心、科研小组以及个人等与市场有效对接，在提升区域经济核心竞争力中发挥强大的技术创新和辐射作用。[②] 支持区域创新系统的制度网络化必须形成一个螺旋状联系模式，这种缠绕在一起的三螺旋有三股：（1）行政链，由地方或区域政府及其机构组成；（2）生产链，包括沿着垂直和水平联系或多或少的组织化的公司；（3）科学链，由研究和学术制度组成的技术。

在区域发展中，三螺旋机制有效运作的必要条件是要素之间高度的同步性。一旦某个或两个螺旋发展较弱，或者不能很好地同步，就会成为制约区域发展的短板，使生产机构、研究和教育体制以及公共权威间的相互协调机制大打折扣。比如在日本的大学—产业—政府三螺旋创新体系中，大学以基础研究为主，企业以开发研究为主，政府的研究机构以应用研究为主。这种看似分工明确的专利技术创新体制，实际却存在着各创新环节之间严重脱节的弊端，极易造成重大技术路线决策失误。回顾20世纪90年代初日本的技术路线选择，如主攻模拟式高清晰度电视，放弃个人电脑而重点发展大型电脑，与移动电话失之交臂等，显然都是错失良机。这些失误不光是技术上的原因，更是体制和政策上的败笔。究其原因，一是"灌输填鸭"式教育体系一定程度上抑制了技术创新能力的自由发展。尽管日本拥有高水平的普通教育和严格的职业培训教育体系，但是传统的僵化教育观念在一定程度上抑制了个人独立的专利技术创新研究能力的开发，结果导致其丧失专利中心的地位。二是日落西山的逆向技术拿来主义专利战略。在其技术还比较落后的历史条件下，更多地注重应用研究和试验发展，而对基础研究没有给予足够关注。这种做法促进了其专利申请量

---

① 杨卫：《高校成国家技术创新体系重要力量》，《中国教育报》2012年6月18日。
② 陆立军、周国红：《区域竞争》，中国经济出版社2004年版，第8页。

的迅速增长和技术进步；但是，当其专利申请量和技术发展达到一定水平后，政府就应该及时地加大基础研究的投入比例，只有促进科学的进步，专利技术才有发展的源泉和动力。20世纪90年代以来，日本相继提出了"科学技术创造立国"的基本国策，通过了《科学技术基本法》和《科学技术基本计划》，开始高度重视基础研究，提出要发表与投入相符的高质量、高数量论文，增强科学论文的国际影响力，努力提高诺贝尔奖的获奖人数量，近50年中日本获得诺贝尔奖的科学家要达到30人左右；建立数量可观的一批研究基地，吸纳国外优秀科研人员，创造世界高质量的研究成果，并向世界广泛传播。[①] 可见，日本政府在对其泡沫经济破灭后陷入的长期经济低迷状态原因进行深刻反思后，已经清醒地认识到其逆向技术拿来主义专利战略的严重弊端，并重新调整了三螺旋机制，大力投入基础研究，重视科学与技术共同发展。日本的教训对我国的启示是极为深刻的，单纯强调产学研合作已经远远不够，行政、生产和科学技术的耦合需要高度的弹性；对高校教师而言，无论是人才培养，还是科学研究，都必须向高质量、严要求转型，尤其在基础研究方面要注重原始自主创新，力争有根本性突破。

三　我国高校教师绩效分析

人才培养、科学研究和社会服务构成了大学的三大使命，高校教师绩效包括教学、科研和社会服务方面对社会的贡献。2012年我国普通高校教职工数225万人，比2000年翻了一倍，其中本科院校教职工数163万人，专科院校教职工数62万人，高校研发人员68万人；2013年普通高校专任教师达到150万人（见图5-8）。此外，还有独立学院教职工数19万人，成人高校7万人，民办的其他高等教育机构3万人。

在人才培养方面，我国高等教育在规模上已经稳居全球第一。2013年我国普通高校毕业生690万人，2014年高校毕业生约727万人，将近全国每年新进入劳动力市场人数的一半。1999年我国高校开始大幅扩招，从图5-9和图5-10中可以看出，2003年毕业生数也开始陡增。2000—2014年，我国普通高校毕业生合计共6484万人，相当于欧洲法国、英国或意大利的全国人口总量；其中研究生毕业生数逾400万人，接近新西兰或爱尔兰全国人口；博士毕业生从2004年的23446人增加到2012年的

---

① 栾春娟：《专利计量与专利战略》，大连理工大学出版社2012年版，第93页。

51713 人。大量博士毕业生进入高校或研究机构，充分保证了我国学术劳动力市场和高端技术市场的人才供给。

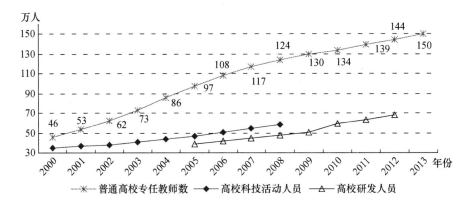

图 5 - 8　我国普通高校专任教师数（2000—2013 年）

资料来源：国家统计局网站。

图 5 - 9　我国历年普通本专科生毕业人数（2000—2013 年）

资料来源：国家统计局网站。

　　尽管我国高等教育质量一向受到质疑，高校毕业生就业难，但可以想象，如果没有当年扩招的大动作，近十年来中国这一拉动世界经济的"火车头"很可能缺乏足够的人才支撑。在 20 世纪八九十年代，韩国工人的工资从每小时 0.75 美元上涨到 13.56 美元；墨西哥小时工资从 1975 年的 0.75 美元，上涨到了 1990 年的 4.01 美元。中国的工资涨幅较小，从 1978 年每小时 0.5 美元涨到 2010 年 2 美元。① 从劳动力市场角度分析，

---

　　① 蓝方：《美国学者称中国教育投入不均危及社会稳定》，《中国远程教育》2012 年第 4 期。

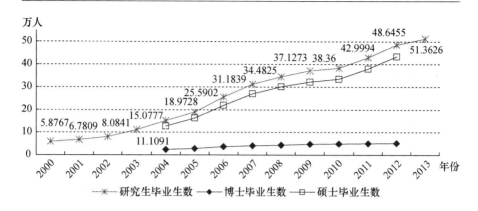

图 5 – 10 我国历年研究生毕业人数（2000—2013 年）

资料来源：国家统计局网站。

由于我国高校毕业生的充足供给，有效地平抑了劳动力成本的上升势头，从而维持了中国经济发展的竞争优势。

高校是我国基础研究和应用研究的主力军。以我国国家自然科学基金资助情况为例，1996 年批准立项的面上项目共 3598 项，资助项目总额为 35833.5 万元，其中高校 2568 项，经费总额为 24774.1 万元，分别占总数的 71.4% 和 69.1%；1998 年批准立项的面上项目共 3553 项，资助经费总额为 43688 万元，其中高校 2618 项，经费总额 31485.2 万元，分别占总数的 73.7% 和 72.1%。1991—1997 年，国家自然科学基金委员会共立项重大项目 61 项，投入资金 19570 万元，其中高校主持 25 项，获得经费 7995 万元，分别占项目总数的 40.98% 和经费总额的 40.85%。1992—1998 年，共有 421 位青年学者成为国家杰出青年科学基金的获得者，其中高等院校有 252 位，占总数的 58.96%。[①] 2013 年国家自然科学基金资助面上项目共 16194 项，其中高校获 13179 项，占 81.38%；青年项目共资助 15367 项，高校获 11742 项，占 76.41%；地区科学项目共资助 2497 项，高校获 2242 项，占 89.79%；重点资助 564 项，高校获 405 项，占 71.2%；国家杰出青年基金项目资助 198 项，高校获 135 项，占 68%。由于企业研发力量的崛起，我国高校研发机构研究与试验发展折合全时人员占全国研究与试验发展人员全时当量的比例（曲线 a）从 2000 年的 17.24% 下降到

---

① 杨慧敏：《高校在技术创新中的地位和作用》，《科技管理研究》2003 年第 4 期。

2012年的9.67%；高校试验发展机构研究与试验发展折合全时人员占全国研发试验发展人员全时当量比例（曲线d）从2004年的4.35%下降到2012年的0.72%；高校应用研究机构研究与试验发展折合全时人员占全国研究与试验发展应用研究人员全时当量比例（曲线c）从2008年的47.27%下降到2012年的40.13%。但我国高校基础研究机构研究与试验发展折合全时人员占全国研究与试验发展基础研究人员全时当量比例（曲线b），2000—2012年波动不大，平均比重达到全国的2/3；高校应用研究机构研究与试验发展折合全时人员占全国研究与试验发展基础研究人员全时当量比例，2000—2012年波动也不大，平均比重达到全国的2/5（见图5-11）。无论是基础研究，还是应用研究，我国高校始终保持着国家研究与试验发展的绝对主力地位。

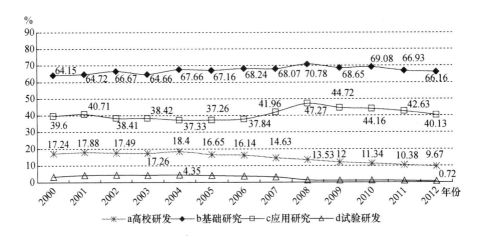

图5-11 高校研发机构研究与试验发展人员占全国的比重（2000—2012年）
资料来源：国家统计局网站。

在科技政策推动下，我国科技投入迅速增长。科研经费已成为中国高校经费的首要来源。在科技政策的主导下，中国科技拨款方式从垄断性向竞争性转变。近年来，政府不断减少来自行业部门的指令性科研计划项目，增加以竞争和评估为基础的竞争性科研经费拨款。目前，国家自然科学基金已成为大学开展基础科学研究和资助高水平人才的重要推动力。

从研发经费看，2000—2012年，高校研发经费支出占全国比例（曲线e）略有下降，平均值为9%；高校试验发展经费支出占全国研发试验

发展经费支出比例（曲线 h）从 2002 年的 3.68% 下降到 2012 年的
1.18%，表明企业在试验发展经费支出方面扮演着最重要角色。但是高校
在基础研究经费、应用研究经费支出方面仍然占据着重要地位，并呈逐年
上升态势。基础研究经费支出占全国研究与试验发展基础研究经费支出比
例（曲线 f）上升趋势明显，从 2000 年的 38.09% 上升到 2012 年的
55.26%；高校应用研究经费支出占全国研究与试验发展应用研究经费支
出比例（曲线 g）从 2000 年的 26.33% 上升到 2012 年的 34.66%（见图
5 – 12）。

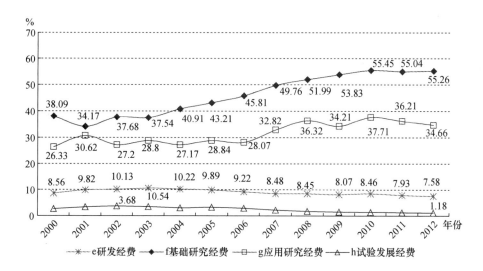

图 5 – 12　我国高校研发支出比重变化（2000—2012 年）

资料来源：国家统计局网站。

　　我国研发政府资金经费支出中高校研发政府资金经费支出（曲线 i）
占 1/5：全国研发企业资金经费支出中，高校研发企业资金经费支出（曲
线 j）所占比例很小，2004—2012 年平均为 4.4%，并且呈明显下降趋势，
高校科技经费筹集额占全国科技经费筹集额比例（曲线 k）从 2000—
2008 年平均为 8.28%（见图 5 – 13），反映出大学与企业之间的合作还亟
待加强。我国高校经费筹集额主要来自政府和企业，其中 2000—2008 年
来自政府的科技经费筹集额平均占 55.5%，来自企业的科技经费筹集额
平均占 36.2%，两者呈此消彼长的互补关系（见图 5 – 14）。

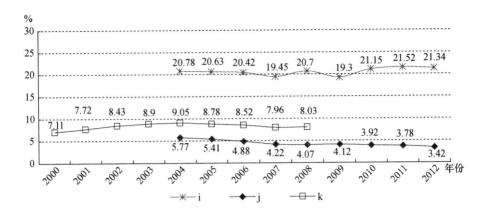

图 5-13 我国高校研发政府（企业）资金支出比重变化（2000—2012 年）
资料来源：国家统计局网站。

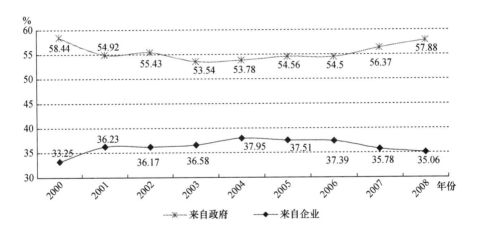

图 5-14 我国高校经费筹集额来源变化（2000—2008 年）
资料来源：国家统计局网站。

我国高校中与企业合作研发并联合申请专利数量最多的是清华大学，其专利联合申请量为 1447 件，占该校专利申请总量的 21.1%。北京大学超过 1/4 的专利是与企业联合申请的，是我国高校中专利联合申请占本校申请总量比例最高的。与我国高校进行合作研发并联合申请专利最多的企业是华为技术有限公司，但是与华为每年上千项专利申请相比，联合申请的比例还比较低。

企业和政府研究部门往往重现科学在实际问题中的应用，只有高等教育机构、研究院所会把资源倾注于扩展知识前沿和基础研究上，所以要加强政府对科学研究的宏观管理，重视基础研究，要关注大学的科学研究，发挥大学在科技人才培养中的重要作用。近年来，我国高校科研基础设施取得长足进步，科技人力资源丰富。2012 年，高校研究与试验发展机构数 9225 个。2013 年我国普通高校共 2491 所，专任教师数约 150 万人，在校学生 2468 万人，其中研究生在学人数 179 万人。高校已成我国知识创新、科技创新的重要生力军。我国《面向二十一世纪教育振兴计划》指出：高校要在国家创新工程中充分发挥自身优势，努力推动知识创新和技术创新，加快技术开发，围绕经济建设的关键技术进行攻关，为改造传统产业、调整产业结构，加强农业和农业工作，培养新的增长点服务。随着拨款方式的转变，我国高校参与国家创新体系的程度日益加深，大学承接国家重大项目的能力显著提升，全面参与了 "863" 计划、"973" 计划、国家重大项目攻关计划等国家研究计划。国家自然科学基金委员会（NS-FC）2000 年批准科学基金资助经费 13 亿元人民币，2010 年增长到 83 亿元。高校承担的项目在自然科学基金中占有较大的比例，2010 年大学获得国家自然科学基金面上项目资助 10819 项，经费 370979 万元，占面上项目总经费的 81.99%；获国家自然科学基金重点项目资助 304 项，经费 67568 万元，占重点项目总经费的 70.05%。

当前，全球范围内的经济增长比以往任何时候都越来越依赖知识的生产、应用和扩散。发达国家进入后工业化社会后，技术创新对经济增长贡献率达到 60%—70%，知识产权开始超越有形资产成为财富的主要来源。2005—2012 年，我国高校在论文发表、著作出版方面占据了全国绝大部分份额。发表科技论文占全国比例（曲线 l）平均达 76.6%，其中国外发表数比例（曲线 m）明显上升，反映我国学术研究的国际化步伐正在提速；2005—2012 年高校出版科技著作占全国比例（曲线 n）几乎呈一条水平线，稳定在 82.7% 左右（见图 5 - 15）。

在知识社会，拥有专利的数量和质量越来越成为衡量一个国家（地区）综合竞争能力的重要标志，并直接影响其核心竞争力。据世界知识产权组织（WIPO）统计，90%—95% 的科技创新成果是以专利的形式体现出来，而且许多发明创造成果仅仅出现于专利文献中。在国外，经济合作与发展组织（OECD）、世界知识产权组织和瑞士洛桑国际管理学院（IMD）等国际组织广泛采用专利来测度一个国家和组织技术创新能力和

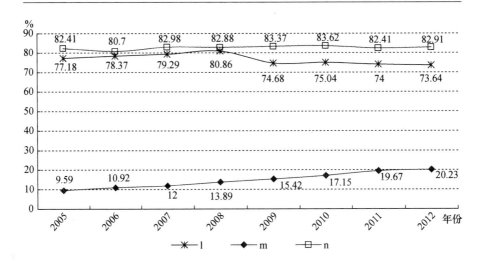

图 5 - 15 我国高校论文著作情况变化（2005—2012 年）

资料来源：国家统计局网站。

水平。由于历史上我国高等教育长期与产业脱节，加上近年来企业对技术创新的投入力度不断加大，在专利申请授权方面，我国高校占全国的比重不大，只有少数重点高校表现突出。1985—2007 年我国高校共申请国内发明专利 85201 件、实用新型 32965 件、外观设计 3364 件、PCT 国际专利 977 件；发明专利占总申请量的比例最高达到 69.55%，实用新型专利占 26.91%，外观设计专利占 2.75%，PCT 国际专利申请的比例仅为 0.80%。其中，专利申请量最多的前 5 所大学依次为浙江大学（7310 件）、清华大学（6849 件）、上海交通大学（5363 件）、天津大学（2659 件）和复旦大学（2632 件）；专利授权量最多的前 5 所大学依次为清华大学（4258 件）、浙江大学（3907 件）、上海交通大学（2686 件）、东南大学（1600 件）和天津大学（1433 件）；授权率前 5 名依次为江南大学（65.71%）、西安交通大学（64.34%）、东南大学（64.28%）、武汉大学（62.97%）和清华大学（62.17%）。① 较高的授权率说明这些高校对专利申请质量的重视程度。2002—2012 年，高校专利申请受理数占全国比例（曲线 o）与高校专利申请授权数占全国比例（曲线 q）十分接近，增幅

---

① 负强、陈颖健：《从专利的角度看我国高校技术创新现状和问题》，《科技管理研究》2010 年第 15 期。

不大，平均值分别为4.65%和4.09%。在发明专利上，我国高校的贡献正逐年扩大，进步很快。2002—2012年，高校发明专利申请受理数占全国比例（曲线p）从5.83%上升到10.23%，高校发明专利申请授权数占全国比例（曲线r）从4.1%上升到15.86%（见图5-16）。发明专利的技术创新水平和含金量一般要高于实用新型和外观专利，更能代表一个组织的技术原始创新水平。

我国已经实现了工业化，正在从制造业"世界工厂"向技术工业大国迈进，争取在技术创新方面立足世界先进行列。中国专利申请数量位居世界第三，已完成向创新体系的转型。一些国际公司开始将中国作为科研基地。

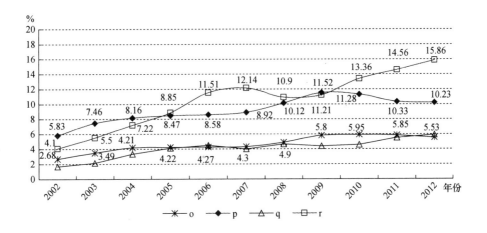

图5-16　我国高校专利申请授权情况变化（2002—2012年）

资料来源：国家统计局网站。

2012年，中国专利申请数量超过德国，位于美国和日本之后。在中国注册的65万个专利中，60%是来自企业发明。而且，我国高校正在成为国家创新系统中的主力军。目前，高校国家重点实验室有110个，占全部国家重点实验室的51.9%；大学承担了50%以上国家"973"计划项目和重大科学研究项目；大学全面参与国家16个重大专项的研究任务；大学的国家创新研究群体占全国总数的55%。2000年，高校的科研贡献只占了48.5%。近年来，高校获得的国家三大奖数量占总数的2/3，且获奖比例持续增长，到2011年，已经达到72.5%。2010年，中国高校国际科技论文占全国总数的82. 92%，国际合作论文占79. 10%，发明专利占比为23. 86%。在整个国家创新体系中，高校表现出非常高的科技投入产出效率。但是我国高校人才培养质量和科研能力仍然亟待增强，基础研究比重相对下降、原创性成果偏少，行政化学术评价制度及管理制度不利于大师和重大创新成果的问世，来自政府的事业性人员经费偏少，教师薪酬整体水平偏低，薪酬激励效果与发达国家高校相去甚远。

第三节　高校教师绩效管理的工具理性

高校教师不仅担负人才培养的重任，而且是知识创新的主力军和技术创新的重要力量。如果薪酬激励不科学，就难以在组织内部潜心学术、积极创新或者教书育人，甚至还可能产生懈怠和惰性心理，影响院校的长远发展。高校教师从事的是学术职业，即"以学术作为物质意义上的职业"[1]，或"职业学者"。由于西方社会很少有"国营"性质的研究机构，而中学教师又主要从事基层教学，所以"学术职业"狭义上特指大学教师。知识的生产和传播是高等教育机构的主要职能。学术职业在"象牙塔"内生产与传播知识，无疑是高等教育机构的核心。学术职业在某一细小学科领域传授、创造或应用知识，以此作为安身立命的职业而非业余消遣，其内涵在于：拥有专业知识背景，易受新知识生产影响，随着学术劳动力市场波动，遵循共同学术规则和学术伦理，自由自主。[2] 学术职业的超脱姿态由来已久。但是到了19世纪末，由于技术的飞速发展，学术职业逐渐沦为"政府和企业大亨两者的仆人"，其地位发生了微妙的变化。在知识经济中，学术职业一般都被视为中产阶级，社会声誉较高，收入较稳定，但经济地位并不高，生活很紧，社会和政治权力有限，学术人员的职业分化正在出现，不同院校之间的学术人员在工作环境、科研条件和个人发展方面差异很大。Philip G. Altbach 等（2012）对28个国家的比较研究发现：学术职业并不具有超强的吸引力，尤其在那些学术人员工资较低的国家，如中国、俄国等，学术职业面临着危机；在知识经济时代，

---

[1]　马克斯·韦伯：《学术与政治》，广西师范大学出版社2004年版，第155页。

[2]　Finkelstein Martin J. The meriean Academie profession: A Synthesis of Social Scientific Inquiry since Wbrll. Columbus: Ohio State University Press, 1984, pp. 33 – 34.

教授似乎并不被认为是精英阶层；相反，他们更多被视为知识经济所要求的熟练劳动力的一部分。[①] 在很多国家，学术人员的工资很低，不足以维持当地的中产阶级生活水准，因此，必须有其他的收入来源。在这些国家或地区，很多学术人员不只在一所高校教书，赚外快、做兼职通常很普遍，很多国家的私立学校都是依赖公立大学的教师来教授大部分课程。可见在后现代社会，知识的情境性甚于其普遍性，高等教育系统的"去中心化"已然是不争事实，院校在走向多元化、开放性和灵活性的同时，也加速了其扩张和分层的步伐，学术职业的地位日益呈现出衰落之势。

改革开放以来，市场机制开始取代传统计划体制，学术职业从"单位人"转向"社会人"，高校师资管理逐步多样化。21 世纪以来，在"新公共管理"思想影响下，绩效管理工具开始从企业弥漫到我国公共部门。2014 年 3 月，国务院《政府工作报告》强调，要"改革机关事业单位工资制度，在事业单位逐步推行绩效工资。"2014 年 5 月，国务院公布《事业单位人事管理条例》（国务院令第 652 号），明确指出："国家建立激励与约束相结合的事业单位工资制度。事业单位工作人员工资包括基本工资、绩效工资和津贴补贴。事业单位工资分配应当结合不同行业事业单位特点，体现岗位职责、工作业绩、实际贡献等因素。"[②] 以上公共政策反映出，政府期望利用其有形之手和绩效管理工具，解决高校收入分配中长期存在的"大锅饭"问题，提升高等教育机构的整体绩效。

一　工具理性的泛滥与危害

理性是现代化变迁最显眼的标签之一。理性成为这个时代的中心点和统合点，表达了人类梦寐以求的以及实际已经获得的种种成就。但理性也有其致命缺陷。康德曾指出，人类的理性有一种特殊的命运，由于它所使用的原理超出了经验的限度，可能会陷入形而上学"永无止境的纠纷"中。[③] 工具理性又称目标理性、科学理性或技术理性，指能够用数字表达的形式理性，也就是所谓"目标取向的理性行动"，具有单向和独白的特

---

①　Philip G. Altbach, Ivan F. Pacheco, Academic Salaries and Contracts: What Do We Know?,《文明的和谐与共同繁荣——新格局·新挑战·新思维·新机遇》（北京论坛 2012），2012 年 11 月 2 日。

②　国务院：《事业单位人事管理条例》（国务院令第 652 号），http://www.gov.cn/zhengce/2014-05/15/content_2680034.htm。

③　伊·康德：《纯粹理性批判》，华中师范大学出版社 1999 年版，第 4 页。

征，只求实效，不顾其他。工具理性行动只由追求功利的动机所驱使，行动借助理性达到其预期目的，行动者纯粹从效用最大化角度考虑，而漠视人的情感和精神价值。西方启蒙精神作为工具理性，认为科学和知识是万能的，文明发展所带来的问题依靠科学技术本身就能得以解决。工具理性的无限膨胀，的确推动了科学技术的进步，但在追求效率和实施技术的控制中，理性也由解放的工具逐步蜕变成一种统治奴役人的牢笼。

随着时代变迁，工具理性获得了充足发展，物质和金钱成为人们追求的直接目的，于是手段成了目的和套在人们身上的枷锁。"理性是计算的；它可以衡量事实及数学关系是否为真，如此而已。在实践领域，它只可以就手段发言，关于目标就必须缄默。"[1] 工具理性的发展使效率优先性、物质需求优先性和可计算性等思想原则渗透到社会生产的整个过程，并扩散到人与人的关系之中。科学管理正是把人作为社会机构、经济机构、科学机构服务的工具，而这些机构越是复杂和精巧，人性便越是走向消亡。于是，组织成员变成受集体性强制控制的孤独个体。这种意识再加上高度发达的现代化手段，工具理性便成为一种最不明显，却更具渗透力的意识形态。这种隐蔽的、不具意识形态表象的意识形态往往以独断专横，但貌似"理性"的姿态出现在公共领域，有效地支配着民众。

二 高校教师绩效管理的工具理性

国外文献通常用学术职业来指称高校教师。理性化的确推动了高等教育发展，提高了院校管理效率，但是工具理性的扩张也造成了管理机构的官僚化和奴役人的"牢笼"的出现，导致金钱成为个人追逐的目标。由于科层组织对情感因素的漠视，管理机构成为压迫人的官僚机器。在由工具效率和认知专门化为标准支配的社会文化中，人成为没有精神诉求的专家和不懂感情的享乐者。[2] 在中国，以下因素使大学教师的权利受到限制：强调规定工作量的岗位聘任制，经济待遇上的差距迫使教师从事与本身专业无关但能带来经济利益的工作；一线教师教学任务过重；教育经费向研究型教师倾斜，给教学型教师带来很大压力；教育管理中的长官意识浓重等。[3] 在高校教师绩效管理中，工具理性对学术职业的可能冲击和负面影响主要表现在四个方面："绩效主义"迅速蔓延，团队精神被侵蚀，

[1] Macintyre, *After Virtue.* Notre Dame：University of Notre Dame Press，1981，p. 52.
[2] 刘大椿：《"自然辩证法"研究述评》，中国人民大学出版社2006年版，第68页。
[3] 李春萍：《学者·知识分子·知识工作者》，《学术研究》2006年第10期。

教师普遍存在短期利益"偏好"，学术价值遭到损害。

（一）"绩效主义"蔓延

工具理性的发展使物质需求优先性和可计算性等思想原则渗透到社会生产整个过程和领域，造成人的物化或异化状态。借助数字和逻辑的方法，理性建立起纯形式或机械化的范畴体系，以量化、数字化、标准化的"科学态度"来确定和操控一切事物，造成社会的模式化和齐一化，人成了社会大机器中随时可以替换的零部件。科学定量化抹杀了所有事物的质，将之视为无差别和可置换的量。企业以利润最大化为目标，组织目标清晰明确。而高校属于"有组织的无序"组织，其目标相对复杂和不明晰。对我国而言，由于传统管理体制的惯性，高校组织目标和任务的模糊性尤其明显，绩效考评的工具理性蔓延很容易滋生"绩效主义"。高校教师课程相对较少，平时无须坐班，漫长的寒暑假也类似带薪休假的闲暇福利，在当前供过于求的劳动力市场很有吸引力，就业竞争激烈，造成高校对在职教师采用更严格的绩效考核和评价手段，而不必担心离职倾向。这种工具理性的张扬并不必然给人带来内心的祥和、平衡和愉悦。相反，它以技术性的方式确定功用目标，凸显效率维度、物质取向，忽视人的精神意义和价值，往往会带来高校价值理性的衰微。用"差额计件工资制"衡量教师业绩，就必须把各种工作要素分解量化，但学术工作往往是无法简单量化的。这种方式忽视了教学科研的复杂性和人文性，如耐心坐"冷板凳"、精心备课、关爱学生、追求学术质量等隐性劳动。绩效管理注重速度、效率，但学术需要自由，精神劳动应该水到渠成。学术工作不比企业按订单生产，"一年多少课时、论著、课题经费，几篇 SCI"这种硬性指标有悖学术职业逻辑。学术研究具有相关性，学术盲区的存在，会导致相关联研究因缺乏支撑而难以为继。因而，绩效工资的实施从某种程度上是在鼓励学术上的短视行为，最终损害学术本身。[①] 统一标准是绩效考评的前提，然而，学术生态环境中不同的学科研究方向性质各异，学术生产难易程度也大相径庭，很难用统一的标准去衡量千差万别的学术成果。一些对学校科研有重要影响的基础性学科，由于在劳动力市场竞争力弱，直接创收效果差，选课（读）人数就少，因此教师要挣"绩效"很

[①] 顾友泽：《高校绩效工资能否产生"学术"绩效》，《中国社会科学报》2013 年 1 月 25 日。

难，相当程度上挫伤了教师的工作积极性。这对学校的科研核心竞争力影响很大。此外，高校绩效工资分配体系内的分配权重也不尽合理。由于在现行的工资体系中，国家工资还占有很大的权重，而校内岗位工资多数与职称、职务及工作年限挂钩，真正能够体现出教师"贡献力"的"绩效薪酬"权重仍然很小。尤其对青年教师或应届博士，尽管他们相对接近学科前沿，成果丰硕，但由于资历浅，职称低，本科教学任务少，研究生指导名额十分有限，在现行绩效计算公式中得不到相应权重的认可和体现，成为绩效改革中的"游离部落"，工作积极性受到严重影响。

（二）侵蚀团队精神

在现代社会，工具理性造成民众的生存困境，人失去了自主性，成为墨守成规的执行者，工具理性取代了交往理性成为人的生活中心，人与人之间的主体间关系降格为主客体关系。在高度分工的现代组织中，工具理性的发展使员工成为一种畸形物，人成为一种局部的人、片面的人，个体自愿被整合到现存的社会组织中，成为失去超越和批判维度的"单向度的人"。基于个人绩效的薪酬往往会降低组织成员整体互助水平，削弱团队精神。研究表明，绩效工资属于一种竞争性激励报酬，会在一定程度上降低员工之间的凝聚力和合作精神。① 大学的运行是一个相互联系相互影响的流程，各部门、各岗位之间的合作是大学正常运转的基础。在绩效管理中，很难确定不同岗位的职能、责任划分和相互关联度，绩效考核指标不可能面面俱到，考核指标的权重也有差别。各部门各岗位就可能盯住自己的KPI，而忽略与自身绩效无关的工作。考核的一些独立标准也容易引发内部不正当竞争，导致相互拆台，协调陷入困境。因此，在工作相互依赖程度较高的大学组织中，强度过高的绩效工资制度可能会影响到教职工的相互合作，鼓励"单打独斗"，结果导致组织整体效率低下。

（三）短期利益"偏好"

绩效考评往往会使高校教师为了追求短期利益而忽视具有长远效益的工作。目前我国高校实施的绩效工资制度，往往是对当年绩效的考量，每年以课时、论著、课题、专利数量算绩效点，属于当期分配，而对长期激励明显不足。这种只重短效忽视长期激励的制度，往往容易使教师产生功

---

① Deckop, J. R. et al., Getting More than You Pay for: Organizational Citizenship Behavior and Pay-for-performance Plans [J]. *Academy of Management Journal*, 1999 (4), pp. 20 – 428.

利化倾向，不利于自身和高校的长期发展。学术生产从酝酿、构思、研究到被接受，需要一个漫长的周期。行政系统将考核简单定位于确定年终利益分配的依据和工具，如同企业一样考核教师的学术生产效率，这势必引起考核在教师心目中消极化，从而产生心理上的压力，曲解绩效考核的价值理性。这种短期化行为，难以激励潜心于长期研究、不能立即产生标志性成果的学术人员，高校也很容易沦为学术泡沫的生产车间。2013年我国科技论文数量位居世界第二，但35%无人应用。[①] 工具理性的成就极大地满足了人们的使用欲望，但因价值理性缺失导致人的价值体系和认知方式与现实社会生活产生脱节与断裂，最终带来人和社会道德水准的降低。汤因比指出："迄今为止，人的伦理行为的水准一直很低，丝毫没有提高。但是，技术成就的水准却急剧上升，其发展速度比有记录可查的任何时代都快。结果是技术和伦理之间的鸿沟空前增大，这不仅是可耻的，甚至也是致命的。"[②] 量化的绩效管理基于效率要求，迫使高校教师必须在短时间内出"成果"。这种绩效要求势必直接诱发教师的短期利益"偏好"，从而导致学术腐败。

（四）损害学术价值

随着工具理性成为社会组织原则，它也就成为统治形式本身。从根本上讲，工具理性是一种技术理性，现代社会将大规模的工业研究和科学技术融为一体，使科学失去了独立性，转而成为行政化的控制手段。高校教师绩效考核只注重结果而忽视过程，容易带来"不择手段"的风险。大学的学科其实构成一条生态链，没有一流的文科就没有一流的理科，没有一流的理科就没有一流的工科。在绩效刺激下，研究者倾向于放弃某些难出成果的领域，其结果必然产生大量学术盲区。而学术研究需要可持续的生态环境，学术盲区的存在，会导致相关领域研究生态链断裂。结果是鼓励学术研究的短视行为，损害学术价值。高校教师绩效管理如果简单继承传统工业管理中的某些做法，不但会造成学术职业中的功利化倾向，而且不利于学术职业的发展和创新。效率至上，势必侵蚀高校人文性和公益性。绩效工资的实施进一步强化了教师的浮躁心态，令高校教师不得不考虑每年或者稍长一段时间的工作业绩，很难做到坐"冷板凳"潜心研究。

---

① 陆峰：《论文与成果 代表建言科技评价体系不能"一刀切"》，《新华日报》2014年3月14日。

② 汤因比、池田大作：《展望二十一世纪》，国际文化出版有限公司1985年版，第432页。

在"绩效点"构成中，论著数量占很大比重，以论文数量、期刊级别为标准的学术绩效考核制度，致使高校整体学术水平的下降和学术的畸形发展。基于控制的院校绩效管理的确能够激励教师快出"成果"，迅速占领职称、职位的制高点。但也将更加刺激高校教师急功近利，为了业绩而丢弃学术价值底线，导致学术水平下降；或将自己的精力时间配置到那些容易被衡量的绩效方面，一味追求"短、平、快"项目，而忽视对自己专业发展真正重要的职责。这种由行政权力控制的绩效薪酬体系，使得短缺的学术资源和物质资源成为行政管理者控制高校教师的最好手段①，可能进一步滋生高等教育中的工具理性霸权。

当今世界一流大学，绩效考核主要面向行政、教辅和后勤人员，从事学术职业的教学科研人员往往不是年度绩效考核的重点。比如在哈佛大学，对教师就没有年度、量化、正式、刚性的考评制度，而是借助一种"无形之手"来推动的柔性、宽松机制，比如教师的聘任竞争力、教学评价压力和对学术声望的追求等。② 大学教师本该以"闲逸的好奇"精神去思考客观世界，追求高深知识，探讨深奥的实际知识。"大学之所以存在不在于其传授给学生知识，也不在于其提供给教师研究机会，而在于其在'富于想象'地探讨学问中把年轻人和老一辈人联合起来，由积极的想象所产生的激动气氛转化为知识"。③ 但目前企业化的绩效考核已经难以让大学教师去"闲逸"地追求知识、教化学生。为了增加数量化的教学"绩效"，一些学院开始"拆班"，教师不得不"抢课"、批量炮制论文，一些教师的周课时甚至达到20节左右，根本没时间去搞科研，"大学已经容不下一张安静的书桌"，而大学课堂也黯然蜕变成中小学课堂。结果只能是教学质量滑坡，科研水平也难以提升。

三　健全高校教师绩效管理的策略与路径

高校推行绩效改革，应该充分认识学术职业的独特性，注重学术生产的精神性，重塑大学理想，制定多元化的绩效标准，建立绩效管理循环，同时要关注教师专业发展，切实推行高校去行政化改革，建立现代大学制度。

---

① 《"管理主义"阻碍高校学术职业权威》，《中国高等教育》2008年第21期。
② 王建民：《大学教师绩效评价：向哈佛学什么?》，《中国报道》2009年第12期。
③ 约翰·布鲁贝克：《高等教育哲学》，浙江教育出版社2001年版，第13页。

（一）认识学术职业绩效的独特性

高校学术人员在某一细小的学科领域传授知识、创造知识或应用知识，以此作为安身立命的职业而非业余消遣。作为知识型员工，高校教师绩效特征是决定绩效薪酬有效性的重要因素。有研究认为，知识员工的工作特征可以从决策难度、知识应用、工作复杂性、单位工作时间、重复性、数量、技能、结构化程度 8 个维度来判断。[①] 知识员工的工作结果难以测量，具有团队性、多因性、多维性、模糊性、动态性和相对性等特点[②]；其绩效结果不易量化、重质量，具有团队倾向、时滞性、专业性、风险性和周期性[③]；其绩效特征主要有专业性、创造性、复杂性、双重性、团队性、时滞性和风险性。[④] 学术职业拥有专业知识背景，易受新知识生产影响，随着学术劳动力市场波动，遵循共同学术规则和学术伦理，自由自主。[⑤] 学术职业在教学、科研方面都具有关键性基础地位。伯顿·克拉克指出："由于大学教师培养了社会中几乎全部的专业人员以及在其他地方从事科研和开发工作的人才，因此应该把高等教育系统看成是关键性专业，即训练所有其他专业的这样一个专业的老家。"[⑥] "学术职业包括从人类学和天文学到西方文明和动物学，甚至所有的自然科学、人文科学和社会科学在内。它同时也是其他职业的培训基地，包括医生、律师、建筑师、工程师等高级职业。"[⑦] 由于学术职业在社会生活中的关键性基础地位，决定了其更接近公共服务者的角色，其工作绩效也就不能像企业生产者简单采用市场机制来衡量。

大学本质就是有关知识的制度，知识的获得、传授和应用三者间的关系也是通过大学而加以制度化。"大学者，研究高深学问者也。"[⑧] 学术劳

---

① Thomas, B. E., Baron, J. P., Evaluate knowledge worker productivity: Literature review. *Interim Report*, 1994, No. FF–94/27, pp. 1–27.

② 李树丞、乐国玲：《企业知识型员工绩效特征及其影响因素分析》，《湘潭大学学报》（哲学社会科学版）2004 年第 4 期。

③ 张光进、廖建桥：《绩效特征导向的知识员工考评方法的思考》，《商业经济与管理》2006 年第 3 期。

④ 廖建桥等：《知识员工绩效特征的实证探析》，《研究与发展管理》2008 年第 6 期。

⑤ 臧兴兵：《知识经济背景下学术职业的地位与发展》，《中国高教研究》2007 年第 8 期。

⑥ 伯顿·克拉克：《高等教育新论——多学科的研究》，浙江教育出版社 2001 年版，第 106—107 页。

⑦ 沈红：《论学术职业的独特性》，《北京大学教育评论》2011 年第 3 期。

⑧ 蔡元培：《蔡元培教育论著选》，人民教育出版社 1991 年版，第 72 页。

动的高深性，决定了大学教师涉及的都是一些高、精、尖的内容，因此是一种耗费心血的工作。高深学问的探究是一项极具创造性的活动，有其自身创新和发展的规律性。要求学者们充分发挥创造性思维，学术活动的环境不能有丝毫堵塞这种创造性思维空间的障碍。这种复杂的脑力劳动自发性强，产品无形，其劳动过程无法从外部控制，劳动成果的获得具有高度的风险和不确定性。同时"高深学问忠实于真理，不仅要求绝对忠实于客观事实，而且要尽力做到理论简洁、解释有力、概念文雅、逻辑严密"。① 此外，学术职业的劳动成果识别周期长，无论是毕业生的质量还是科研成果水平，都有待长时间的实践检验。因此，学术职业的工作业绩很难按年度评价。

（二）绩效标准多元化

工具理性在思维形式上扩展了逻辑同一律的使用领域，同一性成为事物存在的新方式。无论是自我意识的同一，还是主体与客体的同一，都是以抽象概念、绝对理性名义消除一切事物的多样性和特殊性，把具有差异性、非同一性的丰富多彩世界还原为可计算、可操控的抽象同一性，并形成了同一与多样、理念与现实、主体与客体、中心与边缘的二元等级机制。以单一的理性准则统一多样性，无疑低估了价值、情感和传统的解释能量。学术职业绩效具有多因性、动态性和多维性等特征。多因性是指绩效的优劣不是取决于单一的因素，而要受到主客观多种因素影响。这些因素主要有：知识水平、工作技能、工作态度、受到的激励和工作环境等。动态性是指绩效随着时间的推移会发生变化，处于动态的变化过程中，不同的时期教师的绩效有可能截然不同。绩效的变动性决定了绩效的时限性，绩效往往是针对某一特定时期而言的。多维性是指绩效需要从多种维度去分析与考核。学术职业的工作绩效可以从多方面表现出来，工作绩效是工作态度、工作能力和工作结果的综合反映。在后现代社会，大学的功能是多元化的。高等教育的社会责任日益扩展，而教师激励机制却更为狭窄；高等教育的任务日益多样化，但学术却逐渐走向单一化。博耶（1990）指出，学者的工作应该包括四个不同而又相互重叠的功能，即发现的学术、综合的学术、应用的学术和教学的学术四个方面。② 博耶的多

---

① 约翰·布鲁贝克：《高等教育哲学》，浙江教育出版社1998年版，第14页。

② 欧内斯特·博耶：《关于美国教育改革的演讲》，教育科学出版社2002年版，第72页。

元学术观契合了后现代社会对大学和学术的需求，而多元化的大学势必促进学术的多样化发展，并推动社会的多样性形成。学术职业不同于按订单准时生产，也不敢保证有恒定的产出。因此，高校首先应根据自身实际情况，充分考虑到不同学科的特点，对教师进行教学、科研和社会服务等方面的综合评价。其次，要积极探索多元、开放的评价方法，科学处理定性与定量、质量与数量的关系，真正建立起定性评价与定量评价相结合的学术职业绩效评价制度，实现对大学教师的全面考评和全程考评。最后，应使不同专业、不同年龄段教师的工作得到相应的报酬和奖励，在绩效薪酬比重不断提高的同时，努力维护绩效考核制度应有的价值理性。

（三）建立绩效管理循环

在工具理性当道的"体制"之内，主要以货币与权力等非语言、非规范的媒介进行交易，既缺乏沟通空间，亦无道德价值的余地。绩效管理强烈体现出"领导者主导"的特征，缺乏组织成员的广泛参与。组织的实质是有意识地协调两个以上的人的活动或力量的一个体系。组织的关键问题之一在于协调，在充分协调和沟通过程中，组织成员逐渐形成对组织目标的认同和忠诚，进而确保组织绩效的实现。教师绩效评估旨在帮助教师进行专业开发和职业生涯规划，并保证教师的在职培训和开发与学校和教师双方的需求相适应，且是持续的、系统化的过程。[1] 在后现代社会，高校必须从"绩效考核"转向"绩效管理"，建立一种长期的对等合作关系，围绕着提高整体绩效展开循环管理（见图5-17）。

现代绩效管理是一个系统的持续循环过程，包括绩效计划、绩效实施、绩效评价、绩效反馈与面谈、绩效改进和绩效结果应用。绩效管理的目的是持续提升个人、部门和组织的绩效。每一次绩效管理循环都从组织的战略目标分解开始，制订绩效计划，对绩效计划实施与管理，定期考核与反馈，以达到绩效改进的目的，最后以绩效结果应用结束一个周期的绩效管理循环。一个组织的绩效管理可以是一个大循环，一个部门或学院的绩效管理是中循环，一个系所的绩效管理是小循环。学院或系所根据组织总体战略要求，结合本部门实际情况，制订具体的绩效计划，形成其绩效循环，并把目标、任务落到学科团队、教师，形成更小的绩效管理循环。

---

① Fidler, B., Staff Appraisal and the Statutory Scheme in England. *School Organization*, 1995 (2), pp. 95 - 107.

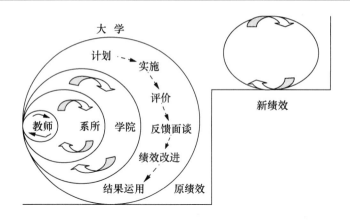

图5-17 高校教师绩效管理循环

这样每个循环都运转起来同步进行，使教师、学科团队、学院的绩效管理工作稳步提高，最终保证整个组织目标和计划的实现。绩效管理循环每循环一次，教师的工作质量和部门业绩就应该提高一步，正像转动爬升的车轮，每转动一周就螺旋式上升到一个新的更高的水平。

学术职业绩效管理具有其独特性和自身逻辑。在高校行政权力泛化背景下，教师为本的价值缺失导致绩效循环机制失灵，系统观念缺乏，沟通渠道不畅，反馈制度名存实亡，教师绩效评价活动多呈现片段、断裂或封闭型状态。在教师绩效评价指标体系的建立、评价过程与评价方法的确定、评价结果的使用等方面，往往是行政权力主导，行政管理部门发挥主导作用。评价往往从行政管理的需要出发，片面强调学校对教师的管理和控制功能，对教师的工作过程和专业发展关注甚少。而作为考核对象的教师参与不多、影响力不大。员工在考核之前，对考核内容和指标不甚了然，考核结束后也只知道一个简单的绩效数字，行政系统再也没有对绩效考核结果进行总结分析，员工持续改进绩效、终身学习成为一句空话。因此，应加快建设可持续的高校教师绩效管理循环，绩效标准设定、绩效考核内容、绩效管理程序以及绩效奖励的公平性等问题都需要教师的充分参与，通过信息共享和意见交流来使得绩效管理的理念得到认同，如此才能释放教师的能量，让绩效管理的作用充分发挥出来。

（四）关注教师专业发展

大学教师专业发展是一个主体意识自我强化以及主体性不断彰显的启蒙过程。启蒙精神强调以人类为中心的主体理性精神，旨在促进人的自由，实现人的自身解放。康德认为，启蒙就是"人类脱离自己所加之于自己的不成熟状态。不成熟状态是指没有能力运用自己不经他人引导的知性。"[①] 然而启蒙在给人类带来进步的同时也创造了新的理性神话，"理性自身已经成为万能经济机器的辅助工具，理性成了用于制造一切其他工具的工具一般"[②]，亦即启蒙精神变成用来实现统治和操控的工具理性。而启蒙蜕变为工具理性的深层根源就在于数学原则、形式逻辑的盛行，"形式逻辑成为统一科学的主要学派。它为启蒙思想家提供了算计世界的公式……数字成了启蒙精神的准则"。[③] 随着高校"绩效主义"蔓延，绩效管理工具逐渐将教师的教学科研工作数字化、公式化，这势必抑制教师的主体理性精神，阻碍教师专业发展。教师专业发展深受外在制度环境影响，其中绩效薪酬直接制约着学术职业持续发展的兴趣与动力，影响着教师是否从事学术职业、是否选择职业流动以及确定未来专业发展方向。学术职业会根据经济收益或社会收益对职业发展路径做出取舍。因此，高校绩效管理必须充分了解并利用大学教师自主发展规律，把组织目标与个人追求，高校整体发展与教师绩效有机结合起来，让教师参与决策前的讨论事项，倾听广大教师的意见，增强广大教师对分配制度的认同感，才能充分调动教师从事学术工作的主动性、积极性、自觉性，使绩效考核真正成为教师的自我认识、自我分析、自我改进、自我完善和终身学习的过程。其次，绩效考核指标与依据中应重点突出教学科研绩效和学术工作岗位的重要性，让教学科研优秀的教师脱颖而出，获得更优厚的薪酬待遇，以此强化骨干教师的学术追求，发挥学科带头人的领导作用，并促使高校学术权力回归，加快教师专业发展步伐。

（五）去行政化，建立现代大学制度

由于传统计划体制的惯性影响，行政权力在我国高校仍然掌控着人事、财务、教学、科研等几乎所有部门。当前我国高校去行政化道路依然漫长，取消高校的行政级别仍然处于"探索阶段"。在师资管理方面，学术系统的教师话语权缺失。作为一种"松散结合的系统"，"有组织的无序"是大学天然的组织特性。高校去行政化并非"去行政管理"，和学术工作一样，行政管理同样是一门学问。从国际经验看，好的行政管理能够

---

① 霍克海默、阿道尔诺：《启蒙辩证法》，上海人民出版社2006年版，第71页。
② 同上书，第23页。
③ 同上书，第4—5页。

形成积极进取的激励机制和大学文化，是高校发展不可或缺的支撑。自扩招以来，我国巨型大学已经十分普遍，必要的行政管理自然不能偏废。但行政与学术之间又存在类似"井水"、"河水"一样的边界。因此，在高校绩效管理中，首先，应从体制层面取消行政级别，让大学回归学术家园。实际上，我国事业单位现行的级别工资制度本身就是一种行政化分配，只有取消科研院所、学校、医院等事业单位实际存在的行政级别和行政化管理模式，才能更好地推行绩效改革。其次，面对网络平权时代组织结构扁平化、无边界化、虚拟化等新的变革趋势，大学要尽快实现从科层制向团队型管理的结构重组，弱化院系的官僚科层意识，培育以项目为依托的团队精神。最后，应努力实现学校行政管理团队专业化，管理者需要重新审视学术职业的独特性，实现向领导者的角色转换，积极营造浓厚的学术氛围。

推动高等教育内涵式发展，其基本内容和重要前提是制度创新，加快建设中国特色现代大学制度。当前我国现代大学制度改革试点，主要涉及政府放权、市场介入、大学自主和学术自由等议题。现代大学制度建设关键在于培育大学的独立、自主和创新精神。随着高等教育管理体制的变革，大学发展遭遇的最大问题可能源于组织内部长期以来"计划"惯性所形成的僵化体制和制度。现代大学制度并没有统一的标准模式，院校的制度设计取决于社会、市场及政府选择的博弈与角力。现代大学制度强调软环境建设，尤其是学术人力资源开发与积累。作为大学的核心，教师的生存境遇直接影响学校的发展。目前我国高校基础设施建设相对完善，大学已经不缺大楼，稀缺的是大师，大学需要学术力量的崛起来制衡过于强势的行政权力，实现学者治校。因此，必须重新梳理大学与教师的关系，创建一个使教师潜心教学科研的学术平台。并主动反映社会的需要和问责，为高校不同部门也提供了一个良好的沟通平台，使上级与下级之间相互了解，相互理解，促使教师绩效改进和专业发展，不断超越自我，改善心智模式，自觉发现短板并及时纠偏，激发教师工作的积极性和创造性，主动学习和钻研其专业知识，从而真正形成现代学习型组织。

第六章　高校教师绩效薪酬与追求的循环机制

　　高校教师薪酬制度改革对吸引与稳定高层人才、调动教师积极性、打造高校核心竞争力具有深远意义。一方面，教师收入问题在高校发展中具有重大战略意义，高校要在未来的全球化竞争中赢得竞争优势和提升核心竞争力，必然要在教师收入上进行改革与创新；另一方面，高校教师收入已成为管理实践改革的难点和社会关注的热点。只有客观总结和分析目前高校教师收入的现状，并针对存在的问题进行剖析和改革，才能为高校集聚和发挥人才优势提供强有力的机制保障，从而确保人才强校战略的顺利实施。与学术人员的任命及晋升一样，学术人员的工资对于其学术职业的健康发展和对大学贡献至关重要。如果工资不足，"最好的"和"最聪明"的人才不会被吸引到学术领域中来；教学人员也会兼职挣外快，将注意力和精力从学术工作中转移出去。

第一节　高校教师薪酬

　　21 世纪以来，在"新公共管理"思想影响下，绩效管理工具开始从企业弥漫到我国公共部门。薪酬的实质是一种公平的交易或交换关系，是员工在向单位让渡其劳动或劳务使用权后获得的报偿。薪酬的本意是弥补、补偿、平衡。薪酬既是组织提供给员工的收入和工作回报，同时也是组织的成本支出，它代表了组织和员工之间的一种利益交换关系。薪酬指雇员作为雇佣关系中的一方所得到的各种货币收入，以及各种具体的服务和福利。[1] 薪酬对员工的行为有很大的潜在影响，能够成为激励员工提高

---

　　[1]　乔治·T. 米尔科维奇、杰里·M. 纽曼：《薪酬管理》，中国人民大学出版社 2008 年版。

生产效率的动力和源泉。将薪酬作为激励员工努力工作的驱动力,它就成为一种资产。组织提供竞争性的薪酬水平旨在发挥两方面的效应:一是激励效应;二是分选效应,吸引高素质或尽职的员工,抑制组织"逆淘汰"行为。薪酬是推动工作成果达标的激励工具,也是促使组织文化变革的催化剂。经济薪酬虽不是万能的,却是必不可少的重要激励因素。员工对经济薪酬的态度比对其他非经济结果(如福利、夸奖)的态度更能预测其行为。从心理学的角度看,薪酬是个人和组织之间的一种心理契约,这种心理契约通过员工对薪酬状况的感知而影响员工的工作行为、状态及绩效,产生激励作用。薪酬是动力,从中既可能感到不平等,也会受到激励。组织通过不同的薪酬方式或水平来激励员工朝着预期目标努力,从而实现其战略目标。

中国古代知识分子多数把仕途作为终极追求,不成功则以安贫乐道姿态处世,似乎不太看重经济回报。比如说:"圣人安贫乐道,不以欲伤生,不以利累己。"[①] 即安于贫穷,以坚持自己的信念为乐。但是,对于今天从事学术职业的知识型员工来说,良好的外在薪酬是首选。他们经过长期的人力资本投资,承担了巨大的机会成本压力,渴望良好的工作收入。对组织而言,更多外在薪酬也会带来员工更高的忠诚度和工作嵌入。

一　高等教育经费的特征

经济学中的成本通常指机会成本,是由于使用某些资源所放弃的该资源其他用途的最高代价。成本意味着付出、代价、舍弃和牺牲。教育成本的概念经历了一个逐步发展过程,研究视角不同,其内涵也不一样。英国经济学家约翰·维泽(1958)最早提出"教育成本"概念[②],维泽认为,教育成本也就是教育经费。随后,舒尔茨(1963)详细论述了教育成本,提出"全要素教育成本"概念[③],认为教育的全部要素成本包括两部分:一是提供教育服务的成本,如教师、图书馆工作人员、学校管理人员的服务成本,维持学校运行耗费的要素成本,以及房屋、土地等的折旧及利息、成本,但不包括与教育服务无关的附属活动的成本,如学生食堂、住宿、运动队活动等的成本,也不包括向学生提供的奖学金、补助等"转移支付"性质的支出。二是学生上学的机会成本,即学生因上学而放弃

---

① 参见《文子·上仁》。
② Vaizey, J., *The Costs of Education*. London: Allen and Uniwin, 1958.
③ Schultz, T. W., *The Economic Value of Education*. Columbia University Press, 1963.

的收入。舒尔茨反对把教育成本等同于教育经费，其教育成本更多指的是高等教育成本。鲍恩（H. R. Bowen，1980）在《高等教育的成本》一书中提出"成本的收入决定论"指出，一所大学的生均教育成本是由其收入中用于教育目的总收入（不含科研经费等非教育收入）决定。[①] 从收入角度分析，高校教育收入有三个来源：一是学生及其家庭所缴学费；二是社会机构或个体的捐资；三是政府代表纳税人的公共教育支出。因此，高等教育的实际成本不仅包括公共教育经费，也包括私人成本。高等教育成本是用于培养学生所耗费的教育资源的价值，或者说是以货币形态表现的，是为培养学生由社会和受教育者个人或家庭直接或间接支付的全部费用。高等教育经费包括事业费支出和基建支出，其结构如图 6 – 1 所示。

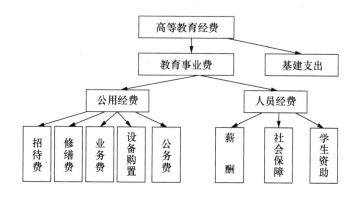

图 6 – 1　高等教育经费结构

高校公用经费中的公务费包含办公费、水电费、差旅费、会议费、邮电费、机动车辆燃料费、其他费用。高校人员经费中教职工薪酬占主要部分。高等教育成本具有递增性、成本补偿多元性等特征：

（一）递增性

高校教育成本具有递增性，呈现出膨胀形态。在一般生产领域，随着技术创新、生产力发展和管理水平提高，短期内平均成本呈递减趋势，长期平均成本则呈 U 形。长期平均成本曲线是一系列短期平均成本曲线的包络线。对国家而言，高等教育是一项具有战略意义的长期事业，随着时

---

① Howard R. Bowen，*The Cost of Higher Education*. South Carolina：Jossey-Bass Publisher，1980，p. 17.

间推移,高校教育成本也会趋于上升。长期平均成本曲线除了在最低点与短期平均成本曲线最低点相切外,其他点都不可能与短期平均成本曲线最低点相切(见图6-2)。

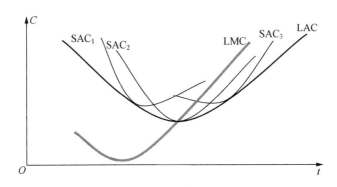

图6-2　高等教育长期平均成本曲线

　　舒尔茨和希恩等人研究表明:高等教育成本在不断增长,其增长速度超过了物力资本资源总成本增长速度,或者其增长速度高于物价水平增长速度。高等教育成本增加,意味着高等教育对投入的资源数量需求增加,即高等教育要求投入更多资源。希恩认为,用于高等教育部门各项投入的价格比一般物价上涨得更快,许多家庭用于每个学生的实际经费已经有所增加,实际经费是指用于高等教育部门的各项投入,如教师、书籍和校舍等货币支出经过以适当价格指数调整消除了通货膨胀因素后的金额,这说明提供给每个学生的资源数量是普遍增加了。对于高等教育成本递增的原因,鲍恩(1980)如此解释道:(1)高校最重要的目标是卓越教育、学校声誉和影响;(2)在追求卓越、声望和影响过程中,高校为实现其重要目标时可能消耗的经费实际上是没有上限的;(3)每所高校都会尽可能多地募集经费,没有高校承认其经费充足;(4)所有高校都会耗尽其每一分经费(捐赠与基金也为学校增加收入);(5)以上四条定律的总效果是,高校教育成本倾向于永远增长。[1][2] 总之,高等教育成本递增的可

---

①　Leslie, Larry L., Raising Administrative Cost: Seeking Explanations. *Journal of Higher Education*, 1995, (2), pp. 187-212.

②　Howard R. Bowen, *The Cost of Higher Education*. South Carolina: Jossey-Bass Publisher, 1980: 19.

能原因有三个方面：其一，随着人才市场的激烈竞争，高校人力资源成本只升不降。其二，在后现代背景下随着教学内容的多元化和日益丰富，迫使院校采用先进的教学方式和手段，配置一流的教学仪器和设备，为师生营造良好的工作和生活环境，因此所消耗的人、财、物就会不断增加，教育成本必然呈递增趋势。其三，由于物价上涨因素的影响等刚性支出，推动高等教育成本递增。

（二）成本补偿的多元性

高等教育是一种具有巨大正外部效应的准公共产品，高等教育活动满足多个投资者的需要，受益人包括受教育者本人及家庭、国家、企业、社会等，高等教育成本应由这些受益主体分担。高等教育产出的是人力资本，具有私人产品和公共产品两种属性。这一性质决定了其受益主体是多元的，应当谁受益谁负担。从经济发展角度讲，人力资本是构成一个国家财富的基础，一个国家如果不能增进本国人民的知识和技能，并加以有效利用，它就不可能促进其经济发展和社会进步。[①] 所以，无论从高等教育的社会外溢福利效应，还是对促进经济发展作用的角度考虑，政府都应分担一部分高等教育成本。从私人产品属性考虑，学生上大学学到了知识和技能，能给个人带来收益，知识和技能的生产也需要成本，这种成本应该由获得知识的人承担。因此，学生个人应分担一部分高等教育成本。

（三）投资效益滞后性

高等教育成本投入远远滞后于收益。由于知识转化的"滞后"作用，学生毕业后，要有一个熟悉工作的过程，把学到的知识转化为现实生产力要有一个过渡时期。另外，高校师资培养、教学设施和设备建设等，周期较长。合格大学毕业生进入生产领域并熟悉生产过程，由于教育的作用使劳动力得到的增量部分多创造了价值，才能逐步偿还他在受教育时所消耗的成本，最后才能得到收益。高等教育活动周期的长期性决定了高等教育投资收益的滞后性，往往要等到大学生毕业后的相当时间内才能逐步发挥效用。一般而言，大学生毕业就业后8—15年，高等教育投资效用才可能达到最佳值，并在20—30年内持续发挥效用。

二　高校教师地位与工作特征

亨廷顿认为，作为行业的一种特殊类型，职业的突出特征在于其具有

---

① 西奥多·舒尔茨：《人力资本投资》，商务印书馆1990年版。

专门知识（技能）、责任和法人团体。"职业人是在人类活动的某个重要领域具有特殊知识和技能的专家。其专门知识只能来源于教育和经验。这是使其区别于外行的职业能力客观标准的基础，也是衡量职业相对能力客观标准的基础。"[1] 马克斯·韦伯认为，学术职业是"以学术作为物质意义上的职业"，即"职业学者"，如同"职业球员"、"职业经理人"、"职业政客"等。学术人员在某一细小的学科领域传授知识、创造知识或应用知识，以此作为安身立命的职业而非业余消遣。学术职业的内涵在于：（1）拥有专业知识背景；（2）易受新知识生产影响；（3）随着学术劳动力市场波动；（4）遵循共同学术规则和学术伦理；（5）自由自主。[2] 由于西方世界很少有"国营"性质的研究机构，而中学教师又主要是从事教学，所以，"学术职业"狭义上特指大学教师。布鲁贝克指出，"最初，教授被认为在政界和学术界都有公民身份。当时，这种双重公民身份并没有表现出任何矛盾，教授作为学术共和国的公民，并不抗议政府的行动，除非关系到他的重大利益，如学术自由；而国家对学术共和国也不进行干涉，除非它的'公民'违反了法律"。[3] "到了19世纪末，技术的飞速发展使两个政体间的和谐关系变为紧张状态。由于教授变为政府和企业大亨两者的仆人，因此其地位发生了微妙的变化。教授不再是为民主社会服务的社会改革家，而成为为民主国家服务的改革家。按照前者的资格，他可以保持价值自由；可是，当以后者的资格出现的时候，还能保持价值自由吗？"[4]

研究表明，大学教师地位自20世纪50年代一些国家高等教育开始大众化以来走上了一条不断下降之路。20世纪七八十年代，印度高校无节制扩招导致高等院校对师资产生了前所未有的需求，于是公立大学粗制滥造出越来越多的研究生，并使其轻易找到合适的学术岗位。结果，人们普遍感到，任何职业都没有像教师这样遭受如此的贬低，甚至连教师本人对其职业也不太尊重。[5] 1951年，米尔斯认为："学生人数的增加以及随之而来的批量生产授课方式使大学教授的地位不如过去显赫。虽然它的声

---

[1]　Huntington, Samuel P., *The Soldier and the State: The Theory and Politics of Civil-Military Relations.* Cambridge: The Belknap Press of Harvard University Press, 1957.

[2]　Finkelstein, Martin, Robert Seal and Jack H. Schuster, *The New Academic Generation: A Profession in Transformation.* Baltimore: Johns Hopkins University Press, 1998.

[3]　约翰·布鲁贝克：《高等教育哲学》，浙江教育出版社2002年版，第18页。

[4]　同上书，第19页。

[5]　菲利普·阿特巴赫：《失落的精神家园》，中国海洋大学出版社2005年版，第11页。

望，特别是在较大的教育中心，被认为大大高于公立中学教师，但是并不能吸引有教养的上层阶级家庭的子女。招收来受训培养从事大学教育的人很可能有着浓重的下层社会血统。"① 对此，阿特巴赫认为，大学教授通常来自社会的中上层阶级，工人阶级或贫穷的农村几乎没有人能通过漫长的教育，而这是成为大学教授的一个必要前提。但近年来大学教授的精英特征在慢慢地被打破，有更多的社会阶级进入学术职业。② 从事学术职业的学者被认为是隶属于一种跨越时空的理智共同体，在这一共同体中有同质的追问：人的存在、困境及救赎之道；同样的求索动力：单纯的好奇心和完善人类物种生存境况的实际功用诉求；同样的元方法律令：超越理智—情感二元对立的永不停息的批判、反思和怀疑；同质的评价准绳：简单的完美；同样的英雄系谱：柏拉图、孔子、康德等；同质的原型：孔子学堂和柏拉图学园；同样的深层语法，论说方式，尽管各有各的方言。③ 自中世纪以来，不管是在大众眼中还是在学者看来，专门职业的地位都高于、优于其他职业，而律师、医生、大学教授这几种专业，几乎总排在职业声望层级的顶端。现代社会中，高校教师一般都被视为中产阶级，享有较高的社会声誉，较稳定的收入，但经济地位并不高，生活很紧，社会和政治权力有限。这就决定了学术职业在新一轮职业地位"重新洗牌"中存在着"先天不足"。班克斯指出："学院教师的地位虽然一定比中小学教师高，但是仍不明确，而其最重要者是其经济报酬及教育水准的差距。这在的情形下最为显著。美国学术人员的薪俸在专业人员薪俸的底层，不仅薪俸本身低，而且从战前开始，即已相对地降低。因此，在 1957 年以前，医师的实际所得比 1939 年增加 93%——若以货币所得计算，则增加400%；牙医增加 54%；律师约增加 45%。在同一时期，学术人员的实际所得从其 1939 年原本不足的情况，又减少了 8.5%。"④ 卡内基教学促进基金会对世界 14 个国家和地区学术职业的调查显示（见表 6-1），世界各国的高校教师普遍对自己的收入不满。

---

① 米尔斯：《白领——美国的中产阶级》，浙江人民出版社 1987 年版。

② Altbach, Philip G., The Academic Profession, *in Encyclopedia of International Higher Education. An Encyclo - pedia.* New York: Garland Publishing, Inc., 1991.

③ 方文：《社会心理学的演化：一种学科制度的视角》，《中国社会科学》2001 年第 1 期。

④ 班克斯：《教育社会学》，复文图书出版社 1978 年版。

表6-1   14国（地区）高校教师对自己薪俸的满意度   单位:%

国家（地区）	很好	好	一般	差	国家（地区）	很好	好	一般	差
澳大利亚	3	31	44	22	日本	1	10	45	44
巴西	3	22	27	48	韩国	1	12	36	51
智利	0	5	28	67	墨西哥	1	14	32	54
英国	2	22	47	29	荷兰	9	50	31	10
德国	7	41	39	13	俄罗斯	1	7	16	76
中国香港	25	46	23	5	瑞典	2	20	41	38
以色列	1	6	30	64	美国	9	37	35	20

高校教师对地位下降及待遇不满，又由于高校教师往往自以为智力不凡，不满情绪就更为强烈："在20世纪，美国的大学生活一般不能使雄心勃勃的人感到满意。由于金钱损失，教授并无什么地位，收入不高，生活方式也常是相当简朴的。有些学者知道自己的智力远远高于其他部门里那些有权力和声望的人，不满情绪更加强烈。"[1] 在多数国家，学术职业还受到社会问责、公共财政拨款不断恶化等趋势的影响。问责和学术工作评价正在成为学术职业的一部分，重点是考察学术绩效，特别是研究和教学。而由于财源不足，学术工作的条件正在恶化，如教师的工资跟不上通货膨胀的增长速度，问责对传统的教授自治的限制越来越大，许多国家的学术设施匮乏。[2] 对于责任的需求、财政困难以及学生构成的多样化等对教师职业提出了挑战。在大多数工业化国家，财政问题与人口因素一起导致了这一职业的衰微。

随着知识经济迅猛发展，人力资本越来越成为价值创造的主体。学术人员是高等教育机构的核心，因为知识的生产和传播是高等教育机构的主要职能，而学术人员正是知识的生产与传播者。梅贻琦说："大学者，非谓有大楼之谓也，有大师之谓也。"哈佛大学前校长科南特也说："大学的荣誉不在于它的校舍和人数，而在于它一代又一代的教师质量。"[3] 中外两位著名大学校长对教师的水平决定了大学的水平都有深刻认识。高校

---

① 米尔斯：《白领——美国的中产阶级》，浙江人民出版社1987年版。

② 菲利普·G.阿特巴赫：《变革中的学术职业》，中国海洋大学出版社2006年版，第5页。

③ 智效民：《八位大学校长》，长江文艺出版社2006年版，第71页。

教师既要传授知识，又要创造知识并直接为社会服务，其劳动不仅是人力资源开发和人力资本形成的重要因素，而且在培养劳动者就业能力、知识创造、技术创新等方面发挥着极为重要的作用，具有其他社会无可替代的价值。首先，高校教师面对大学生和研究生，要做好传道、授业和解惑的工作，需要通过长期艰苦学习去掌握高深知识，通常要拿到博士学位。钻研学术、获取知识的过程必须付出大量劳动，尤其是精神与脑力的支出，其机会成本之大是很难测算的。其次，高校教师劳动充满了复杂性。大学课堂教学工作既需要体力，更需要智力和想象力。"大学之所以存在，不在于其传授给学生知识，也不在于其提供给教师研究机会，而在于其在'富于想象'地探讨学问中把年轻人和老一辈人联合起来，由积极的想象所产生的激动气氛转化为知识。在这种气氛中，一件事实就不再是一件事实，而被赋予了不可言状的潜力。"① 后现代社会的大学生获取知识的渠道已经不单是课堂，图书馆、互联网、各种新媒体可能比呆板的 PPT 教学更受学生青睐。最后，高校教师劳动需要极大创造性。多变的课堂迫使高校教师必须常常更新自己的教学内容，但是仅做到这点显然远远不够。探索高深学问，创造知识才是高校教师独有的职能。虽然在浮躁的年代，真正能做到探索真理的教师只有极少数，但是在"教学保饭碗，科研促发展"背景下，高校教师只有不断申报课题项目、发表论文著作，才能在象牙塔内安身立命。这些工作的性质决定了高校教师劳动必须具有独特的创造性。总之，高校教师既要从事劳动力再生产，又要从事学术研究和科技创新，其劳动成果既有理论、观点、思想、政策建议等无形产品，又有物质的有形产品（如技术创新专利成果）。

三　高校教师薪酬现状

社会交换理论认为，追求报酬的交换是人类生活中最基本的动机和社会得以形成的基础，"在彼此的交往中，人类倾向于受到一种欲望的控制，这就是想获得各种各样的社会报酬"，社会交换可以被看作以下事务的基础：群体之间的关系和个体之间的关系；权力分化和伙伴群体关系；对抗力量之间的冲突和合作；在一个没有直接接触的社区中，远离的成员之间的联系和亲密依恋。发达国家一般把高校教师定位于社会中产阶层的中上层群体。但是近年来，高校教师逐渐受到社会问责、公共

---

① 约翰·布鲁贝克：《高等教育哲学》，浙江教育出版社 2001 年版，第 14 页。

财政拨款不断恶化等趋势的影响。问责和学术工作评价正在成为学术职业的一部分，重点是考察学术绩效，特别是研究和教学。由于财源不足，学术工作条件正在恶化，如教师的工资跟不上通货膨胀的增长速度。对于责任的需求、财政困难以及学生构成的多样化等对教师职业提出了挑战。在大多数工业化国家，财政问题与人口因素一起导致这一职业的衰微。[①] 虽然在新兴工业化国家，教师的地位、报酬和工作条件在近年内有了明显改善，但是，欠发达国家教育资源却在减少，而入学人数在持续上升。总之，随着环境的变化和院校机构的变革，高校教师的地位正在出现微妙变化。

目前，世界前50名的大学多数在美国。美国一流大学里师资队伍水平高，这些杰出教学科研人才的薪酬体系也极富竞争力。在发达的市场经济背景下，美国高校自主权高，管理上高度自治，其薪酬体系的市场化特征相当明显。一是强调外部竞争性。本校教师薪酬与区域内其他高校相应职位教师的薪酬水平相互竞争，并且不低于市场其他行业的工资水平。二是追求内部公平性，即大学内部不同系列相似职位职员横向之间或同一系列不同岗位人员纵向之间的薪酬水平的公平性[②]。学校根据教师的能力、技术、岗位及劳动价值等公平支付不同的工资，使绩效与薪酬挂钩，让教师们感受到付出与回报成正比，从而获得公平感和激励。如普林斯顿大学提出薪酬体系要"提供非歧视的基于绩效的工资体系"，麻省理工学院薪酬政策强调"技能、知识、贡献及适应能力的不断提高"。美国高校注重市场薪酬调查数据，教师的薪酬水平主要取决于市场价格，据2013年美国教师联合会的调查结果，美国顶尖大学教师的平均工资水平远高于其他大学的平均工资水平。[③]

调查显示，顶尖大学比一般大学更具有吸引力的薪酬待遇。如斯坦福大学教授平均年薪为20.7万美元，而可授予博士学位的公立大学教授平均为12.34万美元；斯坦福大学教师平均年薪17.39万美元，相当于可授予博士学位的公立大学的两倍（见图6-3）。据美国劳工部2012年对各

① 菲利普·G. 阿特巴赫：《变革中的学术职业》，中国海洋大学出版社2006年版，第5页。

② 林健：《大学薪酬管理——从实践到理论》，清华大学出版社2010年版，第9页。

③ AAUP, 2012 - 13Economic-Status-Report（salarysurvey）-Appdx1＿2012 - 13. http：//www. aaup. org/ report/ heresnews-annual-report-economic-status-profession - 2012 - 13.

行业的统计分析结果，全美大学教师约 150 万人，年平均工资为 73770 美元，在美国 22 个行业中排名第 5，大学教师工资是美国行业平均工资的 1.6 倍。[①] 市场化的薪酬体系，为美国学术职业全身心投入教学科研工作提供了坚实的经济基础和强有力的保障。

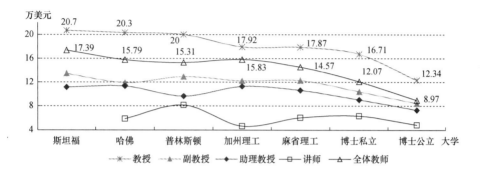

图 6-3　美国教师联合会 2013 年工资调查

　　福利是报酬的间接组成部分，与基本工资与奖金不同，福利通常与员工个人工作业绩没有直接关系，也很少以现金形式表现。多样化的福利计划是美国一流大学提供给教师们除基本工资和绩效奖励以外的重要薪酬补充形式。弹性福利使员工可以从组织所提供的各种福利项目菜单中选择其所需要的一套福利方案，具有一定的灵活性，使员工更有自主权，满足了员工个性化的需求。美国一流大学专门成立了福利办公室，为教师提供多样化可供选择的福利计划。这些福利计划主要有三种类型：一是根据联邦、州和地方的法律规定单位必须提供的福利如受伤工资、失业工资；二是基本的福利保障，如医疗保险、牙医、人身保险、退休金等；三是一流大学具有学校特色的福利，如教师子女学费补助、子女帮扶计划、优惠券、健康咨询、带薪假期、病假、事假等。教师们可以结合个人及家庭需要，选择相应的福利计划，并可以每年重新调整。[②] 这些福利保障覆盖面广且极具人性化，既包含了基本的各项医疗养老保险等，也充分考虑了教师的工

　　① United States Department of Labor, May 2012 National Occupational Employment and Wage Estimates United States, http://www.bls.gov/oes/current/oes_nat.htm#b13-0000.

　　② 柯文进、姜金秋：《世界一流大学的薪酬体系特征及启示》，《中国高教研究》2014 年第 5 期。

作—生活平衡。对教师而言，可以根据自己的实际，选择对最有利的福利，对教师具有更好的激励作用，也可以改善教师与学校的关系。对高校而言，弹性福利使教师了解福利和成本间的关系，让教师有所珍惜，并有利于院校管理和控制成本。对管理者而言，能够把福利的管理与院校广泛的战略目标联系起来，特别是师资管理计划；有利于吸引优秀教师，并降低教师的离职率。使教师可以轻装上阵，全身心投入到教学科研工作中。

一些发达地区财政收入总量很大，为了努力实现4%的目标，会持续加大公用经费投入，如预算安排中通过各种"工程"不断提高学校资本投入水平，巨额投入大学城、豪华校门、人工湖等，然而在劳动力市场教师职业仍然缺乏竞争力，尤其男性养家糊口责任更重，当一名教师可能是一个"艰难的抉择"，因此女性教师比例逐年提高。薪酬是学术劳动这种生产要素的价格，其实质是一种社会评价和激励机制。对于优秀教师，必须给予高薪。我国学术职业的经济薪酬包括课时费、奖金、兼职收入、课题提成、评审费、稿酬、福利和公积金等。2009—2010年，加州大学伯克利分校的人员经费占其运行总经费的61.7%，斯坦福大学为60.7%，密歇根大学为66.5%，其他美国研究型大学的人员经费大致也占运行总经费的2/3。而我国北京大学、清华大学、复旦大学、南京大学、浙江大学5所大学的平均人员经费仅占运行总经费的36%。[1] 在政府主导的统分结合制度下，我国高校员工基本工资由政府决定，公共财政对绩效工资和工资总额进行宏观指导和总量控制，由高校对员工绩效工资进行具体调控。在分配制度改革方面，一些高校实行了教师津贴制，将教师按职称及所承担的行政任务标准划为不同等级，根据教师的工作情况评定相应的岗位级别，岗位级别之间差别较大，试图体现"多劳多得，优劳优酬"和"效率优先，兼顾公平"的原则，打破平均主义，拉开分配档次，形成竞争激励机制。[2] 新中国成立以来，我国高校教师薪酬制度经历了几次重大变革，如表6-2所示。

1999年以来，随着高校经费来源的多元化，自主支配性收入的不断增加，高校对于校内教职工的收入分配有了更大自主权，出现了如教学课

---

① 樊丽萍：《调查：高校教师薪酬年收入10万元以下的占47.7%》，《文汇报》2014年6月10日。

② 张应强、程瑛：《高校内部管理体制改革：30年的回顾与展望》，《高等工程教育研究》2008年第6期。

时津贴、科研课题津贴、研究生导师津贴等一系列同教职工的绩效密切挂钩的津贴、补贴。2000 年 6 月，中组部、人事部、教育部联合颁发了《关于深化高校人事制度改革的实施意见》，要求"将教职工的工资收入与岗位职责、工作业绩、实际贡献以及知识、技术、成果转化中产生的社会效益和经济效益等直接挂钩，向优秀人才和关键岗位倾斜，充分发挥工资的激励功能"。

表 6 – 2　　　　我国高校教师薪酬制度变迁（1952—2006 年）

阶段	年份	出台政策	实行制度
改革开放前	1952	《全国各级学校教职工工资标准表》	职务等级工资制：以"工资分"为标准
	1955	《关于国家机关工作人员全部实行工资制和改行货币工资制的命令》	货币工资制度
	1956	《国务院关于工资改革的决定》，《国务院关于工资改革中若干问题的规定》	高度统一的职务等级工资制
改革开放后	1979	《关于职工升级的几项具体规定》	奖励制度
	1985	《关于国家机关和事业单位工作人员工资制度改革问题的通知》，《高等学校教职工工资制度改革实施方案》	结构工资制：职务工资 = 基础 + 职务 + 工龄津贴 + 奖励
	1992	《事业单位工作人员工资制度改革方案》	国家工资制和校内津贴并行
	1993	工资套改	职务等级工资制：70% 固定 + 30% 浮动
	2006	岗位绩效工资制	基础 + 绩效

2006 年 6 月，在公务员工资改革方案出台的同时，当时的人事部就出台了《关于事业单位工作人员收入分配制度改革方案》，提出在事业单位实行岗位绩效工资制度。绩效工资由各事业单位在上级主管部门核定的绩效工资总量内，采取灵活的分配形式，以工作人员的实绩和贡献为依据，自行制定实施办法。该方案明确提出了包括大学在内的事业单位将实行岗位绩效工资，即大学工作人员的工资构成包括：岗位工资 + 薪级工资 + 绩效工资 + 津贴补贴四个部分。三年多来，公务员绩效工资早已施行，但包括大学在内的事业单位的绩效工资却迟迟未能出台和实施。2006

年7月中国首次提出在事业单位建立岗位绩效工资制度，当时确定的工资结构是由岗位工资、薪级工资、绩效工资和津贴补贴四部分组成，其中岗位工资和薪级工资为基本工资。对于当时许多事业单位日趋无序的津贴补贴发放，政策严明，只有在艰苦边远地区和特殊岗位工作的事业单位人员才可以享受"津贴补贴"。国家设计这一制度的初衷，除了规范事业单位的津贴补贴发放，另一个目的在于改变事业单位日趋严重的人浮于事风气，通过绩效考核激励事业单位人员提高工作质量和工作效率。[①] 2008年12月21日和2009年9月2日，国务院两次常务会最终形成事业单位绩效工资推行的"四个原则"，并决定事业单位实施绩效工资"三步走"的原则方案：2009年1月1日起，在全国范围内的义务教育学校实施绩效工资；2009年10月1日起，在公共卫生与基层医疗卫生事业单位实施绩效工资；2010年1月1日起，在其他事业单位相继实施绩效工资。根据国务院部署，事业单位绩效工资改革分为三个阶段：2009年1月1日起，在义务教育学校实施。2009年10月1日起，配合医药卫生体制改革，在疾病预防控制等专业公共卫生机构和乡镇卫生院等基层医疗卫生事业单位实施。2010年1月1日起，在其他事业单位实施。事业单位实行绩效工资改革，涉及4000余万从业人员的利益，事关重大。120多万普通高等学校教师的收入结构和额度也将发生变化。

当前我国高校薪酬采用差序式结构，教师工资分基本工资及绩效工资两块，具体有岗位工资、薪级工资、绩效工资和津贴补贴。其中国家基础工资包括岗位工资、薪级工资和改革性补贴，绩效工资包括基础性绩效和学校奖励性绩效。其中固定工资由财政工资和校内津贴两部分组成，财政工资与同级别的公务员工资基本相当，而校内工资和绩效工资则因学校、院系不同而有较大差距。基础性绩效工资包括原国家工资中的岗位津贴及校内发放的节日慰问金，奖励性绩效工资则包括除国家工资中的岗位津贴、校内发放的节日慰问金及改革性补贴之外的其余部分，主要体现工作量和实际贡献等因素，由单位根据考核制度和考核结果发放。岗位工资主要体现所聘岗位的职责和要求，薪级工资体现年资和历史贡献，绩效工资反映工作业绩和贡献。从构成看，固定工资部分所占比例较低（约占30%），绩效工资所占份额较高（约占70%）。调查显示，我国科研院所

---

① 降蕴彰：《事业单位绩效工资改革年内或全面推行》，《经济观察报》2012年5月20日。

学术人员固定的基本薪酬在整个结构工资中的比例基本上在40%以下，个人薪酬来源中的32.21%（均值）来自课题经费。①

　　以某高校教师2014年春季工资为例，基本工资比例只有16%（见图6-4），基本工资占总收入比例太低，稳定性、保障性的作用显著弱化，显然不符合学术职业和知识工作者特点。作为高校教师，往往成就动机甚于利益动机，职业和收入的稳定性、对专业的热爱、受人尊重的社会地位才能保障其心无旁骛，"板凳甘坐十年冷"，不断提高教学科研水平。我国高校教师收入个体间差距主要体现在科研和社会服务方面。相对于工资而言，高校教师还有一部分可支配现金源于科研经费，科研经费中的劳务费、会议费、学术交流费等都由项目负责人支配。一些高校鼓励教师开办公司，对自己的科研成果进行转化，这也是不少教师获得丰厚收入的重要来源。由于理工类的科研项目经费平均额度远高于文史类项目，通常理工类院系的教师收入要高于文科类院系收入。

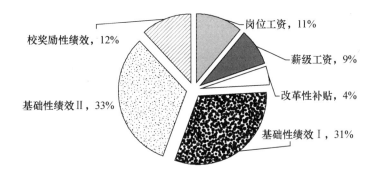

图6-4　高校教师工资构成

　　横向比较，我国高校教师待遇总体偏低，高校经费结构中人员经费比例偏低。同样是发展中大国，印度高校教师薪酬却被列入A组（最高），属于印度社会的中上收入阶层。其工资也包括基本工资和各种补贴。印度高校教师工资取决于职务，采用时间等级工资制，按年资晋升，定期增额。尽管印度经济可能落后中国20年，但教师的待遇好，体现了国家对教育的重视。印度高校教师工资确定主要依据教师职务、工龄和学历。其工资特点是：第一，工资档次定位高，体现出政府对知识和人才的尊重。

---

　　① 赵兰香：《科研事业单位薪酬制度变化及其影响》，《中国科技论坛》2007年第3期。

第二，有一套完善、有序和规范的工资制度。全国统一的工资标准和各种补贴标准，学校依法办事，不存在乱发工资和补贴现象。第三，建立了有效的工资增长机制。年度自动增长及每年两次公布的物价贴补率，保证了工资的稳定增长和教师基本生活的稳定，免除了物价上涨之忧。[①] 美国芝加哥大学国际高等教育研究中心教授菲利浦·阿特巴赫（Philip Altbach）等对比了28个国家大学教师的工资以及福利等，发现加拿大高校教师工资排名全球第一，意大利、南非、印度和美国这四个国家跻身榜单前五位，月平均工资都超过了6000美元；而中国刚入行的大学教师收入按购买力平价计算为每月259美元，在全球垫底，且平均工资也仅为720美元。相比之下，加拿大刚入行的大学教师工资和平均工资分别达到5733美元和7196美元，相当于中国老师收入的22倍和近10倍。[②] 阿特巴赫教授表示，中国政府应该加大教育投入，增加高校教师的平均收入水平。

丹麦的高校教师认为，他们的工资水平现在是其职业中最令人不满的一个方面。丹麦的学者们认为，与他们在劳动力市场中的其他岗位上所能拿到的工资相比，他们作为学术人员的工资是很低的；俄罗斯的很多公立学校都发放工资补贴，但整体工资还是很低。[③] 以2006年为例，如果按购买力平价计算，比较19个国家高校教师月薪，仍然是中国垫底（1182美元）。同样是人口大国的印度，经济发展水平落后中国近20年，但是高校教师月薪将近中国的2倍，而月薪最高的新加坡达到中国的7倍（见图6-5）。人均收入较高的国家，高校教师的月薪一般也较高，但是发展中国家高校教师月薪与月人均收入的比值（相比发达国家）更高。印度、新加坡、以色列、美国等国高校教师的薪酬在该国各职业群体中处于较高水平。[④] 我国高校运行成本远低于发达国家，尤其人员经费悬殊极大，教师工资上涨这一最大的成本往往受到制度天花板的约束。

中国高校教师的薪酬在国际上比较处于很低的水平，在国内比较也低于其他知识密集型行业。中国高等教育学会薪酬管理研究分会课题组基于

① 刘婉华、袁汝海：《高校教师工资待遇国际比较与思考》，《清华大学学报》（哲学社会科学版）2004年第6期。

② 刘尧、闫志刚：《透视高校教师薪酬状况》，《教育与职业》2013年第4期。

③ 菲利普·阿特巴赫、佩蒂·彼得森：《新世纪高等教育：全球化挑战与创新理念》，中国海洋大学出版社2009年版，第18页。

④ 周金城等：《高校教师薪酬水平的国际比较研究》，《中国高教研究》2011年第4期。

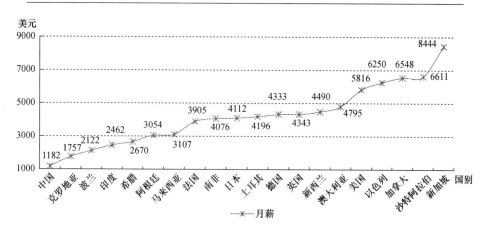

图 6 – 5 按 PPP 计算部分国家高校教师实际月薪比较（2006 年）

资料来源：周金城等：《高校教师薪酬水平的国际比较研究》，《中国高教研究》2011 年第 4 期。

全国 84 所高校教师，超过 13 万个样本的调查结果显示，2013 年，我国高校教师年工资收入 10 万元以下的占 47.7%，10 万—15 万元的占 38.2%，15 万—20 万元的占 10.7%，20 万元以上的占 3.4%。按职务分析，正高级教师的年平均收入 14.36 万元，副高级为 10.33 万元，中级为 8.3 万元，初级为 7.44 万元，教师的基本工资仅占总收入的14%。① 调查显示，高层次人才的收入水平在高校中明显领先，达到教师平均收入的 2.8 倍。其中，"千人"（中组部"千人计划"入选者）收入最高，达到教师平均收入的 6.2 倍，基本与国外一流大学的教师收入水平接轨，具有一定外部竞争力；院士、"长江"、"杰青"的收入分别是教师平均收入的 3.2 倍、2.8 倍、2.5 倍。因此市场化的薪酬体系在我国已现雏形，极少数高层次大学教师的薪酬外部竞争力很强，但高校教师整体收入明显缺乏外部竞争力。这与一个知识密集型和人力资本高投入型群体来说，是很不协调的。2007—2012 年我国国有单位就业人员平均工资，19 个行业中科研技术服务和地质勘查业稳居第 2 位，仅次于金融业；教育业处于 9—10 名位置，平均工资水平与国有单位就业人员平均工资几乎重合。

---

① 樊丽萍：《调查：高校教师薪酬年收入 10 万元以下的占 47.7%》，《文汇报》2014 年 6 月 10 日。

表 6 - 3   2006—2012 年我国教育行业排名

行业	2006 年	2007 年	2008 年	2009 年	2010 年	2011 年	2012 年
科研技术服务和地质勘查业	3	2	2	2	2	2	2
教育	11	10	10	10	9	10	9

资料来源：国家统计局网站。

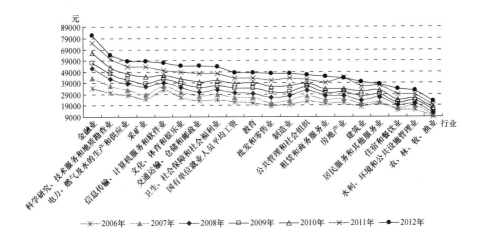

图 6 - 6 我国国有单位就业人员平均工资 （2006—2012 年）

资料来源：国家统计局网站。

表 6 - 4   2006—2012 年我国国有单位就业人员平均工资   单位：元

行业	2006 年	2007 年	2008 年	2009 年	2010 年	2011 年	2012 年
金融业	34727	43465	52309	56719	66014	74650	82040
科学研究、技术服务和地质勘查业	30023	36456	42643	47277	53235	60316	64206
电力、燃气及水的生产和供应业	28145	33355	38567	42160	47724	53333	58589
采矿业	24827	29177	35564	38626	44904	53387	58534
信息传输、计算机服务和软件业	32747	36277	38947	42379	46402	50401	57056
文化、体育和娱乐业	26374	31210	34993	38749	42367	48690	54398
交通运输、仓储和邮政业	23723	27606	31259	34976	40097	47318	54342
卫生、社会保障和社会福利业	24298	28719	33075	36575	41112	47185	53653
国有单位就业人员平均工资	21706	26100	30287	34130	38359	43483	48357
教育	21027	25997	29925	34678	39166	43436	47995

续表

行业	2006 年	2007 年	2008 年	2009 年	2010 年	2011 年	2012 年
批发和零售业	18444	21450	25983	30908	35814	41337	47377
制造业	20117	23671	27471	31142	36386	43031	47367
公共管理和社会组织	22608	27790	32350	35491	38387	42230	46207
租赁和商务服务业	20804	23800	27418	30431	33680	39447	44875
房地产业	21324	25073	27683	30800	33967	43814	43464
建筑业	18166	20963	23394	27750	31777	36071	40116
居民服务和其他服务业	20548	21744	26443	28874	32417	36923	37642
住宿和餐饮业	14851	16432	19091	21177	23864	28756	33376
水利、环境和公共设施管理业	15517	18293	21000	23161	25478	28812	32152
农、林、牧、渔业	9145	10706	12384	14160	16522	19253	22484

资料来源：国家统计局网站。

　　高校教师的收入水平是反映人才竞争力的重要指标。目前，我国高校教师中多数都拥有博士学位，作为知识密集型和人力资本高投入型群体，其薪酬的外部竞争力显然很低。不过，我国高校教师基本能够维持本地中等收入水平的生活，正如阿特巴赫教授所说："在全球化的世界，知识塑造了整个国际经济，这也让人们以为高校教师的工资也是非常丰厚的，但事实却并非如此，大多数高校教师不得不身兼数职，才能支撑整个家庭。但中国高校教师最起码无须兼职，仅靠教师工作所得就可以在本地过上中等收入水平的生活。"

　　总之，在过去几十年中，全球范围高校教师地位明显下滑。在 20 世纪五六十年代，它曾经深孚众望，然而现在，在政策制定者、媒体及一般公众的心目中，其地位直线下降，仅高于"律师"。[1] 高校教师往往自以为智力不凡，由于地位下降及对待遇不满，其不满情绪就更为强烈："在 20 世纪，美国的大学生活一般不能使雄心勃勃的人感到满意。由于金钱损失，教授并无什么地位，收入不高，生活方式也常是相当简朴的。有些学者知道自己的智力远远高于其他部门里那些有权力和声望的

---

　　① 菲利普·阿特巴赫等：《为美国高等教育辩护》，中国海洋大学出版社 2007 年版，第 265 页。

人，不满情绪更加强烈。"① 究其原因，经济争球化、知识信息网络化必然导致世界进一步趋于多元化和扁平化。这是一场全新的赛局，有着与以往完全不同的比赛规则。在知识经济大潮中，新的行业和职业如雨后春笋，由于薪酬的市场化，高校教师地位悄然之中"重新洗牌"已是大势所趋。

第二节　高校教师绩效薪酬之谜

我国高校基础设施建设虽然已经有了长足进展，但内涵式发展依然任重而道远，尤其是官僚模式对师资队伍建设负面影响很大。绩效薪酬过低，不足以发挥其激励和杠杆效应；绩效薪酬过高，又会对内在动机产生棘轮效应和挤出效应，出现公平性约束，甚至跌入"市场化陷阱"，遏制教师与高校之间建立低度"贴现率"的心理契约。

一　官僚模式的羁绊

作为混合产品，高等教育本身没有直接利润，也没有固定的经济回报，经费来自国民收入的二次分配，高等教育的发展离不开政府的投资。然而，比起高校内部的行政化运作，更严重的是外部行政化，而外部行政化是高校内部行政化的根源。"在经费源于中央并根据明确规定进行分配的高等教育体系中，每一级经费使用者与经费提供者之间的关系都是互相冲突的。经费使用者千方百计想利用分配规定中的漏洞从中取利，而经费的提供者则绞尽脑汁制定新的规定以堵塞那些漏洞。在这样的高等教育体系里，任何经费支出都要受到严格的行政检查，大学教师将会抱怨他们无法发挥创造性。"② 组织的行为很大程度上是由它的激励结构决定的。学术自由对学术职业至关重要，只有完全控制自己的资源，他们才能更好地传播高深知识，追求真理，而这才是高等教育对社会的真正贡献。

在市场模式中，学术人员的任职期和待遇与其获取经费、资源的能力高度相关。1978年，我国恢复和提升高校教师职务工作，实现了对教师的分类管理，一定程度上起到了激励教师自我价值和社会价值实现的作

---

① 米尔斯：《白领——美国的中产阶级》，浙江人民出版社1987年版。
② 伯顿·克拉克：《高等教育新论——多学科的研究》，浙江教育出版社2001年版，第100页。

用。但职称同时也裹挟着工资、福利、住房、津贴，甚至差旅标准等薪酬内容，教师薪酬增长主要依靠职称晋升。如果较高职级岗位接近饱和，那么在院校有限指标分配中，低层职称教师就很难发展。结果导致学术人员对职称的非正常竞争，教师间很难开展真正的知识共享和团队合作，职称制度也失去了其提升人才培养质量、科研水平和社会服务能力的意义。研究表明，高职位的员工比低职位的员工更偏好绩效薪酬。[1] 对于高校中的资源分配决策者而言，不同的努力程度引起的绩效和收入弹性较大，绩效工资为其提供了收入最大化的机会；而对于普通教师，个体努力程度引起的绩效和收入弹性相对较小，同样的绩效工资强度具有更大的不确定性和风险，绩效工资容易被感知为惩罚或监督手段，而不是给自己提供更大的自由选择权。在我国高校组织背景下，职称越高，不仅基础工资越高，而且还意味着更稳定的绩效薪酬，比如可以兼职、多带研究生、由于压缩本科教学赢得更充裕的时间、以第一或第二作者与学生"合作"更多论文、多参加毕业答辩以及申报更多项目等。但是"从广泛的社会角度和个人角度来看，使学院成员享受最大的福利很可能并不是最完美地使用了那些资源"。[2] 学术职业阶梯论资排辈，对业绩、水平等条件量化较少，岗位的动态管理机制以及聘后管理意识的薄弱甚至缺失，造成了教授的"终身制"，能上不能下。不少教师一旦评上教授，就失去动力，享受着相对高的薪酬待遇安于现状，多年占据着有限的职称名额和学术资源"述而不作"。院校内部科研经费的分配与职称挂钩，资源大量向教授或主管者倾斜，客观上导致想做事的教师待遇和回报不公平，职称上不去，普遍滞留于学术职业阶梯底层"煎熬"，严重束缚了教师的专业发展。

二　棘轮效应

绩效薪酬如果操作不当，容易陷入"棘轮效应"的怪圈[3]，不仅难以保证员工努力工作，还会产生更高的激励合同。目前我国高校学术职业薪酬模式正面临着两难困境：为克服"大锅饭"采用差额绩效薪酬结构；

---

① Kuhn, K. M., Yockey, M. D., Variable Pay as a Risky Choice: Determinants of the Relative Attractiveness of Incentive Plans. Organizational Behavior and Human Decision Processes, 2003, 90 (2), pp. 323 – 341.

② 伯顿·克拉克：《高等教育新论——多学科的研究》，浙江教育出版社 2001 年版，第 91 页。

③ Ola Kvaløy, Trond E. Olsen, The Tenuous Relationship between Effort and Performance Pay. Journal of Economies and Management Strategy, 2012, 21 (2), pp. 493 – 518.

但是鉴于高等教育的公共物品属性又希望通过提高基础性绩效工资比重来克服其"挤出效应",避免落入绩效薪酬的"市场化陷阱"。

有学者建议,高校教师的个人收入应与其学术成绩挂钩,其工资结构应该由一个基本工资再加上浮动的学术成就绩效报酬;同时建立教学市场,给学生发放代价券,让他们自己选择所要学的课程并交付费用,而教师可以用这些代价券换取现金。[①] 但是,薪酬市场化是否必然导致员工的高忠诚度和工作勤勉历来被视为"薪酬之谜"。[②] 在学术劳动力市场,假定只把学术劳动投入看作劳动价格——薪酬的函数,薪酬高低完全由劳动的供求关系自发决定。学术劳动的边际生产力是递减的,而劳动需求取决劳动的边际生产力。院校在吸纳学术人员时须满足:边际生产收益 MRP = 边际要素成本(或薪酬)MFC。如果 MRP > MFC,院校就会加大招募力度。只有当 MRP = MFC 时,院校会保持稳定的教师队伍。因此,学术劳动的需求量与薪酬成反向变动,学术职业的需求曲线 D 向右下方倾斜(见图6-7)。

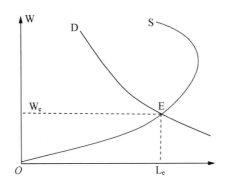

图6-7　向后弯曲的劳动供给曲线

对应于特定薪酬,学术人员投入工作的时间是由其选择行为决定的。学术人员首先是消费者,需要收入,作为消费者提供劳动获得薪酬收入。同时,从事学术职业也需要支付成本,一是长期学习,二是养家糊口,三

---

① 伯顿·克拉克:《高等教育新论——多学科的研究》,浙江教育出版社2001年版,第98页。

② Gerhart, B., Rynes, S., *Compensation: Theory, Evidence and Strategic Implications.* Thousand Oaks, CA: Sage Publications, 2003, pp. 124-129.

是学术工作占用了闲暇，四是教学科研工作本身可能存在的负效用。作为
理性人，学术人员也会按边际收益等于边际成本原则投入工作量。因此，
在既定的薪酬水平下，学术人员事实上是在收入与收入对这种负效用的补
偿之间进行选择，当薪酬不足以补偿这种负效用时，工作时间就会减少。
对刚入职的学术人员而言，工资增加劳动也会增加；但当薪酬达到一定程
度后，尤其对高职称教师，由于教学科研的心理成本，货币的边际效用递
减，不足以抵消心理上的负效用，工作投入反而还会减少。实际上，由于
绩效工资把员工的部分收入置于不确定因素中，因而会使员工产生紧张和
压力，这在一定范围内会促使员工提高工作努力的程度，由此引起的工资
收入的增加会提高其薪酬的满意度；然而，当绩效工资强度过大时，由此
引起的压力就会对个体产生负效用，从而可能导致薪酬满意度降低。[1] 另
外，收入增加，工作较少的时间就可以维持较高的生活水平，人们会增加
对休闲或"闲暇"这种特殊商品的消费。当绩效工资强度过大使得薪酬
的差距超过员工的可接受范围时，便会引起员工的不公平感，从而导致薪
酬满意度的下降。研究表明，个体对绩效工资的感知直接影响对薪酬的判
断，进而影响其激励效果[2]；随着高校教师实际收入水平的上升，其薪酬
满意程度也上升，但当实际收入水平达到一定值（7 万—8 万元）后，薪
酬满意度反而会降低。[3] 因此，实施绩效薪酬，学术职业劳动的供给曲线
S 会向左上方弯曲（见图 6 - 7），表明在一定绩效薪酬水平上，劳动的供
给与薪酬同向变动，当绩效薪酬超过某一临界点（W_e）之后，工作投入
与薪酬成反向变动。

　　个体对损失和收益的敏感程度很不一样，遭遇损失会更加敏感，而对
收益则出现边际效益递减。前景理论的值函数图反映了这种风险偏好，如
图 6 - 8 所示，以参照点为中心，在参考水平之上的收益曲线是上凸的；

---

　　[1]　Green, F., Why Has Work Effort Become More Intense? Industrial Relations, 2004, 43
(4), pp. 709 - 741.

　　[2]　Huber, V. L., Seybolt, P. M., Venemon, K., The Relationship between Individual Inputs,
Perceptions, and Multidimensional Pay Satisfaction. *Journal of Applied Social Psychology*, 1992, 22
(17), pp. 1356 - 1373.

　　[3]　顾远东、陈同扬:《高校教师薪酬满意度的实证研究——基于高校全面实施校内岗位津
贴制度的背景》,《南京工业大学学报》2010 年第 4 期。

在参考水平之下的损失曲线是下凹的。[1] 也即人们在面临收益时表现出
"风险厌恶",在遇到损失时则表现出"风险追求"。在绩效薪酬制度下,
员工的薪酬水平随绩效水平变化而变化,富有弹性,风险大。风险态度的
差异会影响人们对薪酬制度的选择。[2] 研究证明,由于个体的心理参照点
不同,对相同的绩效工资的认识(收益或损失)不同,绩效工资对员工
的激励效果由于个体收入心理参照点的存在而呈倒 U 形。[3] 如果员工收入
低于其心理参照点,则绩效工资被认知为"损失",这时个体会有更高的
努力工作动机和更高的绩效,其行为较少偏离组织,绩效工资能发挥出激
励作用;相反,绩效工资可能被认知为"收益",使员工产生"风险厌
恶",个体努力工作的动机较低、绩效较差,出现较多偏离组织的行为,
绩效工资的激励作用就会下降甚至消失。当绩效工资强度为零时,即
"大锅饭"状态,能力较强的员工薪酬满意度比较低,但随着绩效工资强
度的逐渐增加,能力较强的员工会有更高的工资收入,对薪酬更满意。一
项研究揭示,我国高校在工作条件、工作满意度上的排名靠前,但是在学
术投入时间、发表高水平成果、教学创新等关键绩效指标的排名中滞后,
甚至低于新兴国家平均水平。[4] 我国高校学术职业一般始于博士生或讲师
阶段,此时生活质量不高,答辩压力大,收入水平的心理参照点较低,工
作投入与绩效薪酬强度同向变化;当学术职业进入高职称阶段后,收入水
平的心理参照点很高,经济性绩效薪酬的激励功能就可能大打折扣。

横向比较,"市场定价"和"政府定价"是国际范围学术职业薪酬决
定机制的两个关键维度,并由此形成了两种传统薪酬制度,即以英美高校
为代表的"市场制"和以法德等国为代表的"公务员制"。近年来,面对
国际竞争和内部需求,各国积极探索科研人员薪酬制度改革,主要表现为
以下发展趋势。第一,更加与市场接轨。第二,更加重视科技成果的价

① Kahneman, D., Tversky, A., Prospect Theory: An Analysis of Decision Under Risk. *Econometrica*, 1979, 47 (2), pp. 263 - 291.

② Charles, B., Bruce, S., Sorting incentives and risk preference: Evidence from a field experiment. Economics Letters, 2010, 108, pp. 345 - 348; Christian, G., Dirk, S. Evidence on performance pay and risk aversion. Economics Letters, 2010, 102, pp. 8 - 11.

③ Pokorny, K., Pay-But Do Not Pay Too Much: An Experimental Study on the Impact of Incentives. *Journal of Economic Behavior & Organization*, 2008, 66 (2), pp. 251 - 264.

④ Ester, A., I-IShle, Urich Teichler, The Academic Profession in Asia: Common and Diverse Features in Comparative Perspective [C] Daigaku - Kyoiku: The Changing Academic Profession in Asia: Contexts, Realities and Trends: Higashi - Hiroshima: RIHE, 2011, pp. 27 - 49.

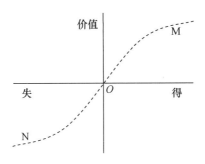

图 6 – 8　值函数图

值。各科技发达国家科技评价导向转变为"学术价值 + 实际社会贡献"，
更加强调科研对经济和社会发展的贡献，研究影响力成为其中的关键指
标。当前我国高校教师薪酬制度与科研人员类似，属于"成本 + 价值"
薪酬模式：其"成本"部分（基本工资部分）大体上是沿用了过去"大
锅饭"的模式，"价值"部分（以绩效工资为主）则与对社会经济的实际
贡献或水平相联系。① 由国家公共财政支持的基础教育科研活动公共产品
属性较强，市场属性相对较弱。随着我国事业单位分类改革的持续推进，
义务教育和公共卫生与基层医疗卫生事业单位率先实行了绩效工资改革，
试图体现员工的实际贡献，但奖励性绩效工资比例不大，基础部分相对稳
定，能体现出公共产品的属性。但这种"大锅饭"式的薪酬制度显然不
适用于学术水平参差不齐、专业千差万别的高校教师群体，也无法体现学
术研究的生产力属性。基于这种国情和特定历史条件，应该说通过营造竞
争性"内部市场"实现人才定价的绩效薪酬制度对我国高校教师是一种
理性选择。市场化的高校绩效薪酬制度在一定程度上反映了教师的实际贡
献，能够从薪酬激励的角度引导高校教师满足社会经济发展需求，顺应知
识经济的时代潮流。但是由于财政稳定支持的薪酬部分相对较低，高校教
师科研收入水平缺乏合理的确定机制，经费来源不透明，导致教师为了增
加收入而多头竞争项目，科研经费的使用效率大打折扣。从实际效果看，
目前高校教师的平均收入水平偏低，迫使其通过其他制度外渠道提高收入
水平，这在相当程度上影响了高等教育的内涵式发展。尽管现行高校薪酬

---

① 李晓轩：《改革我国科研人员薪酬制度　激励创新人才成长》，《科学与社会》2013 年第
3 期。

制度难以适应引进高水平人才、激励创新人才成长的需要。但在现实国情下回归计划范畴的"稳定"道路并不可取，继承和发展以"基础 + 绩效"的薪酬制度才是高校深化改革的方向。

三　挤出效应

薪酬管理中可能存在的挤出效应包括外在薪酬挤出内在动机、数量偏好挤出质量追求、短期偏好挤出长期收益、个人利益挤出公共服务动机等。

知识型员工较多关注自我尊严和价值实现，更容易出现经济契约失灵、职业倦怠、低度工作嵌入和高离职率。学术职业需要自治与自由，没有内在成就动机的驱使，没有长期酝酿和艰苦探索，很难取得高水平学术成果。外在薪酬对内在激励的挤出效应取决于报酬所包含的信息。学术工作本身的内在激励（如教学科研领域的高深和挑战性）会因外在绩效报酬的加入而降低效果。绩效工资会导致个体认知偏移，强化外在动机并弱化内在动机，产生高额的"隐性激励成本"，以补偿内在动机损失。[①] 当人们将行为归因于情境因素，也就是将内在归因转换成外在归因时，会造成内在激励下降。当对学术结果进行外部奖励时，那种以学术为专业而产生的内在激励作用便会降低。许多教师热爱自己专业，关心学生，但外在的货币激励无疑干扰了其通过敬业行为传递伦理价值的动机，为其道德行为贴上了价格标签。当个体被迫以某种特定方式、在特定时间地点从事规定的任务时，薪酬便被视作是一种控制。[②] 奖励会抑制内部动机和创新性，破坏了个体对创新活动本身的兴趣，使个体对自己的行为失去自我决定感。薪酬信息控制性程度越高，内在激励就越可能受到损伤。学术工作属于自主性极强的非程序化工作。如果高校绩效考核控制性信息程度过高，片面强调科研导向，定时定量，以结果为中心，那么教师的自我主导和自我控制的信息程度就会减弱。绩效薪酬产生的挤出效应必然驱使教师热衷于短平快项目，而难以专注于原始基础研究和教学水平提高，导致

---

① Weibel Antoinette, Katja Rost, Margit Osterloh, Pay for Performance in the Public Sector: benefits and (Hidden) Costs [J]. *Journal of Public Administration Research and Theory*, 2010, 20 (2), pp. 387 – 412.

② Ryan, Richard M., Mires Valerie, Koestner Richard, Relation of Reward Contingency and Interpersonal Context to Intrinsic Motivation: A Review and Test using Cognitive Evaluation Theory. *Journal of Personality and Social Psychology*, 1983, 45 (4), pp. 736 – 750.

"绩效评价悖论"①：有产量，没质量。多年来，科研成果数量一直是我国学术机构最重要的考核指标；"教学保饭碗，科研促发展"是高校教师安身立命的处世原则。没有一定课题、论著数量，职称就难以晋升，收入自然落后。对院校而言，成果多，政府的经费支持就多，学校的排名才能靠前。结果，在这种粗放经营理念下，我国学术界呈现出数量上的大跃进和质量上的大泡沫现象。2000 年以来，国家自然科学奖一等奖 13 年中有 9 年空缺，而模仿性、跟踪性、重复性研究成果俨然已成"世界工厂"。近10 年来，国内科研人员共发表国际论文 114.3 万篇，仅次于美国，但篇均被引只有 6.92 次，远低于世界平均水平 10.69 次。② 在技术发明方面绝大部分也都是实用新型和外观设计专利。

短期偏好挤出长期收益导致个体仅关注短期结果，"不再尝试更有效的问题解决方式"。③ 在市场化绩效薪酬模式下，"高等院校的基础研究方面的投资可能不那么乐观。基础研究的收益像教学的收益一样，是长期的、不确定的。而且，基础研究不像体现在毕业生身上的人力资本那样可以由特定的企业提供经费。因此，高等院校的基础研究常常比较薄弱"。④ 在按"年度考核，当期分配"的绩效薪酬刺激下，学术职业的收入水平与承担的课题到位经费高度相关，发论文、编书稿、申报课题也就普遍成为工作的重中之重。在全民科研运动中，课题项目申报具有高度竞争性和不确定性，直接导致学术人员薪酬水平的波动性。在绩效压力下，薪酬损失风险明显增大，尽管各院校纷纷加大了国家基金中标和高水平发表的奖励强度，但是出于风险规避，学术人员会尽量寻找低风险策略避免收入损失。结果，耗费大量时间精力申报课题和选择低风险创新行为成为我国学术职业生存的常态。因此，竞争性绩效薪酬制度无疑冲淡了学术创新水平

---

① David Marsden, The Role of Performance: Related Pay in Renegotiating the "Effort Bargain": The Case of the British Public Service. *Industrial & Labor Relations Review*, 2004, 57 (3), pp. 250 – 370.

② 韩娜：《中国论文数量世界第三 被国外引用比例严重不足》，http://news. qq. com/a/ 20140212/0002 95. htm。

③ Amabile, T. M. and Khaire, M., Creativity and the role of the leader. *Harvard Business Review*, 2008 (10); Philip G Altbach. Liz Reisberg. Maria Yudkevich. Gregory Androushchak Paying the Professoriate: A Global Comparison of Compensation and Contracts. London: Routledge, 2012, pp. 75 – 101.

④ 伯顿·克拉克：《高等教育新论——多学科的研究》，浙江教育出版社 2001 年版，第 94 页。

和科研质量，而且容易诱发浮躁心态和功利化行为，导致学术人员盲目追求科研数量，忙于短平快项目，而忽视教学科研质量，造成高等教育质量下降。

四 公平性约束

从内部公平性看，我国已经实施绩效工资改革的院校多采用计划分配手段，无论部门绩效高低，均以切蛋糕方式划拨到学院，结果造成"绩效贬值"现象：绩效越高越不值钱。由于单位绩效点对应的薪酬大相径庭，不同专业教师同样上一节课或发表一篇同级别论文，经济报酬可能相差数倍。尤其在官僚模式中，大学行政系统倾向于沿袭官僚机关组织行为，只要完成特定任务即可旱涝保收。因此，行政系统有可能对教学科研岗制定过高的绩效标准，降低其绩效薪酬总量，变相提高自身收入，强化行政系统地位和权力，从而进一步加深了与学术人员之间的不公平程度。

从外部的公平性分析，一是与国外学术职业的薪酬水平比较；二是国内不同行业专业技术人员的薪酬对比；三是地区间差异。一项基于全球28个主要国家公立大学的调查显示，中国高校新教师收入按购买力平价（PPP）计算排倒数第一，为每月259美元，平均工资倒数第三，为720美元；排名第一的加拿大新教师月薪和平均月薪达到5733美元和7196美元，分别是中国的22倍和近10倍。[①] 香港高校学术人员的平均工资水平也很高，助教月基本工资（不包括福利）为4万—6万港元，副教授为6万—8万港元，教授为8万—11万港元。[②] 大约为中国内地的10倍。就国内不同行业专业技术人员或知识型员工薪酬比较，2008—2011年教育文化行业年人均工资收入在19个行业中居于第10—12位，处于中下水平。[③] 北京市近年来高校教师收入也仅仅略高于平均水平（见图6-9）。显然，与市场上学历、资历相同的其他行业知识型员工相比较，高校教师的薪酬水平仍然偏低。就地域而言，我国中西部地区基本持平，但与东部发达地区相去甚远，地区间不公平现象十分严重（见图6-10）。

① Philip G. Altbach, Liz Reisberg, Maria Yudkevich, *Gregory Androushchak Paying the Professoriate: A Global Comparison of Compensation and Contracts*. London: Routledge, 2012, pp. 75-101.

② 姜海珊：《香港公立高校教师薪酬制度与激励机制及启示》，《高教探索》2012年第3期。

③ 《中国统计年鉴》（2008—2011），http: //www.stats.gov.cn/tjsj/ndsj/7。

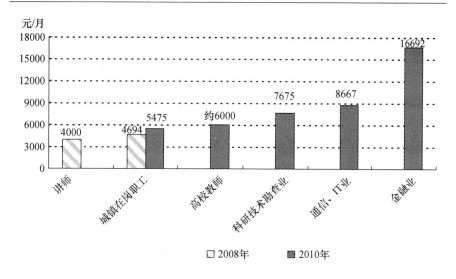

图6-9　北京市城镇在岗职工月薪比较

资料来源：陆学艺等：《2010年北京社会建设分析报告》，社会科学文献出版社2010年版，第62—63页；北京市统计局：《2010年北京市职工年平均工资主要情况》，http：//www. bjstats. gov. cn/sjjd/jjx9201105/t20 1105 06201587. htm，2011－05－06。

　　我国仍属于中低收入国家，人均可支配收入与发达国家（地区）差距很大。2013年，中国农村居民人均纯收入8896元，中位数为7907元，月收入仅660元；城镇居民人均可支配收入26955元，中位数为24200元[1]，月收入仅2000元。在政府主导下，作为公益性事业单位，我国高校教师人员经费多以国家拨款为主，外部筹款渠道有限，薪酬水平定位偏低，每年的工资总额要上报，发放多少绩效工资有限额；同时由于新校区建设的过度投资，我国高校普遍面临着巨大的还贷压力，再加上日常运行等各方面的公用支出大幅增长，地方社会保障政策的陆续出台等原因，学校的经济负担沉重。高校如何保证绩效工资在本地区的合理水平，普遍面临经费难题，教师薪酬水平也就很难持续提高。在经费约束下，院校自然会选择计划手段分配给学院，导致工作绩效高的学院出现绩效贬值现象。加之，外部竞争力不足，薪酬水平受市场竞争机制影响小，高校教师的收入水平在各行业中相对偏低，高校人力资本投资收益率远低于社会平均水

────────────

　　① 《2013年国民经济和社会发展统计公报》，http：//www. stats. gov. cn/tjsj/zxfb/201402/t20140224_ 514970. html。

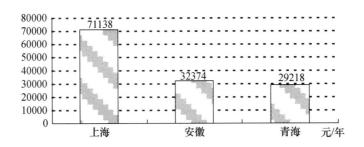

图 6 – 10　上海、安徽、青海高校教师的年平均工资比较（2010 年）

资料来源：《上海统计年鉴》（2011）、《安徽统计年鉴》（2011）和《青海统计年鉴》（2011），中国统计出版社 2011 年版。

平。根据公平理论，投入与回报不对称势必损害教师的积极性，不利于吸引优秀人才从事高校学术职业。

五　市场化陷阱

市场模式能够激励部分人最大化收入，但具体情况需由市场法则决定。由于并不存在纯粹的官僚组织，在现实中，"所有组织形式都是半市场化的"。[①] 中国高校曾经是"计划经济下的最后一个堡垒"，"体制内"生存意味着"铁饭碗"、安家费、福利房、劳保和体面的社会地位。改革开放以来，市场化潮流开始向大学渗透。"系的收入和教师个人的收入可以同他们吸引学生或研究经费的成绩联系起来。"但"市场化容易侵蚀高等教育质量"。[②] 如果高校推行绩效薪酬方案，就意味着在组织内部强化了个人主义的作用，形成一种个人主义的文化。"当院校沉溺于招生工作中的价格竞争和强行推销政策时，这种无限制的竞争就会导致高等教育质量的降低"。[③] 知识生产市场化必然导致收入两极分化，其负面作用可能比物质生产领域更甚。我国公立高等教育自收费以来，已经演变成"混合物品"：介于纯公用品和纯私用品之间，但更接近于公共部门。市场化过度，即公共物品部分被盲目市场化了。随着高校绩效工资在薪酬结构中的比例上升，超过一定边界后教师学术绩效将会递减，绩效改革就容易跌

---

①　伯顿·克拉克：《高等教育新论——多学科的研究》，浙江教育出版社 2001 年版，第 92 页。

②　同上书，第 97 页。

③　同上本，第 94 页。

入"市场化陷阱"，结果不仅没能真正调动教师的工作积极性，反而引起师资管理混乱。英国一项基于公共部门的调查结果表明：只有12%的受访者认为绩效薪酬提高工作质量，14%的受访者认为提高了效率，22%的员工认为绩效薪酬带来持续的高绩效，而55%的员工认为绩效薪酬毁坏了员工的道德，62%的员工表明绩效薪酬造成了员工之间的嫉妒。[1]还有研究发现，个体在标准固定工资体系（21.30%）下的公共服务动机比在有限浮动工资体系（20.36%）和绩效工资体系（19.54%）下要高。[2]在私人部门，绩效薪酬能够明显带来激励效应和生产率改善。但是由于过分关注个人绩效与报酬，绩效薪酬不利于激发员工的团队合作精神，尤其在准公共产品属性明显的高等教育机构。

第三节　高校教师绩效薪酬与追求的循环机制效应

循环指事物往复回旋，以环形、回路或轨道运行，周而复始地运动或变化。在这个永恒循环过程中，世间的一切，都已经并且将要无数次地按照大致相同的样子螺旋式重现。对从事学术职业的高校教师而言，其绩效、薪酬与追求三者间存在着螺旋式上升的内在循环机制，高校绩效管理并非停留于某一个片段或时间点的工作。

人的需要引起动机，动机决定行为，行为达成目标，而目标的实现又会反馈回来影响人的需要，如此循环往复（见图6－11）。教师的工作绩效可以从态度、能力和结果等多方面表现出来，绩效的优劣不仅仅受某一个因素的作用，而是受到多种因素的共同影响，如知识水平、工作技能、工作态度和工作环境等。绩效处于动态的变化过程中，不同的时期员工的绩效有可能截然不同，比如学术职业普遍存在的"学术高峰

①　David Marsden and Ray Richardson, Motivation and Performance Related Pay in the Public Sector. A Case Study of The Inland Revenue, Centre for Economic Performance, London School of Economics, Discussion Paper No. 75, 1992.

②　Edmund C. Stazyk, Holly T. Goerdel, The Benefits of Bureaucracy, Public Managers' Perceptions of Political Support, Goal Ambiguity, and Organizational Effectiveness. *Journal of Public Administration Research and Theory*, 2011, 21 (4), pp. 645 –672.

期"现象。贝克等（Baker et al., 1994）指出,为达到帕累托最优效率,应通过主观加权方法对客观绩效进行评价。[1] 完整的绩效管理过程包括绩效目标的确定、绩效的产生、绩效的考核、绩效的提升与新的绩效目标的确定,构成一个循环。绩效薪酬是指与工作结果以及工作相联系的行为和能力、组织环境等绩效相关的工资支付。学术职业者的动机既来自对专业的热爱、对学术的理想与追求,同时也受现实生活中的工作条件或环境、薪金或工资诉求影响。期望理论认为,人之所以能够从事某项工作并达成组织目标,是因为这些工作和组织目标会帮助他们达成自己的目标。学术职业工作的差异势必会带来不同的绩效,而薪酬又和自己的绩效挂钩。如果高校教师觉得他们获得了期望的薪酬,那么就可能激励他们工作的热情和对学术的追求;反之,就会影响其工作积极性,甚至停止学术追求。

　　薪酬是个体在组织和社会中身份和地位的象征之一。对学术人员来说,薪酬不仅是其收入的主要组成部分和生活质量和水平的重要因素,更重要的是其（人力资本）价值和社会性存在意义的具体体现。薪酬代表组织对自己劳动成果和工作贡献的认可（劳动报酬）,是组织对员工个人价值或人力资本要素贡献的回报,更重要的是反映了组织对待自己的"态度"（待遇）。在一个相对简单的社会中,教师依据可量化的薪酬在组织结构中建立联系。教师提供知识、能力并创造教学科研业绩,高校提供现金和非现金性的报酬以换取教师的工作努力。在学术劳动力市场上,高校和教师会共同博弈来决定学术生产的价格和数量,并寻求学术劳动力资源的最优配置。薪酬是劳动服务的价格表现形式,高校希望一定数量的薪酬实现更高的绩效,教师则希望获得相应劳动报酬。随着高校普遍扩招,完全监督每个教师已经变得非常困难,而教学、科研工作又很难用时间来计算,此时薪酬便成为教师工作懈怠从而难以发展的机会成本:薪酬越高,机会成本越高,因此绩效薪酬有利于减少教师工作懈怠的倾向性,促进教师对学术的追求。

---

　　[1]　Baker, George, Robert Gibbons and Kevin J. Murphy, Subjective Performance Measures in Optional Incentive Contracts. *The Quarterly Journal of Economics*, 109, 1994.

图 6 – 11 绩效、薪酬与追求的循环机制

莫托威德罗和冯·斯科特（Motowidlo and James R. Van Scotter，1994）将绩效分为任务绩效和情境绩效。[①] 斯罗特（Schrodt，2002）从组织内部特性研究了组织认同的前因变量，发现员工感知道德、组织支持、同事关系、工作自主性、组织沟通氛围5个变量与组织认同呈显著相关关系，其中，报酬满意度对组织认同产生显著影响。[②] 就高等教育机构而言，任务绩效包括两类行为：一类是教学、科研和社会服务；另一类为行政管理、教学辅助等活动。情境绩效行为则是支持教学、科研活动运行所必需的广阔的社会、组织和心理环境，如社会制度、组织薪酬、人际关系、学术氛围等。情境绩效实质是一种组织公民行为、组织自发行为、超职责行为，与特定的教学、科研工作任务无关。情境绩效可分为两个维度：人际促进度、工作奉献度（见图 6 – 12）。学术职业的工作奉献度与其理想追求息息相关。学校环境和教师个体的一些心理特性，如管理制度、薪酬、追求（需要、知觉、态度、理想）等共同决定了教师的行为。但环境变量必须通过教师个体的知觉进一步得到其知识、经验等系统解释（信息加工），才会影响到教师的工作态度及追求，并最终引导教师的学术绩效。

---

① Stephan J. Motowidlo and James R. Van Scotter, Evidence That Task Performance Should Be Distinguished from Contextual Performance. *Journal of Applied Psychology*, Vol. 79, No. 4, 1994, pp. 475 – 480.

② Schrodt, P., The relationship between organizational identification and organizational culture: Employee perceptions of culture and identification in a retail sales organization. *Communication Studies*, 2002（53）, pp. 657 – 693.

图6–12 高校绩效范畴

高等教育机构中，教师直接承担教学科研工作，清楚自己的才能、努力程度、追求等信息，更了解外部环境对教学质量和学术绩效的影响，付出努力与享受闲暇相比对教师来说会带来负效用。根据委托—代理理论，高校希望教师按照自己的目标努力工作，但高校不能直接观测到教师选择什么行动，只能观测到一些由教师和外生因素决定的变量（不完全信息），高校通过这些变量提取有关信息来进行制度设计，为教师提供激励约束机制。高校追求组织效用最大化，同时教师也追求自身效用最大，但两者的效用最大化目标往往并不一致。因此，高校必须设计出有效的契约，激励和约束教师行为，减少代理问题、降低代理成本、提高代理效率，使教师在追求自身效用最大化的同时，实现高校组织的效用最大化。作为教师与高校之间的心理契约，薪酬涉及高校对教师行为的激励。但任何契约都不可能完备，即契约中不可能确切和完全地约定教师的工作努力程度，即使做了约定，事实上也难以观测和监督；因此在对工作内容和决策影响上双方的信息也是不对称的。而且，即使教师绩效突出，高校也不能完全依据其绩效向教师支付报酬，因为外部环境的不确定性使高校无法辨别绩效高低是否由教师的工作努力程度所致。教师也可能会利用自己的信息优势，降低工作努力程度，采取有利于自身效用满足而有损于高校利益的行动。因此，在高等教育机构中必须建立教师绩效薪酬与追求的长效激励机制。

高校师资管理的核心，是合理构建薪酬制度，这不仅有助于高校发展战略的实现，也有利于吸引、培养、稳定与激励优秀的学术人员。我国高校教师教学科研负荷较重，工作积极性和整体素质都普遍不高，而薪酬缺乏竞争力是重要原因之一。因为薪酬不仅是必要的经济回报，更是对高校教师从事学术职业工作价值和人生追求的肯定和激励。高校教师薪酬水平相对较低，不仅对教师组织公平感产生负面影响，更影响教师工作绩效。建立学术职业绩效薪酬与追求的长效激励机制，有利于稳定教师队伍，积累学术人力资本，促进教师专业发展，推进高校建立现代大学制度。

一　稳定教师队伍

在全球化时代，学术劳动力市场存在着"洼地效应"，学术职业的薪酬会彼此影响，学术人员倾向于流动到报酬和环境更好的地方工作。教师均衡薪酬随教师供求关系的变化而变化，院校应注意市场供求关系的变化，保持合理的薪酬支付，防止学术人员因为薪酬待遇不满而频繁离职，进而影响学校的教育质量和院校的可持续发展。马奇和西蒙（March and Simon，1958）提出组织平衡理论，认为员工留在组织内的原因是组织能够提供给他们足够的激励，流动的意愿和流动的容易度是决定员工流动的两个重要变量。[①] 在组织员工保留和流失问题的研究上，工作嵌入被描述为围绕员工生活各个方面所结成的一种关系网，员工所拥有的这种关系网越是错综复杂，就会越倾向于拥有更多的责任感，扮演积极的角色和拥有重要的关系，从而有更强的工作嵌入。[②] 学术职业工作嵌入主要包括三个维度：（1）与同事、学生、院系所及其他组织或个人的正式或非正式的联结（link）；（2）所在组织与其生活空间的匹配（fit）程度、相似性或满意程度；（3）教师离开高校或院系的机会成本，包括物质上和精神上的损失和牺牲（sacrifice）。其中"牺牲"维度被认为和总报酬有较密切的关系，因为组织可以通过增加其独特的在职报酬要素来提高学术人员离职的机会成本，从而达到工作嵌入（留职）的目的。对于在岗的学术职业者来说，学术绩效与发展、工作—生活平衡是其工作嵌入（留职）的关键影响因素。由于在招募环节薪酬水平相近，薪酬在学术职业工作搜寻

① March, J. G., Simon, H. A., *Organizations*. New York：Wiley，1958.
② Mitchel, T. R., Holtom, B. C., Lee, T. W., Sablynski, C. J., Erez, M., Why People Stay：Using Job Embeddedness to Predict Voluntary Turnover. *Academy of Management Journal*，Vol. 44，2001，pp. 1102 – 1121.

中起到的作用越来越小，而工作—生活平衡、绩效与认可、个人发展与职业机会之间区别较大，对于求职者最具吸引力。[1] 随着我国高校绩效改革的深入，绩效薪酬的比重逐步提高，高校越来越重视教师教学效果和学术水平，传统的"大锅饭"和平均主义分配方式正走向解体，院系学科带头人和科研骨干人员对组织的忠诚度必将稳步提高。由于学术人员在专业知识、能力水平和教学科研业绩上的差异，使得其薪酬差异逐渐拉大，这对学术职业的知识更新、学术追求、专业发展能起到激励作用。随着竞争日趋激烈，大学已容纳不了不适合教学或研究的人员。正是在这种不断加剧的学术生产竞争中，市场化的激励机制才能留住有追求的好教师，淘汰没有追求的差教师，并且吸引到有潜质的学术人员加盟，实现真正意义上的教师队伍稳定。

二　积累人力资本

人力资本指为改进员工素质或工作绩效，在保健、教育、培训等方面进行的时间和货币投资所形成的资本。人力资本是凝结在行为主体身上的体力、健康、经验、知识和技能等方面的能力，可以在经济活动中给行为主体及其所属的社会带来收益。舒尔茨（1960）指出，人的知识和能力也是资本，而且是比物质资本更重要的资本，人力资本是经济增长的主要源泉，其投资收益率，将远远超过物质资本的投资收益率。[2] 学术职业拥有的是技能性人力资本，或称技术研究性（科技性）人力资本。学术职业需要足够的知识储备、独特的创新能力和解决新问题的能力，以保证其能够从事学术研究、技术开发或教学指导工作。绩效薪酬具有补偿、激励、配置和增值功能。行为科学认为，最高效的员工是得到最满意报酬的员工。高校通过建立绩效薪酬与追求的循环激励机制，有助于区分高人力资本和低人力资本的员工，从而筛选出高校需要的人力资本类型，开发现有教师的知识或技能，或在外部劳动力市场吸引具有潜质的学术人员来积累组织的人力资本。人力资本的提升有助于去掉耗费成本的步骤、开发创新流程、降低投入、增加有效性，从而降低高校运行成本，改善组织绩效，最终提升高校核心竞争力。学术职业绩效薪酬与追求的循环机制对组

---

[1]　World at work, *The Relative Influence of Total Rewards Elements on Attraction*, Motivation and Retention, World at work Working Paper, 2010, p. 9.

[2]　Schultz, T. W., Capital Formation by Education. *Journal of Political Economy*, 1960, 68, pp. 571–583.

织绩效的提升，主要是通过其信号机制结合薪酬水平和薪酬结构的筛选效应，选择符合高校战略的、匹配度高的学科带头人或科研骨干，不断积累人力资本存量；再通过合理的薪酬体系设计，营造宽松的成长空间，发挥人力资本的内部和外部效应，帮助其实现学术追求，提高组织绩效。学术职业的人力资本随教学经验和科研能力的进步而不断提高。因此，高校在教师绩效薪酬管理过程中既要重视教师的人力资本存量，如知识背景、学历、职称、研究积累、教学经验等，又要注重前期的投入后期的追加投入，加强对知识资源、知识资本的管理，促进人力资本积累。

三　教师专业发展

兴趣、态度与追求对人的发展具有至关重要的价值与意义。布卢姆等（1989）认为，人的发展涉及知识、技能与情意三个方面，其中，情感领域的目标有接受、反映、价值的评价、组织、由价值或价值的复合体形成的性格化五个层级。[①] 情意领域发展目标包括价值、道德与伦理、态度、持续性动机、兴趣、情绪及情感等，其中，自我发展是最高层次的目标。[②] 绩效薪酬与追求的循环机制把组织目标与个人追求，高校整体发展与教师绩效有机结合，因而有助于教师专业发展。大学教师自我发展深受外在制度环境影响，其中绩效薪酬直接制约着学术职业持续发展的兴趣与动力。因为在现实生活中，学术职业同样具有"经济人"与"理性人"特征。学术职业会根据经济收益或社会收益对职业发展路径做出取舍。薪酬制度直接影响着教师是否从事学术职业、是否选择职业流动以及确定未来专业发展方向。绩效薪酬打破了分配中的"大锅饭"平均主义，为学术职业专业发展创造了有利发展机遇和外部环境。考核指标与依据中重点突出教学科研绩效和学术工作岗位的重要性，能使教学科研优秀的教师脱颖而出，获得更优厚的薪酬待遇，强化骨干教师的学术追求，发挥学科带头人的领导作用，促使高校学术权力的回归，加快教师专业发展步伐。

20世纪90年代以来，欧美国家在教师教育和课程发展中，特别重视教师的专业反省能力和教师专业经验。要求教师不仅学习已经格式化、系统化的教育理论和方法，而且要求教师探索和学习处于隐性状态的教师专

---

①　克拉斯沃尔、布卢姆：《教育目标分类学：情感领域》，华东师范大学出版社1989年版，第36—37页。

②　李子健、黄显华：《课程：范式、取向和设计》，香港中文大学出版社1994年版，第201页。

业知识，促进教师隐性知识显性化，从而实现教师终身的专业成长。[①] 教学科研工作本身就存储着大量隐性知识。知识创新并不仅仅是对客观信息进行的简单加工处理，更重要的是发掘员工头脑中潜在的想法、直觉、灵感和智慧，即专业知识显性化。老子言："为学日益，为道日损"。可见，学术创新并没有思维定式和固定套路，而"教无定法"也反映出教学领域中存在着大量的有效方法和尚未规范和显性化了的知识。曾湘泉和周禹（2008）基于货币报酬与内在激励各自或共同对员工创新行为产生影响的假设前提，在工作场所情境下对总报酬与员工创新行为激励的研究发现：货币报酬与创新行为之间存在倒 U 形的影响关系；内在激励对创新行为具有显著的正向影响；货币报酬与内在激励对促进员工的创新行为有着显著的互补性交互效应。[②] 因此，大学教师专业发展是一个主体意识自我强化以及主体性不断彰显的过程。绩效薪酬制度改革必须引入教师参与机制，让教师参与决策前的讨论事项，倾听广大教师的意见，增强广大教师对分配制度的认同感，促进教师个人与团队的专业发展。

四 建立现代大学制度

《国家中长期教育改革和发展规划纲要（2010—2020 年）》公开征求意见稿已经提出："推进政校分开管办分离""逐步取消实际存在的行政级别和行政化管理模式"。党的十八大报告强调，推动高等教育内涵式发展。高校坚持走内涵式发展道路，一个基本内容和重要前提是推进制度创新，加快建设中国特色现代大学制度。当前我国现代大学制度改革试点，主要有四大核心主题："政府放权、市场介入、大学自主和学术自由"[③]。随着高等教育管理体制的变革，大学发展遭遇的最大问题可能来源于组织内部长期以来"计划"惯性形成的僵化体制和制度。建设现代大学制度并没有统一的标准模式，院校的制度设计取决于社会选择、市场选择及政府选择的博弈与角力。现代大学制度强调软环境建设，尤其是学术人力资源开发与积累。作为大学的核心，教师的生存境遇直接影响学校的发展。目前，我国高校基础设施建设相对完善，大学已经不缺大楼，稀缺的是大师，大学需要学术力量的崛起来制衡过于强势的行政权力，实现学者治

---

① 张民选：《专业知识显性化与教师专业发展》，《教育研究》2002 年第 1 期。

② 曾湘泉、周禹：《薪酬激励与创新行为关系的实证研究》，《中国人民大学学报》2008 年第 5 期。

③ 张应强：《全球化背景下的我国现代大学制度改革》，《高等教育研究》2013 年第 9 期。

校。现代大学制度建设关键在于培育大学的独立、自主和创新精神，创建一个使学术职业潜心于教学科研的学术平台。教师绩效薪酬与追求的内在循环是一种自主自律的长效机制，能够激发教师投身传道授业并探索新知的热情，充分反映学术职业内在的创新需求，为学术人员的创新精神和追求保驾护航。绩效薪酬与追求的良性循环还有助于重新梳理大学与教师的关系，并主动反映社会的需要和问责，为高校不同部门也提供了一个良好的沟通平台，使上级与下级之间相互了解，相互理解。同时，绩效薪酬管理还提供了一个客观标准和行为规范，按照标准进行奖惩与晋升，有助于高校成员树立对制度的敬畏感。而这些都是现代大学制度建设的重要内容。

　　学习型组织具有持续不断学习、适应变革的能力，是建立现代大学制度的题中应有之义。高校教师绩效薪酬与追求的良性循环，能促使教师绩效改进和专业发展，不断超越自我，改善心智模式，自觉发现短板并及时纠偏，激发教师工作的积极性和创造性，主动学习和钻研其专业知识，从而形成学习型组织。绩效管理循环还能促进教师更清晰理解学校定位和发展要求，从而促使高校绩效目标的实现和组织发展。高等教育组织以保存、传授和发展高深学问为中心内容，大学看似平静，实际上一切竞争都在悄无声息地进行。绩效薪酬与追求的良性循环会形成一只"无形之手"，对高校教师产生触动和鞭策作用，既充分肯定教师的工作业绩，又能带动中间，让落后者不敢懈怠，从而在组织中形成相互追逐和有序竞争的局面，让市场机制推动学术自由和组织目标的实现。绩效薪酬与追求的循环机制还能培育学术劳动力市场。大学教师通过持续学习与发展，不必终其一生固守某一院校，而应该随着院校环境的变化"顺势"合理流动。如此既能提高生活质量，实现自我价值，也能盘活人才市场，加快学术劳动力市场形成，促进学术劳动力市场分层，并反向推动高校加大改革力度。

第七章　结论与对策

当代中国正处于快速的社会变迁过程中，社会变迁必然对教育产生巨大冲击。基于我国后4%时代教育投入的考察，本书从教育经济学、技术创新管理、人力资源管理、教育社会学等多学科视角研究教育投入与经济发展的累积因果循环规律，探讨"资源诅咒"、技术创新与教育投入努力的深层关系，剖析高等教育投入现状，探究高校教师绩效、薪酬与追求的循环机制，分析其存在的障碍与阻力，提出相应对策。

第一节　研究结论

本书主要研究结论如下：

第一，我国教育经费总量缺口仍然很大，人均教育支出与发达国家距离仍然相去甚远。教育经费紧缺是世界性难题，如果一个国家对教育投入缺乏足够且持续的努力，那么其未来发展就将难以持续。义务教育比较接近于公共品，而非义务教育既具有私人产品特征，又体现出准公共产品属性。不同教育阶段产品属性各有千秋，这就决定了教育投入主体的多元化。按照谁受益谁付费原则提出的教育成本分担理论，教育投入主体应包括政府或纳税人、家长、学生、捐赠个人或团体。教育投入以财政性教育经费为主，在我国教育投入的"后4%"时代，如何继续保证财政性教育投入的持续增长，如何广泛动员社会力量积极投入教育，仍然面临着极大挑战。

第二，我国教育投入地区差异悬殊，不均衡问题严重。西部地区教育经费占地区生产总值比例较高，东部地区教育经费占地区生产总值比例较低。全国范围内，生均教育经费地区差异极为悬殊，中西部的河南、湖北、湖南、江西、贵州、广西生均公共教育经费不到5000元，北京、上海生均公共教育经费在2万元以上。教育投入城乡差异大，乡村义务教育办学缺少基本投入。沿海发达地区以及东三省生均学杂费较高，中西部欠发达地区明显落后。

第三，我国教育成本分担结构不合理，"国进民退"问题突出。其中公共财政投入占了绝大部分比重，而且比例仍在逐年上升；社会捐赠经费、民办学校办学经费不到0.5%，比例仍在逐年下降；而学杂费比例远远高于社会团体（公民个人）办学经费及社会捐资集资办学经费。在民办学校办学经费及社会捐资集资办学经费有限的背景下，中国教育成本分担结构重心逐渐向个人或家庭倾斜，政府财政负担越来越大。由于生源的变化，高校教育经费在教育经费分配结构中所占比例有所上升，中小学教育经费所占比例有所下降。

第四，我国公共教育投入努力程度仍在下降。在国家经济依然较快增长的背景下，从1992年以来，我国财政性教育经费占财政总支出比例总体上却呈下降趋势，而且财政性教育经费占财政总支出比例的地区差异很大。由于近年来行政经费仍然以1000亿元/年的速度高速递增，公务员队伍的职务消费占全国财政总收入的近1/4，直接造成对教育、科技、环保等公共支出的挤占。21世纪以来，我国高等教育规模一直在快速膨胀，近年来也是稳中有升，但高校教育经费占总教育经费比重却几乎停滞不变，高校财政性教育经费占比甚至多年一路下滑。高等教育必须有更多社会主体来分担成本，仅靠政府的投入，既力不从心，也不符合高等教育自身规律。因此，我国传统上依靠政府独挑大梁投入的时代已经一去不复返，必须形成撬动社会资金投入的杠杆机制，才能保证高等教育内涵式发展。

第五，教育与经济的发展相互作用、互为因果，形成循环累积的非均衡关系。我国沿海发达地区的优先发展对中西部落后地区既有积极作用，又有消极的"回波效应"：落后地区的人才、资本、资源被发达地区大量引走，其中大量处于"隐蔽性失业"状态的教师流向东南沿海经济发达地区，尤其是广东省。对迁入地区来说，既节省了大量教师培养成本，又能快速改善教育质量，有效创造社会财富，但是给落后地区造成了发展困难。随着城镇化加速，农村人口向乡镇、乡镇人口向县城"梯度转移"的趋势日益明显，1997年以来，全国普通小学学校数平均每天消失71所，撤点并校导致地方政府的教育支出负担明显向学生家庭转移，带来小学生离家住宿、上学难、校车安全隐患等诸多问题。从初等和中等教育来看，广东省已经成为我国的重要增长极，就目前而言，其"回波效应"相当明显，但是对周边地区的辐射作用或者说"扩散效应"还十分有限。我国欠发达地区教育发展所遇到的困难，如教师严重流失，地方政府教育经费严重不足，教育质量恶化等，都表明了地区间教育确实存在着"累积因果关系"的作用。要摆脱"教育落后与经济贫困的恶性循环"，必须对教育有更大投入，提高教育水平从而促进经济增长，使人均收入增长突破一定限度，从而摆脱贫困的恶性循环。

第六，教育投入水平上的制约是我国省际层面资源诅咒存在的重要影响因素。充沛的自然资源对技术创新、人力资本存在挤出效应，对教育投入努力存在"诅咒"效应。由于资源丰富地区的资源开采部门对熟练或高素质劳动力的需求相对不足，膨胀的自然资源挤出效应明显，容易挤出对推动经济增长更为重要的人力资本要素，而忽视对教育的投入。要破解资源诅咒，必须努力提高资本积累、教育投入（人力资本投资）水平、技术创新能力、市场化程度并加强制度建设，人力资本投入是缓解资源诅咒的重要途径。通过物质资本积累增加教育投入，可以有效解决资源的硬约束，变自然资源优势为人力资本优势和技术创新动力，从而推动地区经济的持续健康发展。

第七，高校教师从事专业技术工作，高校技术创新包括基础研究、应用研究及相关服务。技术创新主要源于科学研究，科学研究是产生知识的源泉。高校作为知识创新和生产的主体、知识传播和转移的主阵地，在区域技术创新和经济发展中发挥着独特作用。高校是我国基础研究和应用研究的主力军。近年来，高校专任教师数和国内专利申请受理量的相关性渐趋增强，高校发明专利申请授权数占全国比例不断上升。新形势下，我国应通过体制、机制创新和政策项目引导，鼓励大学同科研机构、企业开展深度合作，通过校校合作、校所合作、校企合作、国际合作等多种途径，建立协同创新的战略联盟，促进资源共享，达到多方共赢。在整个国家创新体系中，高校表现出非常高的科技投入产出效率。但是我国高校人才培养质量和科研能力仍然亟待增强，基础研究比重相对下降、原创性成果偏少，行政化学术评价制度及管理制度不利于大师和重大创新成果的问世。

第八，我国高校人员经费投入不足，来自政府的事业性人员经费偏少，教师薪酬整体水平偏低，薪酬激励效果与发达国家高校相去甚远。高等教育经费投入在促进经济增长中具有显著作用，我国应适时加大人员经费投入，提高教师薪酬整体水平。高校教师经济薪酬是高等教育经费支出中事业性经费支出的重要组成部分。尽管我国在高等教育系统投入巨大，但高校教师的平均薪酬却很低。在当前高校基础建设普遍取得长足发展的背景下，我国高等教育投入理应适当向个人部分倾斜，加大人员经费投入，提高教师薪酬整体水平。

第九，高校教师绩效管理有其自身特点，在绩效、薪酬与其追求之间存在着紧密的内在循环机制。在政府推动下，我国许多高校已经开始实施教师绩效工资制度。建立学术职业绩效薪酬与追求的长效激励机制，有利于稳定教师队伍，积累学术人力资本，促进教师专业发展，推进高校建立现代大学制度。但也存在障碍与约束：其一是绩效考评的工具理性约束，其二是薪酬的内在激励机制障碍。工具理性的泛滥给人类带来了严重危害，绩效管理的工具理性对高校教师的可能冲击主要体现在"绩效主义"迅速蔓延、侵蚀团队精神、教师的短期利益"偏好"以及损害学术价值等方面。高校推行绩效改革，应该充分认识学术职业的独特性，制定出多元化的绩效标准，建立绩效管理循环，还要关注教师专业发展，切实推行高校去行政化改革，建立现代大学制度。

第十，高校教师绩效薪酬制度有利于打破收入平均主义的束缚，但也受到官僚模式的影响，存在着棘轮效应、挤出效应和公平性约束，绩效薪酬强度过高，可能导致高校薪酬跌入"市场化陷阱"。完善大学教师绩效薪酬制度是一个系统工程，应积极推行整体薪酬和宽带薪酬，提高薪酬整体水平，确定绩效薪酬的合理边界，做到公平公开，提升青年教师基础薪酬水平，同时建立教师和管理人员薪酬分类管理制度。

第二节　后4%时代加大教育投入的对策

要调整财政教育投入结构。在高中和大学大规模实行双轨制的同时，财政增量投入应主要向义务教育倾斜，并向中西部倾斜。在后4%时代，要提高财政性教育支出占财政总支出比例，实现地区公共教育投入和经济增长的良性互动，加强教育对经济发展的支撑作用，需要从六个方面着力。

一　完善公共教育投入法治，提高资金的使用效率

财政性教育经费支出占GDP的4%是总量估计的结果，并非制度安

排。我国GDP增长迅速，在后4%时代，如果继续单一使用行政力量替代公共财政制度建设，不仅会产生机制效用衰退现象，还可能导致地方政府对要素的不合理配置。市场缺陷的存在使市场不可能在教育领域完全有效地起作用，从而实现资源的最优配置，这为政府的介入提供了理由，财政性教育支出正是由于诸多市场缺陷的存在而成为必要。在存在外部性和公共产品的情况下，市场不能有效地实现教育资源的有效配置。外部性使得社会边际成本偏离社会边际收益，从而使教育资源配置没有达到帕累托效率。而公共产品所具有的在消费上的非竞争性和非排他性特点也使得市场机制不能使人们真实地显示各自的偏好，从而导致市场不能有效地配置教育资源。

收入分配可以按照市场原则，也可以由政府决定分配。政府对收入分配的调节或作用就是财政的收入分配职能。按市场原则形成的收入分配格局可能会偏离社会公认的合理范围，因此，需要政府加以调节。换言之，市场缺陷在收入分配领域中的存在要求财政参与收入分配，从而赋予财政收入分配的职能。比如说，市场通常是按照要素贡献程度来分配各个要素的收入。那些能提供社会需要要素的人就可以获得高收入，而那些不能向社会提供所需要要素的人就会陷入贫困，如广大辛辛学子。而市场本身并不存在一种能自动调节社会成员之间收入分配差距的机制，因此，需要政府运用财政手段对收入实行再分配。

教育投入缺少硬约束，一些地方政府难免以各种手段和借口消解中央政策。因此，需要增加教育经费投入的透明度，加强民众监督，同时制定明确的惩戒措施，完善问责机制，促使各级政府真正把教育投入摆在优先地位。在知识经济时代，人力资源已成为第一资源且具有优先的战略地位。而人力资源的开发，尤其是人的创新潜能越来越大，报酬率越来越高，教育的边际收益率呈递增态势。教育是人力资源开发的根本途径，建设人力资源强国首先必须是教育强国，需要建立先进、完备和完善的现代教育体系。对教育的每一点投入将会带来比任何其他投入更高的报酬。李斯特指出，"一国的最大部分消耗，应该用于后一代的教育，用于国家未来生产力的促进和培养"①。人力资本理论认为，追加人口质量的成本和

---

① 李义平：《财富的生产能力比财富更重要》，《人民日报》2007年6月15日。

获得其收益之间存在正比关系，当收益超过成本时，人口质量就提高
了。① 因此可以用较小的投资，产生巨大的经济和社会效益。1978—1998
年，在中国持续 20 年的经济高速增长中，资本的贡献率为 28%，技术进
步和效率提升的贡献率为 3%，其余全部是劳动力的贡献。② 人力资源丰
富是我国最大的战略优势，在社会资源还远未充分动员起来投入教育时，
公共财政必须优先安排教育经费投入。

　　教育经费长期投入不足，其中的一个重要原因就是教育投入缺乏刚性
的法律保障措施。各地每年的教育经费是否足额到位，完全视领导是否重
视教育而定。因此，制订《教育投入法》，用法律的形式把保障教育经费
投入的长效机制确定下来，是当务之急。由第三章第四节第五部分结论 2
可知，公共教育投入的增加对区域经济增长具有促进作用。加大公共教育
的投入力度，保证基础教育和职业培训教育等各方面人力资源的开发利
用，积累人力资本，大幅提升企业技术创新能力。优化各级教育投入结
构，即在普及义务教育的基础上，增加对中高等教育的投资，使投资结构
更加完善，使教育经费用到最需要的领域，从而提高资金的使用效率，培
养出更多的技术和管理人才服务于社会，将会提高社会的劳动生产率，促
进经济快速增长。

　　完善教育财政预算决策程序，设立教育经费拨款委员会。一要尽快设
立教育经费拨款委员会，落实部门预算法，引用因素法，提高公共财政投
入合理性、准确性和使用的效率，以保证对教育投入的全面了解、控制与
监督；对教育拨款要通过政府审计、人大监督的形式来监督，或借鉴国际
经验，建立由政府官员、学校老师、学生、学生家长组成的校董会来监督
学校财务。③ 二要将各种来源的财政性教育基金统一管理，将教育经费的
分级拨付方式改为国库直接支付，税收中拨付的资金应与教育附加投入、
预算外收入等放在一个账户内管理，对一些资金使用权属于学校的预算外
资金，财政要设计出既要承认其使用权，又要防止其滥用的管理办法。三
要在预算中将教育事业费和教育基建支出合并，实现教育经费预算单列，
将其预算科目细化、级次升格；编制预算时，应先由教育部门在生均费用

---

① 西奥多·W. 舒尔茨：《论人力资本投资》，华夏出版社 1990 年版，第 9 页。
② 王俊秀：《中国距劳动力短缺时代还有多远》，《中国青年报》2008 年 5 月 9 日。
③ 贾康、郭文杰：《财政教育投入及其管理研究》，中国财政经济出版社 2002 年版，第 16
页。

等客观标准基础上提出预算申请，然后由财政及计划部门根据财力可能，平衡供求，由财政部门编制教育经费预算并纳入国家预算，报人大审议批准。

教育经费使用效率和管理水平要提高。要解决目前教师队伍冗员过多，学校布局和专业设置不合理的问题；要对财政性教育经费实行统一管理，建立教育部门的部门预算，细化教育预算管理；财政对教育资金使用进行必要的监督。完善高校财务管理制度，优化财力资源管理。制定高等教育投入的成本考核与管理制度，合理配置高等教育财力资源，使有限的高等教育经费投入创造尽可能多的产出。高校财务管理应坚守"成本"底线，坚持"量力而为，量入为出，勤俭节约，开源节流"的原则，合理编制学校预算，科学调配学校资源；加强资金运作过程中的科学管理与监督，事后认真核算分析，提高高校财力资源利用效率。

虽然我国城市学生进入高中学习的比例已经超过 80%，但是农村地区升学率仅有 40%，从贫困农村走出进入大学学习的人数仅有 2%；中国有 35% 的学龄儿童生活在贫困的农村，从总数看已超过了 5000 万人。但由于高中学费过高，学生竞争力不足，信息不对称等诸多原因，他们中的大多数无法进入高中。[①] 可见，我国目前的教育投入水平与教育改革和发展的实际需求仍然存在很大距离，尤其是农村教育投入严重不足。今后应把国家确定的教育投入指标作为一种约束性指标和投入的底线，列入地方政府政绩考核的指标中。同时健全相关的法律，关注和落实教育经费使用的效率及配套的立法、执法和监督体系。在制度和硬指标约束下，各地政府有责任依法确保教育投入指标的到位与教育经费的有效使用。在理念上，各级政府领导人必须有坚定的政治决心，审时度势，高度重视教育的基础性、全局性和战略性地位；逐步树立"小政府"的行政理念，真正成为服务型政府，带动地方政府树立以"教育 GDP"为纲的行政理念。制度上：制定《教育投入法》；落实《预算法》；建立各级学校生均经费标准；严格控制行政成本；深化税费改革，调整财政支出结构；完善教育财政预算决策程序，设立教育经费拨款委员会；引导民间资本投入教育；减少"项目、工程"形式的教育投入，增加生均经常性费用拨款；改革

---

① 蓝方：《美国学者称中国教育投入不均危及社会稳定》，《中国远程教育》2012 年第 4 期。

从中央到乡镇五级教育行政管理体制，等等。

二 优化公共财政负担结构，强化各级教育财政职责

我国财政投入教育的责任绝大部分由地方政府承担。基础教育支出归于财政能力最弱的县一级，造成基础教育经费的制度性短缺。中央财政每年从转移支付中进行补助，但份额与省以下三级教育财政负担不成比例。1994 年分税制实施以来，中央政府的财政收入已超过地方财政收入。但即使是在占全国财政总支出 20% 以上的中央财政本级支出中，也只有很小的比例用于教育，中央给地方大量的税收返还和补助支出中也只有少量用于教育。2005 年中央财政本级支出决算总额为 8775.97 亿元，而教育支出决算仅为 244.85 亿元，教育支出仅占本级财政支出总额的 2.79%。[①]2008—2013 年全国财政总支出中，半数来自中央财政（其中约 70% 对地方税收返还和转移支付），但中央财政中教育支出比例不到 6%，无论本级教育支出还是对地方转移支付教育支出，均在 4%—6%，占全国教育支出不到 20%，另外半数支出能力的三级地方财政要承担 80% 以上的教育经费。[②] 公共教育经费也应遵循教育成本分担的"受益原则"和"能力原则"，根据受益程度和能力水平来确定负担水平。

现代财政制度可以保证公共投入的效率、公正和廉洁，所以公共教育投入必须用现代公共财政制度来管理。2006—2008 年，我国财政性教育经费比例有明显提升；2009 年出现下滑，2011 年突破 17% 大关，达到历年来的最高水平。2012 年我国财政性教育经费占 GDP 比例达到 4.23%，原因很多，如社会对教育的期待与重视，中央政策硬化指标的强力约束，但也反映各级政府善用政策协调、善于社会动员，这是中国政治的特色与优势。在国家公共财政制度尚不健全的情况下，寻求行政体系对制度的替代，构建"锦标赛"式的机制推动教育事业的发展是非常有效的战略。后 4% 时代可能还需要继续依赖这种机制。但继续依赖该路径的成本会越来越高，不仅表现为"高于 4%"的持续增长难以获得广泛社会共识，而且还表现为"财政确保"机制积累的要素配置扭曲会越来越严重。[③] 只有加强制度建设才是根本的出路。首先，中央政府必须统筹各类政府性收入，深化财政体制改革，使预算外资金透明化，增强公共财政有效财力。

---

① 《中国财政年鉴》(2006)，中国财政杂志社 2006 年版，第 315 页。
② 李秉中：《教育经费"蛋糕"怎么切更公平》，《中国教育报》2014 年 10 月 14 日。
③ 曾晓东、龙怡：《后 4% 时代，路该怎么走》，《光明日报》2013 年 3 月 19 日。

其次，合理确定各级财政分担教育投入的比例，从法律层面确定各级政府的职责，在财政预算安排中，中央和地方各级财政教育支出增长幅度都要明显高于财政经常性收入增长的幅度。教育财政的实施，不仅取决于社会制度、国家教育发展政策，而且取决于利益集团之间和各级政府之间的博弈。因此，必须以法律形式明确各级政府间教育投入责任，明确各自承担比例。地方政府主要支付基础教育的运行经费，省级政府承担第三级教育和促进教育机会公平分配的支出，以及促进教育改革和发展的探索性支出，如学前三年行动计划、校舍安全工程、普通高中多样化建设、提高各教育阶段生均经费标准、农村寄宿生营养改善计划、化解普九债务、高校债务等。再次，要健全中央教育财政转移支付制度。由于地方政府的工作重点往往是抓经济、固定投资，重工业、轻教育意识相当普遍。一般县市一级承担的都是基础教育的工作，但是搞好教育很难看到短期政绩。在"回波效应"作用下，中西部地区培养的人才越多、质量越高，则东南飞外流越厉害。因此，地方政府容易出现挪用中央财政对教育有转移支付的现象。中西部地方政府花大力气投入教育，结果各级学校毕业生纷纷流向东部沿海就业，这流失的不仅是人力资源，更是本区域长期的财政收入和居民储蓄存量。实际上，改革开放以来，中西部一直默默充当着这种牺牲者角色，替东部沿海社会经济发展做嫁衣裳。因此，亟待中央政府进一步健全教育财政转移支付制度，强化宏观协调功能，以提振弱势地方政府领导者教育投入的信心，实现地区间教育的均衡发展。比如，可以将人均财力作为确定教育财政转移支付规模的依据，可以建立专项教育财政转移支付制度，还可以根据公共服务均等化的原则，由中央预算组织实施省际教育转移支付。最后，政府要切实履行基础教育阶段投入责任，均衡城乡教育资源，大力发展各级职业教育，拓宽成教和职教渠道，适度降低对高等教育投入的比重；同时尽快落实高校办学自主权，精减行政冗员，提高专任教师比例，增强吸纳民间资金投入的能力。

当前形势下，还需加大绩效工资、津贴补贴、社会保障制度等方面的改革力度。财政保证教师工资是为了确保教师质量和教师工作热情，统一标准客观上会造成发达地区教师工资缺乏吸引力，从而避免愈演愈烈的"孔雀东南飞"现象。省级政府应成为教师绩效工资最主要的负担者，以解决省内义务教育学校教师工资待遇差距过大的问题。只有让中小学教师待遇相当，才能让教师队伍保持稳定。实行边远地区教师津贴制，体现越是艰苦边远地区津贴越高的政策价值取向。加上原有基本工资、绩效工资和社会福利，最艰苦边远地区农村教学点的教师月工资达 3000—4500 元，基本上可以稳定农村教师队伍。

三　拓宽教育经费筹措渠道，开辟新财源

在后现代社会里，教育投入关系到每个公民的福祉，我国只有继续加大对教育的投入，提高财政教育支出占 GDP 的比重和教育支出占财政总支出的比重，才能逐步缩小与发达国家的社会发展差距。后现代思想主张多元性、非中心化、反正统性，淡化权力，追求生活质量和个人幸福最大化。这些思想对于发展教育尤其值得借鉴。鼓励和倡导社会资本办教育事业。为鼓励社会资本捐赠教育，必须不断破除体制障碍，通过制度创新鼓励社会团体和个人的办学，激发社会资本办教育的积极性，明确民间资本投资教育的税收优惠政策，推进民办教育发展，引导多样化的民间资本进入教育事业；要明确规定捐款人所应得到的荣誉与回报。通过合理回报、产权激励、政府资助、贴息贷款、创新金融服务产品和搭建服务平台等多重方式，鼓励和引导民间资本以多种方式进入民办教育，以改变民办学校普遍单纯依靠学费收入低水平运转的模式。同时，大力倡导海内外关心教育人士捐资助教。转变办学方式，通过举办私立学校或民办公助等鼓励社会力量办学。积极倡导海内外有识之士捐资助学，满足其合理要求，不断拓宽教育经费筹措渠道。米尔顿·弗里德曼认为，只有把自由竞争的私人企业引进来，充满活力的新的国家教育体系才有可能建立。世界一流大学如哈佛、耶鲁、斯坦福等都是私立大学，其资金来源不同于公立教育，必须全力以赴，充分尊重资本的投入产出规律、真正按教育规律办学，才可能有立足之地。长期以来，我国虽然允许民办教育存在和发展，但在实际运行中却屡屡遭遇政府政策的差别化对待。一方面大大挫伤了民间资本进入教育领域的积极性；另一方面造成公办教育在缺乏民办教育的强有力竞争下，逐渐丧失改革压力和动力。云南省可以尝试将民间资本引入高校"市场"，如果民办高校能吸引大量生源就读，势必会影响公办高校加快改革进程，盘活区域高等教育局面，促进高等教育质量的快速提升，同时也能加快云南省经济的健康成长。

以西南地区云南省为例，云南省在烟叶税、企业所得税、个人所得税、资源税、城市维护建设税、车船税、罚没收入等方面具有相对优势，可以考虑将其中部分投入教育。大力筹措其他财政性教育资金，通过采取足额增收教育费附加和地方教育费附加等措施，逐步建立政府多渠道筹措财政性教育经费的长效机制。按增值税、营业税、消费税的3％足额征收教育费附加，专项用于教育事业。云南省应继续大力发展旅游、烟叶、有色金属等优势产业，缩小与四川省地方财政税收收入的差距。此外，国有土地出让金、新增物业税、出口退税比例留存、企业金融、国有企业利润上缴提存、国有股上市划转等都是依据公权力或对公共资源的垄断性、行政性占有获得的，都属于公共财政性收入，其收益应由国民共同享有，将其中部分投入教育或其他公共开支在理论和实践中都具有合理性和可行性。

云南省"土地财政"相对滞后，非税收入严重不足，形成制约地方财政收入提升的比较劣势，但也可能专为今后努力的方向。土地出让收益包括两部分内容，一是新增建设用地有偿使用费，是指将农村集体农业用地征用为国有建设用地时缴纳的费用，不同城市、不同地方有不同的缴纳标准。该费用由市县人民政府缴纳，中央与省级政府按3:7的比例分配，专项用于基本农田建设和保护、土地整理、耕地开发等开支。二是土地出让金，是县市人民政府向土地使用者出让土地使用权的收益，全额留归地方政府使用，这是政府的第二财政。土地出让金除了规定15％必须用于支农建设外，其他部分由各地政府自行支配使用。既可以用于城市基础设施建设，也可以用于城市廉租房建设，还可以用于补充养老保险等。在土地出让收益中拿出一部分作为对教育的投入，是实现土地出让收益国民享有的重要途径。物业税是一种财产税，是所有拥有物业财产的国民都应承担的义务，具有普遍性，目前我国还没有正式开征。关于物业税的税基，理论界有不同的说法，有人认为应该将土地出让金并入其中，从而变土地出让金70年一次征收为按年征收，以期降低房价。也有人认为土地出让金本质上是租不是税，不应该并入物业税中。对教育的投入是国民应该承担的义务，在物业税中增加一定的教育附加，也是拥有物业财产者承担教育投入责任的有效途径。不管土地出让金是否并入物业税，按物业税的一定比例征收教育附加都是可行的，只是不同的税基附加比例的高低可以有所不同。

四 加快经济增长方式的转变，提高经济增长质量

教育投资的超前增长规律：教育经费占 GNP 比例随着人均 GNP 的增加而超前增加，即教育投资增长率高于 GNP 的增长率，经济水平提高越快，超前幅度越大；普通教育生均经费相对于人均 GDP 超前增长；随着人均 GNP 的不断提高，教育投资的超前增长幅度逐渐减小，当人均 GNP 达到一个较高水平以后，在技术没有重大突破的条件下，教育经费在 GNP 中的比例将逐渐趋于稳定，那时教育投资与 GNP 接近于同步增长；

对于资源大省，由于长期以来粗放型的经济增长方式使其经济增长速度放缓。加快经济增长方式的转变，将会促进经济结构升级，增加对高层次创新人才的需求。随着政府财政收入增加，财政性教育投入也会相应增加，从而推动教育事业的发展。具体措施包括：第一，建立健全自然资源开发体制，鼓励民间资本进入公共资源开发领域，放宽民间企业开发资源的准入门槛；第二，加强与经济发达地区各行业的合作与交流，大力引进高学历、高技术人才流入云南，真正做到使其安居乐业；第三，发挥地方特色，开发利用本土特色资源，形成富有特色的产业；第四，加强产学研合作，推动经济和教育协调发展。一方面，给予高校一定的税收优惠政策，通过税收减免的方式吸引大中型企业的捐赠投入，为高等教育发展开辟新的财源；另一方面，应加强校企合作，鼓励高校转让或出售专利技术，充分发挥高校的科研和人才优势，与大中型企业联合培养高层次人才和专业技术人才，从而提高大学服务社会的能力，实现云南省财政收入增加。

技术创新能力包括利用及分配资源的能力、对行业和技术发展的理解能力、战略管理能力。企业技术能力的本质是企业的知识，能力的提高应以知识的学习和积累为基础。不能创新的企业对于知识和信息的认识更多地停留在口号上，并没有把知识信息的管理置于战略地位，这导致企业不能有效地获取、分享、学习、积累知识。借助外部智力资源弥补创新所需智力资源的不足，强化组织学习和技术学习是技术能力形成和提升的最主要途径。在具体创新模式上，云南省应选择以模仿创新为主，即通过学习国内外率先创新者的思路和创新行为，吸收其成功经验与教训，引进或破译其核心技术，并加以吸收改进，在质量控制、市场营销等中后期环节投入主要力量，生产出更富于竞争力的产品。

五　自觉降低行政成本，提高投入教育的意愿

行政成本过高在我国有深厚的历史文化根源，如"官本位"思想、仕途的至高无上、自上而下党政两套人马，从而导致机构的臃肿、繁琐的行政审批程序等，注定中国政府降低行政成本任务的艰巨性和长期性。眼

前，中国政府降低行政成本可行的突破口还是继续减少行政审批并严格控制编制，大力反腐并制度化，认真执行"八项规定"，严格控制"三公支出"。

由于地方政府更接近本地居民，更了解他们的偏好，提供的公共产品的质和量更能符合当地居民的需要，因此，地方提供地方性公共产品有利于资源的有效配置。如果由中央政府按统一标准为各地提供地方性公共产品或服务的话，会造成效率损失。美国经济学家蒂博在 1956 年发表的《地方支出的纯理论》一文中，提出了一个关于地方政府提供地方性公共产品的模型。蒂博把地方性公共产品在一个由众多辖区组成的体制中的提供看成类似于私人产品在一个竞争性市场上的提供。他认为，在竞争性的地方辖区之间，居民的流动性可以导向地方性公共产品的有效提供。蒂博总结道："空间流动性提供了类似私人市场选择的对应物——地方性公共产品。"因此，公共产品的非竞争性和非排他性造成的不能期望消费者自己真实地显示其对公共产品的偏好这种情形将不适用于对地方性公共产品的分析。

教育投入的前提是一定的财力，但关键还是认识。教育事业的持续发展，需摆脱对政府行政动员机制的依赖，成功地从运动式发展走向国家基本教育制度建设；摆脱对政府不断确认"优先发展战略"的依赖，从部门间协调、专家决策走向广泛的教育政策对话机制。[1] 一些地方政府沉湎于抓经济建设比办教育更直接、更容易出政绩的功利主义"政绩观"难以自拔，结果是地方经济社会发展的长期落后。教育发展对地方政府而言，是一个"大智慧"而不是"小聪明"层面的问题，也是一个"战略"而非"战术"层面的问题。地方政府领导必须认识到，只有把教育搞上去，才能提高人的整体文化素质，才能最终实现经济和社会的发展与进步。解决投入不足的主要责任在各级政府和各级政府的领导。提高各级政府领导对教育战略地位的认识和对教育投入指标的认识是当前扭转教育投入指标下滑的关键所在。在提高认识的基础上，各级政府要继续加大对教育的投入。

六　高等教育成本分担策略

高等教育的准公共产品属性决定了其成本应由政府与个人共同分担，

---

① 曾晓东、龙怡：《后 4% 时代，路该怎么走》，《光明日报》2013 年 3 月 19 日。

但现阶段在我国公共财政对高等教育投入仍然明显不足,导致学费增长过快。由于社会保障体系还不够完备,目前我国居民储蓄愿望较强烈,消费总体上比较谨慎;同时由于收入差距加大,使得居民的消费水平、消费档次差距很大,相当部分收入用于购买住房和子女教育消费、医疗消费等,居民收入增长过程中的严重不均衡使得一些中低收入家庭难以承受子女大学学费。因此,我国高等教育成本的分担要从国情出发,改变过分依赖学费的倾向,建立起以政府为主体的多元分担机制。

高等教育的巨大正外部性决定了国家和社会是高等教育最大的受益者,政府理应分担高等教育成本的主要部分。我国目前的政府分担额度占高校平均成本的50%以上。政府可以通过财政拨款、提供教学用优惠地价、减免税收、制定鼓励投资高等教育的优惠政策等分担高等教育成本。

高等教育的个人收益率大大高于社会收益率,学生及其家庭是高等教育成本的重要分担者。我国的个人分担平均额度,目前约占高等教育学校平均成本的25%—35%。具体到每个受教育者个人及家庭分担其接受高等教育成本的额度,应制定科学合理的学费政策。由于高等教育成本呈上升趋势,而政府分担高等教育成本比例逐渐降低的现实,随着个人分担能力的增强,受教育者个人及家庭分担其接受高等教育成本的额度也呈增长趋势。学生贷款有利于弥补高等教育国家财政投资的不足、有助于扩大高等教育规模、有利于给予经济贫困家庭子女接受高等教育的机会以及减轻学生的经济负担等。尤其对于发展中国家,大规模扩展高等教育普遍面临财政困难,其中学生贷款可充当大学筹措财政经费的重要手段。

院校本身应分担一部分高等教育成本。院校通过教育活动、校园经营、对社会服务等方式取得一定收入,应分担一部分高等教育成本。社会企业和人士对高校的捐赠也是间接地分担一部分高等教育成本的重要途径。

研究表明,在过去30年中学生资助在提高各国大学入学机会方面发挥了重要作用。萨尔米(Salmi)认为:"如果没有合适的学生贷款和学生援助机制,任何一国都不应引介成本分担机制"。[1] 完善高校学生资助体系是高等教育成本分担机制有效运行的辅助工程。学生资助体系是实施高等教育成本分担政策的"减震器",在目前个人分担比例较高的情况下,有必要发挥"减震器"的作用来缓减对家庭的影响,维持目前的高等教

---

① 伯顿·伯拉各:《学生贷款:难以抓住的救命稻草》,《科学时报》2003年2月11日。

育成本个人高分担比例。

一是必须加大政府对高等教育的投入力度。在知识经济时代，人力资源已成为第一资源且具有优先的战略地位。而人力资源的开发，尤其是人的创新潜能越来越大，报酬率越来越高，教育的边际收益率呈递增态势。教育是人力资源开发的根本途径，建设人力资源强国首先必须教育强国，需要建立先进、完备和完善的现代教育体系。对教育的每一点投入将会带来比任何其他投入更高的报酬。李斯特指出，"一国的最大部分消耗，应该用于后一代的教育，应该用于国家未来生产力的促进和培养"[①]。人力资本理论认为，追加人口质量的成本和获得其收益之间存在正比关系，当收益超过了成本时，人口质量就提高了。[②] 因此可以用较小的投资，产生巨大的经济和社会效益。1978—1998 年，在中国持续 20 年的经济高速增长中，资本的贡献率为 28%，技术进步和效率提升的贡献率为 3%，其余全部是劳动力的贡献。[③] 人力资源丰富是我国最大的战略优势，在社会资源还远未充分动员起来投入教育时，公共财政必须优先安排教育经费投入。

二是进一步拓宽非财政性教育经费来源，多渠道筹集高等教育经费。(1) 加大力度鼓励各种形式的捐资助学，大力开展社会互助、扶贫济困活动，引领社会和企业资金设立各种助学基金和奖学金。出台对捐资助学企业采取减免或优惠企业税率，对个人减免个人所得税、遗产税等措施。通过政策、税收、金融等优惠措施吸引社会组织、企事业单位和个人参与高校学生资助，丰富资助主体、壮大资助力量。(2) 充分利用高校自身优势创办高新技术公司或特色产业，并通过寻求校办企业的股份制改造和上市促使校办企业走上规范发展和良性循环之路，使校办企业的创收成为教育经费的来源之一。高校还可充分利用自身科研力量、图书、设备的优势，主动承担政府有关部门和企业的科研项目、决策咨询，获得可观的科研经费。(3) 充分利用其他融资手段缓解高校经费紧张的局面。高校可通过银校合作获取足额贷款支持学校的跨越式发展。同时，政府有关部门可通过发行教育彩票或教育债券，把社会上的闲散资金集聚起来投资于高教事业。此外，国家还可开征新的教育税、开设教育银行等来增加高教经

---

① 李义平：《财富的生产能力比财富更重要》，《人民日报》2007 年 6 月 15 日。
② 西奥多·W. 舒尔茨：《论人力资本投资》，华夏出版社 1990 年版，第 9 页。
③ 王俊秀：《中国距劳动力短缺时代还有多远》，《中国青年报》2008 年 5 月 9 日。

费。（4）高校应充分发挥校友资源，利用办学所在地的社会资源做好筹资工作，党员干部应起到模范带头作用；同时，各高校还应积极服务社会，与社会各届人士广泛沟通协调，争取多渠道的资助；各部门、各地区也要通过各种新闻媒介广泛宣传社会上捐资助学的先进典型，营造全社会关注、关爱家庭经济困难学生的良好氛围。要制定相关政策，鼓励、引导企业和个人资助高校经济困难学生；要发挥媒体的宣传作用，对捐资助学的先进事迹大力表彰，将捐资助学的传统美德发扬光大，形成全社会共同参与的文化氛围；要采取多种形式，广泛寻求各种企事业单位和个人的支持，争取多渠道筹集资助基金。

三是健全高校学生资助制度。阿特巴赫认为，大学教授通常来自社会中上层阶级，工人或贫穷的农村几乎没有人能通过漫长的教育成为大学教授。但近年来大学教授的精英特征在慢慢地被打破，有更多的社会阶级进入学术职业。① 今后十年，为了实现建设人力资源强国的目标，中国高等教育规模还将一次次刷新历史。但一般农村家庭、城镇角落弱势群体仅凭其家庭收入根本无力支付高等教育费用。农村资金大量用于高等教育费用，还极大地挤占了农业生产的投入，致使上学难、就业难，发展生产更难，农民增收陷入困境，农村"因教返贫"现象日益严重。如何保障家庭经济困难学生顺利入学、继续就学，提高资助水平，从制度上基本解决其就学问题，相关资助政策尤其是助学贷款制度尚需进一步完善。（1）推动资助立法，完善正式制度。作为制度的受益者和提供者，国家有责任出台学生资助法律法规，对各种资助方式进行明确界定，使资助行为有法可依。通过立法形式，促进学生资助制度的法制化，切实保障资助者和受资助者的合法权益。（2）调整投入结构，落实资助资金。一是积极发挥中央与地方经费分担比例的杠杆作用，鼓励学校面向经济欠发达地区扩大招生，促进区域教育协调发展；二是加强各项资助资金的监督检查，进一步健全学生资助工作各项制度，确保资金安全，保证资助工作实施效果。（3）科学认定家庭经济困难学生。在界定家庭经济困难学生时，政府应该制定一个动态的、弹性的分类和标准，针对具体情况，给予特殊照顾。如单亲家庭、三孤人员、伤残人员家庭的学生，学校要及时调查反

---

① Altbach, Philip G., The Academic Profession, in Encyclopedia of International Higher Education. An Encyclope-dia. NewYork：Garland Publishing, Inc., 1991.

馈，对情况属实的学生实行弹性政策，给予特别的经济资助。并为这些学生设立专门档案，在申请勤工助学岗位时给予优先考虑。对于家庭由于突发事件而突然致贫的学生，也需要采取灵活的政策，在短时间内调查清楚，认定困难性质、确定资助标准、及时与学生进行沟通，积极协助解决其他困难。（4）生源地、校园地助学贷款"两手抓"。尤其要创新生源地助学贷款贷后管理模式，各地资助管理中心要与乡镇、社区、小学、初中、高中建立信息通报制度，依靠乡镇、社区干部、学校老师及时了解贷款学生的家庭情况，及时对贷款学生进行跟踪管理。高校要将诚信教育作为加强和改进大学生思想政治工作的一个重要内容来抓，使诚信教育经常化、制度化。

第三节　高校教师绩效薪酬激励机制的完善

在新兴工业化国家，科研和学术自由传统刚刚出现，今后在建立具有完全自主权的学术职业方面将会遇到挑战。那些试图通过诚实劳动获得学术成功的教师发现，他们的职业道路比那些投机取巧的教师走得更难。中国学术职业仍在行政控制模式的制约与市场经济力量推动的相互作用中生存。虽然市场机制的引入已给学术职业带来极大的学术自由、质量意识和晋升透明度，但计划模式和行政干预的因素仍然起作用。中国学术职业所面临的挑战将是，明确哪些传统的东西需要扬弃，哪些符合世界潮流的东西需要汲取。[①]

未来我国深化高校人事制度改革，首先，要深入推进干部选拔任用制度改革，创设引才聚才的长效激励机制，完善教师考核评价机制，深化职员制度改革，建设高素质专业化职员队伍；其次，要推动教学科研组织方式变革，改革高校机构编制管理和人力资源配置方式，实施教师分类管理和教职员岗位聘用制；最后，要不断创新高校薪酬分配方式，完善收入分配激励机制。激励是指持续激发人的动机的心理过程。激励机制是组织为了减少委托人的道德风险，激励员工共同努力，使其能够稳定地在组织中长期工作并着眼于组织的长期效益，以实现组织的长远发展目标而设计的

---

① 菲利普·阿特巴赫：《失落的精神家园》，中国海洋大学出版社2005年版，第11页。

一项约束和激励相结合的管理制度。

一　推行整体薪酬和宽带薪酬

在知识社会，人力资源战略越来越成为实现组织发展战略的关键，薪酬战略则是实现人力资源战略的重要支撑。高校必须站在战略高度，从现实和未来发展目标角度考虑，设计适合自身特点的薪酬分配体系。[①]大学发展的关键靠大师而非大楼，绩效薪酬制度改革影响着高层次人才的吸引、稳定和激励，是大学能否履行聘任、考核和分配职能的关键，事关高校各项改革成败的全局。我国高校首先要从战略的高度，将薪酬设计与院校发展战略和人力资源战略相结合，使绩效薪酬体系成为支持人力资源战略的重要手段，促使高校形成适应竞争环境的运行机制、支持高校发展战略的实现以及促进高校办学特色的形成，从而赢得并保持竞争优势。广义薪酬涉及经济和非经济报酬，具体分类如表7－1所示。整体薪酬包括工资、奖金等现金薪酬形式，福利和服务等非现金薪酬形式，组织文化氛围、办公环境、工作被认可度和成就感等心理收入，以及由个人晋升和成长机会等员工精神收益组成的内在薪酬。

表7－1　　　　　　　　　　　　　广义薪酬

经济薪酬		非经济薪酬	
直接经济薪酬	间接经济薪酬	员工对工作本身或，工作环境的满足感，涉及工作的心理与物质环境	体面舒适的工作条件、有趣的工作、挑战性、责任感、成就感、个人发展空间和机会等
以工资、薪水、奖金及佣金形式获得的全部货币性收入	医疗保险、健康保险、退休计划、伤病补助、带薪假期等福利		

约翰·科特认为，职业生涯的成功意味着所从事的工作既收入丰厚，又使人在心理上得到满足，不仅可以对社会有所贡献，而且还能保证个人和家庭的健康生活。[②]整体薪酬的概念超越了单纯的支付劳动报酬的范畴，解决了个体和组织的关系问题，是组织发展的方向和终极目标。"人们的注意力日益转向非物质奖励。员工受富有挑战性的工作、个人发展机

---

① 方振邦：《战略性绩效管理》，中国人民大学出版社2007年版。
② 约翰·科特：《新规则——后工业化社会制胜的策略》，华夏出版社1997年版，第1页。

会和新职责、对成绩的承认、安全感及归属感的激励。组织不可能完全没有成本，但这些奖励是比较精细的为员工贡献付酬的方式。"① 整体薪酬包括几乎所有的激励因素，涉及员工各个层次的需要。经济性薪酬和非经济性薪酬相互联系，互为补充，可以发挥不同的激励功能。学术职业具有强烈的自我实现需求，工作自主性、良好的职业发展平台、较多的组织文化活动等内在报酬往往更能激励其创新活力，增强工作嵌入。学术职业非经济性薪酬产生于教学科研工作本身的回报，如参与决策的机会、公平合理的晋升制度、和谐的人际关系、赞扬与地位、挑战性的工作和学习机会、和有才华的同事一起工作的自我满足感等。从事学术工作，只有个体本身内部动机水平很高时，积极而建设性的外部奖励才会强化其创新兴趣，实现工作—生活平衡以及长期和短期利益的平衡。在德国、法国、日本以及我国港台地区，公立和公立高校教师都属于公务员序列。在中国香港，教授与特区部长薪酬相当。他山之石，可以攻玉，我国也应考虑将学术职业纳入公务员系列，让学术人员真正保持持续的学术兴趣，内心宁静，心无旁骛，踏实工作。

其次，我国高校还应推行宽带薪酬制度，重新整合目前过多的薪酬等级以及薪酬变动范围，把相近层次的工资合并到同一级别（建立"工资带"），让相同资历的教师大体处于同一职级，相近职级教师的薪酬基本相同，缩小收入差距，保持教师队伍稳定。宽带薪酬并非平均主义，每个薪酬级别的最高值与最低值之间的区间变动比率要达到 100％以上，从而变成只有较少的薪酬等级以及相应的较宽薪酬变动范围，拉大同一级别内薪酬浮动的范围，从而最大限度地打破身份、职务、工作年限的短期束缚。高校属于扁平化学术组织，教学科研以团队为核心，同时注重个人能力导向。宽带薪酬可以淡化组织的等级意识，激励教师主动学习，将其注意力转移到重视创新能力和学术水平提升上，引导院校以市场为导向，关注学术劳动力市场的供求变化，以动态调整薪酬结构和制度。实施宽带薪酬能有效克服职称、身份的制约，在同一薪酬级别内充分考虑教师的实际贡献力来确定薪酬级别内的工资水平，使创新活跃但资历尚浅的年轻教师享受到公平的薪酬待遇。

---

① 詹姆斯·W. 沃克：《人力资源战略》，中国人民大学出版社 2002 年版，第 239 页。

二 加大人员经费投入，提高薪酬整体水平

高等教育经费投入在促进我国经济增长中具有显著作用，在高校基础设施建设普遍取得长足进展的背景下，尤其应加大人员经费投入，提高教师薪酬整体水平。在长期内，经费投入对人力投入具有持续显著的正向影响效应；经费投入是高等教育促进我国经济增长的主要动力，更是原动力。而限于国家整体财力的制约以及基础教育投资的战略地位，我国对高等教育投入远远落后于其他国家，教师薪酬水平受到统一管理后，高等教育经费增长会导致使用不当，导致预算安排中的随意性。因此，一方面，政府应加大对高等教育的投资，合理确定高等教育投资比例，确保高等教育经费足量投入；另一方面，适度开放高等教育市场，优化高等教育融资环境，实现高等教育投资主体多元化，融资渠道多重化。尽管我国在高等教育系统投入巨大，但高校教师的平均薪酬却很低。学术职业属于智力密集群体，他们"完全有能力在其他许多工作领域取得收入丰厚的专业职位或管理职位，受官僚模式控制的学术工作对教师来说是没有吸引力的，除非大学教师的工作条件允许他们把大部分时间用于独立的专业工作，或用于其他有价值的活动"。[1] 《国家中长期教育改革和发展规划纲要（2010—2020年）》指出，要"提高教师地位，维护教师权益，改善教师待遇，使教师成为受人尊重的职业"。在《纲要》确定的人力资源开发目标中，2015年和2020年主要劳动年龄人口平均受教育年限分别为10.5年和11.2年，新增劳动力平均受教育年限分别为13.3年和13.5年。学术职业人力资本的独特性、知识诀窍和研究领域具有专属性，拥有更多的自主权。而获得博士学位早已是我国高校学术职业的门槛，这一教育投资过程需要20年以上正规学校教育时间。对新兴国家来说，高等教育投资形成的人力资本积累是实现经济持续增长、缩短与发达国家差别的主要动力源。作为学术劳动力再生产成本的一部分，这种教育投资费用不论是从受教育者个人还是整个社会来说，理应获得相应回报，如更多职业机会、较高薪酬收入等。横向比较，2012—2013年，中国香港特区政府财政经常开支中用于高等教育的支出占26.3%。[2] 而内地公共财政支出中用于高

---

① 伯顿·克拉克：《高等教育新论——多学科的研究》，浙江教育出版社2001年版，第86页。

② 《政府在教育方面的开支》，http：//www.edb.gov.hk/tc/about－edb/publications－stat/figures/gov－expen diture.html。

等教育的支出比例最高不超过 16% 。世界主要经济体国家的高校教师薪酬水平为社会平均收入的 2—5 倍。这一比例基于人力资本特性和岗位价值属性，体现了薪酬的分选效应，有利于降低薪酬激励对内在动机的挤出效应。提高薪酬整体水平，势必抑制高校学术资源向商业资源转化，增加教师自我完善和学习成长机会，激励其取得更多更高的学术成就和社会声望。但高校提高薪酬整体水平最终还是要落实到财政经费的到位，随着教师绩效总量提升，薪酬"蛋糕"相应也要做大。因此，政府仍然要加大对高等教育的投入，拓宽高校绩效工资的来源和渠道，鼓励更多教育类基金的参与，尤其要保障教师最基本的福利，保证学术人员衣食无忧，安居乐业。

建设世界一流大学，我国首先要保证一流大学教师工资相对其他行业要具有较强的外部竞争力，但目前我国一流大学教师相对工资水平较低。以高等教育资源最为丰富的北京地区为例，《中国劳动统计年鉴》（2012）的调查结果显示，2011 年，北京市大学教师平均工资为 82945 元，在国民经济 19 个行业中排位第 7 名，是最高的金融行业年工资的一半，比 IT 行业低 40.7% 。对比美国，从薪酬体系理念到实际薪酬水平，无不体现制定具有外部竞争力薪酬的理念，即支付给一流师资一流的薪酬。因此，必须提高我国一流大学教师相对于其他高收入行业的工资水平，增强大学教师的职业吸引力。

当前，全世界的高等教育正逐步向两种截然相反的模式演变——计划模式和市场模式。在市场模式中，国家调控的力度较低，院校间、学术人员间竞争十分激烈。因为大学的声誉和收入取决于他们所提供的服务的质量。这种模式下的大学在科研和教学方面都追求卓越。市场模式中的院校不仅对教师和学生的选择具有自主权，还有权设定收费标准与创收，他们大多通过与政府、慈善机构及商业机构签订合同或接受他们的捐赠从而获得收入。① 我国高校仍然具有明显的计划模式特征。在这一模式中，社会筹资渠道有限，政府扮演着积极的角色，它赋予大学每年的预算经费，同时也为教师晋升和学生入学设立规则标准。因此，我国政府首先应该加大高校经费投入，提高教育经费中的人员经费比例，增加高校教师的整体收

---

① 菲利普·阿特巴赫、佩蒂·彼得森：《新世纪高等教育：全球化挑战与创新理念》，中国海洋大学出版社 2009 年版，第 9 页。

入水平；其次，要调整高校教师薪酬构成，提高基本工资比例。我国高校教师薪酬由岗位工资、薪级工资，绩效工资和津补贴四个部分构成，其中岗位工资和薪级工资由国家统一按事业单位工资标准执行，绩效工资由高校自主制定，津补贴则名目繁多。"从许多高校的实际情况看，校内岗位津贴在个人货币薪酬中的平均比例达到50%以上，有的甚至超过70%，达到80%—90%，扣除校内津贴和地方补贴在个人货币薪酬中的比例后，国家工资所占比例仅为25%左右"。[①] 由此可知我国高校教师工资中基本工资在薪酬构成中比例过小，没有发挥主导作用，这也是教育行业薪酬水平低的主要原因。对比美国一流大学教师工资主要以基本工资为主，若不考虑额外任务的工资补贴，基本工资占美国一流大学教师的总薪酬比例达80%左右。再次，在大幅提高教师薪酬水平基础上，还应简化薪酬构成，保证教师薪酬结构的稳定性和简洁性。

三 确定绩效薪酬边界

组织公益属性越强，固定工资所占比重应越高。[②] 学术职业从事的教学科研工作具有很强的公共产品属性，"板凳甘坐十年冷"的前提是较低的绩效薪酬强度。学者选择从事基础性、原始性创新，尽管成功率较低，但薪酬损失风险并不高，而一旦成功就会带来巨大的成就感；反之，较高的绩效薪酬强度容易被感知为损失，此时收入风险必然占据学术人员头脑，根据强化理论，人们会追求奖励而回避惩罚，进而成为行为习惯，这样风险低、可行性高的短平快项目也就成为学术职业的下意识选择。对于高深学问，即便研究者有很强的内在动机和学术兴趣，也可能选择回避。现实中，尽管发达国家一般为学术职业提供竞争性的薪酬，但内部薪酬结构相对均衡平缓，收入差距小，其中基本工资占55%—60%。[③] 相对而言，学术职业更偏好自我价值、社会声望和学术地位的实现。无论是德国、英国高校教师的薪酬结构，还是美国高校的"单一薪金制"，都倾向

---

① 林健：《大学薪酬管理——从实践到理论》，清华大学出版社 2010 年版，第 19 页。

② Damian Grimshaw, The Problem with Pay Flexibility: Changing Pay Practices in the UK Health Sector. *The International Journal of Human Resource Management*, 2000, 11 (5), pp. 943 – 966.

③ Herbert G. Heneman, Anthony T. Milanowski, Continuing Assessment of Teacher Reactions to a Standards-based Teacher Evaluation System. *Journal of Personnel Evaluation in Education*, 2003, 17 (2), pp. 173 – 195; Heather C. Hill, Charalambos Y. Charalambous, Matthew A Kraft When Rater Reliability Is Not Enough Teacher Observation Systems and a Case for the Generalizability Study. *Educational Researcher*, 2012, 41 (2), pp. 56 – 64.

于较低的绩效薪酬强度。比如，香港科技大学教师的基本工资很高，即便与发达国家相比也很有竞争力，而最高每月3000港元的绩效工资占基本工资的比重远低于基本工资，对教师而言并无多大诱惑，却受到教师的高度重视。因为这关系到"同行"对自己的学术评价，涉及"面子"和尊严等精神层面的追求，因而每位教师都格外重视。日本学术职业采用"资历工资制"，基本薪酬、绩效薪酬和其他奖金比例大约为10:1:2。①因此学术人员不会以学术为"饭碗"和"生计"，而是长期专注于自己的专业领域。绩效薪酬制是把"双刃剑"，确定薪酬构成中固定部分与绩效部分的合理边界，在绩效薪酬的激励效应与挤出效应间寻求平衡至关重要。我国近年来虽然也加大了对科研项目的支持力度，但全国范围竞争异常激烈，国家基金、省部级项目对许多学术人员来说，尽管不断在申请，却总是可望而不可即。结果导致其科研收入风险系数偏高，总体上激励作用十分有限。基础性绩效工资在绩效薪酬结构中扮演着平衡器的作用，一方面具有激励功能；另一方面因其变动幅度小，可以缩小收入差距。因此，对于我国学术职业，应当尽快降低绩效薪酬的强度，提高基础性绩效薪酬比重，绩效薪酬强度应控制在总收入的35%左右，以保证绩效薪酬能够对学术职业行为真正产生激励。

四 以教师为本，提升青年教师基础薪酬水平

高校发展必须以教师为本，大力吸引高水平师资。建设科学研究与高等教育有机结合的知识创新体系，以建立开放、流动、竞争、协作的运行机制为中心，高效利用科研机构和高校的知识资源，稳定支持从事基础研究、前沿高技术研究和社会公益研究的科研机构，集中力量形成若干优势学科领域、研究基地和人才队伍。由于经费投入长期不足，我国目前高校优质师资短缺，学术绩效不高。目前我国已经在陆续推进高校去行政化步伐，一定程度上适度、合理放权，比如在推进中央向地方放权，地方向学校放权过程中，取消了国家重点学科评审。今后必须大力精减高校行政人员，杜绝机构复杂、人浮于事的现象，提高工作效率，最大限度地发挥学术人员的作用，建设高素质学术职业队伍，构建规范有序的教师流动机制，吸引高层次人才从事学术职业。公平是人们将自己的付出和所得与其

---

① 赵捷、孙晓芸：《国外国立研究机构薪酬制度的特点及与我国的比较》，《中国科技论坛》2005年第6期。

他地位相当的人比较后的感受。① 根据社会交换理论，公平往往是组织内部最好的激励方式，公平的报酬是决定工作满意度的首要因素。衡量薪酬是否公平并无绝对的客观标准。外部公平指员工所获得的薪酬与其他组织完成相类似工作的职工的薪酬相当，内部公平是在组织内部依照工作的相对价值而支付薪酬。研究表明，个体的满意很大程度依赖于相对收入，内在准则的效应大于外在准则的效用。② 就学术职业而言，内部公平性更为敏感。薪酬是组织吸引、激励、留住员工的重要工具，薪酬管理缺失势必挫伤员工工作积极性。如果员工认为组织的薪酬结构不公平，那么即使组织精心设计奖励制度和督导制度，也无法激励员工努力工作。③ 薪酬管理公平性包括四个维度：分配公平性、程序公平性、交往公平性和信息公平性。④ 薪酬管理程序主要包括岗位评估、员工绩效评估、薪酬提升、管理人员与员工的沟通、员工反馈等程序。一些研究者提出，分配的公平性更可能会影响员工对自己得到的结果的评估，而程序的公平性则更可能影响员工对组织管理制度的评估。⑤ 交往公平性指员工是否能感知到管理人员在薪酬管理工作中与自己公平交往，真诚、人际关系敏感性和沟通均会影响薪酬管理交往公平性。⑥ 与分配公平性和程序公平性相比，交往公平性对员工的信任感和自身工作的满意感有更显著的影响。信息公平性指管理人员为员工提供薪酬信息，解释薪酬管理的过程和结果。管理人员为员工提供薪酬信息会极大地影响员工对薪酬公平性的评估。⑦ 而组织与员工分

① Adams, J. S., Inequity in Social Exchange. In: L. Berkowitz et al., *Advances in Experimental Social Psychology.* New York: Academic Press, 1965, pp. 267 – 299.

② 谢延浩等:《比较收入与相对效用：基于工资满意度的实证研究》,《南京农业大学学报》(社会科学版) 2010 年第 10 期。

③ Brown, Michelle. Unequal Pay, Unequal Responses? Pay Referents and their Implications for Pay Level Satisfaction. *Journal of Management Studies*, 2001, 38 (1).

④ Colquitt, Jason, A. On the Dimensionality of Organizational Justice: A Construct Vailidation of a Measure. *Journal of Applied Psychology*, 2001, 86 (3), pp. 386 – 400.

⑤ Sweeney, Paul D., and Dean B. McFarlin. Workers' Evaluations of the "Ends" and the "Means": An Examination of Four Models of Distributive and Procedural Justice. Organizational Behavior and Human Decision Processes, 1993, 55 (1), pp. 23 – 40.

⑥ Cox Annetle, The Importance of Employee Participations in Determining Pay System Effectiveness. *International Journal of Management Reviews*, 2000, 2 (4), pp. 357 – 375.

⑦ Tyler, Tom R., and Ruben J. Bies. Beyond Formal Procedures: The Interpersonal Context of Procedural Justice [A]. In: Carroll, John S. ed. Advances in Aplied Social Psychology: Business Setting. Hillsdale, NJ: Lawrence Erlbaum Associates, 1989.

享薪酬信息,增加员工的薪酬知识,加深他们对组织薪酬制度的理解,可以使员工了解薪酬与组织经营效益与其工作绩效的联系,进而调动员工的工作积极性。[①] 公平性对教师薪酬结构满意度的影响最为显著。从事学术工作,尤其需要维持内心的平衡,一旦出现不平衡因素,需要及时采取相应态度和行为变化,以恢复心理平衡状态。如果绩效薪酬不公平公开,学术人员内心的平衡必然被打破,其态度和行为就会趋向消极,导致情绪低落、绩效下降,工作嵌入程度不高甚至离职。高校在薪酬管理过程中应注重薪酬管理的公平性,特别是交往公平对教师薪酬结构满意度的影响效应。尤其要做到以教师为本,关心其切身利益,进而增强教师的公平感、信任感和满意感。

统计显示,我国高校 40 岁以下青年教师人数 2012 年已超过 86 万,占全国高校专任教师总数的 63.3%。[②] 高校青年教师具有较多文化资本,大多数具有博士学位,但薪酬满意度普遍很低。不同年龄段的高校教师对薪酬满意度不同,最不满意的是中青年组[③];尤其是年轻教师、具有硕士学位的教师、讲师和理工科教师对薪酬更不满意。[④] 中级职称的青年教师是学校教学科研骨干,工作任务重、整体生活质量普遍较低。青年教师在高校最有活力、最具创造力,国家也投入了大量财力和人力重点培养。但青年教师负担沉重,一般备课往往会耗去多数时间,为了完成绩效、晋升职称又得发表学术成果、申报课题项目或者完成领导交办的杂事。尤其是福利房的取消使其面临市场化购房的巨大压力,加之上有老下有小,部分一线城市中青年教师的生活质量实际上已经跌入社会底层。我国青年教师在最富有创新活力的年龄段却不得不奔走于生计,在最可能实现自我价值的时节为衣食住行等基本需求所累,无疑带来人力资源的巨大浪费。无论是国外的需求层次理论,还是本土文化中"安居乐业"的简单道理,都反映了衣食住行对个体生存发展的首要性和基础性。因此,我国高校应该

---

① Mulvey, Paul W., Peter V. Leblanc, Robert L. Henemanand Michael Mclnerney, Study Finds that Knowledge of Pay Process can Beat out Amount of Pay in Employer Retention, Organizational Effectiveness. *Journal of Organizational Excellence*, 2000, 21 (4), pp. 29 – 42.

② 刘茸:《高校教师争相奔钱奔官 学者:薪酬应比照公务员体系》,http://society.people.com.cn/n/2012/1123/c1008 – 19673461.html。

③ 刘金伟等:《北京高校教师薪酬满意度及其影响因素分析——基于北京地区 18 所高校教师的抽样调查》,《复旦教育论坛》2012 年第 1 期。

④ 吴绍琪等:《研究型大学教师薪酬满意度调研》,《科研管理》2005 年第 9 期。

首先为青年教师解决好住房、孩子上学等间接经济薪酬问题，青年教师的工资收入和福利应该能维持其基本需求，从而可以把精力投入教学和提高研究能力上。其次，要促进青年教师的专业发展，帮助他们不断改进教学科研水平，为年轻教师创造更多机会和成长空间。新进教师教学课程不宜太多，杂事应该少做，一学期1—2门课比较合理，主要精力要放在科研上。学院研究团队应尽量吸引青年教师参与，共同指导学生，共同参加课题研究。

五　建立教师和管理人员薪酬分类管理制度

高校绩效薪酬的有效实施是一个系统工程，具体实施过程中必须完善相关制度。首先，必须切实扭转高校学术、行政长期错位倒置的局面。由于历史的惯性，我国高校仍然带有鲜明的官僚色彩。在高校是否担任行政职务对教师收入影响很大，有调查表明，具有行政级别的大学教师薪酬满意度明显高于没有行政职务的一般教师，行政级别越高，薪酬满意度越高。[①] 然而，当前我国高校去行政化道路依然漫长，取消高校的行政级别仍然处于"探索阶段"。正如伯顿·克拉克所言："要想改革官僚控制模式，就必须重新修改有关规定，正因为如此，这种官僚模式不到压力不可抗拒时不会发生变革。这种模式的变革不会很多，而一旦发生变革，就将是由外部的推动产生的，并将是重大的、突变性的。"[②] 我国高校必须逐步淡化行政色彩，让决策权向以教授会为代表的学术系统回归，提升学院、系所的资源配置主体地位，而行政系统主要扮演服务角色。其次，采用学术职业聘任终身制，在高校与教师之间建立长期互惠的心理契约。一些高等教育发达国家的实践表明，聘任终身制可以提高院校与教师之间的关系激励强度，使教师拥有崇高的使命感，更关注大学的长远发展而不是以短期利益为重。终身教职意味着远高于一般社会阶层的薪酬收入水平，让学术人员坐得住"冷板凳"，能够沉下心来"十年磨一剑"，做出重大学术贡献。最后，要积极拓宽高校筹资渠道，建立职称和薪酬相结合的收入增长机制，逐步提高教师整体薪酬水平，同时健全教学科研经费使用的稽核与监管制度，确保教师收入结构中以基础性绩效工资为主体。

---

① 刘金伟等：《北京高校教师薪酬满意度及其影响因素分析——基于北京地区18所高校教师的抽样调查》，《复旦教育论坛》2012年第1期。

② 伯顿·克拉克：《高等教育新论——多学科的研究》，浙江教育出版社2001年版，第94页。

精细化分类管理是高校人力资源管理改革的趋势。未来用人制度改革的核心是在教师分类基础上推进聘用制度。探索实施新的岗位管理办法，实行真正意义上的教职员岗位聘用制。高校人事管理要区别教学为主型、科研为主型、教学科研型等不同岗位，实行分类管理。在精细化分类基础上，对高校人力资源实行更加理性化的管理。以岗位职责任务为核心实行目标管理，以岗位标准为核心遴选评价人才，以任务完成情况为核心实施收入分配，形成符合高等教育特点的人力资源管理机制。

六　实践高校教师绩效管理循环

在工具理性当道的"体制"之内，主要以货币与权力等非语言、非规范的媒介进行交易，既缺乏沟通空间，亦无道德价值的余地。绩效管理强烈体现出"领导者主导"的特征，缺乏组织成员的广泛参与。组织的实质是有意识地协调两个以上的人的活动或力量的一个体系。组织的关键问题之一在于协调，在充分协调和沟通过程中，组织成员逐渐形成对组织目标的认同和忠诚，进而确保组织绩效的实现。教师绩效评估旨在帮助教师进行专业开发和职业生涯规划，并保证教师在职培训和开发与学校和教师双方需求相适应，且是持续的、系统化的过程。[1] 在后现代社会，高校必须从"绩效考核"转向"绩效管理"，建立一种长期的对等合作关系，围绕着提高整体绩效展开循环管理。现代的绩效管理是一个系统的持续循环过程，包括绩效计划、绩效实施、绩效评价、绩效反馈与面谈、绩效改进和绩效结果应用。绩效管理的目的是持续提升个人、部门和组织的绩效。以香港科技大学为例，1991年建校，但已跃居世界一流大学行列，2013—2014年，英国"泰晤士报高等教育副刊"世界大学排名57位。香港科技大学对教师绩效工资的考评结果既没有张榜公布，也没有将其束之高阁，而是通过反馈机制，要求系主任拿着院长的信函单独与教师进行面对面的交流。这样，系主任可以了解教师的工作情况和深层次原因，对绩效好的给予鼓励，差的提出改进意见。同时，教师也可以了解系主任及同行对自己的看法和建议。双方互动的关注点和落脚点始终是教师的业务提升以及对教师的激励，而不是绩效工资的多寡。[2] 每一次绩效管理循环都

① Fidler, B., Staff Appraisal and the Statutory Scheme in England. *School Organization*, 1995, 15 (2), pp. 95—107.

② 梁爱华、郑晓齐：《香港科技大学教师绩效工资考评述评》，《高教发展与评估》2011年第4期。

从组织的战略目标分解开始，制定绩效计划，对绩效计划实施与管理，定期考核与反馈，以达到绩效改进的目的，最后以绩效结果应用结束一个周期的绩效管理循环。每次循环有先有后，有始有终，循环的六个阶段是连续的，不能割裂开来。一个组织的绩效管理可以是一个大循环，一个部门或学院的绩效管理是中循环，一个系所的绩效管理是小循环。学院或系所根据组织总体战略要求，结合本部门的实际情况，制定具体的绩效计划，形成其绩效循环，并把目标、任务落到学科团队、教师，形成更小的绩效管理循环。这样每个循环都运转起来同步进行，使教师、学科团队、学院的绩效管理工作稳步提高，最终保证整个组织目标和计划的实现。绩效管理循环每循环一次，教师的工作质量和部门业绩就应该提高一步，正像转动爬升的车轮，每转动一周就螺旋式上升到一个新的更高的水平。

学术职业绩效管理具有独特性和自身的逻辑。在高校行政权力泛化背景下，教师为本的价值缺失导致绩效循环机制失灵，系统观念缺乏，沟通渠道不畅，反馈制度名存实亡，教师绩效评价活动多呈现片段、断裂或封闭型状态。在教师绩效评价指标体系的建立、评价过程与评价方法的确定、评价结果的使用等方面，往往是行政权力主导，行政管理部门发挥主导作用。评价往往从行政管理需要出发，片面强调学校对教师的管理和控制功能，对教师工作过程和专业发展关注甚少。而作为考核对象的教师参与不多、影响力不大。员工在考核之前，对考核的内容和指标不甚了然，考核结束后也只知道一个简单的绩效数字，行政系统再也没有对绩效考核结果进行总结分析，员工持续改进绩效、终身学习成为一句空话。因此，应加快建设可持续的高校教师绩效管理循环，绩效标准设定、绩效考核内容、绩效管理程序以及绩效奖励的公平性等问题都需要教师的充分参与，通过信息共享和意见交流来使得绩效管理的理念得到认同，如此才能释放教师的能量，让绩效管理的作用充分发挥出来。

参考文献

［1］ 理查德·马斯格雷夫等：《财政理论与实践》，中国财政经济出版社 2003 年版。

［2］ 保罗·A. 萨缪尔森、威廉·D. 诺德豪斯：《经济学》，中国发展出版社 1992 年版。

［3］ 布鲁斯·约翰斯通：《高等教育财政：问题与出路》，人民教育出版社 2003 年版。

［4］ 舒尔茨：《论人力资本投资》，北京经济学院出版社 1990 年版。

［5］ 靳希斌：《教育经济学》，人民教育出版社 2005 年版。

［6］ 曲恒昌、曾晓东：《西方教育经济学研究》，北京师范大学出版社 2000 年版。

［7］ 王善迈：《教育投入与产出研究》，河北教育出版社 1996 年版。

［8］ 范先佐：《教育财务与成本管理》，华东师范大学出版社 2004 年版。

［9］ 叶茂林：《教育发展与经济增长》，社会科学文献出版社 2005 年版。

［10］ 刘志民：《教育经济学》，北京大学出版社 2007 年版。

［11］ 王惠清：《西方经济学》，东南大学出版社 2009 年版。

［12］ 贾康、郭文杰：《财政教育投入及其管理研究》，中国财政经济出版社 2002 年版。

［13］ 李文利：《从稀缺走向充足——高等教育的需求与供给研究》，教育科学出版社 2008 年版。

［14］ 吴海东：《新视域下综合素质教育》，复旦大学出版社 2012 年版。

［15］ 刘溢海、李雄诒：《发展经济学》，上海财经大学出版社 2007 年版。

［16］ 麦可思：《2010 年中国大学生就业报告——就业蓝皮书》，社会科学文献出版社 2009 年版。

［17］ 刘家强：《人口经济学新论》，西南财经大学出版社 2004 年版。

［18］ 查尔斯·P. 金德尔伯格、布鲁斯·赫里克：《经济发展》，上海译

文出版社 1986 年版。

[19] 冈纳·缪尔达尔：《反潮流：经济学批判论文集》，商务印书馆 1992 年版。

[20] 约瑟夫·熊彼特：《经济发展理论》，商务印书馆 1990 年版。

[21] 世界银行：《中国：推动公平的经济增长》，清华大学出版社 2003 年版。

[22] 樊勇明等编著：《公共经济学》第 2 版，复旦大学出版社 2007 年版。

[23] 钟晓敏：《地方财政学》，中国人民大学出版社 2012 年版。

[24] 弯海川等：《地方财政收入优化与区域经济发展》，东北财经大学出版社 2011 年版。

[25] 卢卡斯：《经济发展讲座》，江苏人民出版社 2003 年版。

[26] 车卉淳、周学勤：《芝加哥学派与新自由主义》，经济日报出版社 2006 年版。

[27] 赫希曼：《经济发展战略》，经济科学出版社 1991 年版。

[28] 刘寒雁：《少数民族地区人力资本研究：兼论云南省少数民族教育问题》，云南大学出版社 2007 年版。

[29] 马述忠、冯晗：《东西部差距》，浙江大学出版社 2011 年版。

[30] 谢德荪（Edison Tse）：《源创新》，北京大学出版社 2012 年版。

[31] 约翰·奈斯比特：《大趋势》，中国社会科学出版社 1984 年版。

[32] 彼得·德鲁克：《后资本主义社会》，东方出版社 2009 年版。

[33] 高波、张志鹏：《发展经济学——要素、路径与战略》，南京大学出版社 2008 年版。

[34] 胡志坚：《国家创新系统——理论分析与国际比较》，社会科学文献出版社 2000 年版。

[35] 菲利普·阿特巴赫、佩蒂·彼得森：《新世纪高等教育：全球化挑战与创新理念》，中国海洋大学出版社 2009 年版。

[36] 伯顿·克拉克：《高等教育新论——多学科的研究》，浙江教育出版社 2001 年版。

[37] 傅家骥：《技术创新学》，清华大学出版社 1998 年版。

[38] 向延平：《地方性高校社会化服务绩效评价研究》，电子科技大学出版社 2012 年版。

［39］陆立军、周国红：《区域竞争》，中国经济出版社 2004 年版。

［40］栾春娟：《专利计量与专利战略》，大连理工大学出版社 2012 年版。

［41］伊·康德：《纯粹理性批判》，华中师范大学出版社 1999 年版。

［42］刘大椿：《"自然辩证法"研究述评》，中国人民大学出版社 2006 年版。

［43］张维迎：《博弈论与信息经济学》，上海三联书店、上海人民出版社 2004 年版。

［44］闵维方主编：《高等教育运行机制研究》，人民教育出版社 2002 年版。

［45］芝田政之：《日本的学生助学贷款制度》，王蓉、鲍威主编：《高等教育规模扩大过程中的财政体系：中日比较的视角》，教育科学出版社 2008 年版。

［46］汤因比、池田大作：《展望二十一世纪》，国际文化出版公司 1985 年版。

［47］马克斯·韦伯：《学术与政治》，广西师范大学出版社 2004 年版。

［48］约翰·布鲁贝克：《高等教育哲学》，浙江教育出版社 2001 年版。

［49］蔡元培：《蔡元培教育论著选》，人民教育出版社 1991 年版。

［50］欧内斯特·博耶：《关于美国教育改革的演讲》，教育科学出版社 2002 年版。

［51］霍克海默、阿道尔诺：《启蒙辩证法》，上海人民出版社 2006 年版。

［52］菲利普·阿特巴赫：《失落的精神家园》，中国海洋大学出版社 2005 年版。

［53］米尔斯：《白领——美国的中产阶级》，浙江人民出版社 1987 年版。

［54］班克斯：《教育社会学》，复文图书出版社 1978 年版。

［55］菲利普·G. 阿特巴赫：《变革中的学术职业》，中国海洋大学出版社 2006 年版。

［56］智效民：《八位大学校长》，长江文艺出版社 2006 年版。

［57］林健：《大学薪酬管理——从实践到理论》，清华大学出版社 2010 年版。

［58］西奥多·舒尔茨：《人力资本投资》，商务印书馆 1990 年版。

［59］马丁·芬克尔斯坦：《理解美国学术职业》，菲利普·阿特巴赫等：《为美国高等教育辩护》，中国海洋大学出版社 2007 年版。

［60］贾康、郭文杰：《财政教育投入及其管理研究》，中国财政经济出版社 2002 年版。

［61］约翰·科特：《新规则——后工业化社会制胜的策略》，华夏出版社 1997 年版。

［62］詹姆斯·W. 沃克：《人力资源战略》，中国人民大学出版社 2002 年版。

［63］D. 克拉斯沃尔、B. 布卢姆：《教育目标分类学：情感领域》，华东师范大学出版社 1989 年版。

［64］李子健、黄显华：《课程：范式、取向和设计》，香港中文大学出版社 1994 年版。

［65］张一驰：《人力资源管理教程》，北京大学出版社 1999 年版。

［66］《中国财政年鉴》（2006），中国财政杂志社 2006 年版。

［67］布鲁斯·约翰斯通：《高等教育成本分担中的财政与政治》，《比较教育研究》2002 年第 1 期。

［68］方文：《社会心理学的演化：一种学科制度的视角》，《中国社会科学》2001 年第 1 期。

［69］文泰烈：《韩国的地方教育财政交付制度》，《比较教育研究》2004 年第 9 期。

［70］胡弼成、王莎：《论教育投入的结构及基本特征》，《黑龙江高教研究》2006 年第 10 期。

［71］李国璋、王卉：《软投入制约下产出的损失分析》，《开发研究》2006 年第 3 期。

［72］胡弼成：《学生发展：个体教育经济学的基本范畴》，《教育研究》2005 年第 5 期。

［73］陈慧青：《教育投入之"二维"界说》，《大学教育科学》2011 年第 1 期。

［74］赵树宽等：《高等教育投入与经济增长关系的理论模型及实证研究》，《中国高教研究》2011 年第 9 期。

［75］范柏乃、闫伟：《我国教育投入对经济增长贡献率的时空差异研究》，《国家教育行政学院学报》2013 年第 12 期。

［76］王利辉等：《我国教育投入与经济产出的长期均衡和短期动态实证》，《统计与决策》2013 年第 6 期。

［77］刘新荣、占玲芳：《教育投入及其结构对中国经济增长的影响》，《教育与经济》2013年第3期。

［78］余菊：《科技进步、教育投入与城乡收入差距——来自中国省际面板数据的经验证据》，《工业技术经济》2014年第1期。

［79］杜学元：《试论高等教育与经济发展》，《决策参考》2007年第21期。

［80］崔玉平：《中国高等教育对经济增长率的贡献》，《教育与经济》2001年第1期。

［81］宋华明、王荣：《高等教育对经济增长率的贡献测算及相关分析》，《高等工程教育研究》2005年第1期。

［82］郑鸣、朱怀镇：《高等教育与区域经济增长——基于中国省际面板数据的实证研究》，《清华大学教育研究》2007年第4期。

［83］师萍：《陕西省高等教育与经济增长的关系研究》，《西北大学学报》（哲学社会科学版）2007年第6期。

［84］黄大乾等：《广东高等教育与经济增长关系的实证研究》，《华南农业大学学报》（社会科学版）2009年第4期。

［85］吴惠、刘志新：《中国高等教育财政投入与经济增长关系模型》，《哈尔滨工业大学学报》2009年第7期。

［86］邓水兰等：《高等教育投入位进经济增长的实证研究》，《教育学术月刊》2013年第10期。

［87］陈霞：《中国高等教育投入与经济增长协调关系分析》，《云南大学学报》（社会科学版）2010年第1期。

［88］赵树宽等：《高等教育投入与经济增长关系的理论模型及实证研究》，《中国高教研究》2011年第9期。

［89］马晓、徐浪：《教育对经济增长的贡献：东西部之比较》，《经济学家》2001年第2期。

［90］季俊杰、周绣阳：《我国教育投入分量与经济增长关系的实证研究》，《现代教育管理》2011年第12期。

［91］杜旌：《绩效工资：一把双刃剑》，《南开管理评论》2009年第3期。

［92］李红卫、徐时红：《绩效考核的方法及关键绩效指标的确定》，《经济师》2002年第5期。

［93］盛运华、赵宏中：《绩效管理作用及绩效考核体系研究》，《武汉理工大学学报》2002 年第 2 期。

［94］章杰：《"契约论"与绩效考核》，《嘉兴学院学报》2002 年第 11 期。

［95］葛晓冬等：《高等学校绩效工资改革方案实施的探讨》，《教育财会研究》2010 年第 10 期。

［96］钟虹、李化树：《高校岗位绩效工资制度公平分配问题探析》，《内蒙古师范大学学报》2010 年第 7 期。

［97］张军：《高校绩效工资潜在问题及措施分析》，《经济师》2010 年第 4 期。

［98］夏茂林：《高校推行绩效工资制度的理论考量与实践审视》，《教育科学》2010 年第 8 期。

［99］安晓敏：《高校教师绩效激励薪酬体系构建研究》，《管理科学研究》2010 年第 4 期。

［100］周金城、陈乐一：《我国高校教师薪酬水平状况的实证研究》，《现代教育科学》2013 年第 5 期。

［101］李军等：《组织公平感视角下高校教师薪酬水平对工作绩效的影响研究》，《湖南师范大学社会科学学报》2013 年第 6 期。

［102］谢文新、张婧：《中、美、德三国高校教师薪酬制度比较与思考》，《高教探索》2013 年第 4 期。

［103］程方平：《教育投入三问——基于中国现实的思考》，《教育科学研究》2013 年第 11 期。

［104］秦福利：《高等教育成本分担模式的国际经验借鉴与启示》，《江苏高教》2010 年第 1 期。

［105］中国人民大学财政金融学院课题组：《财政收入占 GDP 比重问题研究》，《经济研究参考》2001 年第 19 期。

［106］臧兴兵、沈红：《公共教育投入与人力资源强国建设》，《清华大学教育研究》2010 年第 4 期。

［107］徐康宁、韩剑：《中国区域经济的"资源诅咒"效应：地区差距的另一种解释》，《经济学家》2005 年第 6 期。

［108］徐康宁、王剑：《自然资源丰裕程度与经济发展水平关系的研究》，《经济研究》2006 年第 1 期。

[109] 武芳梅:《"资源诅咒"与经济发展——基于山西省的典型分析》,《经济问题》2007 年第 10 期。

[110] 胡援成等:《经济发展门槛与自然资源诅咒——基于我国省际层面的面板数据实证研究》,《管理世界》2007 年第 4 期。

[111] 张景华:《自然资源是"福音"还是"诅咒":基于制度的分析》,《上海经济研究》2008 年第 1 期。

[112] 邵帅等:《西部地区的能源开发与经济增长——基于"资源诅咒"假说的实证分析》,《经济研究》2008 年第 4 期。

[113] 蓝方:《美国学者称中国教育投入不均危及社会稳定》,《中国远程教育》2012 年第 4 期。

[114] 邬志辉:《教育先行的决策效益研究》,《上海高教研究》1997 年第 8 期。

[115] 刘曙光、徐树建:《区域创新系统研究的国际进展综述》,《中国科技论坛》2002 年第 5 期。

[116] 张慧洁:《从价值取向看美、英、日三国高校教师工资制度改革》,《教师教育研究》2009 年第 4 期。

[117] 傅秀丽:《对高校绩效工资制度的思考与建议》,《经济师》2012 年第 3 期。

[118] 威廉·冯·洪堡:《论柏林高等学术机构的内部和外部组织》,《高等教育论坛》1987 年第 1 期。

[119] 赵树宽等:《高等教育投入与经济增长关系的理论模型及实证研究》,《中国高教研究》2011 年第 9 期。

[120] 石金叶、范旭:《高校技术创新对美国高校教学科研和管理活动的影响》,《高等工程教育研究》2006 年第 6 期。

[121] 孙伯琦:《高校科技创新的法律保障》,《经济导刊》2010 年第 9 期。

[122] 范旭、石金叶:《美国高校在区域技术创新中的作用及其启示》,《科学学与科学技术管理》2006 年第 6 期。

[123] 贠强、陈颖健:《从专利的角度看我国高校技术创新现状和问题》,《科技管理研究》2010 年第 15 期。

[124] 李春萍:《学者·知识分子·知识工作者》,《学术研究》2006 年第 10 期。

［125］臧兴兵:《知识经济背景下学术职业的地位与发展》,《中国高教研究》2007 年第 8 期。

［126］沈红:《论学术职业的独特性》,《北京大学教育评论》2011 年第 3 期。

［127］《"管理主义"阻碍高校学术职业权威》,《中国高等教育》2008 年第 21 期。

［128］王建民:《大学教师绩效评价:向哈佛学什么?》,《中国报道》2009 年第 12 期。

［129］赵兰香:《科研事业单位薪酬制度变化及其影响》,《中国科技论坛》2007 年第 3 期。

［130］柯文进、姜金秋:《世界一流大学的薪酬体系特征及启示》,《中国高教研究》2014 年第 5 期。

［131］刘婉华、袁汝海:《高校教师工资待遇国际比较与思考》,《清华大学学报》(哲学社会科学版)2004 年第 6 期。

［132］顾远东、陈同扬:《高校教师薪酬满意度的实证研究——基于高校全面实施校内岗位津贴制度的背景》,《南京工业大学学报》2010 年第 4 期。

［133］姜海珊:《香港公立高校教师薪酬制度与激励机制及启示》,《高教探索》2012 年第 3 期。

［134］张民选:《专业知识显性化与教师专业发展》,《教育研究》2002 年第 1 期。

［135］曾湘泉、周禹:《薪酬激励与创新行为关系的实证研究》,《中国人民大学学报》2008 年第 5 期。

［136］张应强:《全球化背景下的我国现代大学制度改革》,《高等教育研究》2013 年第 9 期。

［137］赵捷、孙晓芸:《国外国立研究机构薪酬制度的特点及与我国的比较》,《中国科技论坛》2005 年第 6 期。

［138］刘金伟等:《北京高校教师薪酬满意度及其影响因素分析——基于北京地区 18 所高校教师的抽样调查》,《复旦教育论坛》2012 年第 1 期。

［139］吴绍琪等:《研究型大学教师薪酬满意度调研》,《科研管理》2005 年第 9 期。

[140] 刘金伟等：《北京高校教师薪酬满意度及其影响因素分析——基于北京地区18所高校教师的抽样调查》，《复旦教育论坛》2012年第1期。

[141] 梁爱华、郑晓齐：《香港科技大学教师绩效工资考评述评》，《高教发展与评估》2011年第4期。

[142] 李晓轩：《改革我国科研人员薪酬制度激励创新人才成长》，《科学与社会》2013年第3期。

[143] 刘尧、闫志刚：《透视高校教师薪酬状况》，《教育与职业》2013年第4期。

[144] 谢延浩等：《比较收入与相对效用——基于工资满意度的实证研究》，《南京农业大学学报》（社会科学版）2010年第10期。

[145] 李忠峰：《中央财政6年5500亿元支持义务教育》，《中国财经报》2012年12月25日。

[146] 宗河：《教育投入占国内生产总值4%目标如期实现》，《中国教育报》2013年5月9日。

[147] 北京大学中国社会科学调查中心：《中国民生发展报告（2014）》，2014年7月25日。

[148] 俞可：《欧债危机阴影下——欧洲高校抱团"过冬"》，《中国教育报》2012年4月27日。

[149]《美国高校捐款从哪来》，《西安日报》2014年9月16日。

[150] 杨磊：《中国居民隐性收入达4.8万亿》，《中国经营报》2007年6月25日。

[151] 黄伟：《98.3%的人认为行政管理成本浪费现象普遍》，《中国青年报》2007年3月26日。

[152] 赵莉：《湖北四千教师走鹏城的苦与乐》，《楚天金报》2013年11月19日。

[153] 郭少峰：《农村小学数量十年减半　撤点并校加剧农民负担》，《新京报》2012年5月21日。

[154] 周武英：《石油经济熄火　俄罗斯靠什么"过冬"》，《经济参考报》2014年11月17日。

[155] 颜廷标、张学海：《健全技术创新市场导向机制》，《经济日报》2014年4月1日。

［156］陈晓璇、林世宁：《广州教师同城同工不同酬》，《羊城晚报》2014
年9月10日。

［157］刘练军：《绩效工资改革不应喧宾夺主》，《法制日报》2013年4
月3日。

［158］杨卫：《高校成国家技术创新体系重要力量》，《中国教育报》2012
年6月18日。

［159］《文明的和谐与共同繁荣——新格局·新挑战·新思维·新机遇》
《北京论坛2012》2012年11月2日。

［160］顾友泽：《高校绩效工资能否产生"学术"绩效》，《中国社会科
学报》2013年1月25日。

［161］陆峰：《论文与成果 代表建言科技评价体系不能"一刀切"》，《新
华日报》2014年3月14日。

［162］樊丽萍：《调查：高校教师薪酬年收入10万元以下的占47.7%》，
《文汇报》2014年6月10日。

［163］降蕴彰：《事业单位绩效工资改革年内或全面推行》，《经济观察
报》2012年5月20日。

［164］樊丽萍：《调查：高校教师薪酬年收入10万元以下的占47.7%》，
《文汇报》2014年6月10日。

［165］高校教师薪酬调查课题组：《透视高校教师收入分配现状》，《中国
教育报》2014年6月9日。

［166］李义平：《财富的生产能力比财富更重要》，《人民日报》2007年6
月15日。

［167］王俊秀：《中国距劳动力短缺时代还有多远》，《中国青年报》2008
年5月9日。

［168］李秉中：《教育经费"蛋糕"怎么切更公平》，《中国教育报》
2014年10月14日。

［169］曾晓东、龙怡：《后4%时代，路该怎么走》，《光明日报》2013年
3月19日。

［170］伯顿·伯拉各：《学生贷款：难以抓住的救命稻草》，《科学时报》
2003年2月11日。

［171］李义平：《财富的生产能力比财富更重要》，《人民日报》2007年6
月15日。

［172］王俊秀:《中国距劳动力短缺时代还有多远》,《中国青年报》2008年5月9日。

［173］冯文全、夏茂林:《关于高校教师实行绩效工资制度的理性思考》,2010年全国教育经济学术年会。

［174］国务院:《事业单位人事管理条例》(国务院令第652号),http://www.gov.cn/zhengce/2014-05/15/content_2680034.htm。

［175］杨清强:《2011年云南省专利申请、授权及有效情况统计分析报告》,http://www.ynipo.gov.cn/news view.aspx? id=3292。

［176］赵竹青:《我国科技创新资源现状:经费投入加强 人力投入落后》,http://scitech.people.com.cn/n/2014/0331/c1007-24782964.html。

［177］米格:《中国工程院院士:我国环保企业未成创新主体 致环保技术落后国际》,http://news.sina.com.cn/c/2014-10-24/170931040758.shtml。

［178］中商情报网:《2014前三季度国内豪华车市场销量统计分析》,http://www.askci.com/chanye/2014/10/29/10158dnr1.shtml。

［179］张素、韦柳:《专家"数"解中国科技创新现状》,http://kfq.ce.cn/sy/kfqdt/201410/27/t20141027_2025 630.shtml。

［180］中国经济网:《中国正成为全球汽车零部件技术创新最活跃的地区》,http://cv.ce.cn/lbjz/scfx/201410/22/t20141022_3753084.shtml。

［181］国务院发展研究中心"世界经济趋势与格局"课题组:《全球技术创新现状、趋势及对中国的影响》,http://www.cssn.cn/dybg/201312/t20131223_921151.shtml。

［182］武书连:《全国705所大学教师绩效分省排行榜》,http://learning.sohu.com/20120531/n3445213522.shtml。

［183］韩娜:《中国论文数量世界第三 被国外引用比例严重不足》,http://news.qq.com/a/20140212/000295.htm。

［184］《中国统计年鉴》(2008—2011),http://www.stats.gov.cn/tjsj/ndsj/7。

［185］国家统计局:《2013年国民经济和社会发展统计公报》,http://www.stats.gov.cn/tjsj/zxfb/201402/t20140224_514970.html。

［186］《政府在教育方面的开支》,http://www.edb.gov.hk/tc/about-edb/publica-tions-stat/figures/gov-expenditure.html。

[187] 刘茸:《高校教师争相奔钱奔官学者:薪酬应比照公务员体系》,http://society.people.com.cn/n/2012/1123/c1008-19673461.html。

[188] Adams, J. S., Inequity in Social Exchange. In: L. Berkowitz et al., *Advances in Experimental Social Psychology*. New York: Academic Press, 1965, pp. 267-299.

[189] Lawrence E. Gladieux, Student Assistance the American Way. Student Assistance the American Way. Washington D. C.: Educational Policy Institute, Inc., 2003.

[190] Schultz, T. W., Investment in human capital. *American Economic Review*, 1961, 51 (01).

[191] Becker, G., *Human Capital* (2nd ed). The University of Chicago Press, 1975.

[192] Schultz, T. W., Education and economic growth. In N. B. Henry (eds.), *Social Forces Influencing American Education*. Chicago: University of Chicago Press, 1961, pp. 85-90.

[193] Denison, E. F., The sources of economic growth in the United States and the alternatives before us. New York: Committee for Economic Development, 1962.

[194] Romer, P., Increasing Returns and Long-run Growth. *Journal of Political Economy*, 1986, pp. 94.

[195] Lucas, R. E., On the mechanics of economic development. *Journal of Monetary Economics*, 1988 (22).

[196] Menon, M. E., Perceived rates of return to higher education incyprus. *Economics of Education Review*, 1997, 16 (04).

[197] Card, D., The Causal Effect of Education on Earnings. *Handbook of Labor Economics*. Amsterdam: North-Holland, 1999.

[198] Dowling, B., Richardson, R., Evaluating Performance-related Pay for Managers in the National Health Service. *International Journal of Human Resource Management*, 1997, 8 (3), pp. 348-366.

[199] Deckop, J. R., Mange, R., Cirka, C. C., Getting More than You Pay for: Organizational Citizen-ship Behavior and Pay-for-performance Plans. *Academy of Management Journal*, 1999, 42 (4), pp. 420-428.

[200] Kellough, J. E., Nigro, L. G., Pay for Performance in Georgia State Government: Employee Perspectives on Georgia Gain after 5 Years. *Review of Public Personnel Administration*, 2002, 22 (2), pp. 146 – 166.

[201] Federal Student Aid, Federal Student Aid: Loan Program Fact Sheet, www. FederalStudentAid. ed. gov/ funding, 2009 – 04 – 01.

[202] Auty, R. M., *Sustaining Development in Mineral Economies: The Resource Curse Thesis*. London: Routledge, 1993.

[203] Sachs, J. D. and Warner, A. M., Fundamental Sources of Long-run Growth. *American Economic Review*, 1997, 87: 184 – 188.

[204] Sachs, J. D. and Warner, A. M., Natural Resource Intensity and Economic Growth. In: Mayer, J., Chambers, B., Ayisha, F. (eds.), *Development Policies in Natural Resource Economics*, Edward Elgar, Cheltenham, UK, 1999.

[205] Sachs, J. D. and Warner, A. M., Natural Resources and Economic Development: The Curse of Natural Resources. *European Economic Review*, 2001, 45, pp. 827 – 838.

[206] Torvik, R., Learning by Doing and the Dutch Disease. *European Economic Review*, Vol. 45, 2001.

[207] Davis, G. A. and J. E. Tilton, "The Resource Curse". *Natural Resources Forum*, 2005, 29, pp. 233 – 242.

[208] Wood, A., Berger, K., Exporting Manufacture: Human Resources, Natural Resources and Trade Policy. *Journal of Development Studies*, 1997 (34).

[209] Leite, Carlos, Weidmann, Jens, Does Mother Nature Coruptl? Natural Resources, Coruption and Economic Growth. IMF Working Paper No. 99/85, International Monetary Fund, Washington D. C., 1999.

[210] Gylfason, T., Resources, Agriculture, and Economic Growth in Transition Economies. Kyklos, 2000, 53, pp. 545 – 580.

[211] Gylfason, T., "Natural Resources, Education, and Economic Development". *European Economic Review*, 2001, 45, pp. 847 – 859.

[212] Gylfason, T. and Zoega. G., Natural Resources and Economic Growth:

The Role of Investment. CEPR Discussion Paper No. 2743, Center for E-conomic Policy Research, London, 2001.

[213] Stijns, Jean-Philippe C., Natural Resource Abundance and Economic Growth Revisited. *Resources Policy*, 2005 (30), pp. 107 – 130.

[214] E. Papyrakis and R. Gerlagh, The Resource Curse Hypothesis and Its Transmission Channels. *Journal of Comparative Economics*, 32, 2003, pp. 181 – 193.

[215] T. Gylfason, Natural Resources and Economic Growth: What is the Connection? CESifo Working Paper, No. 530, 2001.

[216] Auty, R. M., *Resource Abundance and Economic Development*. Oxford: Oxford University Press, 2001.

[217] Matsuyama, K., Agricultural Productivity, Comparative Advantage and Economic Growth. *Journal of Economic Theory*, 1992, 58, pp. 317 – 334.

[218] Leite, Carlos, Weidmann, Jens, Does Mother Nature Corupt? Natural Resources, Coruption and Economic Growth. IMF Working Paper No. 99/85, International Monetary Fund, Washington C. D., 1999.

[219] R. M. Auty (ed.) *Resource Abundance and Economic Development*. Oxford, Oxford University Press, 2001.

[220] Barbier, Edward B., The Role of Natural Resources in Economic Development, Australian Economic Papers, 2003, 42 (2), pp. 253 – 272.

[221] P. Stevens, Resource Impact Curse or Blessing? A Literature Survey, IPIECA, available at: http://www. ipieca. org/downloads/social/PStevens_ resourceimpact_ final. doc, 2003.

[222] J. A. Robinson, R. Torvik and T. Verdier, Political Foundations of the Resource Curse, Centre National dela Recherche Scientifique (CNRS), Working Paper No. 200333, availableat: http://ideas. repec. org/ p/cpr/ceprdp/ 3422. html, 2003.

[223] Pauline Jones Luong, Rethinking the Resource Curse: Ownership Structure and Institutional Capacity, Paper prepared for presentation at the Conferenceon Globalization and Self-Determination, Yale University, May14 – 15, 2004, availableat: http://wwwyale. edu/ macmillan/ globalization/jones_ luong. pdf, 2004.

[224] Bulte, Erwin H. , Damania, Richard, and Deacon, Robert T. , Resource Intensity, Institutions, and Development, World Development, 2005, 33 (7), pp. 1029 – 1044.

[225] Rosser, The Political Economy of the Resource Curse: A Literature Survey, Institute of Development Studies (IDS), Centre for the Future State Working Paper 268, 2006.

[226] Evelyn Dietsche, The Quality of Institutions: A Cure fort he "Resource Curse"? Centre for Energy, Petroleum, and Mineral Law and Policy University of Dundee, Published by Oxford Policy Institute, 2007.

[227] Shannon M. Pendergast, Judith A. Clarke and G. Cornelisvan Kooten, 2008, Corruption, Development and the Curse of Natural Resources, availableat: http: //web. uvic. ca/-kooten/ REPA/ Working Paper 2008 – 10. pdf.

[228] M. Ross, The Political Economy of the Resource Curse. *World Politics*, Vol. 51, 1999, pp. 297 – 322.

[229] R. M. Auty (ed.), *ResourceAbundance and Economic Development.* Oxford, Oxford University Press, 2001.

[230] P. Stevens, "Resource Curse" and how to avoidit? *The Journal of Energy and Development*, Vol. 31, No. 1, 2006.

[231] Papyrakis, E. and R. Gerlag, The Resource Curse Hypothesis and Its Transmission Channels. *Journal of Comparative Economics*, 2004, 32, pp. 181 – 193.

[232] Gylfason, T. , Natural Resources, Education, and Economic Development. *European Economic Review*, 2001, 45, pp. 847 – 859.

[233] Dowling, B. , Richardson, R. , Evaluating Performance-related Pay for Managers in the National Health Service. *International Journal of Human Resource Management*, Vol. 8 (3), 1997, pp. 348 – 366.

[234] Deckop, J. R. , Mangel, R. , Cirka, C. C. , Getting More than You Pay for: Organizational Citizen-ship Behavior and Pay-for-performance *Plans. Academy of Management Journal*, 1999, 42 (4), pp. 420 – 428.

[235] Kellough, J. E. , Nigro, L. G. , Pay for Performance in Georgia State Government: Employee Perspectives on Georgia Gain after 5 Years. *Re-*

view of Public Personnel Administration, 2002, 22 (2), pp. 146 – 166.

[236] Luis R. Gomez-Mejia, David B. Balkin. , The Determinants of Faculty Pay: An Agency Theory Perspective. *Academy of Management Journal*, 1992, 35 (5), pp. 921 – 955.

[237] Macintyre, *After Virtue.* Notre Dame: University of Notre Dame Press, 1981, p. 52.

[238] Deckop, J. R. etc. , Getting More than You Pay for: Organizational Citizenship Behavior and Pay-for-performance Plans. *Academy of Management Journal*, 1999 (4), pp. 20 – 428.

[239] Finkelstein, Martin J. , *The meriean Academie profession: A Synthesis of Social Scientific Inquiry since Wbrll.* Columbus: Ohio State University Press, 1984, pp. 33 – 34.

[240] Fidler, B. , Staff Appraisal and the Statutory Scheme in England. *School Organization*, 1995 (2), pp. 95—107.

[241] Vaizey, J. , *The Costs of Education.* London: Allen and Uniwin, 1958.

[242] Schultz, T. W. , *The Economic Value of Education.* Columbia University Press, 1963.

[243] Howard R. Bowen, *The Cost of Higher Education.* South Carolina: Jossey-Bass Publisher, 1980, p. 17.

[244] Leslie, Larry L. , Raising Administrative Cost: Seeking Explanations. *Journal of Higher Education*, 1995 (2), pp. 187 – 212.

[245] Howard R. Bowen, *The Cost of Higher Education.* South Carolina: Jossey-Bass Publisher, 1980, p. 19.

[246] Huntington, Samuel P. , *The Soldier and the State: The Theory and Politics of Civil-Military Relations.* Cambridge: The Belknap Press of Harvard University Press, 1957.

[247] Finkelstein, Martin Robert Seal and Jack H. Schuster, *The New Academic Generation: A Profession in Transformation.* Baltimore: Johns Hopkins University Press, 1998.

[248] Altbach, Philip G. , The Academic Profession, in Encyclopedia of International Higher Education. An Encyclopedia. NewYork: Garland Publishing, Inc. , 1991.

[249] AAUP, 2012 – 13Economic-Status-Report (salarysurvey) -Appdx1 _ 2012 – 13. http：//www. aaup. org/ report/ heresnews-annual-report-e-conomic-status-profession – 2012 – 13.

[250] United States Department of Labor, May 2012 National Occupational Employment and Wage Estimates United States . http：//www. bls. gov/ oes/current/oes_ nat. htm#b13 – 0000.

[251] Kuhn, K. M. , Yockey, M. D. , Variable Pay as a Risky Choice：Deter-minants of the Relative Attractiveness of Incentive Plans. Organizational Be-havior and Human Decision Processes, 2003, 90 (2), pp. 323 – 341.

[252] Ola Kvaly, Trond E. Olsen, The Tenuous Relationship between Effort and Performance Pay. *Journal of Economies and Management Strategy*, 2012, 21 (2), pp. 493 – 518.

[253] Gerhart, B. , Rynes, S. , *Compensation：Theory, Evidence, and Strategic Implications*. Thousand Oaks, CA：Sage Publications, 2003, pp. 124 – 129.

[254] Green, F. , Why Has Work Effort Become More Intense? *Industrial Re-lations*. 2004, 43 (4), pp. 709 – 741.

[255] Huber, V. L. , Seybolt, P. M. , Venemon, K. , The Relationship be-tween Individual Inputs, Perceptions, and Multidimensional Pay Satis-faction. *Journal of Applied Social Psychology*, 1992, 22 (17), pp. 1356 – 1373.

[256] Kahneman, D. Tversky, A. , Prospect Theory：An Analysis of Deci-sion under Risk. *Econometrica*, 1979, 47 (2), pp. 263 – 291.

[257] Pokorny, K. , Pay-But Do Not Pay Too Much：An Experimental Study on the Impact of Incentives. *Journal of Economic Behavior & Organiza-tion*, 2008, 66 (2), pp. 251 – 264.

[258] Ester A. I-IShle, Urich Teichler, The Academic Profession in Asia：Common and Diverse Features in Comparative Perspective [C] // Daigaku-Kyoiku. The Changing Academic Profession in Asia：Contexts, Realities and Trends. Higashi-Hiroshima：RIHE, 2011, pp. 27 – 49.

[259] Weibel Antoinette, Katja Rost, Margit Osterloh, Pay for Performance in the Public Sector. benefits and (Hidden) Costs. *Journal of Public Ad-*

ministration Research and Theory, 2010, 20 (2): 387 – 412.

[260] Ryan, Richard M. , Mires Valerie, Koestner Richard. Relation of Reward Contingency and Inter personal Context to Intrinsic Motivation: A Review and Test using Cognitive Evaluation Theory. *Journal of Personality and Social Psychology*, 1983, 45 (4), pp. 736 – 750.

[261] David Marsden, The Role of Performance related Pay in Renegotiating the "Effort Bargain": The Case of the British Public Service. *Industrial & Labor Relations Review*, 2004, 57 (3), pp. 250 – 370.

[262] Amabile, T. M. and Khaire, M. , Creativity and the role of the leader. *Harvard Business Review*, 2008 (10).

[263] Philip G. Altbach, Liz Reisberg, Maria Yudkevich, *Gregory Androushchak Paying the Professoriate: A Global Comparison of Compensation and Contracts.* London: Routledge, 2012, pp. 75 – 101.

[264] David Marsden and Ray Richardson, Motivation and Performance Related Pay in the Public Sector. A Case Study of The Inland Revenue, Centre for Economic Performance, London School of Economics, Discussion Paper No. 75, 1992.

[265] Edmund C. Stazyk, Holly T. Goerdel, The Benefits of Bureaucracy: Public Managers' Perceptions of Political Support, Goal Ambiguity, and Organizational Effectiveness. *Journal of Public Administration Research and Theory*, 2011, 21 (4), pp. 645 – 672.

[266] Baker, George, Robert Gibbons and Kevin J. Murphy, Subjective Performance Measures in Optional Incentive Contracts. *The Quarterly Journal of Economics*, 109, 1994.

[267] Stephan J. Motowidlo and James R. Van Scotter, Evidence That Task Performance Should Be Distinguished from Contextual Performance. *Journal of Applied Psychology*, Vol. 79, No. 4, 1994, pp. 475 – 480.

[268] Brown, Michelle, Unequal Pay, Unequal Responses? Pay Referents and their Implications for Pay Level Satisfaction. *Journal of Management Studies*, 2001, 38 (1).

[269] Colquitt, Jason A. , On the Dimensionality of Organizational Justice: A Construct Vailidation of a Measure. *Journal of Applied Psychology*,

2001, 86 (3), pp. 386 – 400.

[270] Sweeney, Paul D. and Dean B. McFarlin, Workers' Evaluations of the "Ends" and the "Means": An Examination of Four Models of Distributive and Procedural Justice. Organizational Behavior and Human Decision Processes, 1993, 55 (1), pp. 23 – 40.

[271] Cox, Annetle, The Importance of Employee Participations in Determining Pay System Effectiveness. *International Journal of Management Reviews*, 2000, 2 (4), pp. 357 – 375.

[272] Tyler, Tom R. and Ruben J. Bies, Beyond Formal Procedures: The Interpersonal Context of Procedural Justice. In: Carroll, John S., ed. Advances in Aplied Social Psychology: Business Setting. Hillsdale, NJ: Lawrence Erlbaum Associates, 1989.

[273] March, J. G., Simon, H. A., *Organizations*. New York: Wiley, 1958.

[274] Mitchel, T. R., Holtom, B. C., Lee, T. W., Sablynski, C. J., Erez, M., Why People Stay: Using Job Embeddedness to Predict Voluntary Turnover. *Academy of Management Journal*, 2001, 44, pp. 1102 – 1121.

[275] Worldatwork, The Relative Influence of Total Rewards Elements on Attraction, Motivation and Retention. Worldatwork Working Paper, 2010, p. 9.

[276] Schultz, T. W., Capital Formation by Education. *Journal of Political Economy*, 1960, 68, pp. 571 – 583.

[277] Altbach, Philip G., The Academic Profession, in Encyclopedia of International Higher Education. *An Encyclopedia*, New York: Garland Publishing, Inc., 1991.

[278] Damian Grimshaw, The Problem with Pay Flexibility: Changing Pay Practices in the UK Health Sector. *The International Journal of Human Resource Management*, 2000, 11 (5), pp. 943 – 966.

[279] Herbert G. Heneman, Anthony T. Milanowski, Continuing Assessment of Teacher Reactions to a Standards-based Teacher Evaluation System. *Journal of Personnel Evaluation in Education*, 2003, 17 (2), pp. 173 – 195.

[280] Heather C. Hill, Charalambos Y. Charalambous, Matthew A. Kraft, When Rater Reliability Is Not Enough Teacher Observation Systems and a

Case for the Generalizability Study. *Educational Researcher*, 2012, 41 (2), pp. 56 – 64.

[281] Fidler, B. , Staff Appraisal and the Statutory Scheme in England. *School Organization*, 1995, 15 (2), pp. 95 – 107.